- 2018 年度黑河学院俄罗斯远东智库专项项目（18YDZKCJC05）
- 2022 年度国家社科基金一般项目（22BSS017）
- 黑龙江省重点培育智库"俄罗斯远东智库"成果
- 2021 年度黑龙江省经济社会发展重点研究课题（21556）
- 2022 年度国家社科基金一般项目（22BMZ114）

黑龙江流域暨远东历史文化丛书
丛喜权 王禹浪 谢春河/主编

远东东方学：历史概述

[俄]阿米尔·亚历山大罗维奇·西萨穆特迪诺夫 ◎ 著

彭传勇 石金焕 ◎ 译

中国社会科学出版社

图书在版编目(CIP)数据

远东东方学：历史概述／(俄罗斯)阿米尔·亚历山大罗维奇·西萨穆特迪诺夫著；彭传勇，石金焕译.—北京：中国社会科学出版社，2023.7
ISBN 978-7-5227-1952-8

Ⅰ.①远…　Ⅱ.①阿…②彭…③石…　Ⅲ.①东方学—研究—俄罗斯　Ⅳ.①K107.8

中国国家版本馆 CIP 数据核字（2023）第 106953 号

出　版　人	赵剑英
责任编辑	张　湉
责任校对	姜志菊
责任印制	李寡寡

出　　版	中国社会科学出版社
社　　址	北京鼓楼西大街甲 158 号
邮　　编	100720
网　　址	http://www.csspw.cn
发　行　部	010-84083685
门　市　部	010-84029450
经　　销	新华书店及其他书店

印　　刷	北京明恒达印务有限公司
装　　订	廊坊市广阳区广增装订厂
版　　次	2023 年 7 月第 1 版
印　　次	2023 年 7 月第 1 次印刷

开　　本	710×1000　1/16
印　　张	19.75
插　　页	2
字　　数	295 千字
定　　价	105.00 元

凡购买中国社会科学出版社图书，如有质量问题请与本社营销中心联系调换
电话：010-84083683
版权所有　侵权必究

目　　录

译者前言 ··· (1)

序　言 ······························ М. Л. 季塔连科院士 (1)

第一章　符拉迪沃斯托克东方学院 ······························ (1)
 第一节　远东东方学中心的创立 ······························ (1)
 第二节　中国学与满学 ·· (18)
 第三节　日本学 ·· (26)
 第四节　朝鲜学 ·· (30)
 第五节　蒙古学与藏学 ·· (31)
 第六节　东方学总论 ··· (33)

第二章　在华俄侨东方学家 ·· (38)
 第一节　满洲俄国东方学家学会 ······························ (38)
 第二节　中东铁路上的东方学 ·································· (50)
 第三节　东省文物研究会 ·· (55)
 第四节　中国东北地区的俄侨高等学校 ····················· (66)
 第五节　北京的俄侨东方学家 ·································· (82)
 第六节　天津的俄侨东方学家（И. И. 谢列布列尼科夫、
    А. Н. 谢列布列尼科娃）································ (96)
 第七节　上海的东方学 ·· (103)
 第八节　中国其他城市的东方学 ······························ (107)

第三章　俄侨的日本研究 …………………………（120）

第四章　国立远东大学的东方研究者 ……………（130）
　　第一节　国立远东大学东方系 ……………………（130）
　　第二节　对东方学家的清洗 ………………………（146）
　　第三节　侨民东方学的终结 ………………………（151）

附录　东方学家生平 ………………………………（154）

缩略语目录 …………………………………………（300）

参考文献 ……………………………………………（304）

后　记 ………………………………………………（306）

译者前言

俄罗斯东方学是一门研究东方国家历史、哲学、宗教、文化遗迹、艺术、语言、文学、经济、民族、政治等领域的综合性学问，包括中国学、日本学、印度学、埃及学、伊朗学、蒙古学、阿拉伯学、朝鲜学、泰国学等多个分支学科。

俄罗斯东方学形成于19世纪初，至今已有200年的历史，造就了一代又一代、一批又一批东方学家，设立了享誉世界的东方学研究机构，创造了跻身世界东方学之林的俄罗斯学派。

远东东方学形成于19世纪末，迄今也有近120年的历史，被誉为实践东方学，形成了俄罗斯东方学的远东学派。然而，长期以来，俄罗斯学界并不认同远东东方学学派的存在。在他们看来，俄罗斯东方学研究只存在两大学派：圣彼得堡学派和莫斯科学派。但远东东方学家们一直在努力希望得到莫斯科和圣彼得堡的承认。

2013年，莫斯科俄罗斯科学院远东研究所出版社出版的一本由俄罗斯远东联邦大学著名学者 A. A. 西萨穆特迪诺夫教授撰写的《远东东方学：历史概述》一书改写了之前的历史。该书由已故俄罗斯科学院远东研究所所长、中国学家 M. Л. 季塔连科院士亲自作序。由此，远东东方学正式得到了俄罗斯学术界的公认。该书在俄罗斯东方学史，尤其是远东东方学史上功不可没，值得各国学者广泛关注。因此，翻译出版《远东东方学：历史概述》这部著作，可以使我们清晰地了解远东东方学，尤其是远东中国学产生与发展的历史脉络、历史背景、基本线索、基本成就和主要演变特点，对我们今天处理东北亚地区复杂的国际关系，尤其是中俄关系寻求可资借鉴的历史经验，具有重要学术理论价值和重大现实意义。

《远东东方学：历史概述》这部著作记述了有关远东东方研究历史的独特信息。该书按时间顺序排列，描述了从20世纪初至20世纪中叶东方研究在远东的发展历史。

就地理位置而言，俄国远东地区与中国毗邻。自第一批俄国人在当地定居后，对中国的研究也就随之兴起。一些社会组织、学术团体和政府机构积极开展了这项活动。1884年，第一个研究中国的远东中心——阿穆尔边区研究会也应运而生。俄国皇家东方学学会哈巴罗夫斯克分会也积极参与其中。

此外，东方研究也分别在驻北京、汉城和东京等远东地区的俄国东正教传教士团活动中得以发展。

成立于1899年的符拉迪沃斯托克东方学院，是为俄国实现在远东地区国家战略服务的，培养了大批实用型东方学人才（翻译、行政人员、经济学家等）。此外，还培养了许多优秀的东方学研究专家，如他们在中国、日本、朝鲜工作，出版了很多有关这些国家地理、历史、考古学、民族志、生物学、经济学等领域有价值的书籍。这项工作非常广泛和深刻，本书在一个单独的章节中描述。

作者在中东铁路、教育界和学术团体（满洲俄国东方学家学会和东省文物研究会）等方面揭示了俄国侨民研究的事实，北京、天津、上海的一些著名俄侨学者的东方研究在书中也有描绘。

本书最后一章介绍了1920—1950年位于符拉迪沃斯托克的远东国立大学东方研究的信息，著者分析了这一时期的研究水平。

该著认为，远东东方学是俄罗斯东方学的重要组成部分，并形成了俄罗斯东方学的远东学派；远东东方学的最大特点就是实践性；远东东方学不仅包括俄罗斯远东地区的东方研究，也包括在中国、日本、朝鲜等国的俄侨所进行的东方研究；中国研究（中国学）是远东东方学的主要发展方向。

序　　言

　　当在远东第一所高等学校——东方学院大楼内出席举行纪念碑揭幕活动时，我与本书的作者在符拉迪沃斯托克进行了正式会面。在纪念碑上雕刻的斯拉夫名字中，有苏联科学院远东研究所首任所长、苏联科学院通讯院士、东方学院毕业生 М. И. 斯拉德科夫斯基教授，东方学院著名教授、在研究俄国毗邻国家上开拓一些重要实践方向的奠基人：А. М. 波兹德涅耶夫、А. В. 鲁达科夫、Г. Ц. 齐比科夫、П. П. 施密特、В. Я. 西迪赫梅诺夫等。

　　东方学院许多教授和毕业生的著述早已成为国内东方学的瑰宝，他们的名字也彪炳史册。他们不仅从事科学研究，而且也成为俄国与毗邻国家——中国、朝鲜与日本之间联系的纽带。东方学院，后来的远东国立大学东方系的学术流派，是人们公认的培养东方学家的中心之一。对于许多东方学家来说，有些时期与时代是残酷的……但他们留下的大量著述是无价的。虽然有些至今还完全不为我们当代人所知，但可喜的是他们不仅开辟了东方学的一些新方向，而且还为该领域的研究培养了一批接班人。侨民东方学家的成就可以说是一个值得研究的专题。基于这些东方学家的研究，俄国难民得以适应陌生国家的环境，在中国东北开办了俄侨学校，翻译学也随之兴起。

　　"东方学"概念有着十分广泛的意义。它既是对远东国家的科学研究，也是对中国学家、日本学家、朝鲜学家和其他专门人才的培养。东方学是一门关于东方国家历史、文化、社会发展经验、地理、民族、哲学等领域深奥理论知识的综合性科学。与此同时，东方学也关注在不同领域与东方国家发展关系的重大应用与实践经验、政治与商业建议。

  恰恰是实践方面对远东东方学的产生起到了重要作用，此外，在19世纪末产生的社会团体也发挥了巨大作用。远东地域闭塞，当地的东方学家与欧俄的学术与教学机构联系极弱，导致了首都的专家在东方研究上明显弱于他们的远东同事。遗憾的是，这一不足在某种程度上直到今天还继续存在。

  关于上述问题，我与本书作者在符拉迪沃斯托克进行了交流。当时，我建议远东国立理工大学东方学院东方语言教研室主任、历史学博士 A. A. 西萨穆特迪诺夫教授撰写一部东方学远东学派史的著作。因为他出版了多部关于这个题目的著作，也多年持续在《远东问题》杂志上发表了相关主题论文。

  A. A. 西萨穆特迪诺夫教授著述的重要成就在于，他系统梳理了东方学院以及远东东方学的整体发展脉络，且在历史和地理上远远超出了俄国远东地域范畴。历史上，他对俄国驻北京传教士团、驻朝鲜传教士团、驻日本传教士团的东方研究给予了有价值的记录。地理上，他的著作对中国和日本俄国侨民的俄国东方学发展的历史也给予了鲜明的描绘和评价。作者在国外档案馆中的拓荒式资料收集有着非常重要的意义。

  从事多年东方学史研究的本书作者曾造访多国。国外提供的用于学术研究的基金允许 A. A. 西萨穆特迪诺夫教授对被侨民从远东带走的出版物进行综合整理，并收集大量私人收藏品。把数量众多的新资料用于学术研究，赋予了本书极为特殊的价值。本书因带有概述性质，所以没有覆盖远东东方学的所有成就。因此，作者认为通过附录——著名东方学家的生平来扩充一些篇章的内容是有必要的。附录远东东方学名人的简明生平辞典是本书的一大亮点。

М. Л. 季塔连科院士

第一章　符拉迪沃斯托克东方学院

第一节　远东东方学中心的创立

19世纪末，社会和宗教组织已经不能满足人们对东方学日益增长的兴趣。时代要求对远东地区民族和国家进行更高层次的研究。1898年，在圣彼得堡成立了一个特别委员会，详细审议了在符拉迪沃斯托克正在创办的东方学院的办学章程。新学校的组建、学校大楼的建设、教学大纲的制定和师资的招揽等琐事，都落在了被任命为学院院长的蒙古与卡尔梅克语文学教授А. М. 波兹德涅耶夫的肩上。1899年10月21日（旧历），东方学院隆重开办。阿穆尔总督Н. И. 戈罗杰科夫强调说，这是"一所高等学校，它以将学生培养成俄罗斯东亚和毗邻国家的外交和工业贸易人才为目的"[①]。当地企业家（А. В. 达坦、М. И. 苏沃罗夫等）、银行家、军事长官和海军指挥官组成了学院督学委员会，他们给予了学院很大帮助，初级商会商人、著名中国学爱好者М. Г. 舍维列夫领导该委员会。

很快，东方学院成为俄国东方学领域的优质院校，它在东方语言的教授中建构了新的方向。实行四年制教学的东方学院设立了四个专业：汉日、汉朝、汉蒙和汉满语专业。学习汉语和英语是所有大学生的共同课。不久，东方学院开办了学习毗邻国家语言的夜校，根据所有学员的需求按照学院大纲进行授课。

由于А. М. 波兹德涅耶夫的尝试，东方学院快速成型。作为圣

[①]《东方学院章程》，《东方学院学报》1900年第1卷，第81页。

彼得堡大学的一名普通教授，A. M. 波兹德涅耶夫能够把创办新的学校的想法灌输给在圣彼得堡大学最有前途的东方学家毕业生，并拟定他们为在符拉迪沃斯托克领导共同工作的候选人。A. M. 波兹德涅耶夫的学生有：日本学家 Е. Г. 斯帕利文、中国学家 П. П. 施密特和 А. В. 鲁达科夫、藏学家 Г. Ц. 齐比科夫，他们成为其在俄国东部地区确立东方学科学地位的艰难工作中的最亲密助手。在东方学院创办的进程中，年轻的教授们不仅要完善自身的知识，还要着手制定教学大纲：诸如朝鲜学和日本学这样的专业以前在俄国任何地方都没有开授过。

作为东方学院第一任院长的 A. M. 波兹德涅耶夫尽可能地制定出更贴近现实的教学大纲。他喜欢说："不要为了科学而科学，要为实践而科学。"所以，在东方学院学习外国语言要严格遵循实践目的，在完善大纲时要注意矫正。比如，在每一种东方语言的文选中，除了典型的口语和文学语言外，还包括私人通信、官方外交、行政、民事和刑事的公文，以及各种形式的商业法令和贸易信函。

"我们坚信，——A. M. 波兹德涅耶夫指出，——数年后，东方的实践研究与整个实践科学一样，在我们这里的发展会是很宽广并日臻完善的，就像我们现在所看到的很抽象的科学一样；实践科学和知识在短时间内要形成自身独特的研究手法，不仅要将新的可靠材料作为抽象科学的补充，而且要取代最初的无可指摘的信息，并在其中加入自己深思熟虑的结论和思想；总之，要构建自身新的学术定位，而这将被视为对人类智力发展同样重要和有力的措施。这是很自然的。活动家的数量增长很快，相应的活动也增加了，其增加不止是数量上的，还是质量上的。目前，我们的社会生活已步入一个重要的发展时期，俄国刚刚承担起将国民天才与生产劳动方式结合起来这一艰巨的任务。"①

东方学院最初没有任何教科书和参考资料。"对于熟悉欧洲国家

---

① 《东方学院在符拉迪沃斯托克市的创办与隆重的开学庆典》，《东方学院学报》1900年第1卷，第76—77页。

东方高等学校教学大纲的人来说，同时代人写道：完全很明了，不仅像日本和朝鲜文学这样的课程至今在俄国还没有作为科学学习的课程，而且甚至可以确定，我们这里其他一切课程也遇到了这种情况，了解它们也是在没有任何参考资料的情况下进行的。"① 为此，А. М. 波兹德涅夫要求所有教师编写个性化的课程讲义，为大学生们准备教科书。

从1902年起，东方学院开设了服务于阿穆尔军区和关东州的军官听众班：军队急需翻译人才。日俄战争期间，俄国反侦查机关表现不佳，暴露了俄国在培养军队翻译人员上的弱点。"虽然俄国的侦查体系整体上是非常完善的，——英国人写道，——俄国在中国东北却失利了……他们的侦查活动主要靠中国翻译的帮助，而中国翻译对俄国和日本军队的机构没有任何概念。总体来看，中国翻译是不能胜任自己的工作的。正如我所说的，俄国人所拥有的合适的翻译人才整体上来看是匮乏的。对于俄国人来说，战争的前几个月欠缺很多必要的准备，显得困难重重。但他们的侦查体系在不断地改进，渐渐地在一定程度上能够比较顺利地发挥自身的功能。"②

关于这点，俄文报刊写道："随着1904年战事的燃起，——东方学院的一位毕业生讲述道，学院的第一批毕业生全部被征召到地方长官司令部，后来又被转送到总司令部。整个俄国军队只有3个会日语的，——全部毕业于东方学院。А. Н. 库罗巴特金将军请求圣彼得堡大学东方语系派送通晓日语和汉语的大学生，但系里回应：我们没有这样的学生。于是，将东方学院四年级的大学生全部征召到军队中。"③

军官到东方学院就读有着严格限制：在远东服役的军官有2个名额，但申请者有26人。其余从总参谋部或者西伯利亚军官中选拔。东方学院招收听众的规定在哈巴罗夫斯克的阿穆尔军区司令部里引起了许多非议。

---

① 引文见：《远东国立大学：历史与现实》，远东国立大学出版社1999年版，第19页。

② Дж. Э. Л. 哈尔德尼：《日本和俄国侦查活动史：英国军部 Дж. Э. Л. 哈尔德尼上校1909年讲义》，С. 多布松发现，Д. Б. 巴甫洛夫翻译，《历史档案》1997年第1期，第164页。

③ 《东方学院十周年纪念（1899—1909）》，《亚细亚时报》1909年第2期，第15页。

《远东报》报道:"许多军官都想去学院就读,但结业并没有给军人提供任何权力和优势,有时大学毕业生还为复职而奔波。在没有特定入学条件下,在现有的考试制度与完全没有实践经历的情况下,等到毕业了,凡是上大学的人或许最终都后悔莫及。"①

评论指出,除学习外国语言外,军官们在东方学院还学习对继续服役完全没有意义的商业科学,当时在教学大纲中没有设置军事科目。② 因此,军事指挥官坚决要求改革,并在东方学院开设专门的系列。③

后来的事实证明,东方学院军官毕业生中没有一位大展身手,他们的专业很难使他们升到参谋长的位置上。"大概,在整个俄国军队中,东方研究者——稀缺人才相比于其他军事人才,服役条件更为恶劣。实际上,通过4年紧张学习生活后,获得高等文凭的军官在复职后,部队领导会立刻向他们声明:你们脱离岗位。即使是在学习,——我们既不能给你们授衔,也不能给你们一个连。"④ 基于这种状况,军官们被迫放弃语言学习,而完全投入到军事服役中。

然而,在东方学院的学习对许多军官来说也不是没有好处的:他们经常以军事代表的身份为外交部门服务,在服役的同时也从事研究工作。Н. Д. 库兹明就出版了几部著作（1903年出版）⑤,С. В. 阿法那西耶夫出版了有关朝鲜武装力量的著作（1906年出版）,⑥ 经常去

---

① 诺维克:《东方学院的军人》,《远东报》1907年9月8日（第186期）,第3页。

② 班载:《军队和东方学院》,《远东报》1908年1月12日（第10期）,第2—3页。

③ А. И. 谢列宾—萨巴亭:《东方学院的空中楼阁》,《远东报》1908年1月27日（第23期）,第4页。

④ 《В. В. 什库尔金收藏品（加利福尼亚）》,无标题,第1页。

⑤ Н. Д. 库兹明:1)《朝鲜语学习初级教科书,附带便于练习用的语法案例和词句》,阿穆尔军区司令部印刷所1900年版,128页;2)《中国和日本的政界（上海出差的片断)》,《东方学院学报》1900年第2卷,第1册（次要短文与图书简讯）,第27—34页。

⑥ С. В. 阿法那西耶夫:1)《驻朝鲜俄国飞行教员笔记》,《阿穆尔边区报》1898年第230期（5月24日）,第9—19页;231期（5月31日）,第17页;2)《朝鲜武装力量现状》,《东方学院学报》1902年第3卷,第3册,第1—64页;3)《朝鲜武装力量现状——关于军服、武器、装备、薪资、给养、营房建造以及朝鲜军队训练的状况》,东方学院出版社1903年版,第175—210页。

日本执行任务的 В. Н. 克雷洛夫出版了关于日本军队的书。① 编写日俄军事词典给 В. Н. 克雷洛夫带来了声誉。驻华军事代表助理 В. Н. 沙伦别尔格－硕尔列梅尔编写了现代中文版陆海军术语词典。②

从东方学院军官班毕业的阿穆尔军区司令部的军官们积极参加了对远东国家的研究工作。比如，总参谋部上校 Л. М. 鲍尔霍维基诺夫发表了高质量的的东方学学习成果。③ 阿穆尔军区司令部甚至出版了军事东方学家骑兵大尉 Л. И. 李奥尼、大尉 А. И. 才布舍洛夫、总参谋部大尉 В. А. 雅宏托夫等人的译著。

其间，阿穆尔军区司令部发行了月刊《中国和日本——定期出版物概述》，杂志上还盖着"不容外泄"的签章。这个出版物设置了下列栏目："A. 中国：I. 武装力量。II. 内部环境。1）政治和社会生活；2）经济生活；3）道路与通信工具；4）各种信息。III. 外部政治。IV. 中国东北。Б. 蒙古。B. 日本。I. 武装力量。1）陆海军；2）航空。II. 内部环境。1）政治和社会生活；2）经济生活；3）道路与通信工具；4）各种信息。III. 对外政治。IV. 殖民地。1）朝鲜；2）中国东北的日本人。简讯与书刊简介。"编辑利用外文出版物资料分析远东政治—军事形势。大概，该刊的最后一期为第264—269期合刊（1917年9月、10月和11月）。К. А. 哈尔尼斯基译作

---

① В. Н. 克雷洛夫：1）《日本骑兵队问题——现代日本骑兵队编制指南，附带日本陆军的整体信息》，哈尔滨1914年版，82页；2）《适用于底层官吏的简明拼音日俄军事词典》；3）日本总督寺内正毅：《朝鲜的日本地名词典》/总参谋部少将沃洛德琴科编辑，《远东报》俄中蒙印刷所1914年版，92页；4）《日本武装力量简讯，附带一般性的统计资料》/总参谋部少将沃洛德琴科编辑，哈尔滨1915年版，72页；5）《日本军队概况》，赤塔1919年版，84页；6）《日本士兵和水兵的圣经——对日本军队的认识》，赤塔1919年版，32页；7）《俄日会话实践》第1册，赤塔1920年版，48页；8）《俄日会话——附带简要俄日词典》，符拉迪沃斯托克1921年版，61页。

② В. Н. 沙伦别尔格－硕尔列梅尔：《现代汉语中的陆海军术语与语汇简明词典初编》，1915年1月15日作者自序，俄国传教士团附属乌斯朋斯基修道院印刷所1910年版，475页。

③ Л. М. 鲍尔霍维基诺夫：1）《俄国在远东——远东的殖民者》，"大俄国"出版社1910年版；2）《俄国远东的黄祸问题》，《军事文集》1910年第11卷，第161—174页；第12卷，第181—196页；3）《远东以及毗邻中国东北北部地区和朝鲜区域简述：军事地理和统计评论（3部分）》，阿穆尔军区司令部印刷所1912年版，328页。

《俄国人在中国东北》是该刊刊发的最后一篇文章。①

值得注意的是，尽管军人大学生得到了很好的训练并努力工作，但军队中的东方学人才仍然短缺。为此，在东方学院东方研究者军官培养班停办后，哈巴罗夫斯克也尝试过开办汉语军官班，但是该班的质量不高。П. В. 什库尔金在这个班授课后，培训班工作才开始有了起色。②

就职于远东传教士团中的传教士也在东方学院学习。这个倡议是 А. М. 波兹德涅耶夫发起的，1902 年夏他在圣彼得堡提出了该想法。9 月 17 日，圣西诺得被批准入学。"毫无疑问，预先指定到远东传教士团任职的人，在东方学院能够获得关于远东各民族语言习俗的严肃而又广泛的实践知识，不仅对于正确认识远东各民族的生活是非常重要的，而且对编写值得翻译的福音学说和东正教箴言译文也是很必要的。"③

应时任阿穆尔总督 А. С. 别涅夫斯基的要求，东方学院承担起了对汉文与日文书刊的审查工作。"指的是审查汉文与日文版书刊，——东方学院会议记录中指出，——就圣彼得堡当时来说，无论是大学，还是科学院，甚至是外交部，都没有一个精通汉语和日语并且对上述国家的生活习俗和文学有研究的人。院长认为，此种情况下，东方学院有为政府效劳的使命，有责任审查所需图书、杂志和手稿。"④

因为新的学院不是拥有某种特权的学校，有钱人的子女对它的兴趣不大，因此中等师范学校或者实验学校的毕业生成为该校的主要生源。为了学懂最难的科学并改善大学的物质条件，该校建立了激励机制——设立了多种助学金。1901 年 6 月 15 日，以步兵上将 Н. И. 戈

---

① К. А. 哈尔尼斯基：《俄国人在中国东北》，《中国与日本：定期性出版物评论》1917 年第 264—269 期，第 176—177 页。
② 《亚洲研究札记》，《亚细亚时报》1910 年第 3 期，第 254—255 页。
③ 《1902 年东方学院活动与状况报告》，《东方学院学报》1903 年第 5 卷，第 XLV 页。
④ 《东方学院校务会议纪要——1900 年 11 月 11 日会议》，《东方学院学报》1901 年第 2 卷，第 3 册，第 196 页。

罗杰科夫的名义设立了6种奖学金，奖金在符拉迪沃斯托克已筹集到。此外，按照Н. Л. 关达基的建议，将东方学问题研究列入学院课程，以 Н. М. 齐恰国夫上尉的名义在东方学院设立了一个金质和两个银质奖章，其奖金由符拉迪沃斯托克人筹集。① 其他远东城市也决定资助第一所远东大学的大学生。尼古拉耶夫斯克的居民于1902年10月28日②以尼古拉二世的名义设立了3项基金，布拉戈维申斯克也不甘落后设立了自己的基金，符拉迪沃斯托克交易所以财政大臣С. Ю. 维特的名义设立了基金。③ 之后又出现了许多其他名目的基金——总共大约有20种。这些钱能够帮助许多大学生集中精力学习，而不用想着去挣钱，最终成为真正的东方学家。

暑假期间，东方学院的大学生能够去所研究的国家进行考察。比如，1901年，两名大学生与А. М. 波兹德涅耶夫、А. В. 鲁达科夫和Е. Г. 斯帕利文教授一同去了奉天——为了研究中国义和团运动后被弃掷的"藏有中文、蒙文和满文手稿的档案馆和图书馆"④。1903年，12名大学生被派往中国的不同城市，2名被派往了日本，3名被派往了朝鲜。1908年，被派往远东国家的共有23人。大学生们的任务不仅包括语言实践，而且还包括研究毗邻国家的历史、生活习俗、工商业发展特点。根据考察结果编写的报告更多地带有调查性质。П. Ю. 瓦斯科维奇的《从敦贺到新潟旅行日志》、К. И. 德米特里耶夫的《中国北方铁路》和 В. И. 那达罗夫的《汉城—釜山铁路》等在当时众多报告中被认为是最好的。教授们指出了汉满语专业二年级的大学生 А. В. 司弼臣调查的独特性，关于他的长春之行，有这样的记载："并且，他并不满足仅仅来自于个人的观察，但每次他都有机会向私人、官员和政府机构了解信息，与此同时，在解释自己的观察时也利

---

① 《以步兵上将 Н. И. 戈罗杰科夫名义在符拉迪沃斯托克市东方学院享受助学金的学生状况》，《东方学院学报》1901年第3卷，第1册，第28—29页。
② 《尼古拉耶夫斯克城市上流社会在符拉迪沃斯托克市东方学院设立三种助学金的规定方案》，《东方学院学报》1902年第3卷，第5册，第174—175页。
③ 《在符拉迪沃斯托克市东方学院以财政大臣、御前大臣С. Ю. 维特名义设立的助学金规定方案》，《东方学院学报》1903年第7卷，第CXXXVII—CXXXVIII页。
④ 俄罗斯国家历史档案馆：全宗744，目录号1，案卷176，第49—50页。

用了大量中文文献资料。"①

大部分教学资料，以及东方学家——教授学术研究的成果都刊登在《东方学院学报》上。这份学术杂志是在学院办学的第一年出版发行的（1900—1916 年发行了 61 卷 80 册）。最初，不拥有印刷所的东方学院刊印自己的学术杂志是很艰难的。排版是在市内 4 个印刷所进行的，之后才装订成书。其原因在于，在《东方学院学报》第 1 卷里并不是简单地标注页码。② 到 1900 年，东方学院开始尝试创办自己的印刷所，为此在圣彼得堡和日本订制了全套东方语铅字。

东方学院把东方语铅字移交给了与其签订出版《东方学院学报》协议的符拉迪沃斯托克苏辛斯基印刷所，但对印刷所的印刷品质量非议很多。于是 A. B. 鲁达科夫认为，与其指望他人，还不如依靠自身的力量。他不止一次地向国民教育部请求拨款开办印刷所，但始终被拒绝。当时，预先得到了地方政府支持，接替 A. M. 波兹德涅耶夫担任校长的 A. B. 鲁达科夫开始节省东方学院的预算经费。就这样，1906 年，东方学院在日本和德国购置了铅印、石印机和辅助铅字。此后，东方学院印刷所成为俄国唯一的能够出版 7 种东方语文献资料的印刷所：汉语、日语、朝鲜语、满语、蒙古语、藏语和卡尔梅克语……东方学院印刷所于 1908 年正式开办。③ 它同日本东京的成文堂铸字厂建立了伙伴关系，并从那获得了新版铅字。

东方学院印刷所的开办以及教师们积极将自己的讲义和调查结果转换成铅字，促进了出版业务的扩大。东方学院开始定期刊印该校教授和大学生的著述，并出版新的教科书。1916 年前，《东方学院学报》每年都发行几卷，形成了一个厚重的东方学图书馆。东方学院的第一批大学生能够在学报上刊载自己的暑期考察报告或者专著。到 1906 年，大学生们发表了大约 40 篇长篇文章，他们中的一些人（例

---

① 《东方学院校务会议纪要——1902 年 10 月 17 日会议》，《东方学院学报》1903 年第 5 卷，第 XXII 页。
② 《编辑部寄语》，《东方学院学报》1903 年第 4 卷，第 1—2 页。
③ T. A. 卡拉卡什收藏品（符拉迪沃斯托克）：《A. B. 鲁达科夫自传》，无日期，无页码。

如：П. Ю. 瓦斯科维奇、П. И. 西夫亚科夫①或者 A. C. 科别列夫）所著成果构成了独立一卷。A. M. 波兹德涅耶夫从校长岗位上卸任后，《东方学院学报》不再刊登大学生的文章。

东方学院的教授经常为地方当局提供关于远东政治状况的信息，得到了军方的高度关注。因此，阿穆尔总督建议在《东方学院学报》上定期发表这些信息。从第 2 卷开始，学报就设置了专门栏目"远东当前大事记"。

A. M. 波兹德涅耶夫也希望各专业的每位教师齐心协力，并使学院图书馆的图书量在一年内增加到了 15000 册。П. П. 施密特是第一位图书管理员，他内向的性格和杰出的语言才能正适合这个职务。П. П. 施密特立刻满腔激情地收集所需图书，但由于身处遥远的俄国边陲，很不容易。一个偶然的机会为图书搜集提供了条件：1900 年，在中国爆发了义和团运动。阿穆尔总督 H. И. 戈罗杰科夫建议符拉迪沃斯托克的东方学家到奉天考察并查看书库。A. M. 波兹德涅耶夫立即响应了这个建议，并成立了以 A. B. 鲁达科夫教授为首的考察团，П. П. 施密特也在其中。1901 年 5 月，他们被派去了中国东北南部地区，并在那里发现了大量珍贵图书，大部分被发现的图书都不为欧洲专家所知晓。很快，它们充实了学院图书馆。现在东方学院大楼入口处矗立着由 H. И. 戈罗杰科夫赠送的中国石狮。

东方学院的听众和教师也丰富了图书馆的藏书。比如，1908 年夏，施密特完成了对中国的考察：首先他去了烟台并与自己的学生见面，后来经天津来到北京，在那里的一整月都在阅读最新关于改革的中国文献和报纸。通过这次考察他也为东方学院收集了珍藏图书。②Г. В. 波德斯塔文无偿地赠给图书馆 819 册图书③和一幅 21 页巨幅手

---

① П. И. 西夫亚科夫：《关于山东省和烟台港的地理信息》，东方学院出版社 1903 年版，第 146 页。
② 《校务会的活动、境外出差与教师的学术及文学著述》，《1908 年东方学院活动与状况报告》，东方学院印刷所 1909 年版，第 38 页。
③ 《校务会的活动、境外出差与教师的学术及文学著述》，《1908 年东方学院活动与状况报告》，东方学院印刷所 1909 年版，第 16 页。

绘版朝鲜地图，该图是 M. Г. 舍维列夫赠送给他的，这个珍宝估值为 800 卢布。① 当时，Г. В. 波德斯塔文还建议在图书馆开设朝鲜文献部。

Н. И. 戈罗杰科夫总督赠送给图书馆一个无价的礼物，他的图书被放到了名为"戈罗杰科夫"②的特别文献部。珍贵图书的数量增长得非常快，所有的空间都被占满了。"学院图书馆的图书在不断地扩充，长时间以来图书馆里的空间狭小到几乎不能工作的程度。珍贵的中国档案一直保存在地下室的一个适宜保存它的房间内，但是在黑暗的角落里没有任何进行纸张加工的可能。图书馆里不包括教学用书在内的中文图书数量超过了 2 万册，其中还有较完整的珍贵稀缺出版物收藏品，不得不把它们放在箱子里并放到顶楼。日本文献部被安置在半暗的房间里。"③

继 П. П. 施密特之后，Е. Г. 斯帕利文成为图书管理员，但他的时间并不充裕，不能全身心地投入到这份工作中来。幸运的是，寡妇 К.（З. А.）马耶登·Е. А. 负责日本文献部的工作。精通象形文字的她也能够胜任图书馆中国文献和朝鲜文献部的工作。后来，А. В. 鲁达科夫校长经常划拨经费用于购买最新的东方学图书，但图书馆空间不足，有 500 箱书散乱地、无人管理地堆放在外室和顶层阁楼。因此，А. В. 鲁达科夫开始着手扩建多年来位于一楼两个房间内的图书馆。但很快他就发现，书架位置早就不够用了，于是决定把图书放到库房的一个空闲位置。

在东方学院中有一个很小的大学生图书馆，其藏书被放在一个大的书柜里。在那里，读者可以无偿地阅读符拉迪沃斯托克的报纸、哈尔滨的两套中东铁路机关报——《哈尔滨日报》（俄文版）和《远东报》（中文版），以及私人报纸《生活新闻报》。大学生们非常兴奋地在图书馆中阅读在哈尔滨新发行的杂志《亚细亚时报》第一期，它

---

① 《1907 年东方学院活动与状况报告》，东方学院印刷所 1908 年版，第 33 页。
② Н. 阿穆尔斯基：《东方学院的作用》，《符拉迪沃斯托克报》1901 年 10 月 28 日，第 1 页。
③ 《1904 年东方学院活动与状况报告》，《远东报》印刷所 1907 年版，第 3 页。

刊登了关于现代中国和日本的文章,并且介绍了关于远东的重大事件。

开办学院博物馆是 А. М. 波兹德涅耶夫的另一个倡议。"至于考古学,——А. М. 波兹德涅耶夫写道,——中国东北正在消失的满文文献在这里具有重要的特殊意义。欧洲只有为数不多的这样的收藏品,未来的满学完全会因为俄国人在中国东北的行动而取得巨大成就并拥有无价的资料。在这里,除了图书馆和档案馆外,毫无疑问,也许还汇集了各种各样领域极好的收藏品。除了各种宗教派别的物品和崇拜物外,在倒塌的衙门内可以搜集到大量具有政权性质的官方标志:腰牌,各种形式、层次和特点的印刷物,审判和用刑的工具,——这一切,大概,在大量的物品中都能找到。"① 实际上,无论是教师,还是大学生,都为东方学院提供了大量有趣的资料,这为民族学和工商博物馆的适时开办创造了条件。

东方学院第一届毕业生的毕业典礼举行得很隆重。第一批符拉迪沃斯托克东方学家 П. Ю. 瓦斯科维奇、К. И. 德米特里耶夫、Н. Д. 库兹明、В. И. 那达罗夫、А. П. 希奥宁、К. К. 齐维列夫、П. В. 什库尔金与 Д. И. 谢尔巴科夫获得了毕业证书。他们对 А. М. 波兹德涅耶夫说道:"在我们的教育资历、社会地位和物质状况存在千差万别的情况下,在潜移默化地受到俄国地域亲缘性的影响下,在我们中每一位的心里存在多种多样接受教育的兴趣取向下,您从我们学业之始就对我们的学习给予一视同仁的友善引导,并对我们预期活动的重要性给予提示,始终不渝地沿着无私奉献和追求的道路引领我们。"②

他们指出:"我们作为远东第一所高等学校的第一批毕业生,今天离开了东方学院,在这里学到了许多实践知识并得到了研究远东邻国的理论培养。我们作为毕业生诚挚地向校长致意,我们满怀深情地感谢母校,向校委会、尊敬的 А. М. 波兹德涅耶夫校长、学院教育活

---

① 《东方学院校务会议纪要——1900 年 8 月 23 日会议》,《东方学院学报》1900 年第 2 卷,第 1 册,第 25 页。

② 《1903 年 5 月 15 日欢送第一届东方学院毕业生的隆重会议》,《东方学院学报》1903 年第 9 卷,第 CLXXXVII 页。

动的主要领导者表示深厚的敬意,感谢所有将我们带入社会和公务活动舞台上的人……在学院学习的岁月里,我们常常体会到友善的熏陶和浓厚的亲和,但也沉重地感受到近几个月学院生活的不愉快,这强有力地证明,对办学目的理解得不够而且明显有偏差。我们为此目的进入东方学院,但对于学生提出的各种要求学院完全不理会,学院上层领导也没有给予重视,这完全体现了学院办学经验的不足。"①

东方学院毕业生的就业是非常困难的。虽然有些毕业生被分配到了外交部,但许多重要岗位都被圣彼得堡大学的东方学家所占据。对于远东研究者来说,在中东铁路或者道胜银行工作是比较有前途的,但是那里的空闲岗位是非常有限的。大约有25%的毕业生完全找不到工作。后来,东方学院的毕业生抱怨,学院督学委员会对毕业生的就业问题完全不关注。

某些远东学者把东方学院首批毕业生的毕业视为本土远东知识分子的诞生。后来,哈尔滨的杂志《亚细亚时报》发表了关于这个问题的文章。文章写道:"远东边区研究人员匮乏,但东方学院在人才培养方案的设置上却忽视了这一点,为此本文提出了一个立足当下的问题'关于国家在阿穆尔沿岸地区的科学任务'。如果'有文化修养'的代表者不能在自'我'中一定程度上牢固树立对祖国和人类社会的正确世界观,那么任何'有文化修养的人'都不能为国家的良性发展提供保障。"②

教师们继续关注东方学院在校生和毕业学生的生活状况。他们要求毕业生定期寄来关于他们工作以及独立从事语言、完善和补充东方学知识情况的报告。"我将这个月口语实践情况按照您的要求汇报给您,——不久前毕业的学生 Г. А. 索弗克洛夫致信 А. В. 鲁达科夫。——除阅读和区分相似文本外,我将课文翻译成中文,并记住典型例句和整篇文章。我凭记忆书写相似文章,同时应该纠正发音和拼

---

① 东方学研究所圣彼得堡分所档案馆:全宗44,目录号3,案卷2,第1页—第1封底页。
② 《国家在阿穆尔沿岸地区的科学任务与东方学院》,《亚细亚时报》1911年第10期,第152页。

写法。我单独用毛笔书写好的范文，暂时还不能书写出优美的独特的中国文字。由于用口语阅读报纸，我有条件关注中国的生活。同样，日本语的学习也可以仿效此方法，我做了系统的笔记。"①

东方学院一直关注师资问题，如果说第一批教师全部是来自圣彼得堡大学的毕业生，那么第二批教师中就有东方学院的毕业生了。А. В. 格列本希科夫②、П. Ф. 李文（郭里登什杰德）等教授成了杰出的学者。А. М. 波兹德涅耶夫曾预言："在实践东方研究方面……我们开辟了广阔的道路，并达到从未有过的完善程度"，这已成为现实。

东方学院几乎所有的教授都处于一个年龄段。年轻人充满了才气和傲慢，不畏惧学术权威。符拉迪沃斯托克的东方学家深信，他们在远东的生活和活动为他们登上东方学奥林匹斯山提供了极好的机会。但他们间的相互关系，以及他们与大学生间的关系，却非常复杂。尽管外界的自由主义之风强调要尊重大学生的需求，但东方学院的教授们还是生硬地对待这些懒汉。А. М. 波兹德涅耶夫校长设立了一套学习突击检查的制度，经常将懒散的学生留下做额外的祈祷，以致常有不少学生为此失去助学金。学院的领导称他为"蒙古的枷锁"不是偶然的。彼此的不满不止一次地导致公开的冲突。这些成为 А. М. 波兹德涅耶夫转任国民教育部委员会成员并于1904年调往圣彼得堡的原因之一。他建议自己的弟弟 Д. М. 波兹德涅耶夫接替校长一职。然而，此后东方学院中存在的问题并没有减少，新任校长不能立刻改变学校的内部状况，伴随着日俄战争的爆发，东方学院被疏散到了上乌

---

① 滨海边疆区国家档案馆：全宗115，目录号1，案卷1046，第41—41封底页。
② А. В. 格列本希科夫：1)《满族文学形态简述》，符拉迪沃斯托克1909年版，61页；2)《阿穆尔河和松花江：（旅行札记）》，《远东报》俄中蒙印刷所1909年版，24页；3)《沿着嫩江去布特哈和墨尔根（来自中国东北黑龙江省旅行）》，《远东报》俄中蒙印刷所1910年版，81页；4)《中国阿穆尔沿岸地区的移民概况》，哈尔滨1911年版，26页；5)《满族及其语言和文字》，附照相锌版制作和平板印刷表格，符拉迪沃斯托克1912年版，72页；6)《中国满语学习概况》，2部分：第一部分俄文本，第二部分中文本，附带3张锌版制作表格，符拉迪沃斯托克1913年版，194页；7)《中国东北：历史地理、工商业和行政简述》，符拉迪沃斯托克1914年版，第54—84页。

金斯克。那时，东方学院的情形导致了 Д. М. 波兹德涅耶夫直接侮辱大学生的事件。结果，学院的大部分学生退学，教学工作几乎不能开展，而教师们也只是忙于出版自己的著作。

东方学院搬回到符拉迪沃斯托克后，Д. М. 波兹德涅耶夫因利益问题辞去了校长职务，并去了日本。东方学院急需一位不仅能够团结所有人，而且还能够推动学院实现新发展的领导者。按照多数教授的建议，这个人非 А. В. 鲁达科夫莫属。在任职期间，А. В. 鲁达科夫远离了学院的其他事务，全身心地投入到科研和教学活动上。

1906 年 10 月 28 日，А. В. 鲁达科夫被正式任命为校长，但其实早在 1905 年 10 月 31 日起他就已经事实上领导东方学院了。至此，学生和教师间的紧张关系已经达到了极限，以致有威信的 А. М. 波兹德涅耶夫建议关闭自己创办的学院。以 А. В. 鲁达科夫为首的东方学院的教授们让地方长官相信，他们能够消解冲突，以折中的办法开除了某些暴动学生。1905 年冬季，学院重新恢复了教学工作。А. В. 鲁达科夫的沉着和公正使方方面面得到了和解。在与大学生们进行沟通时，他表现出了极大的灵活性，让大学生们相信学院具备自我约束能力。1906 年 12 月 4 日，东方学院教授委员会通过了向政府申请关于重新接收那些不合规范地被学院开除的学生的决议。我们看到，在办学过程中，"为使青年学生免遭政治审查，在任期间 А. В. 鲁达科夫开展了许多端正学生政治立场的教育活动。也正因此，学校再也没有发生学生因冲动行为而接受政治审查的事件。"①

在校长任上，А. В. 鲁达科夫建议修改教学过程中的某些环节，其中包括将专业扩大到 6 个，并进一步深入学习大部分的课程。藏语被纳入教学大纲，学习藏语知识对于理解语言学的基础是非常重要的。在做出任何一个决定之前，校长都要听取同事的建议，以保障在任何情况下都不会偏离预定方向。后来，А. В. 鲁达科夫在回忆那些岁月时写道："在这个新职务任上，我不止一次地提出给予

---

① Т. А. 卡拉卡什收藏品（符拉迪沃斯托克）：《А. В. 鲁达科夫自传 [1918]》，无日期，无页码。

教学自治权的问题。此外,多年来,学院还在行政、学术和教学方面也进行了实质性的改革。在操心改善我们大学生物质生活的同时,我借助地方捐助的资金着手修建大学生集体宿舍,最终靠50项捐助建造了直到现在还能容纳100多名大学生的一栋楼。之后我在校长职务上所做的事情如下:1)通过出版东方学专门著作活跃学院的学术活动,为此开办了附有东方语铅字的印刷所;2)深化教学改革;3)通过增加奖学金数额并借助于督学委员会的经费开办廉价大学生食堂,改善大学生的物质生活,并扩大督学委员会的活动范围。"①

1909年秋季,在东方学院建校10周年的庆祝大会上,② А. В. 鲁达科夫讲述了中国学在俄国的历史以及学院在远东国家研究领域中的重要作用。对于学院的未来发展,А. В. 鲁达科夫校长精心制定了将东方学院改造为完全有价值的高等学校的完整方案。他请求在师资队伍的补充上给学院提供更大的自主性,建议学生不仅要深入地学习远东国家的语言,而且还要更多地关注它们的生活习俗和文化。认识到实践与理论相结合的重要性后,他请求拨出经费成立语言实验室。③他还研究了在东方学院进行学位论文答辩的可行性问题。但是国际上的军事政治状况导致这一预定计划没有完成。

虽然因第一次世界大战而遇到了经费短缺问题,但 А. В. 鲁达科夫依然能够聘任到极出色的教师,为学院留下了几名有才学的毕业生,并且邀请到了以远东语言为母语的教师。А. В. 鲁达科夫对自己的同事这样写道:"我总是把 Е. Г. 斯帕利文和 Г. В. 波德斯塔文安排在责任重要的岗位上,诸如教授委员会秘书、图书管理员和书刊检查员等职务,建立业务上的共同责任,并决不安排我完全不承认的出于私人交情的职位。于是,事实上时间证明了一切,误解平息了,渐渐

---

① Т. А. 卡拉卡什收藏品(符拉迪沃斯托克):《А. В. 鲁达科夫自传[1918]》,无日期,无页码。

② 关于该问题见《东方学院10周年纪念(1899—1909)》,《亚细亚时报》1909年第2期。

③ 俄罗斯国家远东历史档案馆:全宗226,目录号1,案卷471,第133页。

产生了共识，我们大家能够在一起工作。这一切是真实的，是实际上发生过的事情。"①

实践制度的效果十分明显：每年大约有20名大学生被公派到语言学习国。教师和大学生定期在远东国家进修，并促进了图书馆新文献的补充，博物馆也充实了展品。根据由考察结果编写而成的报告分专业被保存起来。学院印刷所满负荷工作。每年都有许多新的教学参考书和学术资料被出版，其中包括预定在东方学院成立18周年时出版的教师和大学生文集、中国学家П. П. 施密特在文集中刊登的新文章。②

到1917年，东方学院的4个系共计有142名大学生。他们组建了合唱团、自己的乐队，并出版学术—文学和经济文集，从中得到的收入用于帮助有需要的大学生。此外，大学生们还成立了推荐补习教师的劳动部。大学生的入学标准有了些许变化：女子学校毕业的学生可以提出书面申请而入学。③

1917年初，东方学院的教师们庆祝了二月革命。在他们看来，二月革命能够极大地改善位于俄国遥远边陲的高等学校的状况。受教授委员会的委托，А. В. 鲁达科夫往彼得格勒发去了一封电报"迫切地希望，在学术自治的原则上允许东方学院进行广泛的改革"④。当时，谁也不曾预测到，这种自由会成为现实。П. П. 施密特在一封来信中沉痛地确信："谁也不能说清战争和俄国革命什么时候能结束，但有一个事实是清楚的，无产者不需要任何中国学家。"⑤ 他开始准

---

① 东方学研究所圣彼得堡分所档案馆：全宗96，目录号1，案卷83（А. В. 鲁达科夫注解札记），第1页。
② П. П. 施密特：《汉语口语史》，《纪念东方学院建校18周年教师和大学生文集》，符拉迪沃斯托克1917年版，第17—20页。
③ 《远东国立大学：历史与现实（1899—1999）》，远东大学出版社1999年版，第47页。
④ 《第159期东方学院校务委员会会议纪要——1917年3月8日》，《文件和资料中的远东国立大学史（1899—1939）》，远东大学出版社1999年版，第248页。
⑤ W. 哈特穆特：《东亚研究者、语言学家与民俗学家П. П. 施密特》，贝尔出版社1982年版，第73页。

备调往美国，想在那里从事中国学教学工作。①

1917年4月17日，东方学院的领导层解除了自己的职权，于是А. В. 鲁达科夫电告彼得格勒辞去校长一职，原因有很多。中国学家А. В. 鲁达科夫担任这一职务已长达数年，尽管他的性情平和并且外表沉着，但大学生和一些教师过于热衷政治和社会运动使他很愤怒。他本人不愿染指政治。令人烦恼的行政职责使А. В. 鲁达科夫无心学术，因此他被迫放弃了大量规划和最初的手稿，尤其是他穷尽一生搜集的一直没有出版的手稿《乌苏里边区的中国人》中关于各地中国人的信息。② 1917年4月26日，А. В. 鲁达科夫被解除了校长职务，之后成立了临时教授委员会。Г. В. 波德斯塔文被任命为东方学院的最后一任校长（1919年）。③

1917年的十月革命让教师们很紧张。1918年1月，他们在彼得格勒召开的教师代表会议被驱散表示抗议，并决议不承认苏维埃。他们对海军上将А. В. 高尔察克政府并不认同。由于远离中央和复杂的政治形势，处于自己治理自己的东方学院，具备了改革在1906年拟定的教学环节的条件。大学生有权学习一种东方语言，而不是像以前学习两门；在教学大纲中增开了统计学和法通论课程，增加了法律科学和商业科学的比重。

1918年夏季，《远东边陲报》载道："在我国高校教学工作整体遭到破坏的情况下，东方学院绝对是个幸运儿。在布尔什维克政变的艰难条件下开始的教学年，尽管极为不利的物质状况使学院不止一次面临关闭，但还是顺利地坚持到了最后……"革命和国内战争使许多人背井离乡，而与以往不同，1918年是中学应届毕业生的高峰期。通常只会收到60—70份入学申请书，而今年增加到了202份，来到东方学院就读的有163名大学生和21名旁听生。因此，东方学院的职能呈现出不断增加的趋势，为高等学校的扩张奠定了基础。

---

① W. 哈特穆特：《东亚研究者、语言学家与民俗学家П. П. 施密特》，贝尔出版社1982年版，第73—74页。
② 东方学研究所圣彼得堡分所档案馆：全宗96，目录号1，案卷101，第7页。
③ 东方学研究所圣彼得堡分所档案馆：全宗96，目录号1，案卷82，第7页。

第二节　中国学与满学

中国和汉语很快成为东方学院教学和科研活动的优先发展方向。1896 年以一等文凭毕业于圣彼得堡大学东方系的 A. B. 鲁达科夫后来成为一位出类拔萃的中国学家。A. B. 鲁达科夫毅然决然地接受了 A. M. 波兹德涅耶夫教授让其去符拉迪沃斯托克工作的建议。"或许在这里，——关于自己，中国学家讲述道（第三者叙述——本书作者），大概不久前我做出的决定是成熟的，将自己的一生全部奉献给一项伟大的事业。简言之，它的实质可以这样界定：在这之前，汉语学习还没有一片深厚的学术土壤。汉语学习仅限于个别片段式的翻译。语言规律、语法知识还没有被认知。通常认为，汉语大体上似乎没有语法标志，而这个中国文字——数量众多的结构不严密、形状不规则的象形汉字，不遵从其他语言所具有的通常意义上的规律。A. B. 鲁达科夫的目的就是要找寻这些规律，建构并解释它们，即构建汉语语法。"[①]

出于健全汉语知识的考虑，1896 年 7 月 16 日，A. B. 鲁达科夫被派往中国三年。他选择了完全不通晓其他语言的真正的穷乡僻壤居住。实习期间，他去过中国的很多地区，熟知每个图书馆和档案馆。比如，他带着一定任务在北京传教士团图书馆里待了一段时间，结识了生活在中国首都的一些有经验的俄国汉学家。他在短暂的时间中收获了许多有益的知识。

收集到的关于吉林省的资料使 A. B. 鲁达科夫出色完成了硕士论文。他研究这个选题是在阿穆尔总督 H. И. 戈罗杰科夫请求东方学院校长 A. M. 波兹德涅耶夫将中文百科全书性著作《吉林通志》的核心部分译成俄语之后。《吉林通志》这本著作记述了中国吉林省的土地制度、赋税、军队建制、货币体系。这项翻译工作由总是对俄国与

[①] 引文见 С. 尼古拉耶夫：《杰出的俄国汉学家 A. B. 鲁达科夫》，《红旗报》1945 年 12 月 29 日。

近邻关系非常关注的 A. B. 鲁达科夫承担。① 1902 年夏季，A. B. 鲁达科夫完成了对吉林省的考察，在那里他收集了许多新的信息并大大补充了汉语手稿，完成著作《与移民有关的吉林省土地问题》。后来，A. B. 鲁达科夫发表了有关吉林省军事力量的长篇论文。稍晚些时候，中国学家 A. B. 鲁达科夫又发表了关于这个重要区域经济及文化方面的成果。A. B. 鲁达科夫经过三年时间翻译出了这本独一无二的长达 560 页的著作。

1903 年 10 月 26 日，A. B. 鲁达科夫在母校非常顺利地通过了硕士论文答辩。12 月 8 日，圣彼得堡大学校委员会批准这次答辩生效，这对于东方学院的年轻教师来说是非常重要的。1904 年 1 月 17 日，A. B. 鲁达科夫被正式聘为教授。与此同时，A. B. 鲁达科夫还被安排了教学任务。但是，此时的东方学院东方语言教科书极其匮乏，符拉迪沃斯托克的大学生的状况也特别复杂。A. B. 鲁达科夫于 1901 年刊印了第一本教学参考书：《中国皇家海关的公文》。他为三年级开设了中国工商活动课程，② 并且尽力多方寻找在教学中需要使用的补充性资料。之后，他又精心制定并扩充了课程大纲。③ 遗憾的是，由于缺少经费，手稿《当下中国的商务习惯》未被出版。

1904 年，A. B. 鲁达科夫出版了中文课本《官话指南——中国官话学习教程》，1906 年又出版了《T. Ф. 韦德的官话学习实践教程》。很快，A. B. 鲁达科夫凭着个人经验对这部教材进行了大幅修订和补充。④ 他强

---

① 《A. B. 鲁达科夫关于翻译〈吉林通志〉工作的书面报告，上乌金斯克，1905 年 3 月 13 日》，载《文件和资料中的远东国立大学史（1899—1939）》，远东大学出版社 1999 年版，第 184—185 页。

② 《第 103 号文件——汉语文学科教授 A. B. 鲁达科夫编制写的 1901—1902 学年中国工商活动教研室教学活动短评》，载《文件和资料中的远东国立大学史（1899—1939）》，远东大学出版社 1999 年版，第 174—175 页。

③ 《第 119 号文件——A. B. 鲁达科夫：〈1912 年东方学院中国工商活动课程教学大纲〉》，载《文件和资料中的远东国立大学史（1899—1939）》，远东大学出版社 1999 年版，第 191—200 页。

④ 《T. Ф. 韦德的官话学习实践教程》，A. B. 鲁达科夫教授为东方学院大学生所做的修改和补充。两卷本：词汇/翻译与注释，第 1 册（练习 1—8 部分），符拉迪沃斯托克 1910 年版，232 页。

调:"东方学院的汉语教学,为该语种的实践学习完全开辟了新的途径,因为在 1899 年前俄国对东方语言学习的教学完全局限于中国文言文的理论方面。因此,研究出教授生动的东方语言的新的教学方法是东方学院职业语言学家的主要任务。"[1]

对于汉语学习者来说,汉语的实际应用是空白点。那时,中国正处于清朝的统治之下,有许多官僚参与管理。汉语经历了巨大的变化,官方语言确立了自己的体系。交际语言遵守着高低等级式的规范,书面语和口语分别表现着语言的特征。基于中国礼仪的表现特征,汉语口语和书面语在实践应用中大多是以较为谦逊的面貌呈现。

中国在政治革命运动之后又出现了语言变革运动。官话有了自己的位置,无论是在公务官方语言上,还是在日常会话中,都出现了许多新的概念、词汇和表达方式;书面语和口语在日常生活中相互亲近起来。在大学讲台上,А. В. 鲁达科夫认识到了学习官方语言的重要性,他的老师 В. П. 瓦西里耶夫曾反复强调这点。他出版了新的教学参考书——《满洲官话范例(源自"北满"衙门档案摘录)》(1908)。大二学生依据 А. В. 鲁达科夫编辑的选集《最新中文官方公文范例》着手学习中国公务语言。他努力搜集一切新而又新的现代中国语汇资料。比如,他刊印了《最新官方公文和国家法令范例》。他认为草书具有重要作用,并于 1907 年再版了相应的教材。一年后,他出版了新教材《中文书信集:汉文草书学习参考资料》。

在无中国助教的帮助下,А. В. 鲁达科夫将 В. П. 瓦西里耶夫的教学经验融入了授课中。[2] 已毕业的大学生、中国学家 И. Г. 巴拉诺夫回忆道:"他坐在教室的椅子上,要求每一个大学生或者军官,阅读他不懂的课文,翻译并进行语法分析。回答错误时,教授会给予纠正。他说,翻译应该保持原著的本色。我记得,在中俄边境事务往来的一份文件中涉及红胡子。当时翻译这个文件时,我流露出了对这些

---

[1] Т. А. 卡拉卡什收藏品(符拉迪沃斯托克):《А. В. 鲁达科夫自传(20 世纪 20 年代)》。

[2] В. М. 阿列克谢耶夫:《关于东方科学:文章和文件》,科学出版社 1982 年版,第 164 页。

中国人的看法，在干本行工作中'学会与练习'。但教授却认为，我在翻译中运用了别样的俄语词汇。最后他说，在用俄语转述时要选用最合适的中国象形文字，应译成'干本行工作获得经验'。

在这种方法的指导下，课程的讲解要求大学生事先要查字典并摘抄不认识的字，一句话，要求提前进行独立自主的预习。可想而知，一整学年，他教的我们班学生中几乎只有我，最多2—3个学生能够坚持这样的阅读和公文翻译，因为大部分学生通常会回避、否认这种有效的学习，而只是充当消极的听众去听课。所以，在这门课考试时，教授要求我阅读并翻译俄国边境警察同中国道尹（地方长官）签署的一个最初级且轻松的公文文件，总共只有一短行。我完成后他马上评价道'棒极了！'他想以此来肯定我一以贯之的、在语言资料方面所付出的辛劳。"[1]

尽管时间很不充裕，但已经担任东方学院校长的А.В.鲁达科夫还是利用一切可能的条件去完善自己的汉语知识。带着这个目的，他利用每个方便的时机去中国。比如，1908年、1910年和1911年，他很幸运地在中国南方工作，访问了上海和南京。这些公出使А.В.鲁达科夫完成了两部手稿：《当代中国的经济生活》和《中国文学语言的通用句法》。[2]

1910年，А.В.鲁达科夫教授将俄语译成了汉语并出版了两卷本的《中国官方与商业会话》指南。在书中有16句对话：在北京租房子，同官员交谈关于职务晋升的事，临别访问，木匠活儿的包工合同，借款用于兑租铺子，小时工等。在指南中，有俄文原文，其上附带标出了俄文音译的象形字。同年，中国学家А.В.鲁达科夫还出版了两部教科书：《附有汉译文的满语口语》和《口语版中文报纸摘要》，借以帮助大学生们掌握中文词汇。

А.В.鲁达科夫在文艺创作中也表现出了多方面的才能。有时，

---

[1] 东方学研究所圣彼得堡分所档案：全宗96，目录号1，案卷83，无页码。
[2] Т.А.卡拉卡什收藏品（符拉迪沃斯托克）：《А.В.鲁达科夫自传［1918］》，第3页。

他以罗为笔名发表画作。对当地旅行指南的评论是其早期发表的一篇文章。① 中国学家 A. B. 鲁达科夫很早就对法语产生了兴趣：用法语发表了中国学和语言学方面的最重要著述。也正因此，符拉迪沃斯托克学者的著述开始得到欧洲学者的广泛关注。其中包括法国，尤其是 1911 年 8 月 25 日 A. B. 鲁达科夫被法国授予令人尊敬的古罗马军团勋章，② 这件事是符拉迪沃斯托克东方学派成就斐然的重要证明。

1896 年同样以一等文凭毕业于圣彼得堡大学东方系的 A. B. 鲁达科夫的大学同年级同学 П. П. 施密特，也是一位颇有才华的东方学家。③ 在符拉迪沃斯托克工作之前，为了更好地掌握汉语，他决定在中国居住一段时间。1896—1899 年，П. П. 施密特在已创办多年的京师同文馆担任教习一职。年轻的教授观察力超强，并且有生动叙述一切的才能。因此，俄文定期出版物刊登了 П. П. 施密特关于中国印象的文章，在文章中他探讨了中国的未来。京师同文馆管理大臣很喜欢这位俄国教师，建议他留在北京，补给他进修期内的一切开支，但 П. П. 施密特还是坚持回到符拉迪沃斯托克。④

他担心汉语的授课质量，建议在东方学院聘用有文化修养的中国人教授实践课，并于 1899 年邀请清朝驻符拉迪沃斯托克的中国商会李秘书在学院授课。A. M. 波兹德涅耶夫同意了 П. П. 施密特的倡议，并且建议，"教授和讲师一定要共同讲解汉语课，并且教授讲解理论规范，讲师说例子并同每个学生进行多次交流，因为他们中的每个人都还没有较好地掌握正确的音调或者发音。"⑤

尽管在东方学院工作压力很大，П. П. 施密特还是努力撰写汉、满语文学科硕士论文，并在 1902 年 10 月 28 日顺利通过了《附带原

---

① A. B. 鲁达科夫：《评〈中国东北旅行指南〉》，《阿穆尔边区报》1898 年 8 月 5 日，第 19—20 页。
② T. A. 卡拉卡什收藏品（符拉迪沃斯托克：《获奖证书》，第 14926 号。
③ 圣彼得堡中央国家历史档案馆：全宗 14，目录号 3，案卷 28710，第 54 页。
④ 《19 世纪中叶至 1917 年俄国东方学史》，俄罗斯科学院"东方文献"公司出版社 1997 年版，第 66 页。
⑤ 《П. П. 施密特教授编制的 1899—1900 年中国语文教研室教学计划评论》，《东方学院学报》1900 年第 1 卷，第 XXVIII 页。

文以供练习的官方语法试作》的论文答辩。他的老师 Д. А. 别休罗夫和 П. С. 波波夫是其答辩评委。后来，有人指出："以 Н. Я. 比丘林过时的'汉语语法'为基础，独自地考察汉语规律并在众所周知的语法范畴中进行阐释的想法，是那么的超出常规与出乎意料，以致引起了权威答辩委员的坚决反对。"① 很快，П. П. 施密特的毕业论文被出版了。② 他是第一批以教科书形式出版自己讲义的教授之一。③ 他没有放弃自己对语言学的热爱，并以此为选题出版了几部著作。④ П. П. 施密特尽力让自己的学生爱上书籍，给他们和其他的东方学家展示在中国得到的一些有趣的文物。⑤

　　И. Г. 巴拉诺夫回忆道："在二年级的时候，我们同 П. П. 施密特教授阅读中国故事《房德的命运》（П. П. 施密特：《房德的命运——选自〈今古奇观〉中的故事》第一章，原文与口语译文。符拉迪沃斯托克，东方学院印刷厂1909年版。来自于《东方学院学报》第29卷第4册的单行本）。在《东方学院学报》上，文本同时以北京官话和白话印刷，但没有刊印对这个故事的俄文翻译、词汇和语法说明等

---

① 《19世纪中叶至1917年俄国东方学史》，俄罗斯科学院"东方文献"公司出版社1997年版，第66页。

② П. П. 施密特：《附带练习原文的官方语法试作：京话汉语会话教材》，第2版，修订与补充，东方学院出版社1915年版，561页。（阿穆尔边区研究会图书馆。来自1915年6月4日作者的馈赠，第9401号）。

③ П. П. 施密特：1）《汉语初级阅读》，《东方学院学报》1901年第3卷，第1册，第1—80页；1902年第3卷，第2册，第81—144页；1902年第3卷，第3册，第145—208页；2）《汉语初级阅读：京话汉语会话教程》/附录：汉语练习课文，《远东报》俄中蒙印刷所1902年版，208页。附录：105页；3）《初级教学汉语文选》，符拉迪沃斯托克1902年版，40页，单行本摘自《东方学院学报》1904年第11卷，第1册，第1—40页；4）《1907—1908学年汉、满语法讲义评论》，符拉迪沃斯托克1908年版，20页（石印版）；5）《域外中国研究》，东方学院印刷所1909年版，16页；6）《中国政治制度讲义纲要》，东方学院出版社1911年版，63页（石印版）；7）《汉语初级阅读：京话汉语会话教程》/附录：汉语练习课文；第2卷，第5册，附录（东方学院学报），94页。

④ П. П. 施密特：《汉语学习语言学导论》，《东方学院学报》1901年第2卷，第4册，第359—463页；也见《汉语会话史》，《纪念东方学院18周年教授和大学生文集》，符拉迪沃斯托克1917年版，第17—20页。

⑤ П. П. 施密特：《汉语古籍》，《东方学院学报》1901年第2卷，第3册，第269—300页。

内容。所有的学生在读原文时都是一句一句地阅读的。在阅读时，教授经常将文言和口语进行比较，并且还要求大学生自己预先细心查阅字典并抄写不熟悉的象形文字。通常只有一个叫索鲍尔尼茨基的大学生能够完成这项繁重的工作，他辛苦地找来需要的词汇资料并将其抄写到笔记本上。"①

П. П. 施密特也教授二年级大学生满语课，大学生觉得学习满语比学习汉语要轻松些。但 1916 年 12 月 3 日，满学教研室被撤销。东方学院会议纪要记载："满语研究具有特殊的学术价值，但实用性不强。所以，如果在东方学院教学大纲中继续保留满学，那么其目的是为了研究中国东北的当下问题，而不是将其扩展到地质学、矿物学、植物学、生物学与考古学方面。这才符合东方学院实践东方学的办学宗旨，并且在研究中国东北地区时，必须先要正确认识它不是一个独立的国家，而是中国的一部分。对其当下的发展状况进行研究是东方学院的主要任务，尤其是要研究其目前的法律法规、经济发展状况以及文化习俗等，另外人数众多的满族人更应是我们研究的重点。"②

"在这种情况下，捍卫满语教研室的实践意义，——П. П. 施密特反驳道，——从个人角度看，我还没有寻找到这种可能性。但据此，在学习中国文学的同时，我完全不想否定满语本身的学术价值，因为许多重要的中文文学作品被翻译成了满文。"③ 出于这种原因，П. П. 施密特要求大学生同时学习两种语言，可惜这一建议被否定了。

П. П. 施密特教授在东方学院工作了近 20 年，他把大量精力都投入到了管理工作、完善教学环节、重修教学计划和大纲上。在阿穆尔边区研究会中，他度过了许多时光，并于 1901 年 1 月 10 日成

---

① 《T. Ф. 韦德的官话学习实践教程》，A. B. 鲁达科夫教授为东方学院大学生所做的修改和补充。两卷本：词汇/翻译与注解，第一册（练习 1—8 部分），第 2 版，符拉迪沃斯托克 1910 年版，232 页。
② 俄罗斯国家远东历史档案馆：全宗 226，目录号 1，案卷 476，第 2 页。
③ 俄罗斯国家远东历史档案馆：全宗 226，目录号 1，案卷 471，第 6 页。

为其成员。三年后，П. П. 施密特被选举为管理委员会成员，两年后开始担任阿穆尔边区研究会图书馆馆长。他不止一次地在阿穆尔边区研究会做报告：《关于中国文字》《关于数和数字的起源》（1910年3月12日），讲述了关于学术考察的事情，分享了在比较语言领域的思想。① 1906年5月26日，П. П. 施密特做了一场题为《语言作为文化史研究的古代文献》的有趣的语言学报告，并获得了语言学家的认可。他指出，"许多语言的基础植根于远古时代"。语言也向我们证实，中国的丝绸和茶叶能运销俄国，同样古代上好的纺织品维松布和阿拉伯的阿拉克酒在整个亚洲也广受青睐。俄语词汇"很多"和"无数之多"，在无数多含义上，甚至完成了双重来回：从西到东和从东又到西。就连俄语中的"钱"很有可能也产生于汉语。在中国历史上，语言学解答了许多非常重要的争议问题，尤其是与西方民族的交往问题。② 由此，报告人 П. П. 施密特得出结论："讲座的主要结论是，对于文化研究来说，语言是很重要的工具，文化的进程取决于各民族间的密切交往。"③

阿穆尔边区研究会支持了学者们提出的多项倡议。1908年5月19日，П. П. 施密特向提案处理委员会提出申请，要求划拨用于学术考察的经费。④ 获得经费后，他按照阿穆尔边区研究会的提议访问了阿穆尔边区少数民族的居住地，"研究戈尔德人和乌尔奇-戈尔德人中流行的方言"。П. П. 施密特将自己从那乃人那里进行语言调查所得结果在从马林斯克寄往阿穆尔边区研究会的信中作了说明。⑤ 考察归

---

① 《1908年阿穆尔边区研究会研究报告》，符拉迪沃斯托克，无出版年，第8—9、13页。
② 《1906年阿穆尔边区研究会研究报告》，《阿穆尔边区研究会丛刊》1907年第10卷，第169页。
③ 《1906年阿穆尔边区研究会研究报告》，《阿穆尔边区研究会丛刊》1907年第10卷，第170页。
④ 阿穆尔边区研究会档案馆：全宗1，目录号1，案卷. 阿穆尔边区研究会会员大会与管理委员会会议纪要（1908年5月19日），第84封面页。
⑤ 阿穆尔边区研究会档案馆：全宗1，目录号1，案卷. 阿穆尔边区研究会会员大会与管理委员会会议纪要（1908年6月9日），第84封面页、第89页。

来后，他将105例上层和下层戈尔德人的民族学搜集品转交给了博物馆。①

著名旅行家 B. K. 阿尔谢尼耶夫与 П. П. 施密特很熟，非常仰慕他的学识，并不止一次地向他请教。"我告诉他，——B. K. 阿尔谢尼耶夫在一封信中写道，——他可以按照正确的方式去查阅被我编写的词典，因为我已按照自制的音标录入词典。于是教授们决定，这不只证实我掌握了语音学，同样也证明了创造自制音标的必要性，而且他们认为这项工作比人们墨守成规地观察异族人的工作更有意义。教授们建议继续自制音标工作，将来以各民族通用的方式去录入它。"②

青出于蓝而胜于蓝。杰出的中国学家开始涌现，其中包括1903年以优异成绩毕业的东方学院第一届毕业生 П. B. 什库尔金与 A. П. 希奥宁。作为奥尔金区警察所所长的 П. B. 什库尔金对中国很感兴趣，为了拥有在东方学院以旁听生的身份听课的机会，他于1899年11月申请调入符拉迪沃斯托克滨海省管理局。尽管学习汉语遇到了很多困难，但 П. B. 什库尔还是出色地完成了各项工作，并在暑假期间完成了赴中国的考察。他不厌其烦地在中国人那里工作，在实践中锻炼语言技能，与此同时还了解了他所感兴趣的民族习俗。这一切有益于他今后在翻译和研究领域的工作。

参加日俄战争和复员后，A. П. 希奥宁被调往圣彼得堡，在那里从事学术研究工作，暂时未担任外交官职务。在不同国家和不同地域工作的经历，帮助他完成了主要成果——汉语词典、蒙语词典和日语词典。

第三节　日本学

尽管俄国与日本的交往很频繁，但对这个国家的研究一直处于极

---

① 阿穆尔边区研究会档案馆：全宗1，目录号1，案卷. 阿穆尔边区研究会会员大会与管理委员会会议纪要（1908年8月2日），第91封面页。

② 引文见 A. A. 西萨穆特迪诺夫：《他叫阿尔谢尼耶夫—乌苏里斯基：历史文献概要》，阿穆尔边区研究会出版社1997年版，第27页。

低水平的状态。最初关于日本的信息主要以回忆录和游记印象形式展现，①甚至没有一部俄日词典，更无从了解日本文学。东方学院教授 Е. Г. 斯帕利文是俄国的第一位日本学家。在圣彼得堡东方系求学期间，他学习了汉语、蒙语、满语、朝鲜语和日语。日语是以选修课形式学习的。符拉迪沃斯托克距离日本比较近、初涉日本问题研究的他想了解得更多一些，这些是他从圣彼得堡来到俄国遥远边陲的主要原因。与他的东方学院同事一样，在从事教学工作前，为了完善日语知识，在 1898 年 Е. Г. 斯帕利文被派往日本进行学术考察。

居留在日本的俄国日本学家这样记述："到达东京后，Е. Г. 斯帕利文很快开始着手学习会话，然后学习日语的书面语，并了解了各类书写文体：历史、公文、商务、报纸、小说，熟悉了人称体、书信体、电报体等。仔细认真地研究了欧洲最好的日语学习教科书后，他还详细阐述了自己对日语语法的看法，并编写了认识日语的系统教程。在单独学习日语书面语时，因为了解日本人如何学会阅读象形汉字是非常重要的事情，所以 Е. Г. 斯帕利文搜集了大量有关这个问题的资料，并编写了由 9000 个象形汉字且由各类固定词组构成的词典。他继续搜集了民间传说和故事，也研究了日本人的习俗。尤其是专注日本人的日常生活研究并搜集了大量该方面的研究资料，如：在日常生活关系中对日语语法、修辞和辩证法具有重要意义的官方文件、商务出版物、信函和其他公文。"②

1900 年 8 月 23 日，Е. Г. 斯帕利文成为东方学院的一名教师，9 月 2 日就讲授了第一节课。对此他说道："在俄国开设第一门日语课的重任落到了我的身上。对此，我深切地感受到使命的艰巨与自身责

---

① И. 宫恰罗夫：《俄国人在日本》，《海军文集》1855 年第 9 期，第 16—81 页；第 11 期，第 80—99 页；也见《巡航舰"帕拉达"：旅行随笔》，2 卷本，科学出版社 1986 年版，880 页；В. В. 克列斯托夫斯基：《В. В. 克列斯托夫斯基作品集》第 6 卷，公共利益出版社 1905 年版，507 页；К. Ф. 李特克：《"阿斯科尔德"巡航舰在日本：下田、东京、长崎、横滨》，《海军文集》1860 年第 10 期，非官办，第 330—348 页；第 11 期，非官办，第 146—161 页；第 12 期，非官办，第 387—413 页。

② Н. П. 塔别里奥：《1899/1900 学年东方学院状况报告》，《东方学院学报》1901 年第 2 卷，第 2 册，第 92 页。

任的重大，我决定以饱满的热情去完成它。这种热情使我胆怯、使我自豪、使我感动。胆怯在于这是我日文教学生涯的第一步，让上帝赐予我以顽强！自豪在于任务的伟大和自己能够对此充满热情，这是上帝赐予我的力量！感动在于，学生能够幸福地坐在伟大老师的腿边并聆听老师的高谈阔论、悉心教导。在这个对于我来说意义重大的时刻，让那些已经逝去的前辈以及远在圣彼得堡而不能坐在我课堂上的人与我一起分享喜悦之情吧。总之，作为这个高等学府的一名老师，我感到无上的荣耀和神圣。"①

在日语教研室的设立上，应 Е. Г. 斯帕利文邀请被聘为讲师的日本人大田纪元起到了很大作用。在东方学院，他有个俄文名字——季诺维。Е. Г. 斯帕利文写道："从童年起，他就对民间语言和习俗感兴趣，在日本各地居留时，从事地方方言和习俗研究。顺便说一下，根据带有地方语言与发音特点的日本各处当地居民的口述资料，他在自己笔记的基础上编纂了故事和传说集，这不仅证明了他对类似研究重要性的认知，而且也证实了其从事类似研究的能力。"②

让师生们感到痛心的是，З. А. 纪元在学院工作的时间不长：被民族主义者暗杀于自己的祖国。"З. А. 纪元是一位不可缺少的讲师，——他的同事写道，——无论是校委会，还是日语文教授 Е. Г. 斯帕利文，都对他给予了很高的评价。对 Е. Г. 斯帕利文来说，纪元在日语教科书的出版工作上完全是一位得力的合作者。З. А. 纪元以谦虚、细心以及诚恳平和赢得了学院教师的爱戴。"③

几年后，东方学院的毕业生在日本学方面作出了贡献，延续了老师们从事的传统学术研究，并出版了自己的讲义和其他教学参考书。В. М. 门德林就是他们其中的一位。当初在莫斯科军事学校学习时，他就对东方学感兴趣，后来决定继续在符拉迪沃斯托克学习。在大学

---

① Е. Г. 斯帕利文：《日本人的文字与语言结构概况：1900 年 9 月 2 日在东方学院举行的讲座》，苏辛斯基蒸汽印刷所 1900 年版，第 1 页。

② 《东方学院院校务会议记录——1900 年 8 月 18 日会议》，《东方学院学报》1900 年第 2 卷，第 1 册，第 17 页。

③ 《1907 年东方学院的活动与状况报告》，东方学院印刷所 1908 年版，第 5 页。

课堂上学习的时候，他已是外贝加尔哥萨克军的一名军官，并按照司令部的部署在广阔的中国中原大地和中国东北完成了侦查任务。日俄战争时，与其他大学生一样，被授为大尉军衔的 В. М. 门德林参加了军事行动，1907 年于东方学院毕业后，留校准备教授职称。为获得学位，他在日本东京的一所大学里进行了两年的研究工作。

还是大学生时，В. М. 门德林就开始发表以研究日本历史为主的学术文献译作。比如，他翻译了严谷小波著的《古日本历史故事》，①以及 В. 阿斯彤著的《日本文学史》。后者被 Е. Г. 斯帕利文教授编辑后刊登在《东方学院学报》②上。后来，在这些文献的基础上，В. М. 门德林出版了一部日本史，③那时，他已经是东方学院的教授了。

在大学时代就表现出自己才能的 П. Ю. 瓦斯科维奇是另一位著名的东方学家。他在大学时对日本具有工商与生活意义的海岸带和海港进行考察而形成的报告，在当时被认为是最优秀的报告之一。④ 正如他的老师们所指出的那样，П. Ю. 瓦斯科维奇假期在国外出差时搜集的资料："不仅证明了他以严谨而认真的态度和坚持不懈的勤奋完成了拟定的任务，而且还是他大无畏精神和所具备能力的证明，尽管困难重重，但仍达到了预定目的。无可争议，П. Ю. 瓦斯科维奇的研究成果是当之无愧的卓越之作。但他的功绩不拘泥于他所从事的研究和在岗位上的工作，——他工作的特殊性在于，他能够利用搜集到的资料撰写出卓越的报告，这说明他已具备系统整理所掌握的各类不同

---

① 严谷小波：《古日本历史故事》，В. М. 门德林译，А. Ф. 德夫里恩出版社，无出版年，77 页。

② В. 阿斯彤：《日本文学史》，В. М. 门德林上尉译，Е. Г. 斯帕利文编辑，东方学院出版社 1904 年版，326 页。

③ 赖襄子成：《日本幕府史》12 卷本，日译本，В. М. 门德林译，《远东报》俄中蒙印刷所 1910 年版；《日本幕府史：赖襄子成 12 卷本文选》，日译本，В. М. 门德林评注，符拉迪沃斯托克 1911 年版，第 1 卷：平安，220 页；第 2 卷：镰仓（1），103 页；第 3 卷：镰仓（2），125 页；符拉迪沃斯托克 1915 年版，第 4 卷：北条，220 页；第 5 卷：楠木，第 188 页；第 6 卷：新田，234 页。

④ П. Ю. 瓦斯科维奇：《从敦贺港到新泻港赴日本考察日记》，东方学院出版社 1904 年版，607 页。

信息资料的能力，——他很勤勉，并且每天抽出时间记载最翔实的笔记，因为他从一开始就按规矩开展工作，坚持每天记日记。"① 尽管教师们也指出了他在理论上的一些欠缺、叙述风格比较粗糙和在翻译上缺乏韵律，但 1902 年 10 月 17 日，П. Ю. 瓦斯科维奇还是获得了东方学院的金质奖章。

第四节 朝鲜学

因为遥远的俄国边陲靠近朝鲜边界，所以朝鲜人在俄国的数量增长得非常快，但在俄国尚未有研究朝鲜的年轻学者。大概，由此 А. М. 波兹德涅耶夫建议自己的学生 Г. В. 波德斯塔文专心致志地研究这个国家。他被留在圣彼得堡大学蒙古语教研室准备教授职称，但求知欲决定了东方学家 Г. В. 波德斯塔文未来活动的阵地。按照 А. М. 波兹德涅耶夫的建议，1899 年 10 月，他被派到了朝鲜，并选择朝鲜政治和精神文化中心——汉城作为居留地。"在这里，他搜集了大量朝鲜文学资料，在欧洲前辈朝鲜学家的帮助下仔细钻研了其中部分资料。在当地有学识人的指导下，他为自己制定了非常完善的朝鲜语学习体系。Г. В. 波德斯塔文语文学研究的特殊意义在于，他是第一位关注方言研究和从事朝鲜口语的人——既包括纯正民间的，又有朝鲜社会知识分子群体显著特征的谚文。"②

Г. В. 波德斯塔文记录了翔实的日志，记载了民族学、地理学和气象观测资料，以及经济、工业和政治方面的信息。他经常步行考察朝鲜半岛，并搜集历史传说故事，采集了大量的民族学藏品并拍了许多照片。"1899—1900 年在朝鲜考察时 Г. В. 波德斯塔文所做的笔记"，被东方学院以朝文出版。

---

① 《东方学院校务会议纪要——1902 年 10 月 17 日会议》，《东方学院学报》1903 年第 5 卷，第 XX 页。
② Н. П. 塔别里奥：《1899/1900 学年东方学院状况的报告》，《东方学院学报》1901 年第 2 卷，第 2 册，第 91 页。

从 1900 年 7 月 1 日起，获得蒙古语文硕士学位的 Г. В. 波德斯塔文受聘为东方学院朝鲜语文教授。他请求邀请朝鲜人韩吉文作为自己的助手。"在当时，被我推荐的讲师，——他写道，——居住在符拉迪沃斯托克，并继续同我一起教书和挑选朝鲜语课文。"

Г. В. 波德斯塔文的活动可以作为富有成效工作的例证。他有时候能借助于韩吉文的帮助，开设新课程。① 在东方学院最初三年的教学中，俄国科学朝鲜学的创始人 Г. В. 波德斯塔文出版了现代朝鲜语实践学习教材，其中含有常用句式和简短故事（1901），两卷本的《朝鲜文选》（1901），以及几本选集：《朝鲜语会话》（1902）、《混杂的朝汉书信》（1902）、《官方文件范例》（1903）。

后来，他又编写了《朝鲜语官话文选》（1905）、《现代朝鲜讽刺作品范例集》（1907）、《现代朝鲜语官话学习指南》（1908），其中包括朝鲜官方报纸中的文章（宫廷信息、中央政府机关的指令、公文范例）。他的同事曾指出："Г. В. 波德斯塔文编写和出版的朝鲜语学习教程能够向校委会证实，Г. В. 波德斯塔文踏实认真地钻研了这个我们还未知的语言学领域。"②

第五节　蒙古学与藏学

А. М. 波兹德涅耶夫认为，东方学教育应该是综合性的，也应学习蒙古语言。还在圣彼得堡时，他注意到了布里亚特大学生 Г. Ц. 齐比科夫，起初建议他留校准备教授职称，后来建议他去西藏完善知识。初涉西藏研究的 Г. Ц. 齐比科夫在西藏度过了两年。几年内，研究者 Г. Ц. 齐比科夫发表了自己的考察成果，他的书《佛教香客在圣地西藏：来自于 1899—1902 年的考察日志》拟由俄国皇家地理学会

---

① 《东方学院校务会议纪要——1900 年 8 月 18 日会议》，《东方学院学报》1900 年第 2 卷，第 1 册，第 13 页。
② 滨海边区国家档案馆：全宗 117（东方学院），目录号 3，案卷 13（Г. В. 波德斯塔文的个人案卷），第 278 封底页。

在彼得格勒出版，但直到 1919 年才正式面世。

　　社会各界非常关注研究者 Г. Ц. 齐比科夫的创作，期待从他那获得详细而有趣的关于在西藏生活的报告，有人写道："不久前，我们年轻的俄国学者的考察引起了整个学术界对西藏的共同兴趣。整个学术界了解这个神秘之地生活的重要任务落在了 Г. Ц. 齐比科夫一人身上。以 Г. Ц. 齐比科夫为代表的俄国东方学向前迈进了一大步，我们引以为自豪，为整个欧洲学术作出重大贡献的这些成果补充了东方学文献。"①

　　因为 Г. Ц. 齐比科夫的名字还不为学术界所知——那时他还没有出版一本著作，——所以一开始他被推荐为东方学院蒙古语文讲师。②从 1902 年 6 月 1 日起，他正式受聘该职，直到 1906 年 10 月 23 日才被聘为蒙古语教授。1903 年 3 月 1 日被选为东方学院校委会秘书，而在 1907 年 5 月 26 日成为学院理事会理事，充分证明 Г. Ц. 齐比科夫在教师中赢得了尊重。③ 西藏学教授 Г. Ц. 齐比科夫出版了一系列教学参考书，其中包括《藏语教材》（第 1 册，符拉迪沃斯托克，1908 年版，76 页）、《蒙古语教材》（第 3 版，修订与补充，符拉迪沃斯托克，1915 年版，128 页）。

　　东方语言以及相应课程教学这项复杂的工作，没有以东方语言为母语的教师是很难顺利进行的。外贝加尔省的蒙古学家 Г. 那穆达科夫就是这样的教师。同时，他卸掉了自己的喇嘛职务，进入库伦的喇嘛高级学校，并在那里学习藏医课程。Г. 那穆达科夫为俄国皇家地理学会翻译了西藏医学文选。他曾在圣彼得堡大学东方系工作，并同 А. М. 波兹德涅耶夫一起来到了符拉迪沃斯托克。由于在教授藏语上的贡献，Г. 那穆达科夫被授予了圣斯坦尼斯拉夫银质勋章。

---

　　① 《杰出的藏学家》，《远东报》1903 年 9 月 17 日第 206 期，第 2 页。
　　② 《东方学院校务委员会会议纪要——1902 年 9 月 2 日会议》，《东方学院学报》1903 年第 4 卷，第 6 页。
　　③ 《1901 年 9 月 27 日校务委员会会议》，《东方学院学报》1901 年第 3 卷，第 1 册，第 29—32 页。

第六节　东方学总论

以 H. B. 屈纳为代表的东方学院教师的研究兴趣集中在跨学科领域。在圣彼得堡大学学习的最初两年，这位未来的东方学家在 A. M. 波兹德涅耶夫的直接指导下从事研究。1897 年夏，他同自己的老师完成了在阿斯特拉罕省卡尔梅克荒漠的考察。从三年级开始，H. B. 屈纳在 И. B. 维谢洛夫斯基教授的指导下研究东亚的历史和地理。1900 年 2 月 8 日，其因完成了出色的论文《日本历史地理概述》，被圣彼得堡大学校委会授予了毕业生金质奖章。1900 年 7 月 1 日，按照 A. M. 波兹德涅耶夫的建议，H. B. 屈纳被派送到中国、朝鲜和日本公出一年，因为即使是最深厚的理论知识也不能取代实践研究。

A. M. 波兹德涅耶夫对这次派出的益处做出了如下评论：在不同的时间，从 H. B. 屈纳给我的报告可以看出，生活在日本的 H. B. 屈纳不仅编写了翔实的日本地理概况，研究它的地理位置、海岸与岛屿构造、地表结构、语言体系、气候、动植物区系等，而且还收集了在他看来用于记述各省、市的特别丰富的资料，并且优先集中在日本的贸易、工业、交通以及生产等领域。关于历史研究，H. B. 屈纳主要研究了在日本生活中一些突出且有趣的奇闻逸事，并且从他的书信和报告中可以看出，他并非是以纪事本末方法研究一些问题（尽管附有历史年表），这贯穿于他的整个研究过程。当然，这种研究方法也被应用于其依据本国古文献资料开展的研究过程中。在 H. B. 屈纳成为历史研究人员之前，他就特别关注日本的政治和金融史，尤其是近代时期的，在这方面，他收集的资料比其他任何问题都多。

在中国东北逗留期间，H. B. 屈纳不只研究了中国东北南部地区的历史，而且还与 A. B. 鲁达科夫教授的考察队一道到奉天的档案馆和藏书阁查阅资料，他自然接触到了研究中国东北历史最可靠的信息资料。来华后的头几个月，H. B. 屈纳是在上海的一些大量集中收藏欧洲人撰写的有关中国的图书与手稿资料的地方度过的。当时，上海图书馆是皇家亚洲学会中国支会的集散地，藏书非常丰富，H. B. 屈纳有幸受邀加入该学会，这为他深入研究许多未知领域提供了条件。但屈纳并不局限于这些欧洲人的研究成果，他在积极完善汉语知识的同时，在当地乡绅的帮助下，编译了中国学者新近出版的中国近代史方面的著作。该书为他编写新教科书奠定了基础。这本教科书写得非常详尽、通俗易通、清晰，同时也很简明，这也是这本教科书特定的和珍贵的价值。根据已经收集到的资料，H. B. 屈纳将上述中文著作进行了补充、修改和注释。①

大学生们非常喜欢 H. B. 屈纳的课。所有同学都特别喜欢他：他总是穿着正式的长礼服上课，看起来很年轻并且精力充沛；H. B. 屈纳上课生动且有趣，而且从不坐着讲课。他一字不差地记得所有的例句和结论，并且很少看自己的笔记。大学生们知道，这位教授是一位献身事业的科学工作者，他每晚都备课，仔细研读俄文和外文定期刊物上关于东方学的文章，为大学生们筛选文献资料，讲解俄国和外国东方学家的著述。H. B. 屈纳尽量使自己不落后于时代，全身心地关注于东方学中的一切新知识。

1908 年，《东方学院学报》刊登了 H. B. 屈纳的价值巨大的成果《西藏民族学概述》。② 第二年，大学生们先是得到了他的《中国商贸地理教程》（符拉迪沃斯托克，1909 年版，96 页），然后是《远东国家近代史》。③ 这部由 3 部分构成的著作记述了 16 世纪至 19 世纪末中国与包括俄国在内的欧洲国家交往的详细信息。作者将俄国驻北京传教士团史作为该书的附录。H. B. 屈纳做了一个文献整理并在此基础上撰写了该部分内容。很快，H. B. 屈纳关于朝鲜的新

---

① 《东方学院校务会议纪要——1902 年 1 月 28 日会议》，《东方学院学报》1902 年第 3 卷，第 5 册，第 176—177 页。

② H. B. 屈纳:《西藏民族学概述:》，2 卷本，符拉迪沃斯托克 1907—1908 年版，第 1 卷：居民构成及习俗，1908 年版，228 页（《东方学院学报》第 26 卷，第 1 册）；第 2 卷：西藏自然地理概述，1907 年版，272 页（《东方学院学报》第 22 卷）。

③ H. B. 屈纳:《远东国家近代史》，斯比里多诺维奇中尉出版社 1909—1910 年版，第 1 卷：史料概述，1909 年版，123 页；第 2 卷第 1 册：16 世纪至 1842 年中国同欧洲国家关系概述，第 2 册：中英关系，1910 年版，73 页；第 3 册：中俄关系，87 页；第 3 卷，第 1 册：1842 至 1894—1895 年中日战争结束前，75 页。

著出版了。① 在其一生中，这位天才的东方学家共发表成果400多篇（部）。②

А. М. 波兹德涅耶夫能够将年轻的专家聘到学院，这是东方学院教学工作得以顺利开展的因素之一。比如，圣彼得堡大学的另一位毕业生 Н. И. 科汉诺夫斯基成为了法学教师。"教授们评价称，Н. И. 科汉诺夫斯基专注于学术研究，对他曾经或正在着手研究的问题给予详细的分析，有着良好的习惯。在他所有的著述中，他能够善于运用复杂的文献资料，而不只是堆砌它们进行研究。他应聘大学时的作品证明，他提出的整体论点在学术结论方面赢得了全面的关注。这一切证明了 Н. И. 科汉诺夫斯基的观点鲜明，能够对无可争议的事实给予可信的新阐释。"③ 该评价符合客观实际。大量关于远东国家的经济状况、民法与商法等领域的重要著述均出自 Н. И. 科汉诺夫斯基之手。④

神学课教师 П. И. 布尔加科夫是东方学院教师群体中另一位极为优秀的教师。在工作中，他不仅是一位阐明神学教义的优秀教师，还能够摆脱陈旧的规范，成为研究基督教哲学对远东国家影响的开路先锋。他对东方学有着非同一般的热爱，并于1901年10月21日在东方学院召开的会议上做了《关于基督教传教士团在中国》的报告。

---

① Н. В. 屈纳：《朝鲜地理和经济统计概述》，第1册，第1部分，朝鲜地理统计概况；第2部分，朝鲜经济概况，农业篇，符拉迪沃斯托克1912年版，688页。
② Н. В. 屈纳：1)《日本侨民》，《远东边陲报》印刷所1914年版，19页；2)《日本地理（自然和政治）》，莫斯科1927年版，240页；3)《中国近代政治史概论》，图书事业1927年版，第104页；4)《关于南西伯利亚、中亚和远东民族的中文信》苏联东方文献研究所1961年版，392页。
③ 《东方学院校务会议纪要——1900年8月18日会议》，《东方学院学报》1900年第2卷，第1册，第2页。
④ Н. И. 科汉诺夫斯基：1)《日本经济状况概述》，东方学院出版社1903年版，130页；2)《东方学院法学教师 Н. И. 科汉诺夫斯基编写的俄国民法、商法、诉讼程序课程教学评论》，东方学院出版社1908年版，8页；3)《中国的土地所有制和农业》，东方学院出版社1909年版，156页（《东方学院学报》第23卷，第2册）；4)《东方学院法学教师 Н. И. 科汉诺夫斯基编写的政治经济学课程教学评论》，东方学院出版社1911年版，12页；5)《中国币制和度量衡简评》，符拉迪沃斯托克1909年版，9页；6)《政治经济学：1912年的东方学院讲义》，东方学院印刷所1913年版，225页。

很快，这位神甫出版了自己在1901—1902年授课时的神学讲义，并发表了一系列文章。① П. И. 布尔加科夫在东方学院工作的时间非常短暂。来到东京后，他成为俄国公使馆的神甫。

学院的管理者聘用地方知名人士和地方志研究者参与授课。比如，Н. В. 基里洛夫主讲了《远东人类学的使命》课程。这是远东地区在这个领域开设的第一门课程。"总体来看，必须对 Н. В. 基里洛夫做出一个公正的评价。毫无疑问，他的课激起了以东方学院为主的听众们的求知心，由此，也激发了他们独立研究民族学重要问题的兴趣，极大地弥补了学院课程教学大纲中该类课程设置上的缺失。"②

存在着一种看法：虽然拥有众多出色的教师，但东方学院不是远东地区最有影响的东方学学术中心，只承认其具有实践意义。圣彼得堡－列宁格勒的学者指出了远东学者在基本理论研究上的诸多疏漏。比如，В. М. 阿列克谢耶夫院士写道："符拉迪沃斯托克学派尽管拥有诸如 А. В. 鲁达科夫、П. П. 施密特等高水平的教师队伍（尤其是 П. П. 施密特的教学水平更高），但遗憾的是，在某种程度上他们不能将自己的学术研究与教学工作区别开来，而我能够严格按照教学大纲一以贯之地从事教学工作，在此方面任何人都无法指责我们。此刻我能够做出判断，符拉迪沃斯托克学派没有向我们展现出任何辉煌的成绩。"③

即使是德高望重的中国学家也不是完全正确的。А. В. 鲁达科夫、П. П. 施密特、Н. В. 屈纳等教授们的学术成就很有影响力，而且他

---

① П. И. 布尔加科夫：1)《日本德育问题史料——日本初等学校德育教科书》，第1卷，1—3册：罗马字中的日文原文阅读、句子和翻译，横滨1909年版，167页，日文版；2)《日本初等学校德育教科书》，3册，日译本，东京1913年版，106页；3)《日本的乡村》；4) 希腊语—日语语法——针对日本人的古希腊语教科书，日文版；5)《基督教和日本》；6)《来自日本的书信（1914—1917年）》，伯克利、加利福尼亚1929年版，449张机打页（手稿，100册）/献给俄国东正教信徒，尤其是俄国东正教神职人员。

② 雅罗斯拉夫斯基：《东方学院的公开课》，《远东报》1903年9月18日（第207期），第2—3页。

③ В. М. 阿列克谢耶夫：《关于东方科学：文章和文件》，科学出版社1982年版，第222页。

们的著述是东方学中的瑰宝。东方学院的伟大功绩在于其出版了新的教科书并编制了教学大纲。学院毕业生的总结报告是符拉迪沃斯托克东方学家所取得成就的最直观例证。我以为，В. М. 阿列克谢耶夫之所以做出批评之词，是因为首都东方学家对符拉迪沃斯托克同行们十分忌妒，符拉迪沃斯托克的东方学家在自己的学术研究上拥有无可置疑的优势：在远东国家近在咫尺地域工作的他们很快在实践东方学领域达到了一定高度。

第二章　在华俄侨东方学家

第一节　满洲俄国东方学家学会

从接纳俄国侨民开始，哈尔滨就一直是亚洲实践东方学的重要中心之一。为了修筑和经营中东铁路，以及在中东铁路附属地建立的企业和机构里工作，数千名俄国人蜂拥而至。最先来到的是轨道工程师，他们基本上都是交通工程师学院的毕业生（圣彼得堡）。符拉迪沃斯托克东方学院的毕业生也起到了重要作用。他们当中的许多人起初为俄国工程师当翻译，后来教授中东铁路员工东方语言，而后是在中国境内高等学校教授俄国大学生汉语课程并教授中国人俄语课程。研究者指出："从俄国来的第一代人是受过高等教育的人，因此，也是有一定文化需求的人。"[1] 俄国专业技术人员努力提高技能和文化水平、完善自我以及热衷于教育事业，使来到中国的许多俄侨除了基本工作外，还从事中国东北及毗邻地区经济、历史、地理及文化的研究。

远东国家研究主要是指学术、社会层面的东方学，它的显著特征是进行考察、举办讲座、兴办博物馆和发表著述。圣彼得堡皇家东方学学会哈尔滨分会就是联合研究者兴办的第一个团体。外阿穆尔边境护路队骑兵大尉 A. M. 巴拉诺夫被选举为哈尔滨分会的秘书，当时他

---

[1] Н. В. 赖安：《20世纪上半叶中国东北俄侨社区的独一无二地位》，《境外俄语》2002年第2期，第78页。

就已经是比较有影响的蒙古学家。他也是《皇家东方学学会哈尔滨分会通报》的编辑。这个团体的封闭性（只有从圣彼得堡来到哈尔滨且已经是皇家东方学学会会员的俄侨才有资格入会）限制了它的发展，这也是皇家东方学学会哈尔滨分会机关刊物《皇家东方学学会哈尔滨分会通报》短命的原因：尽管只发行了2期（1910年），但能够让中国东北与俄国的读者了解到东方学研究的最新成果。

1908年，在北京召开了由大约80名圣彼得堡大学东方系与符拉迪沃斯托克东方学院毕业生参加的会议，并开始积极尝试创办专业学术团体——远东俄国东方学家学会。但由于在章程草案上出现分歧，此事不了了之。

1908年6月21日成立的联合了哈尔滨所有俄侨研究者的俄国东方学家学会（学会实际名称为满洲俄国东方学家学会——译者注）取得了巨大成功。创办学会的5个倡议者的名字广为人知：中东铁路驻齐齐哈尔商务代办 А. П. 鲍洛班、《远东报》主编 А. В. 司弼臣、《远东报》编辑部主编助理 И. А. 多布罗洛夫斯基、工商部官员 А. Н. 彼得罗夫、哈尔滨自治公议会城市委员会主席 П. С. 季申科——都是东方学院毕业生。新团体的主要任务如下："1. 研究东亚与中亚的政治、经济、历史、地理、语言及其他领域；2. 在互利的土壤上促进东亚与中亚各民族与俄国的接近；3. 关注出版物和社会涉及与学会学术与实践活动密切相关的问题；4. 给予学会会员精神和物质上的帮助与支持。"[①]

满洲俄国东方学家学会成立后不久，就提出了与皇家东方学学会哈尔滨分会进行协调甚至合并的想法。И. А. 多布罗洛夫斯基向同仁们提出了这个建议，但皇家东方学学会哈尔滨分会的活动家们已经放弃了关于成立协调委员会的想法。1909年1月24日，在学会成立大会上，И. А. 多布罗洛夫斯基起草的俄国东方学家学会章程获得通

---

① 《满洲国十周年纪念文集》，"协和会"与"满洲俄侨事务总局"出版社1942年版，第336页。

过。杰出的中国学家、多场会面与讲座的组织者 A. B. 司弼臣被推举为第一届理事会主席。① A. B. 司弼臣为《新时代报》所做的工作引起了首相 П. A. 斯托雷平的关注，并建议他为中国东北地区制定经济发展规划。1909 年 3 月 22 日，H. K. 诺维科夫做了一个题目为《与远东社会政治状况紧密关联的满洲俄国东方学家学会的任务》的主旨发言，而 4 月 19 日 И. A. 多布罗洛夫斯基在男子商业学校教学楼宣读了其第一个报告——《外国居民在华的治外法权与社会管理》。

东方学家们把在俄国人中普及东方知识作为自己的主要任务。他们在学会会员大会上宣读报告，也在自 1909 年 7 月开始发行第一期的《亚细亚时报》上发表文章。"杂志编辑部，——在杂志上强调，——不要对俄国社会各界的强烈同情抱有殷切希望。所谓的公众太冷漠了，不仅是对每一个聪明人非常感兴趣的东方生活中的一些抽象问题，而且对涉及在与东方实际交往中的日常利益问题也如此。更重要的是，由于否定东方学是有权独立存在与发展的关于东方的专业知识的一门学问，年轻的俄国东方学家学会从产生之日起就不得不应对来自对学会活动实践结果可能性的不友好的态度与负面的观点。"②

满洲俄国东方学家学会的第一个历史学家 H. П. 阿福托诺莫夫写道："杂志立刻就得到了新闻、出版与学术界的赞许。杂志第一期发行后，И. A. 多布罗洛夫斯基在俄国东方学家学会会员全体大会上直接报告了关于杂志的评论。除圣彼得堡大学的 B. B. 巴尔托里德一名教授外，无论是对杂志，还是对整个学会，所有的报刊评论都给予了好评、赞许甚至很高的评价。非常希望杂志在社会政治与经济栏目上得到最大发展，并尽可能使东方学问题全面大众化。"不久（1910 年 5 月末），杂志编辑 H. K. 诺维科夫证实："根据报刊的评论，随着传播的扩大，杂志为自己在学会读者群中建立了稳固地位，并开始成为

---

① 满洲俄国东方学家学会主席：1. A. B. 司弼臣（1908—1911，1917—1918）；2. E. B. 达尼艾里（1911—1915）；3. И. A. 多布罗洛夫斯基（1915）；4. A. K. 金采（1915—1917）；5. H. Л. 关达基（1919—1924）；6. И. Г. 巴拉诺夫（1924—1927）；7. A. П. 希奥宁（1924—1927）；名誉主席：И. Я. 廓索维慈，Д. Л. 霍尔瓦特。

② 《编辑部寄语》，《亚细亚时报》1909 年第 1 期，第 I—II 页。

一本真正的学术杂志。"① 《亚细亚时报》杂志共发行了53期。② 后来，研究满洲俄国东方学家学会史的 Н. П. 阿福托诺莫夫将其活动划分为四个时期：（1）组织筹备期——《亚细亚时报》杂志开始发行（1908—1912）；（2）大众化时期——举办报告和讲座（1913—1917）；（3）国内战争导致的活动减弱期（1917—1920）；（4）恢复期（1920—1927）。③

翻译、外交官、商人以及东方学院与圣彼得堡大学的教授都成了满洲俄国东方学家学会的会员。在有俄国侨民生活的中国大都市设立分会的同时，满洲俄国东方学家学会的分会也在符拉迪沃斯托克和圣彼得堡设立。1910年9月26日，满洲俄国东方学家学会圣彼得堡分会在俄罗斯帝国的首都成立，下设三个研究部：近东、中东与远东。满洲俄国东方学家学会活动半年的最初结果如下："与其他俄国和外国的同俄国东方学家学会一样致力于相似或相近目的的学会、机构、临时出版物建立了紧密的交流与合作。学会共召开了5次全体会员大会和10次董事会与理事会联席会议，彻底和部分解决了诸多重要问题，如发行了《亚细亚时报》杂志并出版了学会会员的著作、举办了关于东方学的系列学术性专题报告和科普性讲座。"④

满洲俄国东方学家学会会员们在自己的讨论与研究中没有仅仅停留在理论问题上。И. А. 多布罗洛夫斯基特别建议收集关于修订1881年2月12日在圣彼得堡签订的俄中条约的资料。为此，他打印了条约的副本，并免费分发给《亚细亚时报》杂志的订阅者。1910年4月6日，在 И. А. 多布罗洛夫斯基、А. П. 鲍洛班等人的倡议下，由大约80人报名参加的俄日协会正式成立。该协会的主要任务是，为日本人举办俄语培训班和为俄罗斯人举办日语培训班。

---

① Н. П. 阿福托诺莫夫：《满洲俄国东方学家学会历史概述》，《亚细亚时报》1926年第53期，第417页。
② М. С. 邱宁：《东省出版物源流考——1927年正月以前哈埠洋文出版物》，东省文物研究会出版社1927年版，第24—25页。
③ Н. П. 阿福托诺莫夫：《满洲俄国东方学家学会历史概述》，《亚细亚时报》1926年第53期，第415页。
④ 《在满洲俄国东方学家学会》，《亚细亚时报》1910年第3期，第273页。

在满洲俄国东方学家学会活动的第二年，满洲俄国东方学家学会的会员决定建造自己的办公大楼，在其中设置图书馆、博物馆和问询处。开办博物馆的想法得到了特别关注，博物馆收集的展品不断增加。比如，А. П. 鲍洛班向学会转交了在塔城要塞废墟上找到的古玩和钱币，М. А. 波鲁莫尔德维诺夫捐赠了"佛像"，而 А. В. 格列本希科夫捐献了"带有不明文字的石碑"。与此同时，图书馆也收藏了 371 本图书。Г. Г. 阿维纳里乌斯、А. Ю. 兰德岑、А. Т. 别里琴科、А. П. 鲍洛班、Д. М. 波兹德涅耶夫赠送了稀有出版物。А. В. 格列本希科夫向图书馆转交了 25 本图书和满语稀有出版物，并表达了在图书馆设立满学特别部的愿望。

尽管学会理事会成员付出了极大努力，但建造大楼的工作仍处于停滞状态，所以不得不请求中东铁路公司董事会帮助。学会理事会建议在铁路俱乐部建造附属建筑物以满足满洲俄国东方学家学会的需要，因为满洲俄国东方学家学会的东方学家们为了建造大楼已花费了 6000 卢布。在哈尔滨开办东方语言培训班问题受到了各方关注——Н. К. 诺维科夫建议开办。Я. Я. 卜朗特已与俄国驻华公使 И. Я. 廓索维慈商议好每年给予未来的学校 1200 卢布的物质支持，但后来这件事不了了之。

很快，学会在出版方面遇到了经费不足的问题。《亚细亚时报》不止一次停止发行。如果第 10 期是在 1911 年 10 月发行，那么订阅者在 1912 年 5 月才拿到第 11—12 期。此后，学会又不得不放弃在铁路印刷所印行《亚细亚时报》杂志，换成了"别尔古特公司"：1913 年 2 月在那里印刷了第 14—15 期。这期不仅在发行册数上，而且在版面上，都非常少，证明稿源已明显不足。

满洲俄国东方学家学会图书馆不能满足所有有需要的人。"我感到不可思议的是，——1920 年抵达哈尔滨并很快加入满洲俄国东方学家学会的著名西伯利亚地方志学家 И. И. 谢列布列尼科夫写道，——为什么满洲俄国东方学家学会在自己存在的 11 年里没能兴办一座从事任何学术活动所必需的学术图书馆。我认为，中东铁路肯定没有给予满洲俄国东方学家学会支持。在像哈尔滨这样富饶的城市，满洲俄国东方学家学会竟然处于被冷落的境地。"①

第一次世界大战限制了满洲俄国东方学家学会活动家们的活动：一些人参加了作战军队，一些人转向了与东方学无关的事。国内战争完全打断了满洲俄国东方学家学会会员的工作计划：许多东方学家热衷于政治，И. А. 多布罗洛夫斯基成为满洲俄国东方学家学会唯一的灵魂人物。当时，他与在远东发行的许多俄文报纸合作，宣传了东方学家的活动。比如，从1918年1月至1920年3月11日（逝世日），他编辑发行了关于"政治、经济、文化、职业与劳动生活"的《满洲日报》。关于该项工作，有人写道："满洲俄国东方学家学会有一个朋友般的编辑和自己的机关报，因为在东方学家编辑下的《满洲日报》上刊载了关于东方研究的所有问题。由于И. А. 多布罗洛夫斯基的努力，《满洲日报》名声大噪，成为远东地区地方报纸中发行量最多的报纸，而在中国与日本问题方面，它是俄文临时机关报中最有成效的。"②

П. В. 什库尔金在《亚细亚时报》上发表了大量关于中国问题的作品，也是满洲俄国东方学家学会的著名学者之一。1903年于东方学院毕业后，他被任命为符拉迪沃斯托克警察局副局长，1908年在中国中原地区进行了考察，后来在吉林语言学校教授俄国史与俄语课程。他获得了如下评价："我们由衷地高兴，您作为教师在学校中给予的多年的启蒙教育；我们是快乐与幸福的，您的所有学生都充满进取的热情并取得了优异的成绩。您不仅经常向学生灌输知识，而且还教会学生懂得礼仪与谦恭，——于是在这方面完全获得了成功。"③

大概，当时军官П. В. 什库尔金的活动不只局限于教学。来自于其家庭档案的一些资料也证实，他为俄罗斯帝国总参谋部收集了关于中国的各类作战情报信息。1909年，П. В. 什库尔金来到哈巴罗夫斯

---

① И. И. 谢列布列尼科夫：《我的回忆录：在侨居中（1920—1924）》第二卷，我们的知识出版社1940年版，第54页。
② И. Г. 巴拉诺夫：《И. А. 多布罗洛夫斯基：悼词》，《亚细亚时报》1922年第48期，第5页。
③ В. В. 什库尔金收藏品（加利福尼亚）：《1908年4月4日校长的来信》，第1页。

克阿穆尔军区司令部任职，但1913年退役后在哈尔滨中东铁路担任翻译。恰恰是在这之后，П. В. 什库尔金迎来了作为汉学学者的创作繁荣。他的著述接连问世，其本人也完成了多次考察。П. В. 什库尔金曾担任《亚细亚时报》杂志第37—40期的独立编辑，以及第48、49与53期联合编辑。他所有的著作起初都是在该杂志上发表的。

  1915—1925年，П. В. 什库尔金同时在中东铁路哈尔滨商业学校和第一联合实验学校和汉语培训班授课，并且在中东铁路学务处举办的东方学培训班授课。他的学生指出，П. В. 什库尔金的课堂总是生动而有趣。同时，他还是一位伟大的俄国爱国主义者，强调俄国学者与旅行家在地理发现领域的威望。暑假时，他在中国东北地区旅行，还到过滨海边区，极力补充现有掌握的资料并准备出版自己的著作。例如，有一次他来到了距离斯拉夫杨卡不远的阿迪米亚，并记录下了朝鲜故事。在该书的序言中 П. В. 什库尔金写道："在这本书中，尽管艺术性不足，但我尽力保存讲述人的风格，不通过删除多余情节与话语破坏故事的完整性，因为这些故事主要不是满足广大读者的需求，而是提供给东方学家和东方学爱好者进行研究。"[①]

  П. В. 什库尔金在中国历史研究上做出了贡献：几部有趣的著作都出自于他的笔下。这些著作是建立在稀有史料基础之上的，通常包括 П. В. 什库尔金在考察时所记录下来的民间传说与故事等内容。他关于民族学的著作是引人入胜的，但遗憾的是，很少为当代研究者所知。他作为中国知识的普及者与众多文学作品的创作者进行的活动得到了普遍认可。1910—1926年，П. В. 什库尔金共出版了10余本关于中国故事的著作，基本上都是在哈尔滨出版的。

  П. В. 什库尔金收集了关于红胡子的珍贵资料，并撰写出几部民族学著作。在1919年出版的著作《红胡子》的前言中，他写道："对中国这个新奇的社会现象的任何评价都将是不准确的；因此让最优秀的读者本人从组成一个总称'红胡子'的一系列故事中得出自己的结论。在这里，读者看到了残忍、报复、仇视人类、带有敲诈勒

[①] П. В. 什库尔金：《朝鲜故事》，言论出版社印刷所1941年版，第Ⅳ页。

索的抢劫、杀人等，但也看到了对自己人的忠诚、独特的诚实与对待女性的行侠仗义的态度。大概，读者只看到了一方面，没有看到——卑鄙行为与背信弃义。此外，作为社会生活现象的'红胡子社会'应得到高度关注，应该将其作为学术研究对象严肃对待。"①

著作《红胡子》成为中国东北地区俄国人中的普及读物。一方面，是由于该书的作者有很高的威望；另一方面，这本书描写的是目前大众关心的问题。关于该书的书评指出："经常与中国人尤其是红胡子打交道的中国东北的俄罗斯人，几乎都不了解作为反映整个中国民族特点的沧海一粟中的'红胡子社会'：这个社会现象在'黑头发民族'子孙的性格特点与生活方式中扎下深根，П. В. 什库尔金的著作鲜明地观照了中国生活的这个领域，并使我们全面了解中国及其居民。"②

П. В. 什库尔金在绘制考古学地图上做了很多工作，并在 1917 年出版了著作《彩色中国历史年表》。他继续该项工作，并于 1918 年出版了《中国历史指南》。很快，所有的工作形成了奠基性著作。在东省文物研究会会员近期进行的考古发掘的基础上，他与著名东方学家 А. М. 巴拉诺夫共同绘制了第一幅中国东北历史地图集。该地图集没有公开出版，直到今天一直保存在黑龙江省博物馆里。另外，П. В. 什库尔金又与哈尔滨的出版者 М. В. 扎衣采夫共同出版了中国地图。由于具有众多翔实的地名索引，读者在使用它时很方便。

闲暇时，П. В. 什库尔金完成了多次旅行，有时还会遇到许多惊险。有一次，他陷入了险境。关于此事，哈尔滨的《霞光报》写道："在与土匪解释时，П. В. 什库尔金先生表现得极为冷静，说出了自己的名字，列出了自己教过很多学生的名字，讲述了自己旅行的目的，甚至拿出了自己的身份证明，并告知，在中国工作的 38 年中还没有遇到类似的抢劫丑行。П. В. 什库尔金的沉着冷静使土匪不知所措，且长时间的对话证实了 П. В. 什库尔金已控制了主导权。П. В.

---

① П. В. 什库尔金：《红胡子：民族故事》，哈尔滨 1924 年版，第 2 页。
② 《书刊评论》，《言论报》1924 年 4 月 20 日。

什库尔金察觉到了抢劫者的张皇失措后,建议由 М. А. 波鲁莫尔德维诺夫来给大家一起拍张底片上刻有历史民族学股副股长与两个抢劫者的合影照……"①

与 П. В. 什库尔金及满洲俄国东方学家学会其他会员关系密切的农学学者 В. В. 索尔达托夫来到哈尔滨后立刻积极参加学会的工作。1913 年 1 月末加入满洲俄国东方学家学会后,3 月 2 日 В. В. 索尔达托夫就宣读了《关于 А. П. 鲍洛班著作的评论》的报告,而一个月后听众又讨论了他的《中东铁路附属地居民农业互助组织》的报告。同时代的人指出,"作为教师的 В. В. 索尔达托夫拥有温和与稳重的性格,对待学生非常宽容、客气与友善。В. В. 索尔达托夫尽量让自己的学生多参加实践活动。当然很多人都知道,他在学生的帮助下完成了哈尔滨的第一次人口普查……В. В. 索尔达托夫在自己的专业领域——农学做了大量工作,毫无疑问,无论是在中国东北,还是在滨海边区,在这个领域他都是著名、与众不同的重要人物。"②

自然主义学者 Н. А. 巴依科夫也积极参加满洲俄国东方学家学会的工作。1901 年,他在外阿穆尔军区边境护路队担任翻译,由此在中国东北度过了 14 年:参加过日俄战争,收集了学术标本,猎捕过老虎,撰写了小说与学术著作,剿灭过红胡子匪帮。"在军队供职中,——Н. А. 巴依科夫在自传中写道,——从事过研究与文学创作活动,执行过皇家科学院关于收集动植物展品的任务;遵照动物学研究所所长 Н. В. 那索诺夫教授和植物学学者 Д. И. 李特维诺夫的指示,从松花江到朝鲜边境沿着高处步行走遍了整个吉林省。"③

1907 年,皇家科学院授予 Н. А. 巴依科夫通讯研究员荣誉称号。应他的请求,以及鉴于他的学术贡献,国家资产部在 1908 年将乌苏里边区的 100 公顷土地奖赏给了 Н. А. 巴依科夫。以上校身份参加完第一次世界大战后,他晋升为团长。1918—1919 年,他在许多志愿

---

① 《一次惊险的学术考察》,《霞光报》1926 年 8 月 21 日。
② 《悼词》,《亚细亚时报》1922 年第 50 期,第 349 页。
③ 哈巴罗夫斯克边疆区国家档案馆:全宗 830,目录号 3,案卷号 11198,第 6 页。

军部队服役。1920年，他染上了伤寒，被英国人疏散到了埃及，后经印度返回了哈尔滨，立刻又重新投入东方学研究工作。

1912年9月来到中国东北的法学家Н. П. 阿福托诺莫夫是一位非常热衷于满洲俄国东方学家学会事业的人。受四年级大学生的邀请，他在中东铁路商业学校担任俄语、文学、拉丁语和历史教师，同时也担任满洲教育学会秘书并在《满洲教育学会通报》上发表了大量文章，同时受聘为《亚洲俄国的教育事业》杂志合作主编。作为满洲俄国东方学家学会会员的Н. П. 阿福托诺莫夫积极参加学会出版物的编辑工作。

满洲俄国东方学家学会会员还有著名对华军事关系专家Н. Г. 沃洛德琴科将军、И. Е. 伊万诺夫①上校，翻译В. И. 那达罗夫②、А. В. 图日林③、П. Н. 斯莫里尼科夫④、В. В. 科汗斯基，日本学家 П. М. 尼科拉恩科⑤、Л. А. 鲍国斯洛夫斯基⑥、А. Ю. 兰德岑⑦、Е. Ф. 列别

---

① И. Е. 伊万诺夫：1）《1900—1903年占领中国东北时行军生活的观感》，А. С. 苏沃林印刷所1907年版，98页；2）《第一东西伯利亚步兵团连长从符拉迪沃斯托克到瓦房沟与从瓦房沟到辽阳的行军观感（瓦房沟、盖州—大车堡、大石桥、辽阳）》，А. С. 苏沃林印刷所1907年版，348页；3）《1908年在实习中》，А. С. 苏沃林印刷所1909年版，193页；4）《书评》，《亚细亚时报》1911年第8期，第155页；5）《在日本人私人处所与公共场所（来自旅行者的小记事本）》，莫斯科1911年版，167页；6）《伤兵参加日俄战争的观感》，И. А. 马耶夫斯基出版社1914年版，148页。

② В. И. 那达罗夫：1）《汉口过境道路地理状况及其贸易等研究资料》，东方学院出版社1901年版，182页；2）《汉城—釜山铁路（来自派往朝鲜的出差报告）》；3）《库夫勒官方中国文件集：1900—1903年在东方学院培训班授课时在翻译上进行了修改，并在页下端附有中文本的解释》，两册（从法语翻译），В. И. 那达罗夫与 А. П. 希奥宁共同编辑、出版，第1册：译文本；专门为东方学院培训班出版，符拉迪沃斯托克1903年版，103页；第2册，148页。

③ А. В. 图日林：《当代中国》，圣彼得堡1910年版，427页。

④ П. Н. 斯莫里尼科夫：《1912年甘珠尔的蒙古集市》，中东铁路管理局商务处出版社1913年版，19页。

⑤ П. М. 尼科拉恩科：《日本商业教育研究资料（根据日文史料）》，符拉迪沃斯托克1911年版，92页。

⑥ Л. А. 鲍国斯洛夫斯基：《关于日本人的特点问题——日本贵族阶层的伦理基础》，东方学院出版社1903年版，92页。

⑦ А. Ю. 兰德岑：《关于中国的案头必备图书》，第一册，参考部分，"远东报"俄中印刷所1909年版，63页。与 П. В. 什库尔金共同编写。

杰夫，朝鲜学家 Н. С. 谢尼克-布兰内①，记者 Н. П. 施泰因菲尔德②，以及在北京旅居的一位著名中国学家和在《亚细亚时报》第 1 期上发表文章的学者 Я. Я. 卜朗特。1909 年，满洲俄国东方学家学会出版了他的单行本著作《慈禧太后与光绪皇帝》。满洲俄国东方学家学会的创办人之一 А. П. 鲍洛班③在其驻会期间发表了许多著述。

满洲俄国东方学家学会非常关注会员同事在滨海边区与阿穆尔沿岸地区的活动。非常高兴地在满洲俄国东方学家学会做了系列报告的 В. К. 阿尔谢尼耶夫上校就是积极参加学会事务的例证。他提交的报告的题目如下：《黑龙江流域自然地理简述》（1916 年 6 月 6 日）、《我们的美国同胞》（6 月 8 日）、《西伯利亚少数民族的萨满教及其对自然的万物有灵观》（6 月 10 日）、《俄国东部地区的民族学问题》（6 月 13 日）。所有听众都喜欢哈巴罗夫斯克研究者的报告，在那段日子里 В. К. 阿尔谢尼耶夫被选举为满洲俄国东方学家学会名誉会员，他也应允再做一场关于乌苏里边区与中国东北古代历史遗迹的报告。В. К. 阿尔谢尼耶夫在中国东北的旅行是非常充实且有意义的。他不仅近距离接触了中国东北的俄国民族学东方学家，而且从新的视角检视了自己的工作。

除与老熟人 П. В. 什库尔金见面外，В. К. 阿尔谢尼耶夫也与满洲"俄国东方学家学会会员、佛教顶礼膜拜者 И. В. 莫佐列夫斯基医生接触。他拥有华丽的佛教与喇嘛教祭祀物品。В. К. 阿尔谢尼耶夫与他一起完成了在长春的旅行，并在那里结识了同样迷恋佛教并且拥

---

① Н. С. 谢尼克-布兰内：《朝鲜北方港口：朝鲜劳工在俄国（汉城总领事馆翻译官报告）》，《领事报告集》1909 年第 1 期，第 23—29 页。

② Н. П. 施泰因菲尔德：1)《俄国在华商业利益》，"劳动"印刷所 1913 年版，24 页；2)《我们与日本人在中国东北》，"劳动"印刷所 1913 年版，47 页；3)《俄国在中国东北的事业：从 17 世纪至今》，"远东报"俄中蒙印刷所 1910 年版，208 页。

③ А. П. 鲍洛班：1)《北满垦务志》，"远东报"俄中蒙印刷所 1909 年版，318 页；2)《中东铁路商务代表的报告》，哈尔滨 1912 年版，352 页；3)《远东经济问题》，《1910 年圣彼得堡俄国东方学家学会活动报告》，圣彼得堡 1911 年版，第 81—101 页；4)《东方学院——国民教育部与外交部》，《亚细亚时报》1908 年第 1 期，第 78—96 页；5)《当前工商关系中的蒙古：1912—1913 年蒙古工商部代办 А. П. 鲍洛班的报告》，В. В. 季尔施巴乌穆印刷所 1914 年版，207 页。

有一件上乘中国瓷器的俄国领事 М. И. 拉夫罗夫。[①] В. К. 阿尔谢尼耶夫的报告均在《亚细亚时报》上发表。1917 年 5 月 20 日，П. В. 什库尔金先生为 В. К. 阿尔谢尼耶夫后来成为名著的书《德尔苏·乌扎拉》撰写了"有必要的序言"。短期内在哈尔滨停留的其他研究者，如地理学家与民族学家 И. И. 加巴诺维奇，也是满洲俄国东方学家学会的必不可少的报告人。

自原阿穆尔总督 Н. Л. 关达基当选为满洲俄国东方学家学会主席后，学会的工作日益步入正轨。"这个时期的特点之一，Н. П. 阿福托诺莫夫写道，——继续过去时期进行的所谓不提出一定决议的'星期六'主席团会议"，会议参加者之间活跃地交换对各种不同的与东方有关的社会政治与学术问题。1919 年的满洲俄国东方学家学会的报告指出了'星期六会议'非常积极的方面。它的作用一直持续到 1924 年末，即赋予这个'星期六会议'特殊意义的 Н. Л. 关达基在满洲俄国东方学家学会积极工作的时期。[②] 事实上，自转向房产主公会主席岗位以及关注俄国居民在中国东北的生活后，他远离了科学研究工作。

在此后的日子里，在东方研究上扮演重要角色的中国学家 А. П. 希奥宁成为满洲俄国东方学家学会实际的领导者。很多翻译都利用他在中国侨居时出版的辞典。在专心地学习了经济与会计业务后，А. П. 希奥宁从事中国经济研究。1924 年，他受邀担任南满铁道株式会社驻哈尔滨的经济学家。此后，А. П. 希奥宁也以满洲俄国东方学家学会副主席的身份积极推动学会的活动。他也是《亚细亚时报》的合作主编。

尽管满洲俄国东方学家学会的许多会员在俄国国内战争时放弃了学术工作，但从苏俄逃来的俄侨中的一些著名东方学家接替了他们。

---

① М. И. 拉夫罗夫：《东方肖像与神话研究资料》，哈尔滨 1922 年版，133 页。附有插图。

② Н. П. 阿福托诺莫夫：《满洲俄国东方学家学会历史概述》，《亚细亚时报》1926 年第 53 期，第 446 页。

当时，满洲俄国东方学家学会在哈尔滨铁路俱乐部有两间办公室，其中一间是报告厅。新会员的加入使学会的工作异常活跃：频繁地召开会员大会，举办有趣的讲座或报告。在这个时期，满洲俄国东方学家学会首任主席 A. B. 司弼臣是会员中的典型代表：在俄国国内战争时期他参加了与中国政府关于移交铁路的和平谈判。他这个时期的许多记录都处在手稿状态。1924 年，在中国与苏联共同经营中东铁路时，A. B. 司弼臣被任命为中东铁路公司顾问，并提交了促进东省特别行政区秩序稳定的建议。东方学家 A. B. 司弼臣在发展当地矿业上起到了巨大作用：他是穆棱煤矿与沙松煤矿的开办人之一，并一直工作到生命的尽头。

1922 年秋，俄国研究者 A. B. 司弼臣成为另外一个学术教育组织——东省文物研究会的创办者。研究会在庆祝中东铁路修筑 25 周年之际成立，其章程于 1922 年 9 月 22 日被中国地方当局批准。当时，哈尔滨的俄侨社区已经开始出现大量俄国远东的难民。

1927 年，满洲俄国东方学家学会与东省文物研究会实现了合并，研究者可以集聚力量研究远东。根据双方的协议，满洲俄国东方学家学会在东省文物研究会内获得东方学家股的身份（股长——А. П. 希奥宁），继续保持独立性，包括资产与出版活动。满洲俄国东方学家学会后期的一项重要活动成果就是在 1927 年出版了 А. П. 希奥宁的巨著——《俄汉法律、国际关系、经济、政治等术语词典》。词典得到了专家们的高度评价，在出版后几乎被抢售一空。1928 年，东省文物研究会出版的 А. П. 希奥宁的新著作《最新俄汉词典》，收录了 10000 多个汉字和大约 60000 个带图解的词组。1924 年 3 月 15 日，杰出的民族学家与中国学教授 И. Г. 巴拉诺夫在满洲俄国东方学家学会做了一个综合性的报告。从 1921 年起，他一直是满洲俄国东方学家学会的副主席和《亚细亚时报》杂志的合作主编（第 48—52 期）。

第二节　中东铁路上的东方学

中东铁路的修筑加快了 1898 年前还处于极度落后状态的中国东

北地区的经济发展。在建设方案中，就已经指出要预研新铁路干线运营的条件。这些问题首先要通过中东铁路经济调查局来进行研究。根据 И. И. 谢列布列尼科夫的记载，中东铁路经济调查局起源于1920年秋 И. А. 米哈伊洛夫成立的经济小组。① А. В. 高尔察克政府财政部原部长 И. А. 米哈伊洛夫在哈尔滨为《霞光报》和《哈尔滨时代报》撰稿的同时，也发行了杂志《满洲经济通讯》。中东铁路价目展览馆、天文台和地亩处也在经济调查方面做出了贡献。

到20世纪20年代初，第一批关于中东铁路的著述集中问世。1922年，在筹备中东铁路修筑25周年之际，军事法学家 Е. Х. 尼鲁斯负责编撰中东铁路沿革史。② 当时关于中国东北北部地区经济与中东铁路的鸿篇巨著也问世了。③ 东方学家 И. В. 斯威特④发表了关于南满铁路问题的令人感兴趣的著述。А. С. 梅谢尔斯基领导的为作战军队采购肉类的蒙古考察队出版了自己的著作。⑤

中东铁路商务处处长 П. Н. 梅尼希科夫⑥和经济学家 Е. Е. 雅什诺

---

① И. И. 谢列布列尼科夫：《我的回忆录：在侨居中（1920—1924）》第二卷，我们的知识出版社1940年版，第56页。

② Е. Х. 尼鲁斯：《中东铁路沿革史（1896—1923）》，中东铁路与"奥佐"印刷所1923年版，692页。

③ 中东铁路经济调查局：《北满与中东铁路》，中东铁路经济调查局出版社1922年版，692页。

④ И. В. 斯威特：1)《南满铁路》，手稿出版社1924年版，18页；2)《中国东北的港口及其对外贸易》，哈尔滨1926年版，44页；3)《边疆地区的远东（绿色的边疆地区）》，哈尔滨1934年版。

⑤ А. С. 梅谢尔斯基：1)《滨海省作为肉产品的消费市场及依靠它的朝鲜与中国港口的收购市场》，蒙古考察队出版社1920年版，91页；2)《书评：Б. П. 的书刊评介》，《俄国评论》1920年12月，第392页；3)《中东铁路附属地作为肉产品分配中心及其毗连地区的满蒙牲畜收购市场》，蒙古考察队出版社1920年版，112页；4)《书评：Б. П. 的书刊评介》，《俄国评论》，1920年12月，第390—391页；5)《为作战军队收购肉类的蒙古考察队——中国东北—符拉迪沃斯托克区域（1915—1918）》，俄国图书出版社印刷所1920年版，40页；6)《呼伦贝尔的养羊业及其产品》，中东铁路印刷所1932年版；7)《书评》，《边界》1931年第23期（6月4日），第23页。

⑥ П. Н. 梅尼希科夫：1)《中东铁路商务代表关于黑龙江省与内蒙古哲里木盟的调查报告》，中东铁路印刷所1913年版，244页；2)《哈伦·阿尔山蒙古疗养地（来自于1925年 П. Н. 梅尼希科夫考察与1924年中东铁路经济调查局的调查资料）》，中东铁路印刷所1926年版，29页。

夫出版了关于中国东北研究的著作。Е. Е. 雅什诺夫于1926年出版了《北满农业》一书。该书序言指出："必须在著作中才能找到作者关于农业理论问题整体观点中的主要关注点，因为作者本人在结论部分仅给予简要的阐述。尽管著作的一些观点能够引起热烈的争论，但在评价该著作时如果仅仅是对著作中的一般理论见解感兴趣，那么就必须忽略该著作在'数字与事实'方面绝对重要与完全无可争辩的意义，因为数字与事实是依据科学调查方法并首次应用在中国东北农业研究上的。"①

1928年，由于《北满农业》这部书的出版，Е. Е. 雅什诺夫获得了俄国地理学会颁发的奖章。在手稿中，留存了Е. Е. 雅什诺夫的一部有意义的著作草稿《中国农业经济的模糊不清问题》。"毫无疑问，——Е. Е. 雅什诺夫写道，目前中国经历了非常沉重的农业危机。资产阶级学者把它解释为国家的遏止，极左派学者把其发生的原因归结为现存制度的不足和帝国主义者的掠夺政策。近十年内，第二种观点在中国经济学界获得了广泛呼应。遗憾的是，尽管关于该问题的文献非常丰富，但由于缺少可靠数字资料、许多研究者的偏见都被忽视了。由此，研究者就陷入了明显的，但又没有被他们发现的矛盾，作出了不符合客观实际情况的结论。我的工作在于指出我们对中国农业危机认识存在的某些问题。"②

В. И. 苏林的著作也值得关注。"关于中东铁路上所发生的事情的报道，——评论者指出，——在20世纪20年代中叶就屡见报端。因此，《北满》一书的出版恰逢其时。作者通过数字（截至1924年的信息）证实了俄国是怎样帮助中国北方省份发展经济及与远东市场密切关系的。书中记载了中国东北北部地区农业、畜牧业、木材加工、采掘业的全面信息。……呈现了我们远东近邻的经济生活的丰富资料，历史通过铁路把我们与近邻联系在一起，而为未来人提出了协调这项

---

① Г. Н. 吉气：《序言》，Е. Е. 雅什诺夫：《北满农业》，中东铁路印刷所1926年版，第V页。

② 《А. А. 西萨穆特迪诺夫收藏品：Е. Е. 雅什诺夫书信集》。

联系与相互关系的更多问题。"①

在中东铁路经济调查局工作的 A. E. 格拉西莫夫发表了大量关于经济问题的著述。Г. Н. 吉气是一位著名的路标转换派经济学家与多本关于中国经济问题著述的作者。在哈尔滨，他领导乌苏里铁路商务代办处与中东铁路经济调查局。Л. И. 柳比莫夫也在中东铁路经济调查局工作。除基本工作外，他也在中东铁路俄语培训班授课，编辑了《哈尔滨贸易公所纪念文集》，曾任满洲里站俄国民族协会主席，积极参与了编撰中国人用俄语课本。

哈尔滨的期刊《东省杂志》是中东铁路经济调查局发行的机关刊物，最初刊名为《满洲经济通讯》（第1期——1923年1月28日）。"我们着手办刊，——编辑部写道，——处于绝对艰难时期。东省特别行政区经历了严重的金融与工商危机。工商业一度萧条。暂时还没有看出繁荣的曙光，在近期窘境很难得到改观。"②

当时，中东铁路的活动家们认为发行新的经济杂志是非常重要的。杂志需要弄清摆脱危机的条件，帮助理论与实践工作者分析远东经济问题。作为中东铁路的机关刊物，杂志的大部分版面关注的是俄、中运输并分析与之有关的问题。考虑到出版物的重要意义，中东铁路决定从1925年1月1日起将杂志更名为《东省杂志》，并扩大版面按月发行。工商与农业领域的问题是杂志讨论的主要题目。"我们有一个极专门的任务，——《东省杂志》指出，——在日常工作中给予工商业者帮助，理所当然，我们的杂志应该拿出更多的版面以经济与商业评论、特讯、商品与货币预报等形式特别关注纯商业金融信息。"③

杂志设置了如下栏目：综合研究、中东铁路研究、中国东北研究、中华民国研究、苏联研究与书刊评介。经济学家与东方学家 П. Н. 梅尼

---

① 《〈维弗〉：评论》，《自由的西伯利亚》1927 年第 1 期，第 205—206 页。
② 《我们的任务》，《满洲经济通讯》1923 年第 1 期（1 月 28 日），第 1 页。
③ 《〈东省杂志〉创刊五周年》，《东省杂志》1928 年第 1 期，第 1 页。

希科夫、А. Н. 季霍诺夫、А. В. 科尔玛佐夫①、Л. И. 柳比莫夫②、В. И. 苏林、Э. Э. 阿涅尔特、Е. Е. 雅什诺夫、А. Е. 格拉西莫夫③、В. Г. 库德列瓦托夫④、А. Я. 阿福多辛科夫、А. И. 波革列别次基、А. И. 戈拉日丹采夫、В. Н. 热尔纳科夫、Н. А. 谢特尼茨基⑤、А. А. 米塔列夫斯基、В. В. 特列斯维亚特斯基等积极参与了杂志的发行。在总结杂志十年活动结果时,《东省杂志》编辑部指出:"在杂志上,铁路技术问题与铁路货物的商品学记述问题也占据了大量版面。杂志的图书目录部分内容分布在远东国家图书年鉴中。杂志也关注市场、天气变化情况分析等

---

① А. В. 科尔玛佐夫:1)《哈伦·阿尔山蒙古疗养地(来自 1925 年 П. Н. 梅尼希科夫考察与 1924 年中东铁路经济调查局的调查资料)》,中东铁路印刷所 1926 年版,29 页;2)《1923—1926 年呼伦贝尔的渔场》,东省文物研究会出版社 1926 年版,10 页;3)《呼伦贝尔经济概述》,中东铁路印刷所 1928 年版,281 页;4)《远东国家概述(东方学引言)》,第 2 册,哈尔滨 1931 年版,207 页,共同作者:Д. М. 波兹德涅耶夫、Н. А. 谢特尼次基、Н. Г. 特列特奇科夫。

② Л. И. 柳比莫夫:1)《扎赉诺尔煤矿》,中东铁路印刷所 1927 年版,52 页;2)《中国东北的土地资源与粮食收支平衡》,哈尔滨 1921 年版,21 页;3)《中国东北的铁路与铁路建设》,哈尔滨 1932 年版,52 页;4)《中国的家庭手工业》,中东铁路印刷所 1932 年版,第 43 页;5)《华侨》,哈尔滨 1932 年版,47 页;6)《中国东北经济概述》,哈尔滨 1934 年版,208 页。

③ А. Е. 格拉西莫夫:1)《北满的中国税收》,劳动者印刷所,131 页;2)《吉林省的木制品与木雕商品》,东省文物研究会出版社 1928 年版,9 页;3)《第二松花江地区的工业》,东省文物研究会出版社 1928 年版,11 页;4)《北满的陶器》,东省文物研究会出版社 1928 年版,18 页;5)《松花江流域地区经济状况概述》,哈尔滨 1929 年版,6 页;6)《北满的烟草种植与卷烟工业》,东省文物研究会出版社 1929 年版;7)《燕窝在中国经济和百姓日常生活中的意义》,哈尔滨 1930 年版;8)《松花江上游的工商业中心》,哈尔滨 1931 年版;9)《中国劳动:北满企业的劳动条件》,中东铁路印刷所 1931 年版,165 页;10)《中国的植毡:中国植毡的生产与装饰图案符号分析》,中东铁路印刷所 1931 年版,104 页;11)《中国东北的货币兑换处》,中东铁路印刷所 1932 年版,56 页。

④ В. Г. 库德列瓦托夫:1)《中东铁路附属地现行中国税研究资料》,两卷本,中东铁路印刷所 1924 年版,第 1 卷,313 页;第 2 卷,300 页;2)《车辆管理与蒸汽机车管理》,中东铁路印刷所 1925 年版,181 页。

⑤ Н. А. 谢特尼茨基:1)《吉林省的地方财政》,中东铁路印刷所 1928 年版,36 页;2)(笔名郭尔诺斯塔耶夫)《世界市场上的黄豆》,中东铁路经济调查局出版社 1930 年版,306 页;3)《远东国家概述(东方学引言)》,第 2 册,哈尔滨 1931 年版,207 页,共同作者:Д. М. 波兹德涅夫等;4)《最终目的》,弗棱科里印刷所 1932 年版,352 页;5)《苏联、中国与日本:协调的开始之路》,哈尔滨 1933 年版,61 页;6)《中国东北财政概述》1 册,中东铁路印刷所 1934 年版,68 页。

内容。目前，杂志作为比较长时段的唯一有分量的史料得到了极大关注。"①

在关注经济问题的同时，杂志也不断刊登关于中国社会生活与地方志（И. Г. 巴拉诺夫、И. И. 谢列布列尼科夫、И. Н. 维列夫金等）、历史（Б. Ф. 斯克维尔斯基等）、考古学（В. Я. 托尔马乔夫等）、自然与地理（Г. Г. 阿维那里乌斯、Н. А. 巴依科夫、А. В. 伊万诺夫、Б. В. 斯克沃尔佐夫、Е. М. 车布尔科夫斯基、А. В. 卢卡什金）、气候②、化学③、农学（И. Ф. 克柳科夫④、П. Ф 康斯坦季诺夫⑤）、土壤学⑥等方面的文章。А. Д. 沃叶依科夫⑦、Е. Х. 尼鲁斯、И. Г. 巴拉诺夫、В. Н. 克雷洛夫等主持了书刊评介栏目的工作。杂志最大的一个特点是刊登的文章有英文简介。杂志在出刊的同时，也发行了副刊《中东经济半月刊》。从1933年起，杂志每月发行两期，杂志也新增了《远东国家学术简介》栏目。

第三节 东省文物研究会

东省文物研究会是中国东北名副其实的方志学中心。尽管它只存在了六年，但做了很多事情，把热衷于这项事业的研究者联合在一

---

① 《东省杂志创刊十年》，《东省杂志》1933年第1期，第2页。
② П. К. 别达列夫：《北满的李子》，哈尔滨1932年版，22页。
③ Н. И. 莫洛佐夫：《哈尔滨市场乳油研究资料》，中东铁路印刷所1928年版，24页；也见《关于确定中国东北出口豆油标准问题的资料》，中东铁路印刷所1928年版，30页。
④ И. Ф 克柳科夫：《阿穆尔铁路区域土地（阿穆尔省、东外贝加尔与雅库省南部）》，В. Ф. 季尔施巴乌穆印刷所1911年版，371页。
⑤ П. Ф. 康斯坦季诺夫：1)《生理学与豆类作物：讲稿（手稿）》，中东铁路印刷所1925年版，62页；2)《北满主要谷物的商品优势：讲稿》，中东铁路印刷所1926年版，57页；3)《农业化学实验室活动报告》，中东铁路印刷所1928年版。
⑥ М. Д. 格列波夫：《北满的土壤》，哈尔滨1930年版；也见《满洲的土壤》，《满洲经济地理记述》，1册，中东铁路印刷所1934年版，第49—56页。
⑦ А. Д. 沃叶依科夫：《北满的亚麻作物及其大概的生长区域》，中东铁路印刷所1924年版，15页；也见《稻之种植及其利用问题》，中东铁路印刷所1928年版，129页。（该项工作是为参加在哈巴罗夫斯克举行的稻米问题会议而准备）

起。在东省文物研究会的创办者中，除俄国研究者 Э. Э. 阿涅尔特、В. В. 加戈里斯特罗穆、П. Н. 梅尼希科夫、А. В. 司弼臣、Б. В. 斯克沃尔佐夫、П. В. 什库尔金等人外，还有很多中国人。他们以符拉迪沃斯托克的阿穆尔边区研究会为样板并部分借鉴其名称，打算创办一个附带博物馆与图书馆的重要科学教育学会。其在递交给中国地方当局的通函里说道："众所周知，展览会与博物馆不仅在提高整体文化水平，而且在养成合理的工作方式和发扬实业界的实践倾向方面具有重要的文化教育意义。上述方面是经济与文化生活领域发展的必然保证。所有这一切促使一部分俄侨学者主动发起在哈尔滨创办东省文物研究会，其目的是利用并团结东省特别行政区的整个文化界。"1922 年 10 月 29 日，105 人参加了东省文物研究会第一次全体会员大会。①

东省文物研究会的活动家们包括在中国东北著名的俄国研究者与地方志学家：А. А. 鲍洛托夫、Н. В. 鲍尔佐夫、Н. Л. 关达基、В. В. 加戈里斯特罗穆②、В. В. 拉曼斯基、П. А. 巴甫洛夫③、П. Н. 梅尼希科夫、М. С. 邱宁、П. В. 什库尔金、Г. Я. 马良洛夫斯基④、И. В. 科兹洛夫⑤、

---

① 东省文物研究会干事部：《通函》，《东省文物研究会杂志》1922 年第 1 期，无页码。

② В. В. 加戈里斯特罗穆：1）《1906—1907 年的孔子学说：孔子的后裔——孔林》，圣彼得堡 1909 年版，15 页；2）《当前中国政治体制》，俄罗斯帝国驻北京公使团一等翻译官 Н. Ф. 科列索夫参与编辑，俄国驻北京传教士团乌斯朋斯基修道院印刷所 1910 年版，532 页，与 И. С. 布隆涅尔特为共同作者；3）《我的印象（关于北京）》，《东省文物研究会杂志》1922 年第 1 期，第 16—18 页。

③ П. А. 巴甫洛夫：1）《关于对某些带有鼠疫细菌试验改进的必要性》，哈尔滨 1922 年版；2）《北满的气候研究》，《东省文物研究会杂志》1922 年第 1 期，第 25—27 页；3）《来自东省文物研究会标本的中国东北动物界：爬行动物和两栖动物》，哈尔滨 1926 年版，22 页。（东省文物研究会自然科学股）

④ Г. Я. 马良洛夫斯基：1）《北满酱油的生产》，东省文物研究会出版社 1928 年版，10 页；2）《由黄豆制成的豆奶和奶酪》，东省文物研究会出版社 1928 年版，第 13 页；3）《黄豆作为人类的食品》，中东铁路印刷所 1929 年版，24 页。

⑤ И. В. 科兹洛夫：《中国东北的笈笋，或者阔叶笈笋》，哈尔滨 1926 年版，12 页。（东省文物研究会自然科学股）

А. И. 加里奇①、А. Н. 季霍诺夫②、В. Я. 托尔马乔夫③。他们非常关注东省特别行政区的文化发展研究。各股的会员连续举办报告会。大部分报告都在《东省文物研究会杂志》上发表。编辑部在杂志第 1 期上写道："三种文化汇聚于研究会，之后又在《东省文物研究会杂志》中强调这三种文化为：汉文化、俄国文化与满族文化。于是，我们相信，《东省文物研究会杂志》帮助东省特别行政区的所有文化界找到共同语言，并通过友好努力达到全面研究东省特别行政区的共同目的。"东省文物研究会共发行了 10 期《东省文物研究会杂志》，也出版了 10 种著作集、12 部关于经济问题的单行本著作。А. И. 波革列别茨基的著作《战争与革命时期远东的货币流通与纸币》是第一部单行本出版物。④ 东省文物研究会共发表了会员的 200 篇（部）研究成果。

时任远东地质委员会主席并在中国东北完成了多次考察的地质学家 Э. Э. 阿涅尔特非常积极地参加了东省文物研究会的建设工作。1924 年 7 月 1 日，定居哈尔滨后，他立刻筹建地质学股。作为国际会

---

① А. И. 加里奇：1)《中国东北的制盐业》，《中东经济月刊》1930 年第 19 期，第 11—12 页；2)《日本与中国东北的煤矿问题》，《中东经济月刊》1930 年第 17—18 期，第 3—5 页；3)《中东铁路地带朝鲜农业村镇》，《东省杂志》1931 年第 2 期，第 30—36 页；4)《日语口语实践教程》，Н. И. 索科洛夫出版社 1934 年版，174 页。

② А. Н. 季霍诺夫：《北满的养马场及其在改良当地养马业问题上的作用》，中东铁路印刷所 1928 年版，39 页。

③ В. Я. 托尔马乔夫：1)《中国东北历史遗迹——白城：来自 1923—1924 年考古发掘资料》，东省文物研究会出版社 1925 年版，30 页；2)《中国东北的猛犸遗迹》，东省文物研究会出版社 1926 年版，8 页；3)《白城出土的建筑材料、建筑物装饰及其他文物：来自 1925—1926 年考古发掘资料》，东省文物研究会出版社 1927 年版，8 页；4)《北满淀粉鱼筋的制作》，东省文物研究会出版社 1927 年版，16 页；5)《北满田间栽培植物的谷物产品：讲座提纲》；6)《西伯利亚高寒农作物在中国东北的遗迹》；7)《关于北满的旧石器时代问题》，哈尔滨 1933 年版，8 页。

④ А. И. 波革列别茨基：1)《博物馆的实用任务（博物馆与边区经济）》，《东省文物研究会杂志》1922 年第 1 期，第 8—10 页；2)《1914—1924 年战争与革命时期远东的货币流通与货币》，东省文物研究会出版社 1924 年版，436 页；3)《当代日本经济概述》，东省文物研究会出版社 1927 年版，166 页；4)《中国币制考与近代金融》，中东铁路经济调查局出版社 1929 年版，436 页；5)《走向金本位之路（中国的当前问题）》，"东省杂志"出版社 1930 年版，57 页。

议参与者与大量学术成果的著者,① 他在研究者中拥有很高的威望。1939 年,在 Э. Э. 阿涅尔特的朋友与学生举行隆重庆祝其从事创作活动 50 周年之际,他当选为包括德国科学院(从 1937 年起)在内的许多学术机构的通讯院士。②

东省文物研究会的创建者之一、植物学家 Б. В. 斯克沃尔佐夫被选举为东省文物研究会学术秘书与植物学股股长。他也是东省文物研究会博物馆、植物园以及松花江水产生物调查所的工作人员。东省文物研究会出版了 Б. В. 斯克沃尔佐夫的大约 10 部著作。③ 在华生活的后期,Б. В. 斯克沃尔佐夫与中国林业科学研究院林业研究所、哈尔滨的中国东北农学院和林学院保持着紧密的联系。"在这些学术机构,——同时代人回忆道,——他以植物学家、新教师植物学导师的身份工作。在上述机构工作时,他在中国东北不同地区完成了多次植物学考察,并由此发表了一系列报告。1951 年,他参加了林学院在根河上游与额尔古纳河右岸支流进行的植物学考察。在林学院——在学校里学习的有 5000 名大学生,工作的有大约 500 名教师。1956—1958 年,他在林学院对自己在中国长期居留期间所完成的藻类学工作进行了总结。结果,他用俄文、英文、拉丁文编撰了记述 5000 种各类藻类的 6 份报告,其中 50% 的藻类还不为科学家所知。"Б. В. 斯克沃尔佐夫还积极参加了《中国东北木本植物》指南的出版工作。

过去曾是军人并出版了关于大量蒙古与中国东北问题著作的著者

---

① Э. Э. 阿涅尔特:1)《1896—1898 年在中国东北东部的煤炭与其他矿藏的勘查与勘探》,П. П. 索伊金印刷所 1900 年版,95 页;2)《1901 年在中东铁路齐齐哈尔西部地区的地质矿物调查》,无出版地,77 页;3)《西伯利亚铁路沿线的地质调查与勘查工作》,第 26 册(单行本);4)《阿穆尔沿岸地区的地形测量与多部门的参与》,《1911 年实践地质学与勘查业务第二届全俄代表大会著作集》,М. М. 斯塔休列维奇印刷所 1912 年版,192 页;5)《阿穆尔沿岸地区地质简述》,М. М. 斯塔休列维奇印刷所 1913 年版,199 页;6)《俄国远东地质及金属矿产研究领域做什么与只能干什么》,无出版年,无出版地,11 页;7)《远东的矿藏》,图书事业出版社 1928 年版,932 页。

② В. Н. 热尔纳科夫:《Э. Э. 阿涅尔特——俄国远东与北满的研究者:纪念逝世 20 周年》,《俄国生活报》1967 年 1 月 8 日。

③ В. Н. 热尔纳科夫:《纪念 Б. В. 斯克沃尔佐夫 80 寿辰》,《俄国生活报》1976 年 1 月 27 日。

А. М. 巴拉诺夫领导了历史民族学股。① 他把收集与保存关于中国东北北部地区的民族学资料以及对于中国东北古代遗迹的保护视为历史民族学股的主要任务。历史民族学股对中国东北的古代遗迹进行了详细调查，并对所有的遗迹给予关注。② 1927 年 А. М. 巴拉诺夫逝世后，П. В. 什库尔金接续了该项工作。

А. М. 巴拉诺夫也领导了1923 年11 月11 日成立的专注中国东北自然、社会生活、经济与文化方面收藏的东省文物研究会博物馆民族学部，民族学部以博物馆的创建者为荣耀。它"……占据了第五展厅与第六展厅的部分空间。在第五展厅设置了东亚艺术分部，在这里陈列了有艺术价值较高的瓷瓶与陶器、各类器皿、景泰蓝、软玉与象牙制品。在宗教祀品分部摆放了带有喇嘛教与中国佛教供台的两个有趣的陈列柜，里面放有道教与萨满教收藏物、喇嘛教肖像收藏物。民族学部还陈列了大量关于汉族人、满族人、蒙古族人、奥罗奇人、索伦人与达斡尔族人的社会生活的收藏物。在那里还有清朝长袍、满族衣服与鞋、蒙古族服饰、汉族的器乐、游戏玩具、玩具与家庭用具的收藏物。"③

在哈尔滨诸多学校教授自然科学的 Т. П. 高尔捷也夫是东省文物研究会中活动能力很强的会员。"在这个时期，——他的学生回忆道，——Т. П. 高尔捷也夫培养了几千名俄国青年男女。他在几个中

---

① А. М. 巴拉诺夫：1)《呼伦贝尔、喀尔喀与哲里木盟》，哈尔滨1905 年版，13 页；2)《蒙古：呼伦贝尔与喀尔喀》，外阿穆尔军区司令部边防独立兵团边境护路队出版社1905 年版，60 页；3)《蒙古》，哈尔滨1905 年版，59 页；4)《蒙古：关于蒙古政治状况的简讯》，哈尔滨1906 年版，13 页；5)《蒙古东北盟》，哈尔滨1907 年版，138 页；6)《我们在蒙古的贸易任务》，哈尔滨1907 年版，第23 页；7)《扎萨克图王旗的喀喇沁人》，哈尔滨1907 年版，32 页；8)《蒙古术语词典》，外阿穆尔军区司令部边防独立兵团边境护路队报告处出版社1907 年版（А—Н），138 页；1911 年版（О—Ф），138—266 页；9)《呼伦贝尔》，哈尔滨1912 年版，59 页；10)《乌梁海问题》，哈尔滨1913 年版，48 页；11)《喀尔喀——车臣汗盟》，哈尔滨1919 年版，52 页；12)《呼伦贝尔：历史地理概述》，东省文物研究会出版社1925 年版，11 页。

② А. М. 巴拉诺夫：《中国东北古代遗迹登记》，《东省文物研究会杂志》1923 年第3 期，第37—40 页。

③ 《哈尔滨的博物馆（历史概述）》，《工大人》纪念文集（1969—1979）1979 年第10 期，第152 页。

学教授自己喜爱的课程,在各处成立利用课余时间补充学习的自然爱好者小组。难民学校刚刚开始起步,学校里没有任何真正的教具。于是,Т. П. 高尔捷也夫与热衷于教育事业的年轻人利用在学生中募集的有限资金制作了直观的教具与模型,使学校的博物馆的馆藏逐年增加。与此同时,他还在学校的花园里进行了实践课。"① 1945—1967年,Т. П. 高尔捷也夫在哈尔滨的博物馆工作。他的少量著述证明了研究者兴趣的广度。②

在 Т. П. 高尔捷也夫与 Б. В. 斯克沃尔佐夫的影响下,А. И. 巴拉诺夫开始学习自然科学。在哈尔滨法政大学毕业后,他进入了北京大学植物学系学习,直到 1950 年代一直是哈尔滨地方志博物馆和中国科学院林业土壤研究所生物分所的科研人员。"在工作中,——关于研究者有人写道,——他参加了其中包括去小兴安岭和黑龙江在内的多次特别有意义而有趣的考察。研究所的领导对他非常尊敬,并高度评价了他的工作。安德烈为从事植物学研究的中国人编写了拉丁文植物学术语词典,由此获得了特别的感谢与奖金。当得知安德烈打算离开哈尔滨后,研究所的领导苦口婆心地挽留他,答应提供好的工作条件,其中包括承诺他为不受任何限制的教授。"③

从 1929 年起,В. Н. 热尔纳科夫承担了基督教青年会哈尔滨自然地理学研究会的各项日常工作,在 17 年内他一直是研究会的秘书与学术著作集的编辑。还在学习时,В. Н. 热尔纳科夫就在滨江省博物馆工作了。1937 年哈尔滨法政大学毕业后,他进入了"大陆科学院博物馆"工作。当时,他完成了几次饶富趣味的旅行与考察。从 1938 年起,他在伪满洲国国务总理大臣直接管辖的"大陆科学院"

---

① 《Т. П. 高尔捷也夫的过去学生们:纪念俄国学者》,《俄国生活报》1972 年 4 月 27 日。

② Т. П. 高尔捷也夫:1)《大兴安岭的森林》,哈尔滨 1920 年版;2)《通过保护蜜源植物保护蜜蜂的救东》,满洲农业学会出版社 1923 年版,8 页;3)《1926 年中东铁路沿线土壤植物调查的预先简报》,中东铁路地亩处出版社 1926 年版,11 页;4)《带有猛犸牙的底板和喷出岩描述》,哈尔滨 1926 年版;5)《中国东北与澳滨边区的滕本植物》,哈尔滨 1954 年版,16 页。

③ А. Н. 巴拉诺娃:《А. И. 巴拉诺夫》,《朋友之友》1987 年第 27 期,第 22—23 页。

工作。В. Н. 热尔纳科夫慷慨地与来到中国的同事分享自己的知识：法国地质学家与哲学家 Т. де. 夏尔丹、Х. 布雷里院士，德国地理学家 Б. 普列特什克、Е. 基里、Г. 弗赫勒－郝克等。战时，В. Н. 热尔纳科夫受聘为基督教青年会学校讲课人。他常年在哈尔滨工学院教授中国经济地理课程，并担任运输经济系副主任职务。

　　В. Н. 热尔纳科夫研究与考察的结果在 1960 年以中国科学院著作集独立卷的形式出版。作为地质植物学家的他研究了湖泊的动植物区系。В. Л. 科马洛夫院士是与其通信人之一。В. Н. 热尔纳科夫在墨尔本的自然主义者研究会工作，完成了多次旅行并收集到了大量收藏物。1972 年，他移居美国，翌年做了一次心脏手术。在其有生之年，他撰写了回忆录，并在旧金山的《俄国生活报》上发表。他也撰写了关于在华居留的学生与旧同事的系列小册子：Б. А. 巴依科夫、И. И. 加巴诺维奇、А. П. 希奥宁、В. В. 包诺索夫、Т. П. 高尔捷也夫等，这些人中的每一位都是科学与文献整理事业中的代表人物。① В. Н. 热尔纳科夫在俄文、英文、德文、法文、日本和中文的学术与普通杂志上共发表了 166 篇学术、科普以及生平总结和回忆性质的文章与简讯。②

　　1925 年，原黑龙江水路第三段务长、东省文物研究会会员、哈尔滨松花江水产生物调查所监测员 А. А. 鲍罗托夫出版了一本有意义的著作《黑龙江及其流域》。有评论如下："本书著者——坐地户与阿穆尔边区活动家（20 年不间断从事水务管理工作）引人入胜地向读者揭开了阿穆尔边区暗藏的力量。在详细研究了流经阿穆尔边区的黑龙江流域后，他把读者引到了别样的、新奇别致的和多样的阿穆尔生活条件。……著者通过平常、真实而生动的关于神奇的边区故事引起读者注意。"③

　　自然主义学家和大量关于中国东北地方志著作的著者 Б. А. 巴依

---

① N. V. 齐瑟曼：《В. Н. 热尔纳科夫》，《俄罗斯人在澳大利亚》1986 年第 5 辑，第 19 页。
② А. С. 卢卡什金：《В. Н. 热尔纳科夫（纪念逝世周年）》，《俄国生活报》1977 年 8 月 27 日。
③ 《〈维弗〉：新书评论》，《自由的西伯利亚》1927 年第 1 期，第 206—207 页。

科夫也积极参加了东省文物研究会的工作。①

东省文物研究会不仅把热衷于中国东北研究事业的人,而且还把哈尔滨的许多社会组织,置于自己的卵翼之下。这突出表现在东省文物研究会图书馆的藏书量上。"东省文物研究会图书馆的图书总数,——《东省文物研究会杂志》报道,——在满洲俄国东方学家学会图书馆与满洲农业学会图书馆并入后得到了大大补充。由于拥有足够的物质条件与专门大楼的中东铁路中央图书馆在哈尔滨的成立,为了避免工作上的同质化发展和节约利用有限的经费,东省文物研究会图书馆进行了改组。图书馆的所有藏书被重新翻检了一遍,保留了下列出版物:а)关于中国东北与毗邻省份的图书和小册子;б)在知识领域方面的指南、经典与基础性学术作品,其中优先收藏关于东省文物研究会活动的资料;в)词典、百科全书与语言学图书;г)交换的学术机构、学会与地方志机构的出版物;д)学术定期出版物。"②

1924年前,中国东北不仅没有人从事图书报刊索引参考文献的编纂工作,而且也没有人从事地方印刷出版物的收藏工作。③中东铁路民政部负责订购报纸,但随着民政部的撤销,该项工作也随之中断。哈尔滨铁路俱乐部图书馆与商务俱乐部图书馆保存的只是当年发行的定期出版物。1924年,东省文物研究会决定解决这个问题,在自己的博物馆内设立了由М. С. 邱宁领导的地方出版物科。④1924年7月,他开始着手工作,并以东省文物研究会的名义致函所

---

① Н. А. 巴依科夫:1)《在中国东北的崇山峻岭中》,"我们的狩猎"杂志编辑部出版社、Д. П. 维斯布尔格印刷所1915年版,464页;2)《马鹿与马鹿业》,东省文物研究会出版社1925年版,14页;3)《中国东北的老虎》,东省文物研究会出版社1924年版,18页;4)《人参》,东省文物研究会出版社1926年版,21页;5)《远东的熊》,东省文物研究会出版社1928年版,25页;6)《外阿穆尔人笔记:Н. А. 巴依科夫回忆录,中国东北:1902—1914年摘选》,《俄罗斯人在亚洲》1997年第4期,第32—123页。

② А. А. 拉齐科夫斯基:《东省文物研究会六年》,《东省文物研究会杂志》1927年第7期,第5页。

③ Д. Г. 萨托夫斯基-勒日夫斯基:《满洲国的侨民出版物》,《满洲国十周年纪念文集》,"协和会"与"满洲俄侨事务总局"出版社1942年版,第351页。

④ 哈巴罗夫斯克边疆区国家档案馆:全宗830,目录号3,案卷号5679,第1页、第1封底页、第2页、第2封底页、第4页。

有哈尔滨报社编辑部与出版社负责人,请求他们把出版物向东省文物研究会寄送,以利于未来收集收藏品。"除了图书、报纸与杂志外,——M. C. 邱宁写道,——在地方出版物科收藏和保存了其他在中国东北发行的包括印刷机印刷和石版印刷的物品。尽可能地收集所有公布的政府命令、行政命令、机构声明,也收集地图、图纸、图画、肖像,还收藏戏院、音乐会的传单及其节目单、电影的传单与广告及各种商业广告,还有更多的附在邀请信上的小图案及各种票、菜单和快报等。同时,还收集多语种印刷作品,其中俄文出版物居多。"①

应热衷于此项事业的图书编目学专家的请求,中东铁路管理局率先表态,不仅把正在发行的出版物,而且还把包括地图在内的过往所有印刷品移送给地方出版物科。地方出版物科也收到了《奥佐》与《霞光》出版社的收藏品。中俄工业大学校及哈尔滨的其他学校向M. C. 邱宁移送了课本与教具。地方出版物科也从本地地方志收藏者那里获得了大量稀有出版物。1925 年 5 月初举行的"图书日"又大大补充了收藏品,为此博物馆专门拨出了一个大房间。

到 1927 年,东省文物研究会图书馆已藏有各类出版物 7000 卷,而其地方出版物科藏有 12000 册图书、杂志与小册子及其他印数不多的文献。由此,M. C. 邱宁能够着手编撰第一个地方图书目录索引指南——《中国东北书目》。他详细地分析了出版物的内容、版权人与发行持续时间,指出许多出版物的存续时间不长:到 1927 年,几乎 1/3 哈尔滨的出版物的存续时间不超过一年,在 243 种出版物中有 89 种是属于这种情况。这只是一个大概,而如果考虑到,在专栏标题上标有"存在时间未知"的大量出版物发行时间也不超过一年的话,那么稍纵即逝的出版物的数量可能还会更多。不间断发行 17 年的《哈尔滨贸易公所贸易公报》是哈尔滨出版物中发行时间最长的。由中东铁路发行 15 年的《哈尔滨日报》是报纸中发

---

① M. C. 邱宁:《地方出版物科(活动概述)》,《东省文物研究会杂志》1928 年第 7 期,第 71—72 页。

行时间最长的，报刊杂志中发行时间最长的为《亚细亚时报》（14年）。按照存续时间，《北满农业》与《哈尔滨自治公议会通报》两本杂志占据第二位，尽管期间中断过，但也存续了10年。①

在出版图书目录索引后，M. C. 邱宁继续编撰地方出版物，并于1936年出版了新的更具专业性的指南。他不仅补充了旧著作，而且作出了更全面的书刊分类记述并附有必要的简介，扩充了参考咨询部分。这项工作是在更复杂的条件下进行的，因为东省文物研究会已被撤销了，M. C. 邱宁不得不跑到中东铁路图书馆工作。"对现在第二次发行的出版物的登记来说，——他指出，——伴随着某些、有时更大的困难。其原因在于在城市里多年内都没有藏有地方出版物的大型公共图书馆，在那里可以找到所有的哈尔滨定期出版物。为了收集信息，不得不拜访许多机构和个人搜罗某些杂志或报纸，而且这项工作已成为平常之举，因为只有这样才能记述搜罗不到的地方出版物作品。"②

在编撰图书目录索引的同时，M. C. 邱宁还发表了关于珍稀出版物的许多文章。尤其是，他撰写了关于1905—1911年在哈尔滨发行的杂志《外阿穆尔人的消遣》的多篇介绍性文章。他不仅介绍了这个出版物的发行目的与任务，而且揭示了一些不为人知的细节。"本地的社会主义革命者组织特别关注《外阿穆尔人的消遣》杂志的声望，企图利用它的名称达到自己的目的。该组织成功发行了几期同名机关刊物《外阿穆尔人的消遣》（当然是地下发行）。公开发行的《外阿穆尔人的消遣》杂志与地下发行的同名杂志进行斗争，于是地方政权很快就查封了它。"③

M. C. 邱宁继续进行之前的工作，编撰了从1936年1月1日至

---

① M. C. 邱宁:《东省出版物源流考——1927年正月以前哈埠洋文出版物》，东省文物研究会出版社1927年版，第8页。
② M. C. 邱宁:《1927年1月1日至1935年12月31日哈埠洋文出版物》，哈尔滨铁路局经济调查局出版社1936年版，第IV页。
③ M. C. 邱宁:《哈尔滨的第一本杂志》，《哈尔滨历史一页：文集》，哈尔滨与"北满"坐地户协会出版社1936年版，第43页。

1939年12月31日期间哈尔滨各类宗教团体出版活动的图书目录索引。图书目录学家分析了东正教会、天主教拜占庭—斯拉夫仪式主教官教区、新教教会（《权杖》出版社）、皈依基督教—莫罗堪派教徒教会、第七日基督复临安息日信徒、皈依基督教福音浸礼宗（50人长）、旧礼仪派教徒与路德宗教会发行的出版物（连续图书与单行本图书），详细介绍了卷次与出版者信息。①

1929年2月，中国地方当局依法关闭了东省文物研究会，并将其"改造"为东省特区文物研究会，其会员均为中国人。东省文物研究会博物馆被东省特区国民教育厅接管，1931年1月在博物馆内成立了东省特区文物研究所。尽管经过了不断改造，在博物馆内工作的仍基本为俄国研究者：Б. П. 雅科夫列夫、А. С. 卢卡什金、М. А. 菲尔索夫、Б. А. 巴依科夫。

毋庸置疑，侨民青年都能说一口流利的汉语。成年人不积极关注中国文化，而且挖空心思去赚取糊口之粮，大量的孩子不仅得快速地习惯语言，而且还要适应当地的传统与现实。哈尔滨的教育工作者与研究者尤其关心对于年轻一代的培养，千方百计地吸引年轻人加入自己的学会和联合会，出版民族学性质的资料。儿童科普杂志《小燕子》的主编 Е. А. 瓦西里耶夫回忆道："我的老熟人 К. 库辛精通汉语，经常为杂志翻译中国神话故事，在'为什么与因为什么'栏目里刊登了各种有趣的信息。但我已经不写这个了，因为这不是我的专长，而记述中国新年或日本儿童节除外。"②

在中国东北，青年学术社会组织非常活跃。由原东省文物研究会会员创办的基督教青年会哈尔滨自然地理学研究会是影响力最大的青年学术组织。1929年4月7日，哈尔滨自然地理学会的活动家成立了由 В. В. 包诺索夫领导的"布尔热瓦尔斯基研究会"。在庆祝研究会

---

① М. С. 邱宁：《哈尔滨市精神道德出版物：简要概述》，《圣赐食粮》1940年第10期，第42—48页；也见《圣赐食粮》1940年第11期，第35—40页。
② 尤尔卡［笔名 В. Е. 亚历山大罗夫娜（丈夫奥尔洛夫）（1906—1979，旧金山）］：《儿童杂志"小燕子"（回忆录）》，《工大人》纪念文集（1969—1979）1979年第10期，第188页。

成立十周年时，其对前期工作总结如下："研究会的工作完全仰赖于青年人的付出，他们在10年内举办了大约200场展览，收集了大量标本。纪念日那天，在第一俄国实验学校大楼内举办了报告展览。展览会的中央位置摆放的就是由布尔热瓦尔斯基人在哈尔滨北部黄山地区发掘出的猛犸骨骼（骨骼是不完整的），这是中国东北地区猛犸象骨骼遗迹的代表。在它的旁边，摆放的主要是靺鞨（1500年前）和金（700—800年前）时期的考古遗迹。在民族学广角处摆放的萨满用具与小神像，以及布尔热瓦尔斯基人的动物学收藏品在此次展览会上极受欢迎。大量中国木版画被挂在学校大楼的墙上，作为本次展览的背景。"①

布尔热瓦尔斯基研究会于1946年关闭。至此，研究会只出版了一期《布尔热瓦尔斯基研究会学术著作集》。随着哈尔滨自然地理学研究会于1945年的关闭，俄国地方志学家停止了从事中国与中国东北研究的相关工作。1946年成立的哈尔滨自然科学与人类学爱好者学会是最后一个地方志机构，共存在了9年。Б. П. 斯克沃尔佐夫与B. H. 阿林是学会的领导者，动物学、昆虫学与民族学是B. H. 阿林的学术兴趣。②

第四节　中国东北地区的俄侨高等学校

早在1898年第一批中东铁路建设者刚刚携家眷来到哈尔滨时，俄国孩子如何在哈尔滨学习的问题就产生了。因此，到1898年末，不仅在哈尔滨，而且在整个中国东北，与俄国移民村的教堂和俱乐部一同出现的还有初等学校。因来到哈尔滨的 И. С. 斯杰潘诺夫的发起和努力，该学校于1898年12月6（19）日开办。他为第一批学生编写了课本，起初入学时只有11个孩子，到1899年5月就已经有20

---

① 阿尔古斯：《跟随布尔热瓦尔斯基》，《边界》1939年5月27日（第22期），第19页。

② B. H. 阿林：《与农业害虫有关的中国人的信仰与迷信的习俗》，《哈尔滨自然科学与人类学爱好者学会丛刊》1946年第1期，第37—39页。（出版了单行本）

个学生了；到 1900 年，学生的数量增加到 93 名，到 1901 年已有 200 名。1902 年，拥有了 207 名学生的学校不得不限制招生。И. С. 斯杰潘诺夫也为中国人开办了夜班。

随着哈尔滨城市的发展，中东铁路当局开办了新的初等学校。到 1906 年，在中东铁路附属地共有 12 个初等学校，其中有学生 1460 名、教师 38 名。1917 年，中东铁路附属地开办有一级制初等学校 10 个，二级制初等学校 20 个；拥有学生 3036 名，教师 76 名。到 1923 年，学校的数量达到了 66 所，其中包括中国人在内的学生约 10000 名、教育工作者 227 名。在哈尔滨，也存在着 1908 年开办的市政学校及几所私立学校。实际上，所有的学校都照搬了俄国的学校体制，将其分为给予古典教育并允许升入大学的中学，以及为实践活动培养毕业生的实验学校。

1906 年，中东铁路的领导设置了专门的学务处，并开办了第一所中等学校——哈尔滨商业学校，其实际上由坐落在毗邻哈尔滨市中心的两所学校组成——男子学校与女子学校。学校优先招收中东铁路职员的孩子，但也接收所有愿意来此就读的学生。1906—1917 年，Н. В. 鲍尔佐夫是中东铁路学务处处长和商业学校第一任校长。哈尔滨商业学校作为俄国人在邻国（中国）开办的学校，既招收俄国侨民的孩子，同时也招收中国学生。生源的特征决定了其在教学计划上必然会设置东方学内容：地方志（满学）、汉语、远东国家地理与历史等方面的课程均列入开设内容。因此，俄国孩子在中等学校就获得了最初的东方学培养。

1906—1917 年，中东铁路学务处每年都会举办夏季教师大会，而 1909 年又成立了为成人开办的夜校：一年制初等教育与两年制强化课程。从 1910 年起，哈尔滨的教育工作者联合成立了满洲教育学会。依据章程，教育工作者指出学会的任务是"关注俄国与国外教育科学的发展，促进边区学校教育实践，举办培训班、代表大会、展览会与学术考察……"同时，借助于 1913—1919 年发行的月刊《亚洲俄国的教育事业》（从 1922 年起——《满洲教育学会通报》）的帮助对出现的问题与想法进行讨论。后来，1925—1926 年由中东铁路教师联合会发行的教育杂志《校园生活问题》和 1932 年由满洲俄国教师协会出版的《教师协会月刊》也讨论了学校教育问题。① Н. П. 阿福托诺莫夫在中国东北的俄国教育研究领域做了很多工作。② 无论是他，还是其他哈尔滨教育工作者都出版了许多课本。③ 尤其是，过去的外交官 А. С. 特洛伊茨基制作的教具得到了广泛应用。到 1926 年，无论是苏侨学校，还是俄侨学校，都要由中国地方政府监管，但通常是形式上的，并不妨碍学校领导按照自己的计划进行工作。

关于在哈尔滨创办高等学校的问题在第一次世界大战初就被提出来了。1916 年，高等教育委员会成立，但其工作在 1917 年中断，1918 年夏重新恢复。委员会为在哈尔滨创办设有法律、经济与技术系的大学和医学院进行了募捐活动。热衷于此项事业的人只成功募集到所需经费的一半，但他们还是努力在 1920 年创办了相当于高等学校的两所学校：高等经济法律学校（后来为法政大学）和中俄工业学校（后来为哈尔滨工学院）。

1920 年 3 月 1 日创办并由 Н. В. 乌斯特里亚洛夫担任校长的高等经济法律学校招收的第一届学生共 98 人，其中包括很多自由听众。

---

① О. М. 巴奇赤：《哈尔滨的俄国印记：书目史（1898—1961）》，N. 罗斯出版公司 2002 年版，第 430、434 页。

② Н. П. 阿福托诺莫夫：1）《哈尔滨商业学校十五年历史概述（1906—1921）》，商业学校出版社 1921 年版；2）《哈尔滨第一公共商业学校的第一个十年》，哈尔滨第一公共商业学校出版社 1931 年版；3）《哈尔滨工学院中国预科班历史概述与现状》，预科班教师联合会出版社 1933 年版；4）《用俄语学习：适用于外国人的俄语课本》，与 С. Н. 乌索夫共同编写，1—4 册，《秋林公司》出版社 1934 年版；5）《十八年中的哈尔滨法政大学》，《法制及文化：哈尔滨法政大学十八年纪念文集》，1938 年版，第 3—84 页（《法政学刊》第 12 期）；6）《回想起了什么》，《中东铁路哈尔滨商业学校》1973 年第 11 期，第 52—56 页。

③ И. И. 别杰林：1）《哈尔滨商业学校汉语课本》，满洲俄国东方学家学会出版社 1909 年版；2）《东方学简明教程：五年级课本》，秋林出版社 1914 年版，198 页；В. Г. 乌拉谢维奇：3）《俄汉双语实践》，哈尔滨 1930 年版；4）《俄日实践词典：10000 词与句子》，《华锋》印刷所 1935 年版，388 页；5）《日语口语学校实践指南：初学者系统全教程》，《华锋》印刷所 1933—1941 年版。

每天晚上，他们在哈尔滨商业学校大楼进行强化学习，在四个月内完成一年制的教学大纲。从1920年9月起的第二教学年开始，学校拥有在校大学生15名，且此时已停招自由听众。1922年，经阿穆尔总督府教育部批准，高等经济法律学校获得了符拉迪沃斯托克远东国立大学委任办学资格，并更名为法政大学。

随着1922年10月苏维埃政权在滨海边区的确立，哈尔滨法政大学与远东国立大学的合作停止。与此同时，律师Н. И. 米罗留波夫接替Н. В. 乌斯特里亚洛夫担任校长职务。他既是著名法学家又是调查皇室被害事件的领导者之一，也研究滨海边区最后一届白色政权的法律承认问题。在中国东北，Н. И. 米罗留波夫研究中国司法活动，并享有极高声望。

在法政大学，有许多来自符拉迪沃斯托克的教授和教师。比如，1920年1月，原А. В. 高尔察克政府活动家Г. К. 金斯来到了哈尔滨。在授课的同时，他根据近年发生的事件着手出版自己的大部头著作《西伯利亚、同盟者与高尔察克》，并在《满洲日报》上发表了该书的部分片段。在哈尔滨侨居期间，他出版了大量东方学著作，不仅有关于中国的，还有关于日本的。许多著作都是根据在这个时期收集的资料出版的，也有一些是后来学者移居美国后出版的。[①]

[①] Г. К. 金斯：1)《在日本：游览者的印象》，中东铁路印刷所1922年版，72页；2)《工业化的日本》，中东铁路印刷所1925年版，69页；3)《公共物品之公用法：两卷本》，俄满图书贸易1926—1928年版，第一卷：水法基本理论，1926年版，116页；第二卷：现代水法1928年版，244页；4)《中国现代道德问题》，俄满图书贸易1927年版，80页；5)《水法与公共物品之公用》，哈尔滨1928年版，358页；6)《权利与强权：法与政治理论概览》，中东铁路印刷所1929年版，114页；7)《中国的新法与登记注册条例》，哈尔滨1930年版，80页；8)《中国商法概论》，1册，哈尔滨1930年版，160页；9)《在蒙古历史发展中的国家体制与法律》，哈尔滨1932年版，54页；10)《满洲国民法中的自由与强迫》，1卷，哈尔滨1938年版，24页；11)《新法与企业家的活动》，霞光报出版社1940年版，64页；12)《企业主》，Л. Г. 齐克曼出版社1940年版，282页；13)《教授与政府官员：俄国、中国与加利福尼亚：班克罗夫特图书馆 B. 雷蒙德－罗曼诺夫主持的采访》，伯克利1966年版，364页；14)《俄罗斯帝国政府印象：班克罗夫特图书馆 R. A. 皮尔斯主持的采访》，伯克利1971年版，95页。

И. Г. 巴拉诺夫是法政大学的编外副教授。他教授汉语、文学、民族学与中国文化史课程，并主持考试。与此同时，他发表了关于中国民俗、地理与历史的大量文章。① 从1926年起，他在哈尔滨师范学院教授地方志课程。

　　法政大学的教师中包括许多著名的东方学家。М. В. 阿布罗西莫夫是大学的创办者之一，从大学创办到关闭一直在校工作。他教授政治经济学理论与实践课程，② 并发表了许多著述。法政大学的其他多位教师在东方学领域均有建树：М. Н. 叶尔硕夫③、А. А. 卡姆科夫④、В. В. 拉曼斯基⑤、Н. Г. 特列特奇科夫⑥、К. В. 乌斯朋斯基⑦、

---

　　① И. Г. 巴拉诺夫：1)《中国内部贸易体制》，中东铁路印刷所1918年版，39页；2) 同上，1920年版，53页；3)《囚徒：译自中文》，哈尔滨1920年版；4)《中华民国行政设置》，哈尔滨1922年版，35页；5)《阿城中华庙宇参观记》，中东铁路印刷所1926年版，50页；6)《北满的行政设置》，东省文物研究会出版社1926年版，22页；7)《北平的国家公共图书馆》，中东铁路出版社1931年版，23页；8)《中国当代艺术文学》，《霞光报》印刷所1934年版，17页；9)《辽东南部的民间信仰》，中东铁路印刷所1934年版，11页；10)《蒙古王朝的肖像画廊》，哈尔滨1941年版，第101—106页（从《基督教青年会哈尔滨自然地理学研究会通报》中摘出单独刊行单行本）。

　　② М. В. 阿布罗西莫夫：1)《社会收入分配的不公平：事实与观察》，《言论》印刷所1924年版，35页；2)《政治经济学：课本》，1册，索菲亚教区印刷所1925年版，200页；3)《白银作为世界货币问题》，中东铁路印刷所1933年版，78页；4)《中国东北榨油工业生产的季节波动》，《东省杂志》1933年第13期，第43—52页。

　　③ М. Н. 叶尔硕夫：1)《远东之新局势：太平洋上的现代经济、文化与国际关系》，哈尔滨1931年版，16页；2)《现在中国与欧西文化》，法政大学出版社1931年版，34页；3)《现在中国学校与智力发展》，哈尔滨1932年版，43页；4)《东西两洋/今昔：在历史阐释中的"东方—西方"问题的基本条件》，科学出版社1935年版，125页。

　　④ А. А. 卡姆科夫：《中国刑律中之侵占财产罪：纵火、洪水与排水系统损坏（中国刑法讲义）》，哈尔滨1927年版，20页。

　　⑤ В. В. 拉曼斯基：《磨粉业与中国面粉贸易》，内务部定期出版物编辑室印刷所1910年版，23页；也见《阿穆尔：序论》，《东省杂志》1925年第3—4期，第1—11页。

　　⑥ Н. Г. 特列特奇科夫：1)《北满经济文献存目——1929年前俄文图书与杂志文章》，法政大学出版社1929年版，90页；2)《中国金融文献存目（1930年前俄文、英文图书与杂志文章》，法政大学出版社1930年版，70页；3)《远东国家概述（东方学引言）》，第二册，哈尔滨1931年版，207页，与Д. М. 波兹德涅耶夫、Н. А. 谢特尼茨基、В. А. 科尔马佐夫共同撰写。

　　⑦ К. В. 乌斯朋斯基：《中华民国新刑律：译自中文》，中东铁路印刷所1921年版，256页。与С. И. 波里卡尔波夫合译。

И. Н. 维什涅尔、Г. Г. 阿维那里乌斯①。他们的著述主要是探讨法律问题，但也关注中国问题。

大学也吸引了一些实践工作者来校授课，尤其是中东铁路经济调查局的职员和出版了几本著作的学者 Г. А. 鲍戈达诺夫（《铁路运输的法律特点：在中东铁路培训班上讲授的铁路法讲义大纲》《满洲国税收改革》）。法政大学的毕业生对东方学的发展也做出了巨大贡献。特别是，致力于从事东方学文献整理工作后移居德国的 В. Г. 杰伊别尔里赫。

1925—1929 年是法政大学经费稳定与快速发展时期。高等教育委员会、哈尔滨自治市尤其是中东铁路的拨款支持了学校的办学。教学大纲按照俄国法政大学的大纲制定，并补充了一些中东铁路工作需要的专门课程：中国公法与民法、铁路运价等。在这个时期，正如法政大学历史学家 Н. П. 阿福托诺莫夫所指出的，"设置了由三个系组成的经济科：东方经济系、商业系与铁路运输系；为中国人开设了预科班，结业后可以升入大学并听俄国教授用俄语所授的课。大部分教师都在法政大学俄国部工作，预科班没有固定师资。教学人员的数量达到了 54 人，大学生的数量不断扩大。到本时期末，加上预科班的

---

① Г. Г. 阿维那里乌斯：1）《中国简史（孔子谈国家政权的本质）》，哈尔滨 1914 年版，172 页；2）《关于中国司法机关中诉讼程序的规定》，哈尔滨 1921 年版；3）《中国银行的发行与商会的监督：东省文物研究会的报告》，《东省杂志》1926 年第 11—12 期，第 80—92 页；4）《中国的同乡会与行会》，《东省杂志》1926 年第 5 期，第 92—98 页；5）《关于中国商界的评价》，《东省杂志》1927 年第 7 期，第 43—51 页；6）《中国行会：历史概述与彩色会标图》，东省文物研究会出版社 1928 年版，78 页；7）《英文与中文杂志文章目录指南索引》，《东省杂志》1930 年第 11—12 期，第 137—141 页；8）《东三省磨坊联合会》，《中东经济月刊》1930 年第 16 期，第 1—2 页；9）《中国内外债》，《东省杂志》1931 年第 4 期，第 92—96 页；10）《铁路运价》，《东省杂志》1931 年第 5 期，第 52—57 页；11）《中国的水上运输：文献概述》，《中东铁路图书馆书籍绍介汇报（中国学文献概述）》1932 年第 5 期，第 155—179 页；12）《哈尔滨 35 年》，《东省杂志》1933 年第 3 期，第 62—70 页；13）《中国东北的内部贸易》，《东省杂志》1933 年第 8—9 期，第 57—71 页；第 21 期，第 13—31 页；14）《中国东北的煤炭业》，《东省杂志》1933 年第 14—15 期，第 41—58 页；15）《货币兑换处及其在中国当前货币流通中的作用》，《东省杂志》1933 年第 18—19 期，第 101—110 页；16）《双城堡和双城县经济地理概述》，《东省杂志》1934 年第 8 期，第 114—119 页；17）《日本帝国与民族经济生活》，《记录》印刷所 1938 年版，75 页。

学生，学校学生的数量超过了1000人。"① 学校的部分课程用汉语授课。

1927年，Н. И. 米罗留波夫逝世后，教授民法、民事诉讼法、中国民法、罗马法的基本原理并主持民法班的В. А. 梁扎诺夫斯基被一致推选为法政大学校长。大学生们是这样回忆他的："В. А. 梁扎诺夫斯基教授教授民法与民事诉讼课程，是一位契科夫类型的典型的俄国知识分子，留有一撮小胡子，头顶稀薄的浅色头发，身体非常消瘦；他是一位体格不特别健壮的人。他授课时声音不高，有如闲聊般，在班级里边踱步边讲。"②

律师与教育家В. А. 梁扎诺夫斯基非常清楚学校的办学目的与任务是什么。他认为，俄国难民需要法律援助，因此大学的任务是尽可能地培养出精通业务的俄国律师。"我深信，——他对大学生们说，——再过几年，俄国法律在大学课程教学中将占据应当的地位，因为在俄国遵循法律规范，别看它们被称为——法规、指令、命令与决议等。——但人们总是需要弄明白这些法律规范，并把它们应用到生活当中。"③ В. А. 梁扎诺夫斯基深知，在中国东北提高俄国律师的职业水平是不可能的。在他的帮助下其同事得以到巴黎进修，并在权威的俄国高等学校联合委员会通过论文答辩。1925年，行政法教研室主任В. В. 恩格里菲尔德在巴黎通过了《中国国家法概论》的答辩。而在1929年，Г. К. 金斯通过了名为《水法》的硕士论文答辩。

В. А. 梁扎诺夫斯基努力与苏俄的学者保持联系。他与东方学家В. М. 阿列克谢耶夫的往来书信是这方面的例证。"尤其是，在我的建议下，法政大学在1923年，——他写道，——开始教授和学习汉语（中国学的这个领域特别不受重视）。在我的不断关注下，汉语的

---

① Н. П. 阿福托诺莫夫：《十八年中的哈尔滨法政大学》，《法制及文化：哈尔滨法政大学十八年纪念文集》，哈尔滨1938年版，第23页。（《法政学刊》第12期）

② Е. 拉琴斯卡娅：《生活万花筒：回忆录》，基督教青年会出版社1990年版，第180—181页。

③ 哈巴罗夫斯克边疆区档案馆：全总830，目录3，案卷2014，第4页。

教授和学习一直坚持到现在,并且很快将要刊印关于中国刑法、行政法与商法的新著作(如果法政大学经费充足的话)等。作为校长,1925年,我促成了在法政大学开办经济科,1926年开设了东方经济系,即法政大学在更大范围上的地方志倾向。特别是,我还是拟定的关于中国学的大部头著作的编辑之一。很显然,因缺少支持与帮助,而更多是校长的个人倡议,所以法政大学的学术工作不能成功获得整体发展。我特别努力地使法政大学教师的工作系统化,确定明确的任务(研究中国法律、中国金融、中国现状总论)。当然,最近一年半,作为校长的我不得不承受各方给法政大学带来的巨大压力。于是,我本人积极努力地参加上述工作——既包括民法与一般民事诉讼问题研究,又更突出东方法问题研究。近年来,尽管承担了中东铁路非常重要的工作、法政大学的行政事务与教学工作(正如您现在知道的那样,工作量是巨大的),我仍在科学领域做了一些研究。除了大部头著作——民法教程(五卷本的参加者,大约500页,1922—1924年间出版)、一系列关于民法与民事诉讼问题的概述与文章外,我还出版了关于蒙古与中国法方面的系列大部头著作和小册子……相比于其他不足,不了解东方语言是我近年来工作中的最大障碍。虽然我学习了蒙古语并开始在这里学习汉语,但时间的匮乏使我这项工作的开展没有达到预期效果。兼顾所有工作,需要有非凡的能力和才干。但不得已囿于其他事务,学术工作也只能是可望而不可及的奢望。随着时光飞逝、岁月流转,我深感自身的能力也在逐渐衰退(今年恰恰45岁了)。"[①]

　　В. А. 梁扎诺夫斯基向 В. М. 阿列克谢耶夫寄去了用于授课的新文献、中国书法字体、中国著名活动家的悼词。В. М. 阿列克谢耶夫致信 В. А. 梁扎诺夫斯基:法政大学的教授是"俄国科学与文化的前哨"。В. А. 梁扎诺夫斯基感到很伤心,但不能与苏联科学院建立官方联系,因为哈尔滨的学者认为科学院是他们的学术中心。当1927年 В. Л. 科马洛夫院士在哈尔滨短暂停留时,В. А. 梁扎诺夫斯基与他进行了会

[①] 俄罗斯科学院圣彼得堡分所档案馆:全总820,目录3,案卷699,第6—7页。

面，并把法政大学的所有著作都交给了他，请求其安排交换文献，但此事最终没有成行。

不顾大学内部的反对，В. А. 梁扎诺夫斯基继续进行组织筹备工作。1926 年，他做了一场关于法政大学活动的报告。"东方经济系具有地方性，目的是在各领域，主要是在地方经济领域培养有文化修养的活动家。中国、俄国与日本的经济利益在中国东北发生了冲突。由此，东方经济系划分为两个专业方向：中国学与日本学。在这里，除了基本的经济与法律课程，还教授：东亚地理（以中国、日本为主）、东亚史、东亚民族、东亚经济地理、中国文化史、中国与日本国家法、中国与日本民法、东亚国际关系、东亚交通、中国金融与和货币体系、中国东北经济与工商业、英语、日语等课程。对希望在远东工作的经济专家来说，我们提供关于远东国家地理、历史、民族、法律、经济的信息（以中国、日本为主），我们将教他们学会基本的口语，而后是合乎规范的汉语或日语。我们的实践目的是给这些在东省特区及其以外地区工作的人提供条件。"①

考虑到对东方学的兴趣，1931 年，法政大学开办了由从童年时代就把汉语作为母语的 С. Н. 乌索夫主持的汉语与日语培训班。在通过了法政大学东方经济系自学考试后，他出版了一系列关于汉语与俄语、象形文字、语音学、语音练习、语言教学法方面的教材与课本。② 但是，法政大学的中国学研究还是处于低水平状态。1927 年 5 月 27 日，И. Г. 巴拉诺夫在致 В. М. 阿列克谢耶夫的信中写道："很遗憾，在哈尔滨没有一位社会各界广泛公认的权威汉学教授。对此，我不得不怀疑有威信领导的不足。与符拉迪沃斯托克的联系很弱，目前汉学在那里好像也没有出现新的研究与成果……

---

① 哈巴罗夫斯克边疆区档案馆：全总 830，目录 3，案卷 2014，第 5 页。
② С. Н. 乌索夫：1）《汉语口语课本：四部分》，无出版年，与郑爱唐合编；2）《汉语口语并集课本》，《记录》印刷所，无出版年，239 页，与郑子毕合编；3）《国家组织学：汉语教程》，合编者：中东铁路汉语培训班教师舒恩和、В. Ф. 布奇科，哈尔滨，无出版年，无页码；4）《适用于中国人的俄语国家考试大纲》，哈尔滨；5）《适用于中国人的俄语口语学习指南：四部分》，哈尔滨 1925 年版；6）《汉字书写练习本：十号》，哈尔滨；7）《适用于日本人的俄语课本》，第一册，第 21 版，哈尔滨 1944 年版。

整体上俄国汉学家——绝灭的群体，尽管以中国通自居的人还很多……"①И. Г. 巴拉诺夫希望在1928年通过硕士考试，但没能找到批准他此举的专家。

俄国侨民教授非常想从祖国获悉关于自己著作反响的信息。除俄国外，В. А. 梁扎诺夫斯基的著作在西方世界均有大量评论出现。由于对科学的贡献，他被许多学会选举为名誉与正式会员（亚洲文会等）。但是，他从俄国没有获得任何评论。对此，他沮丧地致信В. М. 阿列克谢耶夫："但是，俄国法学家与东方研究者没有发表任何评论。由此，我所有的同事们都放弃了研究中国法与蒙古法：把自己剩余的钱花费在没人阅读和不想了解的书上没有意义。只有我一个人继续坚持研究蒙古法律，一直坚持了25年。当时没有人，甚至连一些专家也不理解我。显然，我所研究的领域是祖国不需要的。于是，一个问题摆在我面前：是继续研究东方法并用英语发表，还是完全停止对东方法律的研究而转向其他方向，哪怕是被作为外行，甚至失去话语权。"②虽然，在信中他流露出悲观情绪，但В. А. 梁扎诺夫斯基还是继续从事东方法律问题研究，这从他公开发表的成果中可以看出。但可惜的是这些成果一直没有得到重视。

从1929年春季开始，法政大学的状况开始恶化。3月2日，法政大学的校长更换为中国人，虽然当初中国地方当局声称不会发生类似的事情。В. А. 梁扎诺夫斯基接受了当局解除自己职务的决定。为了表彰他对大学的功绩，当局决议选举他为教授委员会荣誉委员，并将他的画像悬挂在法政大学大楼内。

与此同时，В. В. 恩格里菲尔德被任命为法政大学俄方校长。迁居哈尔滨后，他担任法政大学行政法教研室主任。在教授行政法课程的同时，他不断增加讲义的内容，并把东亚国家法问题加入了课程当

---

① 东方学研究所圣彼得堡分所档案馆：全总820，目录3，案卷143，第5页、第5封底页。

② 东方学研究所圣彼得堡分所档案馆：全总820，目录3，案卷699，第35页、第35封底页。

中。关于东亚国家法问题，他发表了一系列的学术文章与概述。① 发表了大量关于世界史文章并出版了几部包括中国问题教材的 H. И. 尼基弗洛夫是法政大学的最后一任俄方校长。②

1932 年"满洲国"成立后，一系列消极因素影响了法政大学的工作：政治问题、中东铁路出售、日本当局撤销所有的俄国教育机构、大量俄国人离开哈尔滨。1934 年 7 月 1 日，加入苏联籍的许多教授离开了法政大学，其中就包括 H. B. 乌斯特里亚洛夫。1936 年 3 月，为了缩减行政开销，法政大学被迫与哈尔滨师范学院进行了合并。为哈尔滨的学校培养教师是 1925 年 9 月 31 日开办的哈尔滨师范学院的任务。在两个系里——语文历史系和物理数学系——学习时限均为四年；学生们除教育学课程和选修专业课外，也学习历史、艺术、文学、科学和商业等课程。与哈尔滨法政大学一样，哈尔滨师范学院还教授区域学课程：地理、历史、政治体制、日本与中国文化。未来的教师们也学习拉丁文、英语、汉语与日语基础。第四教学年在哈尔滨师范学院附属中学和幼儿园进行实习。与哈尔滨的其他高等学校类似，哈尔滨师范学院也经常遇到办学经费不足、师资不够、图书与教材缺乏等问题。随着日本的占领、中东铁路的出售以及大量俄侨家庭的离去，哈尔滨师范学院的资金状况开始恶化。在办学的 11 年

---

① B. B. 恩格里菲尔德：1)《中国现代法律问题》，《法政学刊》第 9 期，第 102—132 页；2)《行政法新潮流》，《法政学刊》第 7 期，第 257—286 页；3)《中国森林法与满洲林业之关系》，《法政学刊》第 6 期，第 229—299 页；4)《中国之警察》，《法政学刊》第 6 期，第 137—228 页；5)《蒙古近代政治之组织》，《法政学刊》第 3 期，第 169—190 页；6)《中国国家权力概述》，《法政学刊》第 2 期（整期）；7)《中国国家权力概述》，哈尔滨 1925 年版，254 页；8)《中国国会与国会制》，《法政学刊》第 1 期，第 89—107 页；9)《中国政党》，哈尔滨 1925 年版；10)《中国之外国租界地法律状况》，《霞光报》印刷所 1927 年版，33 页；11)《中国行政法概述：两卷本》，中东铁路印刷所 1928—1929 年版，第一卷，1928 年版，166 页；第二卷，1929 年版，152 页；12)《孙逸仙的政治学说》，哈尔滨 1929 年版，37 页；13)《中国现代法律问题》，哈尔滨 1931 年版，31 页；14)《凡尔赛和约之影响》，哈尔滨 1931 年版，17 页（从《中华法学季刊》第二集中摘出刊行的单行本）；15)《国民议会选举制度》，无出版地，无出版年，7 页。

② H. И. 尼基弗洛夫：1)《根据中东铁路学务处大纲编写的高等初级学校近代史纲要》，哈尔滨 1922 年版，112 页；2)《经济人》，哈尔滨 1931 年版，21 页；3)《社会风险：文章与译文集》，"满洲俄侨事务总局"出版社 1942 年版，126 页。

里，哈尔滨师范学院毕业了46名学生：语文历史系35名，物理数学系11名。

上述两所大学的合并没有带来实质性改观，两所大学在新形势下又维持了一年多，到1937年7月1日还没有完全关闭。在此过程中，1937年4月，日本当局紧急开办了"满洲俄侨事务局"高等商学院，并把哈尔滨法政大学与哈尔滨师范学院的所有资产以及部分教授和大学生转给了它。需要特别指出的是，Г. К. 金斯在这所大学授课。但是，这所大学存在的时间极短，一年后就关闭了。

被日伪政府当局关闭后，哈尔滨法政大学发行了以《法制及文化》为题名的《法政学刊》（《法政大学学报》——译者注）最后一期，对哈尔滨法政大学创办者所付出的努力给予了评价。"由于多种原因，——评论指出，——一批青年教授的学术热情是哈尔滨及其侨民们独立地载入俄国侨民史册的主要原因之一。他们身处20世纪20年代的半野蛮和殖民地形态的国家，且没有真正的大学，没有毗邻的欧洲文化国家，没有大学的传统，没有图书馆，没有学术力量（不久前迁居来的一些俄国编外副教授除外），没有专门的资金，没有形成优化修养商人向学校捐赠的习惯。他们在'中国东北'的黑土地上开创了接收我们的毕业生并通过相应课程的索邦神学院和所有欧洲与美国大学公认的出色的高等学校。"[①]

在哈尔滨大学中的知名度位居第二位、于1920年4月18日开办的中俄工业学校，两年后更名为中俄工业大学校，并于1928年11月最终更名为哈尔滨工学院。它的第一届学生有110人，到1925年达到445人，而1926年增长到650人。哈尔滨的技术教育得到了资金支持：既有来自中东铁路管理局的，也有哈尔滨市政当局的，还有哈尔滨市贸易公所以及广大居民的。中东铁路给予的资金支持最多，还把过去的俄国领事馆大楼和坐落在哈尔滨市中心的其他建筑划拨给了学院，并鼓励自己的员工到新的学院教授课程。

像法政大学的教授一样，哈尔滨工学院的同事们除了教学外，也

---

① 《亚洲之光》1938年第48卷第8期，第19页。

从事学术研究。在《中俄工业大学校通报与著作集》，而后在《哈尔滨工学院通报与著作集》中都可以找到他们的研究成果。从1923年至1934年，学院共发行了6卷《哈尔滨工学院通报与著作集》。此外，还出版了个别教授的课程讲义，部分弥补了教科书的不足。

1932年，哈尔滨工学院的大量教师转到刚刚开办的基督教青年会"北满"工学院工作，但日本当局很快就关闭了这两所大学。1935年3月，哈尔滨工学院作为独立的大学停止办学。同年，"北满"工学院的所有大学生与教师又转到了由哈尔滨大主教教区负责人梅莱蒂领导的于1934年9月开办的圣弗拉基米尔学院。该学院是在高等神学校的基础上创办的。

与此同时，哈尔滨的其他大学也经历了各种困难。新的学院获得了日本当局的支持。在学院成立仪式上，梅莱蒂大主教说道，学院应该成为俄国侨民的科学中心，并在异乡帮助难民保持民族特性。学院的成立与神学系、东方经济系和工业系的开设，不仅昭示了它不只是为神学教育而建，更是在某种程度上临时补救了这个时期被关闭的大学的教学工作。

在梅莱蒂大主教的领导下，神学系成为俄国东正教会在侨民中为数不多的高等学校之一。从1934—1939年，神学系共招收了140名大学生。1942年，神学系毕业了14名学生，其中一些人做了牧师。1934年，法学教授 M. П. 郭洛瓦切夫主持圣弗拉基米尔学院的日常工作。他是一名西伯利亚地区主义研究者，在哈尔滨发行了《西伯利亚问题》杂志，担任《公报》的编辑，是哈尔滨东方文言商业高等专科学校的创办者之一，并在该校教授国际法课程。在他任哈尔滨东方文言商业高等专科学校校长时期存在一个由 A. A. 科斯汀领导的东方学学会。[①]

1938—1939年，日本当局把工业系与东方经济系从圣弗拉基米尔学院剥离出来，并在此基础上，开办了由工业系与商业系组成的

[①] 阿康托巴那克斯：《青年俄国东方学家：哈尔滨圣弗拉基米尔学院东方系东方学学会工作七年》，《边界》1935年第49期，第15—16页。

"北满"学院，完全接受日本行政当局的领导。众所周知，1938—1945 年，И. Г. 巴拉诺夫曾在该大学教授汉语与中国东北经济地理课程。与此同时，他也从事翻译工作并担任哈尔滨铁路学院俄语学部主任。随着日本占领中国东北的结束，哈尔滨工学院一直延续到 1957 年移交给中华人民共和国。在 1925—1938 年，哈尔滨工学院培养了超过 1000 名工程师；在 1938—1957 年，又培养了 500—600 名专门技术人才。哈尔滨工学院的大量毕业生都成为了栋梁之材。回到祖国的俄国侨民对促进苏联中国学的发展产生了重要影响。

А. П. 希奥宁与满洲俄国东方学家学会的一小撮志同道合者共同在 1925 年开办的哈尔滨东方文言商业高等专科学校值得一谈。学校的管理由三个机构来进行：理事会、校委会与教学委员会，А. П. 希奥宁被推选为校长。学校下设两个系：东方经济系与盛业系。按照符拉迪沃斯托克东方学院的大纲与教材设计教学计划，在实践中学习汉语、日语与英语。中国、日本、朝鲜地理与历史、英文书信、语言学、地理、远东国家商业经济地理、中国东北、西伯利亚学、欧洲文化史、太平洋问题、远东国家行政体制、贸易史、商业合同、商业与银行计算、高等数学、保险业务、商品学、统计学、政治经济学、国家法、国际法通论、金融法、铁路法、刑法、中国法与民法基本原理等课程是两个系的通用课程。① 成为"正式"大学生的条件是完成中学教育，不具备这个条件者可以成为旁听生。到第二年，共有 70 名大学生在学院学习，五年后达到了 200 名。在十年内，学校培养了大约 750 名学生。② 满洲俄国东方学家学会把自己的图书馆免费提供给学校的大学生使用。

作为第一本东方学课本作者的 П. В. 什库尔金在这里教授东方地理与历史。其他教授和教师还有 А. И. 安多戈斯基（铁路法、金融

---

① Г. К.：《哈尔滨东方文言商业高等专科学校》，《工大人》纪念文集（1969—1979）1979 年第 10 期，第 А—6 页。
② Г. К.：《哈尔滨东方文言商业高等专科学校》，《工大人》纪念文集（1969—1979）1979 年第 10 期，第 А—7 页。

学)①、М. П. 郭洛瓦切夫（法与国家通论、国际法、太平洋问题）、Ф. Ф. 达尼棱科（东方物质与精神文化史、中国文学与社会思想史）、Г. Я. 马梁洛夫斯基（西伯利亚学、贸易史、统计学）、В. Д. 马拉库林（政治经济学与经济学说史、运输与工业经济）、Н. К. 诺维科夫（汉语、远东国家政治制度）、В. Г. 巴甫洛夫斯基（语言学通论、逻辑学）、Г. Г. 阿维那里乌斯（东亚史）、С. В. 希罗夫斯基（汉语）等。②

А. П. 希奥宁把所有自己的空余时间都献给了教学，承担汉语与远东国家经济等课程的教学任务。"为了提高汉语的能力，——他的一个学生回忆道，——系主任为大学生精选了能够完全了解法律、行政与商业术语、报纸风格与远东民族的主要社会思想流派的范文。由于在中学就开设了东方语言必修课，考入系一年级的大学生的知识水平都比较高，于是这种状况也促使系大大扩充了教学大纲中语言部分的内容。"③

认识到未来的专门人才需要具备高水平的学术能力，1928年10月28日，А. П. 希奥宁帮助学校的讲师 А. И. 加里奇创建了真正的大学生学术团体——东方学学会。在学会里，未来的东方学家在教授与教师的指导下从事研究工作。学会会员的许多文章在学院发行的杂志《东方研究者》，以及他们出版的两卷本文集《远东》上发表。借助于 А. П. 希奥宁提供的必要资金，大学生们开办了商品货样博物馆。

东方学学会地方志部开展了大量工作，并对中国区域进行了工业调查。摄影部也做了大量工作，编辑出不仅反映历史，而且含有大量独一无二的民族学资料的《东方学相册》。在紧张地编撰词典的同时，А. П. 希奥宁一直密切关注学会各部的所有工作。А. П. 希奥宁的鸿篇巨著获得了东方学家的高度评价，多年来成为翻译工作者的案头必备之作。

---

① А. И. 安多戈斯基：《太平洋问题解决之路》，中东铁路印刷所1926年版，52页。
② 《教授—教师构成》，《亚细亚时报》1926年第53期，第410—411页。
③ Г. К.：《哈尔滨东方文言商业高等专科学校》，《工大人》纪念文集（1969—1979）1979年第10期，第А—7页。

哈尔滨东方文言商业高等专科学校的教授们不抱怨他们的毕业生没能找到工作，因为他们已打算对学校进行改造。日本人占领中国东北后想立刻把教学事务统揽在自己手中，这成为学校需要改造的主要原因。以 А. П. 希奥宁为首的教授们决定投入东正教会的卵翼之下，1934 年 9 月 23 日哈尔滨东方文言商业高等专科学校以东方经济系身份并入圣弗拉基米尔学院。同时，А. П. 希奥宁被任命为系主任。

在哈尔滨东方文言商业高等专科学校进行授课的同时，А. П. 希奥宁也兼任哈尔滨日俄学院的教授（校长为高田富乐）。随着日本占领中国东北地区，许多俄国侨民不得不学习日语。"满洲俄侨事务局"紧急开办了大量日语培训班。尽管它们的政治目的明显，但这项工作不仅使学员掌握了日语，而且学员也了解了日本学：培训班宣读了关于日本历史、宗教、文化与自然的报告。按照日本人的要求，1941 年，东方经济系被撤销。当时，学院毕业生联合会成立了，过去的毕业生在联合会的会议上不仅述说过往，而且还宣读关于东方学方面的报告，这是 А. П. 希奥宁教授引导学生养成的习惯。

在学校关闭的前一年，由于预感到自己的心血即将付诸东流，А. П. 希奥宁跑去大连受聘为南满铁道株式会社蒙古学家—经济学家。在这里，老教授继续从事学术工作，在 1941 年出版了《蒙俄日词典》。当苏联军队进入中国东北后，一生远离政治的 А. П. 希奥宁成为驻大连军事警备总司令部翻译。虽然，А. П. 希奥宁的翻译工作得到了苏联当局的高度评价，但他还是没有回到自己的祖国。1950—1959 年，他在大连的大学里担任俄语教授，培养了一代中国俄罗斯学家，之后举家迁居澳大利亚。在那里，他出版了含有 9060 个汉字和 10 万多个语句的《最新汉英词典》。这项工作不是 А. П. 希奥宁的最后成果，但遗憾的是，А. П. 希奥宁的所有著述直到现在都不为祖国所知。对我们来说又是幸运的，学者的年轻同事 В. Н. 热尔纳科夫在 А. П. 希奥宁生前时就撰写过概要性的评传小册子，给我们提供了关于这位东方学家的许多生活细节。这本小册子是以这句话作为结束语的:"知识渊博的 А. П. 希奥宁也是一位非常朴实、谦虚与乐于助人的人。"①

第五节　北京的俄侨东方学家

　　北京分布着东正教传教士团、俄国公使馆,以及高等学校,这促成北京作为俄国东方学中心之一地位的形成。法学家 В. В. 诺萨奇-诺斯科夫在传教士团里开办了由在华俄侨活动家合股的商业图书出版社——东方教育。优秀的法学家与出色的记者 Г. К. 金斯教授给出了出版策略。生活在哈尔滨的 Г. К. 金斯非常兴奋地筹划发行类似于巴黎的《现代丛刊》杂志。②《俄国评论》第一期已经明确指出了编辑部的意图,要让其成为俄国侨民文化生活中一个重要事件。Г. К. 金斯发表了关于当时政治生活的评论性文章,过去的鄂木斯克政府总理 П. В. 沃洛国德斯基刊发了自己的回忆录。М. В. 阿布罗西莫夫教授的理论文章与对区域经济状况的分析评论没有妨碍人们对本地作者诗歌作品的接受(А. П. 尼鲁斯、А. Е. 格拉西莫夫、В. Н. 伊万诺夫)。在杂志上,当时从哈尔滨移居北京的 И. И. 谢列布列尼科夫与 А. Н. 谢列布列尼科娃两人很好地展示了自己。详细记述区域事件的"政治日记"栏目成为各种资料的有益补充。"书刊简介"栏目提供了完全有价值的信息。该栏目不仅评论了在中国问世的文献,而且还评论了在欧洲出版的图书。该栏目的大部分篇幅介绍的都是对于 Н. П. 马佐金、Б. В. 斯克沃尔佐夫、А. С. 梅谢尔斯基和 А. А. 霍尔瓦特撰写的调查报告的简介,这些人是在中国东北—符拉迪沃斯托克地区为作战军队收购畜肉的蒙古考察队的成员。

　　《俄国评论》第二期很快就刊印了。东方学问题占据了大量篇幅,

---

① В. Н. 热尔纳科夫:《А. П. 希奥宁》,墨尔本大学出版社1973年版,第5页。
② В. В. 诺萨奇-诺斯科夫、Г. К. 金斯:《编辑部寄语》,《俄国评论》1920年12月,第 IX 页。

以后各期该方面的篇幅进一步增加。杂志上不仅发表了关于远东的评论性资料，而且还刊登了关于中国的艺术作品。下一期《俄国评论》是两期合并发行的（第3—4期）。大概，由于 Г. К. 金斯完全投入法政大学的教学当中并准备发行法政大学学报《法政学刊》，所以第3—4期在哈尔滨刊印。Г. К. 金斯把该期分为两个部分。一半是艺术作品（В. Н. 伊万诺夫、Е. Е. 雅什诺夫、М. А. 沃洛申等），另一半是关于政治经济问题的资料（Е. Е. 雅什诺夫、А. В. 萨维茨基、Г. К. 金斯等）。本期《书刊简介》栏目没有内容。

《俄国评论》第5期（5月号）的大部分内容是纪念 Ц. А. 布宁50周岁的诗歌与文学，Г. К. 金斯引荐法政大学的同事：哲学家 Л. Л. 赞德尔、法学家 В. В. 恩格里菲尔德等与杂志合作，也发表了许多其他有趣的资料。《书刊简介》栏目刊登了对于在上海出版的选集的有关评论（《远东》《黄面孔》《在异乡》）。

在1921年发行的第6—7期上，编辑部继续刊登了关于远东的资料。像往期一样，杂志的多数篇幅出自 П. В. 什库尔金、М. В. 阿布罗西莫夫等人撰写的东方学文章。经济与政治问题是杂志关注的重点。杂志不仅与居住在中国的作者合作，而且也与其他国家地区的作者合作。比如，在该期上发表了日本侨民 Н. 阿穆尔斯基（Н. П. 马特维耶夫）记述的不久前发生在阿穆尔河下游的流血事件。

1921年10月，第10期也是最后一期的《俄国评论》发行。一方面，由于经费紧张，出版社停止了发行《俄国评论》；一方面，在哈尔滨和上海发行了《俄国评论》很难与之竞争的新杂志。例如，《东方教育》出版社在哈尔滨也发行了印刷质量极好的杂志《建筑与生活》。这样，出版社积极地向潜在的订购人展示自己印刷所的条件。除建筑学文章外，《建筑与生活》杂志也发表了诗歌，按照评论者的意见，它们的内容不总是符合要求。"杂志的最初两本，——Е. Е. 雅什诺夫写道，——具有局限性与哈尔滨地方性。我们觉得，扩大杂志关注的一些领域不会妨碍编辑部的工作。从建筑与艺术的角度来看，甚至远东的临近中心——大连、天津、上海与北京也提供了许多有意义的资料。换言之，只局限于哈尔滨一地，很容易陷入纯地方性夸大自己钟楼的重要性。"①

《东方教育》出版社存在的时间很短,定期出版物《满洲学校日历》和到1922年可以撕页的日历,也重印了大量课本。由于订货量很少,所以工作人员偶尔才能拿到工钱,而出版物又未销售完。俄国侨民担心的主要是怎样生存的问题,对图书的销售问题比较冷漠。出版社开始面临巨额亏损,并最终破产。出版社关闭后,印刷出来的书籍堆积如山,虽然售出了一些,但大部分因为无用而被扔掉。

1914—1918年,担任俄国驻北京外交使团第二秘书的 И. П. 米特罗法诺夫是法政大学的毕业生,他是一位受教育程度非常高的人,精通英语、法语、德语与汉语。所有人都敬佩他的渊博学识和智力,尤其是对国际汉学文献的广泛了解。与许多其他中国学家不同,И. П. 米特罗法诺夫对中国居民的生活与日常生活方式表现出了强烈而浓厚的兴趣,可以在他的研究成果的题目中体现。②需要特别指出的是,他与英国女作家合作出版了一本关于中国风俗与信仰问题的书,几年后被帕拉贡图书再版公司以翻印形式重新出版(纽约,1966年)。卸任官职后,И. П. 米特罗法诺夫在北京的高等学校教书,并在中国发行的英文杂志《中国年鉴》和美国与英国的出版物上发表了关于中国问题的文章。

"1921年春,И. Я. 廓索维慈③抵达北京,——И. И. 谢列布列尼科夫回忆起另一个著名外交官与东方学家,——好像是,直接从巴黎赶来。他是临时来北京出差。北京的俄国侨民结识了以 И. Я. 廓索维慈为代表的兴趣广泛的客人,他经历过很多事情,并能够将其娓娓道

---

① 《E. E. 雅什诺夫(评论)》,《俄国评论》1920 年第 3—4 期,第 156 页。
② И. П. 米特罗法诺夫:1)《中国风俗节庆纪略》,别法洋行 1927 年版,514 页,共同作者为 J. 布列登;2)《比秋林神甫研究参考资料》,《圣赐食粮》1938 年第 10—11 期,第 2—19 页。
③ И. Я. 廓索维慈:1)《俄国在远东》,东方教育出版社、俄国传教士团印刷所 1922 年版,153 页;2)《俄国外交史一页:1905 年俄日朴茨茅斯谈判》,第 2 版,俄国传教士团印刷所 1923 年版,138 页;3)《在蒙古的九个月:1912 年 8 月至 1913 年 5 月俄国驻库伦日记》,《俄罗斯人在亚洲》1994 年第 1 期,第 133—249 页;第 2 期,第 85—214 页;第 3 期,第 225—292 页。

来。在我的一生中，很少遇到像他这样的性情活泼而又招人喜爱的人。"①

Н. Ф. 科列索夫与 И. С. 布隆涅尔特②是俄国驻北京外交使团的翻译官。同时代人回忆道，Н. Ф. 科列索夫熟练掌握汉语，无论是口语，还是书面语。他过着离群索居、孤僻的生活，与他的同事一样，置身于俄国侨民社会之外。③

北京曾办有一所内阁俄罗斯文馆（后为京师大学堂），Я. Я. 卜朗特④和 И. Н. 维列夫金是该校的老教师。过去的商务专员与几部著作的作者 Б. П. 托尔加舍夫是国立北京大学的外语教师。⑤ Г. С. 波波夫从事翻译工作。"据我观察，——И. И. 谢列布列尼科夫写道，——如果可以这样表达的话，这位俄国汉学家在北京的研究成果主要集中在词典方面。编撰补充生活中出现的最新汉字的词典，我们通过最新汉字来呈现中国的欧化及其政治法律发展，——我们的汉学家对此极为感兴趣。……除 И. П. 米特罗法诺夫之外，几乎所有北京

---

① И. И. 谢列布列尼科夫：《我的回忆录：在侨居中（1920—1924）》第二卷，我们的知识出版社 1940 年版，第 122 页。

② И. С. 布隆涅尔特：《当前中国政治体制》，俄国驻北京传教士团一等通译官 Н. Ф. 科列索夫编辑与参与，俄国传教士团乌斯朋斯基修道院印刷所 1910 年版，532 页，共同作者为 В. В. 加戈里斯特罗穆；也见《汉俄法律与政治术语词典》，中东铁路公司理事会出版，俄国传教士团印刷所 1923 年版，462 页，共同作者为 Н. Ф. 科列索夫。

③ И. И. 谢列布列尼科夫：《我的回忆录：在侨居中（1920—1924）》第二卷，我们的知识出版社 1940 年版，第 80 页。

④ Я. Я. 卜朗特：1）《华言初阶》，第一部分，俄国传教士团印刷所 1909 年版，第 10 册，第 422—477 页；2）《清国公牍类编》，俄国传教士团乌斯朋斯基修道院印刷所 1910 年版，154 页；3）《慈禧太后和光绪皇帝》，满洲俄国东方学家学会出版社 1909 年版；4）《俄语口语学习课本》，北京 1915 年版；5）《创举》，第一部分，北京 1915 年版（1924 年第二版）；第二部分，北京 1920 年版；6）《现代汉语》，北京 1936 年版（《评论：现代汉语》，《华俄月报》1936 年第 2 期）；7）《交涉问题：俄文中译本》，俄国传教士团乌斯朋斯基修道院印刷所 1911 年版，111 页；8）《孙中山：国民党》，《亚洲复兴》杂志出版社，无出版年，84 页；9）《中国古代的没落——褒姒美人史》，译自《东周列国志》，《华俄月报》1936 年第 2 期，第 1—7 页；第 1—10 页；第 4 期，第 1—10 页。

⑤ Б. П. 托尔加舍夫：《中国是俄国茶叶的供应者》，中东铁路经济调查局出版社 1925 年版，12 页。

的俄国汉学家都不关注中国经济、民族与历史问题。"①

在 И.И. 谢列布列尼科夫由北京移居天津前，1931 年受聘国立清华大学教授的 И.И. 加巴诺维奇来到了北京。1913 年在圣彼得堡大学历史语文系获得一等文凭后，他参加了第一次世界大战，后来到了堪察加并在那里成为堪察加省政府的成员及其驻符拉迪沃斯托克全权代表。加巴诺维奇因公务在远东北部地区完成了考察并收集了大量关于当地民族的资料。"在楚科奇，——他写道，——我能够看到俄国开发的情况：俄国行政当局带有三张面孔，我必须与海岸的楚科奇人和爱斯基摩人用英语交流，因为这对他们来说比用俄语交流更令人愉快。于是有人问我，楚科奇是否已经转给美国人了……堪察加的状况很复杂：虽然在这里没有像在远东发生的日本武装干涉，但在彼得罗巴甫洛夫斯克湾还是停泊了准备保护日本利益的巡洋舰；在鄂霍茨克的雅库特人和半岛上的堪察人中出现了本土的民族主义，甚至还谈起了驱逐俄罗斯人的事情。在彼得罗巴甫洛夫斯克非常清晰地划分出希望回到旧社会的右派，以及对苏维埃制度有好感的左派。"② 收集到的百科全书式资料帮助 И.И. 加巴诺维奇完成了关于堪察加科里亚克人的著作。③

很快，И.И. 加巴诺维奇决定远离政治活动，完全专注学术研究。来到符拉迪沃斯托克后，他被安排到国立远东大学工作，在那里教授课程并进行少数民族人类学研究。1925 年，当他成为侨民后，开始公开发表研究成果。④ И.И. 加巴诺维奇在哈尔滨度过了一段时

---

① И.И. 谢列布列尼科夫：《我的回忆录：在侨居中（1920—1924）》第二卷，我们的知识出版社 1940 年版，第 81—82 页。

② И.И. 加巴诺维奇：《北方的革命：1917—1922 年的鄂霍次克—堪察加边区》，《新杂志》1967 年第 89 辑，第 140—141 页。

③ И.И. 加巴诺维奇：《堪察加的科里亚克人：部落现状及其养鹿业的意义》，А.Н. 谢列布列尼科娃印刷所 1932 年版，99 页。

④ И.И. 加巴诺维奇：1)《阿姆贡通古斯与涅吉达尔人及其未来》，东省文物研究会出版社 1927 年版，16 页；2)《境外俄国的俄国史学——俄国历史研究导论》，北京 1935 年版，188 页（献给我的妻子卢德米拉）；3)《俄国在东北亚》，两卷本，俄国传教士团印刷所，1933—1934 年版，第一卷：过去与现在北方的垦殖，1933 年版，186 页；第二卷：北方的资源及其经营与条件，1934 年版，202 页。

间，并加入了满洲俄国东方学家学会。他的几篇学术文章发表在《中东经济月刊》和《东省杂志》上。在从事民族学与人类学研究的同时，他的大部分时间是在东省文物研究会博物馆度过的，并在那里与后来成为第一个撰写 И. И. 加巴诺维奇传记的青年人 В. Н. 热尔纳科夫结识。

移居上海后，И. И. 加巴诺维奇继续从事教育与学术活动，在俄文与外文报刊上发表关于俄国远东的资料。像从前一样，堪察加及其居民是 И. И. 加巴诺维奇研究的重心。"当然，改造当地人，——И. И. 加巴诺维奇写道，——是一件很难的事情，需要几代人的付出，大概整整一百年（在启蒙者无知的情况下它或许需要更长时间，像在堪察加需要 200—300 年）；快速的改变不可能，甚至也不需要。首先必须改善物质生活方式，这比其他任何事情实现起来都容易。相反，原始社会关系却很难被切断，也无法切断，因为文明社会与原始社会间的社会关系悬殊甚大。……学校面临的主要问题是改造当地居民的思想。但直到现在，这方面的努力也没有撼动北方当地人的固有思想。学校的语言障碍导致了许多问题，无论是俄式教育还是本土化教育，在北方当地民中都不适用：俄式教育坚持了两个世纪，但毫无成效。原因并非殖民因素，而是古亚细亚民族固有的落后文化水平制约了成效的形成。学校应该想办法让当地民学会俄语，以俄语为语言工具了解现代文化，为学生建构共通性的综合知识体系，由此当地人才能从自我的心里封闭状态中走出来，但要视当地民经济发展的差异而教授学生学习相应的技能。"①

И. И. 加巴诺维奇的长篇论文研究了俄国东北部地区的经济与政治状况，指出了它的强弱方面。"俄国北方是证明上述各领域现实生活的鲜明例子：哥萨克的占领、行政当局的肆意妄为、当地人的被压迫——在俄国极北地区呈现出了西伯利亚历史的显著特征，大概，比任何地方都更明显。引起北方治理的不可救药与有时暗无天日的原

---

① И. И. 加巴诺维奇：《北方的垦殖体制》，《自由的西伯利亚》1930 年第 9 期，第 93 页。

因在于：1）北方远离能够实现对俄国垦殖者进行某些监控的政治中心；2）土著居民的软弱与分散不能给予占领者的压迫任何反击。理所当然，除阿拉斯加外，哥萨克就可以在这里四处游荡。行政当局的残暴作风在这里毫无阻碍地延续到今天，落后的西伯利亚早已习惯了这种治理模式。"①

1931年，И. И. 加巴诺维奇应邀受聘为北平国立清华大学历史教授，在那里教授了大约20年古代历史与俄国史。大学里的条件非常优越。恰恰在那时他撰写了几部关于历史综合法的基础性著作。遗憾的是，他的已经准备出版的关于古亚西亚人的著作在战争时期被烧毁了。1937年，国立清华大学迁往了长沙，后又搬往了昆明，他在那里度过了八年。"返回北平后，——В. Н. 热尔纳科夫写道，——И. И. 加巴诺维奇继续受聘为清华大学历史教授，后又受聘于国立北京大学。在高等学校调整后，И. И. 加巴诺维奇在北京大学教授俄语与文学。"②

1953年，И. И. 加巴诺维奇教授一家侨居澳大利亚，其本人在堪培拉的独立学院里教授俄语。——В. Н. 热尔纳科夫写道："从事教学工作，耗费大量时间，加之生活中的其他事情，只有极少的空闲时间进行个人学术研究，只能局限于写文章和评论。到后来各方面的状况得到了改善，但И. И. 加巴诺维奇的活动也走到了尽头。"③ 1964年末，他退休并在悉尼定居，开始撰写自己的回忆录，其部分片段在纽约发行的《新杂志》上发表。在自己的一生中，И. И. 加巴诺维奇在多个领域从事学术研究。作为俄国远东少数民族经济状况研究的奠基人，他能够专心致志地分析人类学与族体中的许多问题。非常可惜的是，他关于古亚细亚人问题的大部分手稿毫无挽回地被烧毁了。在现

---

① И. И. 加巴诺维奇：《俄国在东北亚》，两卷本，1933—1934年版，第一卷：过去与现在北方的垦殖，1933年版，第176页。

② В. Н. 热尔纳科夫：《И. И. 加巴诺维奇教授》，《俄罗斯人在澳大利亚》1971年第2期，第4—5页。

③ В. Н. 热尔纳科夫：《И. И. 加巴诺维奇教授》，《俄罗斯人在澳大利亚》1971年第2期，第5页。

代中国，他的贡献是无价的。从事通古斯学、堪察加与俄国远东其他问题研究的 И. И. 加巴诺维奇不仅不被中国同行认可，也不被俄国国内专家所承认，因为在俄国他的著作没有被出版。① 但是，他对俄国东北部地区研究的贡献被美国历史学家约翰·斯特凡在其奠基性著作中给予了明确肯定。②

民族学家、语文学家与人类学家 С. М. 史禄国是另一个远东科学家的杰出代表，他的著作直到今天都堪称经典。③ 1917 年 10 月，他与妻子 Е. Н. 什罗科戈洛娃一起从彼得格勒来到北京出差。他打算借助当地居民的帮助翻译他一年前在黑龙江省记录下来的满族神话与史诗，并练习中文。С. М. 史禄国计划开春后考察他已经熟悉的中国东北地区，并把研究范围扩大到滨海省与萨哈林省，但政治的不稳定使其计划落空。1918 年 5 月，他来到了符拉迪沃斯托克，两年后先跑到了日本，又去了中国。

在北京，С. М. 史禄国受聘于北京的天主教会大学（辅仁大学——译者注），但在这里任教时间不长。为寻找更好的工作，夫妇俩辗转多地。从 1922 年秋至 1926 年，他们生活在上海，在那里 С. М. 史禄国出版了他在符拉迪沃斯托克撰写的最新学术著作。④ 他原打算在《国立远东大学著作集》中出版它，但过去的同事拒绝为他做此事。1924 年前，С. М. 史禄国与阿穆尔边区研究会的活动家们进行书信往来，并把自己的著作寄给他们。1926—1928 年，夫妇俩生活在厦门，С. М. 史禄国被安排到国学研究院（厦门大学——译者注）工作，之后夫妇俩重新回到北京。由于不懂汉语，С. М. 史禄国借助翻译的帮助澄清中国民族理论的细节，并研究比较语言学与语音学问题。

关于这位学者后期生活的信息完全是断断续续的。С. М. 史禄国

---

① П. Е. 斯卡奇科夫：《中国书目》，苏联科学院亚洲民族研究所，东方文献出版社 1960 年版，第 636 页。
② J. J. 史蒂芬：《俄国远东史》，斯坦福大学出版社 1994 年版，第 430 页。
③ А. М. 列舍托夫：《С. М. 史禄国——俄国皇家科学院人类学与民族学博物馆的研究人员》，《石器时代的文化发展：在纪念人类学与民族学博物馆考古学部 100 周年国际会议上的报告内容简介》，圣彼得堡 1997 年版，第 30—32 页。
④ С. М. 史禄国：《中国北方人类学》，亚洲文会 1923 年版，27 页。

与任何人都没有建立亲近的关系，认为"过囚犯一样的生活比较好"，于是把所有空闲时间都用于科学研究。但国内战争与侨民中的著名活动家 И. И. 谢列布列尼科夫绝对是一个例外，С. М. 史禄国与他定期通信。① 众所周知，С. М. 史禄国是一位反共产国际活动家，鼓吹专制思想。"罗曼诺夫王朝，——他说道，——保存了定居帝国人民的个性，通过自己的活动得以延续，巩固与发展了俄罗斯国家思想。它创造了伟大的帝国，使人民走上了主导全人类文化的高度。它以身作则培养了臣民的东正教的正义感、对个人自由的尊重与对俄国的热爱。"②

1939 年 10 月 19 日，С. М. 史禄国在北京逝世。收到关于 С. М. 史禄国逝世的消息后，И. И. 谢列布列尼科夫发表了一篇总结朋友学术活动的悼词。"在人类学研究领域，——И. И. 谢列布列尼科夫写道，——С. М. 史禄国准备用英文出版一部名为《生长与族体》的重要著作。1921 年，拿到上海的一个大型印刷所去排版，但由于这个印刷所意外失火，没能印刷出版。该著的副本现保存在北京。该著由三部分十六章构成，内中附有大量表格、图表、X 射线透视片、照片等。此外，С. М. 史禄国收集并加工了关于中国体质人类学领域的广泛资料。这些资料包括对 10000 个个体进行的人类学观察：通古斯人、满族人、汉族人等。他还收集了属于通古斯人种各部落的大量民俗学资料。"③

这些手稿包括神话、故事、史诗、神歌、萨满颂歌与祈祷词等。С. М. 史禄国教授编写了含有大约 30000 个单词的俄—通古斯与通古斯—俄词典。此外，他还为一些通古斯民俗学文本做了注解。按照 И. И. 谢列布列尼科夫的观点，自从事学术活动的第一年起，С. М.

---

① 胡佛战争、革命与和平研究所图书馆与档案馆藏：《И. И. 谢列布列尼科夫文件第四盒》。

② 《罗曼诺夫王朝对俄国的意义：7 月 3 日 С. М. 史禄国教授在北京的俄国之家为庆祝罗曼诺夫王朝诞生 325 周年进行的演讲》，《中国福音报》1938 年第 10—11 期，第 XXII 页。

③ И. И. 谢列布列尼科夫：《悼辞：С. М. 史禄国教授》，《亚洲复兴报》1940 年 3 月 7 日。

史禄国就对民族学领域的研究赋予了更大意义,并努力把研究建在新的原理上。他认为,民族学能够在任何民族的理论与实践中起到巨大作用。1936 年,С. М. 史禄国开始撰写早就拟定的名为《民族学》的含有 7 部分 35 章的两卷本著作,并几乎撰写完毕。当代民族学家、语言学家和人类学专家都深感悲痛,因暂时还没有成功找到 С. М. 史禄国的档案。关于他的零散资料现在保存在英国与美国。

С. А. 波列沃依为发展中国学与中俄人民的友谊做了很多事情。他还是东方学院大学生时完成了对中国的第一次考察,当时与大二学生 Б. И. 邦克拉托夫一起骑自行车环游了华北地区的城市与乡村。两名大学生已经能够用汉语进行简单交流,收获了了解普通中国人生活与日常生活方式的丰富经验。1910 年夏季,两位好朋友再一次骑自行车完成了环游。[①]

为了完成自己的毕业论文,С. А. 波列沃依选择了一个非常难的题目:编写关于中国定期出版物的资料索引。为了完成这项工作,他付出了两年的紧张劳动。论文得到了优秀评价,很快就被发表了。[②] 1913 年 10 月 15 日,С. А. 波列沃依获得了东方学院一等文凭,但他放弃了领取金质奖章,取而代之的是 200 卢布。他需要这笔钱去圣彼得堡出差:为了获得硕士学位,他需要在圣彼得堡大学东方系学习一些课程。应 С. А. 波列沃依的请求,东方学院又给他拨了一笔补助经费。[③]

在圣彼得堡大学,С. А. 波列沃依结识了教授汉语课程的教师 В. М. 阿列克谢耶夫,与他的友谊一直维持到生命的尽头。1915年,这位年轻的研究者顺利地通过硕士论文答辩,并获得了教育部拨发的用于到中国考察的 3000 卢布奖金。在中国,他与东方学院保持着联系,并报告了自己的计划。Н. В. 屈纳教授写道:"为了特别保障在中国学学术研究上取得更大的成绩,一年前依靠个人经费

---

① А. А. 西萨穆特迪诺夫收藏品(符拉迪沃斯托克):《Л. С. 波列沃依:〈С. А. 波列沃依——他的生平与活动〉:手稿》,第 2 页。
② С. А. 波列沃依:《中国的定期出版物》,东方学院出版社 1913 年版,191 页。
③ 滨海边疆区国家档案馆:全宗 115,目录号 1,案卷号 855,第 20 页。

С. А. 波列沃依来到中国，从东方学院毕业后他也一直没有停止该领域的研究。他选择哲学家荀子作为研究课题，现在从事附有相应评注的荀子批评翻译研究，也顺便编撰针对荀子的哲学词典。为了彻底完成这项工作，С. А. 波列沃依还必须在中国停留至少一年，同时也是为了保证工作顺利进行，尽可能地利用中国本土学者的帮助，以及获得进入中国图书馆的许可。除了主要课题，他还准备利用中文史料研究中国的教育现状，预计秋季在哈尔滨开始研究工作。我知道 С. А. 波列沃依是一个非常勤奋和坚忍不拔的研究者，这是大多数校理事会成员都知晓的，我完全相信，С. А. 波列沃依能够完成其计划的工作。"①

在南开大学还没有履行完服务期限，С. А. 波列沃依就收到了去北京大学工作的邀请。在北京，他拥有更好的从事学术研究的条件，也能够把新思想贯彻到教学过程中。С. А. 波列沃依的同事都是近代中国的进步活动家。尤其是，他与于1917年在哥伦比亚大学获得哲学博士学位的胡适博士（胡适之）（1891—1962）关系密切。胡适在北京大学任教了很多年（1917—1927、1931—1937、1945—1948），提倡务实地对待生活、道德与政治。20世纪20年代，胡适参加了"整理国故"运动，出版了《国语文学史》（1927）与第一卷《白话文学史》（1928），发表了研究中国古典长篇小说的系列文章。中华人民共和国成立后（1949），他最终移居美国，在这之前的1938—1942年间曾任中华民国驻美国大使。1958—1962年，胡适担任"中央研究院"院长。虽然 С. А. 波列沃依并不赞同这位同事的所有思想，但在来美后继续与胡适见面。

С. А. 波列沃依也与流行杂志《新青年》的出版者与文科学长陈独秀交好。陈独秀在日本与法国接受过高等教育，他与北京大学图书馆员李大钊有许多共同点。俄国教授对作家鲁迅（周树人）产生了积极影响，他在把俄国经典著作翻译成中文方面给予帮助。他与了解俄国古典文学的作家郭沫若有过多次会面。与中国同事的交流在多方

---

① 俄罗斯远东国家历史档案馆：全宗226，目录号1，案卷号476，第1页。

面影响了 С. А. 波列沃依在那个年代的现实生活，促使他详细拟定了新的课程——俄国史与政治经济学。此外，С. А. 波列沃依还同吴佩孚与冯玉祥将军、孙中山博士及其他中国领袖会过面。

尽管忙于社会活动，С. А. 波列沃依仍能抽出大量时间进行教学与大学生课外活动，和大学生一起排演了几个深入认识俄语与俄国文学的剧本。值得注意的是，参加演出的一些人后来都成了著名的作家、教授与翻译家。与此同时，Б. И. 邦克拉托夫也制作了几套教具。①

他与从1917年12月1日至1918年3月1日间担任东方学院书吏的 Б. И. 邦克拉托夫继续保持大学时代的友谊，② 后来 Б. И. 邦克拉托夫移居中国。在中国，Б. И. 邦克拉托夫是为哈佛大学进行学术研究工作的著名东方学家斯塔里-郭雷施泰因的助手。虽然，С. А. 波列沃依劝告过朋友不要返回苏联，但 Б. И. 邦克拉托夫还是决定回到祖国，继续从事学术活动。③

意识到俄国传教士团传教士与俄国公使馆翻译编写的俄汉词典已严重过时，С. А. 波列沃依决定补充新资料。然而，一个人不可能完成这项工作，于是 С. А. 波列沃依吸收中国朋友参加资料的收集工作，尽量以最小的代价获得新资料。1927年，工作的第一阶段结束。在著作的前言中，作者写道："该词典的编撰者一个人完成编撰任务，自然对词典中的所有错误、漏洞与不足负有责任，对在词典中指出的错误、漏洞与不足的权威解读予以认可，以便在以后修订词典时给予改正。"④

---

① С. А. 波列沃依：《新道路：适用于中国人的俄语口语课本》，第1—2册，北京1932年版，102页。
② 俄罗斯远东国家历史档案馆：全宗226，目录号1，案卷号357，第84页。（Б. И. 邦克拉托夫个人卷宗）
③ В. С. 斯塔里科夫：《Б. И. 邦克拉托夫的学术与教育活动（纪念诞辰80周年）》，《东方国家与民族》第11辑，第7—14页。
④ С. А. 波列沃依：《俄汉法律、外交、政治、经济、哲学与其他学术术语词典》，北京1927年版，第2页。

1927年末，С.А.波列沃依出版了俄汉词典的《中文目录索引》，① 几年后大大补充了这项工作，② 继续收集编写词典所需的资料。1937年7月，С.А.波列沃依结束了俄汉大词典的编写工作，但由于日本的占领词典没能印刷出版。后来，学者С.А.波列沃依携手稿去美国工作。С.А.波列沃依还对民俗学与语言学，尤其是满语感兴趣。1935年，他做了一项把俄文翻译成中文的工作，并出版了很快被销售一空的《蒙古民族故事》。③ С.А.波列沃依非常热衷于收集中国的俗语与谚语，但他没能出版这些手稿。

20世纪30年代初，教师的工资骤降：教授们只能拿到正常酬金的15%—25%，于是被迫干私活补贴家用。С.А.波列沃依夫妇决定在自己家里开办俄语培训班。而在1933年出于对图书的热爱，他们在自家住宅内又开了一个书店，主要出售苏联出版的图书。由此，С.А.波列沃依成为苏联图书贸易机构（国际图书）的代理商。几年后，日本占领华北，他被迫关闭了书店。

С.А.波列沃依教授与近代中国知识界和活动家们有着广泛的联系，因此来到中国的许多著名学者都会争取与他会面。С.А.波列沃依对任何人都给予帮助，包括大量外国东方学家与旅行家，其中著名美国记者E.斯诺都利用了他的威望。④

1936年夏，С.Г.叶里谢耶夫⑤来到北京，在彼得格勒大学学习的С.А.波列沃依曾在该校与其会面，С.Г.叶里谢耶夫当时通过了

---

① С.А.波列沃依：《俄汉法律、外交、政治、经济、哲学与其他学术术语词典中文目录索引》，北京1927年版，242页。（序言写于1927年12月30日）

② С.А.波列沃依：《法律、外交、政治、经济、哲学与其他学术术语词典——补充最新社会政治、科学技术术语与缩写》，北京1934年版，193页。（序言写于1934年1月20日）

③ С.А.波列沃依：《蒙古故事》，上海1933年版，中文版。

④ J.M.汉密尔顿：《E.斯诺》，印第安纳州立大学出版社1988年版，第67、第68页；А.А.西萨穆特迪诺夫收藏品（符拉迪沃斯托克）：《1997年11月27、29日对Л.С.波列沃依的采访》。

⑤ G.W.B.：《С.Г.叶里谢耶夫（1889—1975）》，《哈佛亚洲研究杂志》，1975年第35卷，第12—13页；也见А.В.克拉斯科：《С.Г.叶里谢耶夫夫妇》，维尔德出版社1998年版，第27—36页。

彼得格勒大学东方系的自学考试,并于 1920 年从俄国到了芬兰。后来在法国和美国侨居时,С. Г. 叶里谢耶夫创办了东方学杂志《哈佛亚洲研究杂志》,并成为哈佛—燕京学院第一任院长和哈佛大学远东语言系第一任主任。在北京与 С. А. 波列沃依会面时,С. Г. 叶里谢耶夫建议 С. А. 波列沃依参加编撰大英汉词典;С. А. 波列沃依的学术声望他早有耳闻,还参与了即将结束的俄汉大辞典编写工作。

与此同时,С. А. 波列沃依的家境突遭变故。教授预感到自己很快会被逮捕,因为日本占领当局逮捕了包括许多俄国侨民在内的不同政见者。1937 年 12 月 17 日夜,С. А. 波列沃依夫妇被逮捕。他的妻子 В. С. 波列沃娃从女子监狱被释放,但 С. А. 波列沃依被判监禁 17 个月。

这是最危险的时期,这位俄国中国学家的生命岌岌可危。"他经常遭受酷刑,——他的儿子 С. А. 波列沃依回忆道,——在严寒中裸身被泼上冷水,被殴打,在脖子上、手上和脚上接通电流,在空中吊起一段时间,日本当局还几次威胁要杀了他。"[①] 这位中国学家经受住了身体的折磨,但日本人没收大量图书与手稿的消息让他在精神上十分痛苦:С. А. 波列沃依的藏品中有很多珍品。图书馆的图书整整装满了一卡车。向外国外交官寻求援助的约翰·弗格森医生在解救 С. А. 波列沃依教授的行动上给予了极大帮助。但 С. А. 波列沃依要被从中国驱逐出境。经过长期斡旋后,在 С. Г. 叶里耶夫的邀请下,С. А. 波列沃依教授来到了美国,继续编撰英汉词典的工作。С. Г. 叶里谢耶夫与美国同事对 С. А. 波列沃依的工作很满意,但却有人指指点点,指责 С. Г. 叶里谢耶夫在雇用另一个俄国出身的人工作。[②] 阴谋论在不断上演,С. А. 波列沃依的照片被登载《生命》杂志上了。[③] 嫉妒心与流言在强烈的反共产主义的土壤中滋生蔓延。在美国与俄国的一切联系不仅让

---

① А. А. 西萨穆特迪诺夫收藏品(符拉迪沃斯托克):《2004 年 8 月 28 日 Л. С. 波列沃依的来信(盐湖城)》。

② А. А. 西萨穆特迪诺夫收藏品(符拉迪沃斯托克):《Л. С. 波列沃依:〈С. А. 波列沃依——他的生平与活动〉:手稿》,第 31 页。

③ 《生命》杂志,1939 年 5 月 6 日。

С. А. 波列沃依遭到不信任，而且还给他带来了公开的仇恨。来到美国的一些中国人也指责 С. А. 波列沃依"拖着一只嫌疑的尾巴"。他们回忆起教授的亲苏观点，并指控他为苏联从事间谍活动。С. Г. 叶里谢耶夫找到了平息嫉妒者的方式：С. А. 波列沃依在大学工作的所有时间都不领取工资。此后，他们再没有找到愿意从事这项工作的人，尤其是编撰词典这项真正的苦差事。

第六节 天津的俄侨东方学家（И. И. 谢列布列尼科夫、А. Н. 谢列布列尼科娃）

在俄国侨民数量上，天津位列哈尔滨和上海之后，是中国第三大城市。曾几何时，天津有大面积俄租界，① 并设有俄国领事馆。天津的俄国侨民更喜欢在天津的外国租界里生活，因为那里比城市的其他区域更安全。第一本俄文版天津旅游指南的作者和外交官 П. Г. 纪德曼为安置难民做了很多工作。② 在天津，没有任何一个颇具规模的俄侨学术组织，也没有一所真正的学术图书馆。尽管天津开办有三所大学（北洋大学、南开大学、教会大学），但是没有进行学术研究工作。

由于拥有不动产与大量土地，天津的教会组织是城市中最富有的机构之一。学者利桑神父是收集黄河流域各类标本的著名旅行家，其创办的黄河博物馆名声颇大。他收集的所有标本都被陈放在专门建造的一栋三层楼里，神父本人也居住在这栋楼的一个小房间里。在规定时间，神父会将制作好的部分标本向公众展示。③ 在天津，还有一个出版具有普及性性质的东方学图书的出版社。④

---

① А. И. 乌斯朋斯基：《天津的俄租界》，《外交部通报》1914 年第 1 期，第 148—149 页。

② П. Г. 纪德曼：《天津：工商实业指南与目录》，俄国传教士团印刷所 1922 年版，93 页。

③ Е. А. 热姆楚日纳娅：《天津的黄河白河博物馆》，《华俄月刊》1936 年 6 月，第 34—37 页。

④ Б. И. 莫尔佐夫：《蒙古：来自于旅行家的札记》，知识出版社 1935 年版，112 页。

当有人推荐 И. И. 谢列布列尼科夫担任天津公共商业学校校长时，И. И. 谢列布列尼科夫夫妇迁居天津，但他们立刻融入了这座城市的社会与文学生活之中。比如，他们成了由斯基尔主持的在 20 世纪 30 年代中期创办的文学—学术—哲学学会会员。在学会里，他们聆听了包括东方学领域在内的各类讲座。作为演讲奇才，И. И. 谢列布列尼科夫在学会里举行了多场概论性的讲座，其中包括："苏联经济评论""中国人的民间信仰""中国的萨满教""太平洋问题""原始文明"等。

在《亚细亚时报》杂志上发表长篇论文《中国经济概论》是 И. И. 谢列布列尼科夫对中国经济进行研究的结果。① 这项工作始于 1921 年 И. И. 谢列布列尼科夫写的《北满经济状况》。他指出："作为商业学校的校长与教师，我在教学实践中积累了这方面的知识，另外我还是一名书店老板。但也正因此，我不能把大量时间用于文学创作，但还是利用自己的闲暇时间关注中国经济研究，为了完成该项工作只能使用英文资料。"②

该著的作者 И. И. 谢列布列尼科夫在自己著作的前言中写道："本人不是东方学专家，意外地来到中国生活，在这里又丧失了学术环境，如果专家们在我的著作中发现了任何错误还请见谅。同时，我认为自己研究中国经济的著作的出版又是完全恰逢其时的，尤其是在太平洋问题引起西方世界的关注以及有必要及时更新我们关于太平洋上的大国之一——中国的经济知识之际。"③ 该书曾经被作为符拉迪沃斯托克国立远东大学东方系的教材使用。④

---

① И. И. 谢列布列尼科夫：《中国经济地理概论》，满洲俄国东方学家学会出版社 1926 年版，113 页。
② И. И. 谢列布列尼科夫：《И. И. 谢列布列尼科夫：自传》，作者出版社 1940 年版，第 12—14 页。
③ И. И. 谢列布列尼科夫：《中国经济地理概论》前言，满洲俄国东方学家学会出版社 1926 年版，第 3 页。
④ 胡佛战争、革命与和平研究所图书馆与档案馆藏：《И. И. 谢列布列尼科夫文件第十盒——И. И. 谢列布列尼科夫：〈我的回忆录（1925—1931）〉：手稿》（文学活动），第 48 页。

团结志同道合者的愿望促使 И. И. 谢列布列尼科夫决定创办一个学会，动物学家与自然主义学家 Б. П. 雅科夫列夫、植物学家 И. В. 科兹洛夫、地质学家 П. А. 巴甫洛夫与人类学家 Г. П. 科热乌洛夫加入了该学会。学会成立大约两个月后解散。

在深入研究了中国经济之后，И. И. 谢列布列尼科夫把关注点放在了中国宗教史上，于是他开始关注以家庭节日为主的宗教习俗，经常进行民族学分析。他也开始收集在他看来令人感兴趣的对日常生活与宗教存有偏见的看法，并尝试学习汉语。1928 年 10 月 10 日，在概论性讲座上这位研究者向听众分享了自己的发现，很快又大大补充了新资料，并发表了关于纯民间信仰、邪神与护身符的作用、象形文字与民俗的长篇文章。① 一年后，И. И. 谢列布列尼科夫发表了第二篇文章，其在引言中写道："理解、领悟与描述在中国实际生活中长期形成并伴有各类神灵的多样性宗教观，——是极为复杂的问题。但这个问题又非常简单，如果从研究的角度把民间崇拜作为认识的独立对象，并考虑到那些充满民间想象的神灵的话。"② И. И. 谢列布列尼科夫哀叹道，编辑部压缩了他的文章，删去了一些有趣的观察。订购了在中国发行的英文报纸后，他剪下其中饶有兴趣的文章并做了大致翻译，后来知识出版社出版了他的概述性小册子。③

И. И. 谢列布列尼科夫为《华俄月刊》杂志撰稿，该杂志是由 1935 年秋在天津创办的中国研究会发行的。对中国非常感兴趣的文学记者 В. Н. 伊万诺夫担任学会的主席与杂志的主编。④ 对于 1936 年

---

① И. И. 谢列布列尼科夫：《中国民间信仰》，《东省杂志》1929 年第 4 期，第 70—80 页。
② И. И. 谢列布列尼科夫：《中国的神话与宗教崇拜（信仰、习俗与仪式）》，《东省杂志》1930 年第 4 期，第 68 页。
③ И. И. 谢列布列尼科夫：《当代中国民俗与中国迷信》，知识出版社 1932 年版，第 49 页。
④ В. Н. 伊万诺夫：1)《康德与孔子：文化哲学评论》，《中华法学季刊》第一辑，1931 年，第 323—330 页；2)《我们：俄国国家体制的基础》，竹林印刷所，《霞光报》印刷所 1926 年版，369 页；3)《北京：故宫博物院和北京的大街》，载《喇叭茶：文学艺术集》，《水星》印刷所，1931 年版，第 152—165 页；4)《Н. К. 列里赫——艺术家——思想家》，罗马 1937 年版，101 页；5)《长江上的台风：中篇小说》，图书出版社 1954 年版，272 页；6)《中国民间文学的两个顶峰》，《远东》1957 年第 1 期，第 184—186 页。

3月学会会刊第 1 期上阐述的学会任务与 В. Н. 伊万诺夫的立场，И. И. 谢列布列尼科夫非常认可："尽管现在的许多俄国侨民在中国侨居差不多 20 年，但对中国仍然茫然无知，因为老一代俄侨几乎不了解它、不关注它甚至完全忽略它……因此，——'从历史、文化、民族与宗教等多领域研究中国'——我们的杂志将秉持这个口号，我们的杂志也将使俄国读者了解我们的办刊目的。"① 学会会员关于中国历史、民族、经济、文化与自然研究的多领域活动在带有精美插图的杂志上均得到了呈现。Е. А. 热姆楚日纳娅、И. И. 谢列布列尼科夫、В. Н. 伊万诺夫、В. В. 谢彬、Я. Я. 卜朗特、И. 舍列斯特杨、В. В. 谢维罗夫、П. А. 巴甫洛夫、А. Е. 鲍日科②、А. 艾波夫、К. 兹洛卡佐夫等在《华俄月刊》上刊登了文章。会刊共发行了 5 期，1936 年 7—8 月合期出刊了最后一期。

出于对中国历史的酷爱，И. И. 谢列布列尼科夫开始撰写主要带有历史民族性质的关于中国的故事。这个系列的第一个故事《在战场上》于 1930 年在上海的《言论报》上发表。后来他又发表了《在天堂》《抱怨》《鬼把戏》《流浪人》《红矛》《城主的婚礼》《第十四妾》与《夺回的幸福》。读者对这些及其他文章的兴趣促使作者思考出版它们的合集、单行本著作。1941 年 1 月，知识出版社将 И. И. 谢列布列尼科夫在不同时期，主要是其在 1938—1940 年间发行的《亚洲复兴报》上发表的关于中国、蒙古与西伯利亚历史的文章、随笔和故事结集出版，并命名为《亚洲史》。作者不奢求著作内容的学术性。相反，他强调："该文集的目的是在俄文和外文文献中普及关于中国及其毗邻国家的历史知识。文集中一部分随笔只是简要复述俄国与外国学者的相关著作，第二部分在许多历史资料的基础上带有编纂性质，第三部分带有作者的独创见解和历史理论。"③

---

① 《编辑部寄语》，《华俄月刊》1936 年 3 月，第 1—2 页。
② А. Е. 鲍日科：《中国人的占卜（完璧归赵）》，《华俄月刊》1936 年 6 月，第 14—16、24—26 页。
③ И. И. 谢列布列尼科夫：《亚洲史：蒙古、中国东北与西伯利亚史文章、随笔、故事集》第一卷，我们的知识出版社 1941 年版，第 1 页。

И. И. 谢列布列尼科夫将该书编号为第一卷。遗憾的是，第二卷一直处于手稿状态，未能出版。他也打算为俄侨撰写带有普及性质的中国历史著作，为东方学家编写名为《中国精神》的课本。1941年9月，И. И. 谢列布列尼科夫提出申请出版《中国精神》这本书，但其请求遭到了拒绝。

И. И. 谢列布列尼科夫千方百计地加强与其他国家同事的合作。他认识许多对中国感兴趣以及研究西伯利亚与远东的人并给予了他们很多帮助。比如，1930年秋，他结识了对外国在华投资问题有深入研究的密歇根州立大学 C. F. 列梅尔教授。由于不会俄语和看不懂俄文经济文献，美国人在收集关于美国、法国、日本与比利时等国资本的资料方面陷入了困境。因此，美国人请求俄国研究者（И. И. 谢列布列尼科夫——译者注）帮助收集关于俄国资本在华投资问题的资料。"我回答，——И. И. 谢列布列尼科夫写道，——由于缺少指南类的文献，在天津很难做这样的工作，这是其一；其二，据我所知，在俄文与汉学文献中没有教授感兴趣的研究问题，因此有很大困难。但我仍然可以试着完成美国人交办的任务，如果美国人以书面形式给我提供一个其想要的文献目录。"[1]

因为 И. И. 谢列布列尼科夫总是能详尽地分析俄国、中国、日本等国关系，并且关注俄国侨民的作用，[2] 所以出色地完成了艰巨的新课题。在 C. F. 列梅尔的著作中，相关部分引用了俄国研究者（И. И. 谢列布列尼科夫——译者注）的成果。[3] 1933年末，И. И. 谢列布列尼科夫用俄文在上海发行的杂志《帆》上发表了自己的资料，文章名称为《俄国在华利益》。后来，И. И. 谢列布列尼科夫又出版

---

[1] 胡佛战争、革命与和平研究所图书馆与档案馆藏：《И. И. 谢列布列尼科夫文件第十盒——И. И. 谢列布列尼科夫：〈我的回忆录（1925—1931）〉：手稿》（C. F. 列梅尔教授），第236页。

[2] И. И. 谢列布列尼科夫：《从经济视角看太平洋问题》，《自由的西伯利亚》1930年第9期，第47—63页。

[3] C. F. 列梅尔：《俄国在华投资》，载 C. F. 列梅尔：《外商在华投资》，麦克米兰出版公司1933年版，第554—618页。

了200册的单行本小册子。① И. И. 谢列布列尼科夫为耶鲁大学 Ч. П. 候兰德教授做了大量调查工作。他也与太平洋关系研究所学者 Э. К. 卡尔德、经济学家 Э. М. 巴德尔松教授有过书信往来。

给学生上课，与社会活动一样，没有占据他们太多的时间，于是 И. И. 谢列布列尼科夫夫妇有条件从事新闻工作，并在其中看到了把教育工作提高到新层次的机会。И. И. 谢列布列尼科夫夫妇不认为自己是远东通。相反，他们强调，他们的作用在于普及东方学知识。对 И. И. 谢列布列尼科夫夫妇来说，公开发表文章是为了向侨民讲述中国的历史与文化知识。起初，文章很难发表。按照 И. И. 谢列布列尼科夫的说法，远东的作者没有机会在欧洲的俄文出版物上发表文章，哈尔滨的《霞光报》对 И. И. 谢列布列尼科夫的文章也不信任。

И. И. 谢列布列尼科夫认真地跟踪关注文献，尽力利用各种条件购买或阅读关于中国的最新图书。在旧书摊上看书的人经常能看见他。И. И. 谢列布列尼科夫夫妇俩认真阅读了所有买到的书，他们发表的大量评论证明了此事。И. И. 谢列布列尼科夫热衷于文献学研究。在一篇名为《俄国驻北京传教士团的汉学活动》的重要文章里，② 他利用了苏联中国学家 П. Е. 斯卡奇科夫列举的书目（《中国书目》——译者注）。后来，这篇文章出版了单行本。

И. И. 谢列布列尼科夫具有超强的分析能力，而 А. Н. 谢列布列尼科娃是一位优秀的修辞学家，艺术天赋极高。难怪，她热爱诗歌，并从1937年开始从事在英文出版物上发表的中国诗歌作品的翻译工作。1938年4月，他们开始与理想—新闻印刷所谈判关于出版中国诗歌集的问题，出版费预先交给了印刷所。1938年8月，И. И. 谢列布列尼科夫夫妇把手稿交付印刷，10月就拿到了为其带来巨大声誉的200册图书《中国诗歌之花》。印刷所把书设计得极具中国风格：用丝线装订的带有骨制锁扣的硬纸封面。在前言中，作者们强调："我们应

---

① 胡佛战争、革命与和平研究所图书馆与档案馆藏：《И. И. 谢列布列尼科夫文件第六盒第51文件夹（1934年1月30日 Д. 古斯托夫主编的信）》。

② И. И. 谢列布列尼科夫：《俄国驻北京传教士团的汉学活动：文献概述》，《中国福音报》1941年第4期，第26—42页，第5期，第31—40页；第6期，第47—50页。

该指出，除少数例外，中国诗歌被我们翻译成白话诗，因为这样能让我们更接近原文。很遗憾，对非汉学家的我们来说，原文不是中国原诗，是从英文、德文与法文转译的，且部分散文翻译于俄文。"①

无论是在中国，还是在欧洲，该书都获得了好评。"应该高度评价译文的质量，——著名诗人 А. И. 涅斯梅洛夫写道，——质量是不容置疑的！正如读者自己在给我们提供的样本中所看到的那样，诗句处处表现出弹性且有韵律地契合主题。每一个有文化的俄国读者都明白，这部著作对于我们理解直率深刻的中国精神可能具有巨大的意义。除此之外，理所当然，这部诗集还是俄国艺术文学翻译中的珍宝。"②

第二次世界大战破坏了 И. И. 谢列布列尼科夫夫妇安稳的生活。虽然 И. И. 谢列布列尼科夫的疾病限制了其才能的发挥，但侨民组织与朋友帮助他们克服了病苦。尽管处于日本当局的占领体制与书刊检查之下，俄国侨民的文化社会生活仍然在继续。一方面，"华北俄侨反共中央委员会"，即一个类似于"满洲俄侨事务局"的机构，限制了侨民的民主自由；但另一方面，也给予了他们帮助。恰恰是在它的资金支持下，И. И. 谢列布列尼科夫出版了回忆录（第二卷）和文集《亚洲史》。

到1943年7月，夫妇俩编撰了可手撕的日历，并由知识出版社出版。在日历上，登载了大量关于日本、中国东北和蒙古以及西伯利亚的东方学文章，经 А. Н. 谢列布列尼科娃加工过的中国、日本与朝鲜诗歌作品，充满了填字游戏与笑话。А. Н. 谢列布列尼科娃也选配了许多俄国文学作品。在多年的教学活动中，她收集了关于俄语实践语法方面的丰富资料，编拟了词源学原创习题，以及一部听写技巧集。

И. И. 谢列布列尼科夫打算把《亚洲史》的第二卷出版，并希望通过居住在加拿大的奥库里奇出版它。应旧金山俄国文化博物馆的邀

---

① И. И. 谢列布列尼科夫：《前言》，《我的回忆录（1917—1919）》第一卷，我们的知识出版社1937年版，第3页。

② А. И. 涅斯梅洛夫：《评论》，《霞光报》1939年1月9日。

请，编写天津的定期出版物史成为 И. И. 谢列布列尼科夫后期最重要的工作之一。① 以 И. И. 谢列布列尼科夫夫妇为例，可以得出结论，个人在侨民东方学与在侨居国普及东方学知识方面的作用是巨大的。

第七节　上海的东方学

在上海，既不存在俄侨的学术中心，也没有有影响的俄侨学校，因此中国研究处于自发状态，基本上是通过社会力量在文学作品中反映中国历史、文化和习俗的特点。上海的第一批俄国文学家积极参加了 Э. Е. 马加拉姆文学丛刊的出版工作，他是政治移民和瑞士俄文出版物的撰稿人。在上海，他最初编辑发行了《上海信息报》，但这份报纸存在时间并不长，于是 Э. Е. 马加拉姆开始从事出版活动，并开办了黄色面孔出版社。1920 年，他出版了第一部文集——《远东》（92 页），由 Э. Е. 马加拉姆自己的 6 篇故事组成专栏，名为《黄色面孔（中国概况）》。Э. Е. 那雷穆斯基将中国寓言故事《游魂》列入文集中，В. 杰穆内提交了反映民族风俗文化概述的《中国人》，而东方学家 Е. А. 费多罗夫记述了中国戏剧史。

1921 年春，下一个出版物——带插图的文学艺术丛刊《黄色面孔》出版，是一本反映中国问题的丛刊。除了民族风俗文化资料外（Э. Е. 那雷穆斯基的寓言故事，Е. А. 费多罗夫的《三国概要》，В. 杰穆内的《中国复兴》，Н. 切尔内的《中国历史》等），其中还刊登了诗歌和故事。丛刊的插图是由上海艺术家 А. С. 赫列诺夫创作的。

北京的杂志《俄国评论》对这些书给予了很高的评价。其中写道："看到丛刊中的内容，就会知晓大部分资料属于主编 Э. Е. 马加拉姆先生本人。他的文章明显不同于其他撰稿人——优美的语言、丰富的例子；他所看到的色彩和听到的声音比其他撰稿人美妙无比得多。显然，他在自己的丛刊中是唯一卓越的'作家'。在系列故事

---

① 胡佛战争、革命与和平研究所图书馆与档案馆藏：《И. И. 谢列布列尼科夫日记》，第 19 本，1948 年 10 月。

中，他呈现了上海，尤其是上海底层的生活状况。外表的缺陷并没有影响它的效用。（例如，《平淡无味的绿色橄榄》写了中国人将橄榄放置在茶中——美其名曰'中国的糖渍果皮'。）这些故事中最好的是《人力车夫》，虽然它的主题及探讨的问题有借鉴布宁之嫌，也许是无意之举。但是，如果要责备 Э. Е. 马加拉姆先生的话——是因为他对'现实'主题的过于偏爱，它们在以前的'资产阶级'时代被简单地称为'油腻的东西'。实际上，作者没有按照布洛克夫斯基的方式去评论现实，但这足以让读者感到厌恶，不是对所描述现象的厌恶，而是对写作的厌恶。系列故事：《在酒吧》《在中国的港口上》《妻子》等——描写了令人恶心的妓院、买卖妻子和其他卑劣行径，Э. Е. 马加拉姆对此厌恶至极。具有出色才华和观察力的作者莫非只会捕捉中国生活的这些方面？那真是冤枉人啊！"①

1923 年，Э. Е. 马加拉姆出版了第三本丛刊——《中国》（105页），所收作品的作者基本都是上一本作品集的参与者，有 3 篇故事出自编写者本人。М. 谢尔巴科夫发表了两首长诗（《龙王》和十四行诗《人参》），М. В. 马尔科维奇提供了民族风俗概述《交际花》，Э. Е. 那雷穆斯基翻译了中文故事《两姐妹》。丛刊的美术装饰是Е. А. 费多罗夫的大幅特写《中国的艺术》，里面美丽的插图来自故宫的收藏品，它们都被粘贴在专用的纸衬板上。这些插图是商务印书馆（中国艺术专辑）和 Nee woo tseu soog zay② 出版社允许刊登的。非临摹的原创插图由上海艺术家 Э. М. 戈兰和 И. 罗基提供。虽然 Э. Е. 马加拉姆曾声明要出版第四本丛刊，但这一想法并没有实现：迁居欧洲后，出版者在那里出版了几部关于中国的图书。

1930 年，在哈尔滨法政大学毕业后来到上海的 В. П. 彼得罗夫（1907 年出生）开始了自己在中国的文学活动。他是上海《霞光报》的驻地记者，也是"上海丘拉耶夫卡"文学社团的创办者之一。涉

---

① 曼扎：《书刊评介》，《俄国评论》1921 年 5 月 5 日，第 252 页。
② 关于这个出版社的中文名称，译者经多方请教相关专家及多次与本书原作者沟通，但仍不能准确译出，所以将原文放于此。

及众多东方学题材是文学家 Г. Б. 科楚洛夫创作的主要特点,因为他对中国非常感兴趣。① 新闻记者 Л. А. 阿尔诺里多夫在上海出版了几部著作。② 评论指出:"对于新闻记者来说,Л. А. 阿尔诺里多夫的著作是案头必备之书。作者不仅是中国通,而且还具有灵活敏锐的头脑、观察力及叙述能力。Л. А. 阿尔诺里多夫不是一位枯燥乏味、仅了解汉学文献的民族学学者,他本人知道该写什么。此外,他能够深入浅出地表达出自己的思想,让更广大的读者群体易于阅读专业的图书。③ В. Ф. 别列列申出色地翻译了中国诗歌。④ С. Ф. 斯杰巴诺夫也是一位翻译。В. П. 彼得罗夫等上海文学家同欧洲的俄国作家和诗人有着紧密的联系,他们中有许多是从远东出逃的。联合发行杂志《俄国随笔》是巴黎与上海文学界紧密相连的一个鲜明例证,杂志的第 1 期是 1937 年 6 月在上海面世的。这一期共发行了 500 册,其中 300 册是中国预订的。

Г. Г. 休涅尔别尔格⑤在早期出版的一本著作中记载了俄侨群体在上海的活动。В. Д. 日加诺夫在纪念册《俄国人在上海》中提供了大量关于俄侨的信息。可以用他的一句名言来形容他的一生:"评价我的历史,如同评价同我一样流亡异国的俄国人。也许历史会用一句善

---

① Г. Б. 科楚洛夫:1)《离愁:源自中国生活的长篇小说》,残疾人协会出版社 1939 年版,229 页;2)《死火:诗集》,上海 1936 年版,82 页;3)Н. 列兹尼科娃:《新书》,《边界》1936 年第 38 期,第 23 页;4)《伊维:爱情长篇小说》,上海 1936 年版,250 页;5)《最后的中国女人:源自中国生活的长篇小说》,龙社 1941 年版,251 页。

② Л. А. 阿尔诺里多夫:1)《中国之现状:日常生活与政治——观察、事实与结论》,俄国曲线图印刷所 1933 年版,第 371 页;2)Д. 古斯塔夫:《关于新书:〈中国之现状〉》,《帆》1932 年第 10 期,第 88 页;3)《白太阳国家:中国评论》,А. П. 马雷克、В. П. 卡穆金出版社 1934 年版,第 438 页。

③ 《新书》,《边界》1933 年第 15 期,第 23 页。

④ В. Ф. 别列列申:1)《扇子上的诗——中国古典诗歌选集》,播种出版社 1970 年版,41 页;2)《离骚:В. Ф. 别列列申译自中文原诗中的长篇叙事诗》,播种出版社 1975 年版,27 页;3)《关于荷花的诗歌》,《新俄国之声报》,1972 年 7 月 2 日;4)《远东的俄国文艺翻译家》,《俄国生活报》1988 年 2 月 6 日,第 8 页;5)《1920—1952 年北海道的俄国诗人:斯提克霍特沃尼》,J. P. 辛里奇撰写的导言与注释,鲁森霍夫出版社 1989 年版,214 页(20 世纪俄罗斯移民文学:研究与文本);6)《1920—1952 年在华俄国文学与宗教生活:V. 佩雷莱辛回忆录》,海牙 1996 年版,140 页。

⑤ Г. Г. 休涅尔别尔格:《上海旅行指南》,俄国图书出版社、上海商业社会救助印刷所 1919 年版,第 215 页。

意的语言给予定论。但事实是，新一代的俄国子民永远都无法捕捉也无法正面评价我们的痛苦，因为新的一代不知道，或许永远也不会知晓我们的真相。"①

1925年10月末，В. Д. 日加诺夫产生了在上海出版旅行指南纪念册《俄国人在上海》的想法，本以为这只是一个十分平常的商业项目，但很快发现编写难度超乎想象。为了编写纪念册，作者完成了16000次采访。"使俄侨有尊严地生活、劳作以及为俄国这个名字增光的永垂不朽的想法征服了我——他回忆道，——由于国际力量导致俄侨逃亡国外。因为在当时的俄国，我们被定性为：俄侨是俄国的败类，是被苏维埃政权标记为我们国家否认的垃圾群体。我不能再沉默下去，我要说出真相。在编辑纪念册《俄国人在上海》时，我不能隐瞒，这些所谓的'俄国败类'是中国国立音乐学院的创始人和欧洲音乐在中国传播的开拓者。我不能隐瞒，让上海引以为豪的交响乐队的主力军是俄国人，城市里最优秀的歌剧、轻歌剧和芭蕾舞演员都是俄国人。我不能隐瞒，城市里最杰出的艺术家是白俄侨民。我无法隐瞒，在万国商团里俄国联队展示了无与伦比的魅力与自豪，由于这支联队出色的服务，城市里升起了三色国旗，国徽装点了国际化的上海。民族的自豪迫使我写道：白俄侨民一直都是这座拥有500万人口的国际化城市里国际象棋及多种体育项目的冠军。我完全不想隐瞒，所有被苏维埃政权抛弃的来到上海的俄国人，不懂英语，没有权利，没有资金，但是他们在这里开办了一千多个商业企业，一些企业的资本甚至达到了百万美元。"②

330页的纪念册出版了上千册。因为纸张上乘和照片数量众多，纪念册的出版成本自然很高，即使售价达24美元，也无法抵消出版

---

① В. Д. 日加诺夫：《俄国人在上海》，上海，无出版年，无出版页；也见 А. А. 西萨穆特迪诺夫：《白俄侨民 В. Д. 日加诺夫的倾诉》，《新杂志》1996年第197辑，第313—316页。

② В. Д. 日加诺夫：《俄国人在上海》，上海，无出版年，无出版页；也见 А. А. 西萨穆特迪诺夫：《白俄侨民 В. Д. 日加诺夫的倾诉》，《新杂志》1996年第197辑，第313—316页。

者的所有支出。从 1936 年开始，В. Д. 日加诺夫成为捷克斯洛伐克俄侨档案馆的境外档案文献采集员。二战前他一直无偿地担负着这项工作，二战结束后迁居澳大利亚。1970 年初，他在澳大利亚发行了杂志《逝去的风景》。他也想将自己的纪念册《俄国人在上海》再版，但是没能实现。

二战期间，许多侨民满腹爱国主义情怀，开始支持苏联。他们中的一些人产生了护国主义思想，其中有一位是上海最有才气的新闻记者、未来著名的苏联女作家 Н. И. 伊尔因娜。1920 年 4 月，她与母亲和妹妹迁居哈尔滨，她毕业于那里的基督教青年会中学和哈尔滨东方文言商业高等专科学校三年级。① Н. И. 伊尔因娜精通英语、法语和满语，并任教于英国商学院。1936 年 12 月，她来到了上海，并在上海《霞光报》和《新生活报》工作。

Л. А. 斯洛波德奇科夫－索里波②在上海教授汉语。在上海，成立了俄国东方学学会（主席－И. С. 斯库尔拉托夫，是一位经验丰富的语言学家和教师）③和东方学家学会，东方学家 Н. К. 索科洛夫斯基是东方学家学会创办者之一。关于这两个学会的活动信息暂时还未找到。

第八节　中国其他城市的东方学

日俄战争爆发前，旅顺就出版了关于中国的第一批俄文著作，④

---

① Н. И. 伊尔因娜：1)《别样的视野：杂文选集》，上海 1946 年版；2)《复归：2 卷》，第 1 卷，1958 年版；第 2 卷，1960 版；3)《道路和命运》，莫斯科工人出版社 1991 年版，655 页。

② F. L. 皮特：《上海方言教科书》，Л. А. 斯洛波德奇科夫补充、修订和俄文转录，《曲线图》印刷所 1936 年版，240 页。

③ И. С. 斯库尔拉托夫：1)《中文会话理论笔记》，П. С. 萨法梁茨印刷所、原《奥佐》印刷所 1929 年版，174 页；2)《第一阶段：根据东省特别行政区国民教育厅大纲编写的中文会话课本》，一册，哈尔滨 1931 年版，67 页；3)《第二阶段》，一册，无出版地，无出版年。

④ П. А. 罗索夫：《俄国式的中国：占领关东及当地居民生活习俗概论》，新境报出版社 1901 年版，164 页；А. О. 布克斯戈夫登：《俄国式的中国：俄中外交关系概述》，新境报出版社 1902 年版，第一卷：1860 年北京条约，239 页；Д. Г. 杨切维茨基：《在沉睡的中国旁：1900 年〈新境报〉在中国军事战区的通讯日志》，第 1 版，1903 年版，617 页；第 2 版，圣彼得堡—旅顺：П. А. 阿尔杰米耶夫出版社 1903 年版，352 页。

当时俄国人对东方学的知识经常是在报刊中获得的。在旅顺，从 1900 年 1 月 1 日起，发行了每周刊印 3 次的报纸《新境报》，主编为 П. А. 阿尔杰米耶夫。1907—1911 年，该报转至哈尔滨发行。

汉口很早以来就是中国茶叶销往俄国的中心，茶叶公司的职员 И. 安得列耶夫于 1895 年创办了报纸《从东方》，① 其中登载了上海英文出版物中有关中国工商业的译文。该报总共发行了五期。1909 年 4 月，俄中学堂教师 Г. А 索弗克洛夫发行了第一期政治经济杂志《扬子江》。该杂志设置了 11 个栏目，其中《俄国侨民的生活》和《杂栏》栏目特别引人注目。杂志一共刊出了 14 期，1911 年 8 月 14 日刊出了最后一期。

关于俄国人在汉口的生活，圣彼得堡大学汉蒙满专业毕业生、外交官 А. Т. 别里琴科向我们提供了大量信息。他在各种俄文报纸中书写了有关中国的事情，并出版了几本著作。② 他以旅行爱好者、报刊评论员（中国政治事件）、阿－沙（大事记）、茨雷瓦、波尔塔瓦的哥萨克（关于亲人的某些事……）与阿·波等笔名发表了很多资料。

А. Т. 别里琴科在《汉口俄租界公议会公报》上刊登了许多文章，该报于 1917 年 10 月 23 日发行第一期。这份出版物的发行反映了汉口的活动家们渴望团结在一起面对未来的想法。编辑部指出："报纸的官方版面将刊登俄国领事馆的会议记录、报告、必要的指令和各种通报。非官方版面刊登汉口及其他城市中的社会和政治组织的会议记录和通报，以及各种统计性质的资料。"③ 当地的俄侨活动家是报纸的主要撰稿人。

到 1920 年，在汉口居住着大约 200 位俄国人。他们拥有私人

---

① 《在华发行俄文报纸的尝试》，《阿穆尔边区报》1896 年 10 月 20 日第 147 期，第 14—16 页。

② А. Т. 别里琴科：《来自俄国旅行家的信件》，汉口 1918 年版；《1918 年中国政治生态概述》，中东铁路印刷所 1919 年版，80 页。

③ 俄国文化博物馆：《А. Т. 别里琴科收藏品》，第 25 文件盒，第 14 注脚（关于汉口的俄文出版物，中部中国：手稿，1949 年 2 月 19 日，第 4 页。）

印刷所，负责印刷汉口俄租界公议会以及私人出版物。印刷所除了管理者外，还有两位排字工人、一位装订工人和印刷工人。1923 年，印刷所购买了新的铅字。① 1924 年 12 月 31 日，《汉口俄租界公议会公报》发行了最后一期，总共发行了 176 期。《汉口俄租界公议会公报》印刷所被收归国有后，中国把它出售给了 A. T. 别里琴科，后来 A. T. 别里琴科又把它转赠给了 H. B. 科列斯尼科夫。在此基础上，H. B. 科列斯尼科夫在上海发行了报纸《俄国》及杂志《陆海军》。科列斯尼科夫去世后，A. T. 别里琴科又把印刷所转交给了上海俄国残疾人协会，为其发行杂志《残疾人》《闲谈》等。

到 1930 年，汉口的俄国人增加到了 300—400 人，但在第二次世界大战期间俄国人急剧减少，因为许多人认为去上海和天津更好。② 1896 年设立的俄国俱乐部是汉口文化生活中心。"俱乐部拥有，——它的活动家写道，——一个现在具有巨大价值的非常好的俄文图书馆。俄国俱乐部还建有一个文化广角，俄国人能够在那里聚在一起交流。"③ 当时，俄国俱乐部图书馆里藏有约 700 册俄文图书，其中有不少稀缺的东方学图书。二战期间，这座城市饱受日军战火的摧残，由此俄国俱乐部图书馆被烧毁。到 1946 年，汉口的俄国人只剩约 100 人，其中一半人拥有苏联护照。过去的总领事和俄国人协会主席、1924—1946 年间担任葡萄牙驻汉口领事的 A. T. 别里琴科举家迁居美国。从 1948 年起，他在旧金山生活，积极参与了俄国文化博物馆档案馆的建设工作。④ 他从中国带去了大量档案文献资料，包括大量外国文献中有关中国的摘录、图书和其他资料，借此他不仅能够还原图

---

① 《1923 年汉口俄租界公议会报告及 1924 年汉口俄国租界的支出和财政预算》，汉口俄租界公议会印刷所 1924 年版，第 9 页。

② Д. 涅夫斯基：《日本人占领下的汉口：日中冲突的最后阶段》，《边界》1938 年 11 月 5 日第 45 期，第 5—6 页。

③ 《俄国人在汉口》，《新霞光报》1931 年 4 月 23 日；也见《汉口——过去俄国在中国茶叶贸易的中心》，《新霞光报》1938 年 11 月 23 日。

④ 《悼词：A. T. 别里琴科：纪念朋友》，《俄国生活报》1958 年 2 月 4 日；A. C. 卢卡什金：《A. T. 别里琴科：（悼词）》，《俄国生活报》1958 年 2 月 11 日。

书出版史中的许多事实，而且还能再现俄国人在汉口的生活。O. M. 巴奇赤教授是首次记述这些收藏品的学者。① 1958 年 2 月 1 日，A. T. 别里琴科逝世。

有大量俄国人居住的中国许多城市都发行了俄文定期出版物。

绥芬河车站发行了报纸《在边境》（1935 年 3 月发行，达 3000 份）。这是一份内部信息公报，在特定人群中传播，提供对当前事件的一周评论。后来，该报在牡丹江发行，那里也发行了杂志《冲锋》。在海拉尔，发行了带有反苏倾向的周报《外兴安岭之声报》（1941 年发行），② 以及《哥萨克呼声报》（主编 H. A. 尤金）。在发行这份报纸之前，哈尔滨哥萨克同盟在海拉尔也发行了《外兴安岭报》。在佳木斯，发行了报纸《战斗呼声报》，以及用机器印刷的文学政治月刊《璀璨之光》。该刊刊登关于亚洲和欧洲的战争事件、对妇女的建议、日语学习经验，以及漫画和诗歌等文章，并绘有插图。在张家口，发行了一份胶印小报《为新秩序》。张家口文化教育处还兴办了一个图书馆。③

在大连，日俄战争后占据了城市的日本人具有很大影响。1923 年，俄国出逃者成立了于 1930 年停止活动的俄国侨民协会，谢苗诺夫工厂的 К. П. 涅恰耶夫海军中将领导的俄国民族协会取代了它。这一时期，在大连生活着约 350 位俄国侨民。④ 谢苗诺夫工厂的海军中将 Д. Ф. 谢苗诺夫发行了日报《近日要闻》。1940 年初，该报是在《"满洲俄侨事务局"大连分局公报》改组后发行的。⑤

---

① O. M. 巴奇赤：《A. T. 别里琴科档案：目录》，《俄罗斯人在亚洲》1997 年第 4 期，第 308—326 页。

② 《外兴安岭之声报》，编辑、出版者、印刷厂主：А. И. 尤里耶夫，1942 年 3—4 月；1943 年 1—4 月、7—12 月；1944 年 5—11 月；1945 年 1—6 月。

③ 《张家口》，《俄国反共产主义在华北（1937—1942）》，"华北俄侨反共中央委员会"出版社、我们的知识出版社 1943 年版，第 64 页。

④ 《俄国人在大连是怎样生活的》，《新霞光报》1934 年 6 月 2 日。

⑤ Г. Г. 萨托夫斯基—勒热夫斯基：《满洲国的侨民出版物》，《满洲国十周年（1932—1942）》，М. Н. 高尔捷也夫主编，"协和会"与"满洲俄侨事务总局"出版社 1942 年版，第 348 页。

在上海和天津生活过的东方学院毕业生 С. П. 布尔马里，[①] 在大连开办了日语学习培训班。他以故事集《在诗歌和鲜花之国》使俄国读者了解了日本文学和文化，并出版了另一部关于东方的作品集《莲花花瓣》。

东方评论出版社隶属于南满铁路，是中国东北大型出版社之一，由日本行政当局拨款资助。南满铁路出版活动的任务之一是发展针对俄国人的旅游业，于是东方评论出版社出版了一套俄文版的小册子《旅行者丛书》，为到日本的俄国侨民和旅行者服务。[②] 尽管整套小册子具有普及性质，但在内容编排上都很充分，其作者都是高水平的专业人士。最初它们是以英文版的方式出版的，之后才开始被译成俄文。

《日本的家庭生活》是这套小册子的第一本书，于 1938 年出版。它的作者秋元秀吉指出："简言之，日本年轻人的实际生活暂时还处于建构期，还需要经历数年时间，才能具有某种固定的特征。尽管如此，我们确知，我们的老婆婆们熟悉或固守的古老习俗已经销声匿迹了，即使在哪里还有遗存，应该也完全改变了自身的形式和特征。至于她们的守旧的丈夫们也已不能强求作为一家之主的地位，以及要求儿子和儿媳的敬重。他很快乐，一个人待着，并能继续自己的事业，或者如果境遇好些，他会同自己亲爱的老妻子——日本典型式的阿凡纳西伊·伊万诺维奇或普尔赫里娅·伊万诺夫娜在和睦的共同生活中畅谈。"[③]

除了整套《旅游或丛书》外，图书《日本俗语》也出版了。编写者不仅在其中编入了谚语和俗语，而且还阐述了它们在日本人语言中产生的历史，讲解了许多谚语的意义并给予了评价，记述了不同历

---

① С. П. 布尔马里：《荷花花瓣：故事与中篇小说》，天津，无出版年，93 页；也见《在诗歌和鲜花的国度：短篇小说集》，哈尔滨 1941 年版。书评：《边界》1941 年第 31 期，第 23 页。

② 暂且寻得的 10 卷本。

③ 秋本秀吉：《日本的家庭生活》，南满铁道株式会社出版社，无出版年，48 页（旅游者丛书；第 1 册）。

史时期谚语在日本各阶层生活中的作用。①

在侨民图书出版领域，1939 年南满铁道株式会社总裁室弘报课的设立是一桩大事，其目的是"使俄国读者不仅了解这次战争的进程及与战争相关的问题，而且了解'日出之国'（日本——译者注）的艺术、艺术文学样式"②。

从 1939 年 12 月起，东方评论出版社发行了同名杂志，主要旨在宣传日本的意识形态和政治。除了政治经济领域的文章外（А. 李深在第 1 期发表了《为在华新秩序而斗争》、在第 2 期发表了《满洲国政权与文化发展之路》；Е. 阿加波夫在第 2 期发表了《日本向中国东北的移民》等），杂志上还刊登了大量文化、风俗等方面的资料，以及艺术文学作品。俄语与俄国文学教师、艺术家 В. Д. 布普诺娃也发表了文章《过去与现在日本的绘画》（1940 年第 2 期）。在这一期上，还刊登了日本著名俄国古典作家作品翻译家矢杉贞利教授的两篇文章《俄语研究史》和《俄国文学对日本文学的影响》。

东方评论出版社在文学和文化活动方面大多数时候是同 М. П. 戈里郭利耶夫的名字联系在一起的。从日本来到中国后，他就担任南满铁道株式会社总裁室弘报课驻哈尔滨的代理人。那时，М. П. 戈里郭利耶夫积极参与《东方评论》杂志的创办及作者群的建立工作。第二年，М. П. 戈里郭利耶夫去了大连，开始在那里教授日语和日本学，表现出了翻译才能。很快，出版物中出现了他译自日本作者的译作，在其翻译的第一批作品中有芥川龙之介的作品。"这本书译得完美无缺，——评论指出，——显然，引起了许多赞许的关注；可见，一个翻译具有的天赋使他能够传达被翻译作家的风格与情绪。"③ М. П. 戈里郭利耶夫附上了译者简介和作家的生平。

1940 年 М. П. 戈里郭利耶夫的译作《日本寓言》问世，附有

---

① 富士：《日本俗语》，无出版地：《东方评论》，无出版年，107 页。依据某些资料，该书是在哈尔滨出版的。

② Z（笔名）：《满铁的出版活动》，《第二浪潮：文学艺术丛刊》，民族出版社 1942 年版，第 220 页。

③ Н. 列兹尼科娃：《新书》，《边界》1940 年 4 月 28 日，第 29 页。

В. Д. 布普诺娃提供的图画作为插图。可以说，这本书的出版和装帧都非常好，阅读起来也十分方便。毋庸置疑，它非常畅销。当年，东方评论出版社出版了专门描写旅顺的作品集，"其目的是筹措保护和管理在中国东北的俄国人墓地的资金"①。作品集中收录了 A. 李深、К. 舒别尔特、М. 卡宁的文章。

普及读物《日本》帮助年轻人了解了日本的历史、地理、民族习性和日常习俗、动植物区系、自然资源、文化、艺术与体育运动等。作者尽量展现出日本不同于其他国家的主要特征。② 南满铁道株式会社决定出版日本外交部情报处原处长川国雄的书，该书的写作目的是"使俄国读者认识到日本大陆扩张的主要任务，其具有重要的举世公认的现实意义，所以特别要求能给予正确的认识"③。

1940年，南满铁道株式会社总裁室弘报课宣布了关于出版发行新丛刊的决定。"《文学丛刊》，——《边界》杂志写道，——为了反映远东的生活，将以俄文版的方式出版；150—200 页的丛刊书籍将根据资料积累的情况出版，而且会给作家提供非常好的条件。在题目的选择上不对作家进行限制，丛刊编辑部只是希望他们的作品具有消遣性和原创性。也就是说，不能是译作，并且能够反映远东的生活。"④ 对于日本发动战争的负面反响，不允许通过作品转化到生活中。

随着太平洋战争的爆发，因受纸张供应限制，东方评论出版社缩减了俄文文献的出版规模。1941年，出版社出版了彬山撰写的一本关于日本外交部的小书《松冈洋右》。与此同时，出版社还出版了安倍知二的长篇小说《孤独》。日本作家菊池宽在读者中较有名气，他的短篇小说和诗歌被 М. П. 戈里郭利耶夫⑤翻译成俄文并统一命名为

---

① 《关于旅顺的书：作品集》，南满铁道株式会社东方评论出版社 1940 年版，第 3 页（总共 156 页）。
② 《日本：针对青少年的书》，南满铁道株式会社出版社 1940 年版，120 页。
③ 南满铁道株式会社：《俄文出版序言》，《日本扩张的目的》，南满铁道株式会社出版社 1940 年版，第 3 页。
④ 《文学丛刊》，《边界》1940 年 12 月 7 日，第 20 页。
⑤ 菊池宽：《在复仇的另一边：短篇小说和戏剧》，东方评论出版社 1941 年版。

《在复仇的另一边》，于1941年由东方评论出版社出版。翻译家的这项工作没有引起评论家的关注，有刊物写道："在现代日本作家的名单里大概找不到任何一位像菊池宽一样敏锐的作家，对文体的现代性能够作出回应，犹如一位与时俱进的优秀弄潮儿。"①

М. П. 戈里郭利耶夫是近年翻译夏目漱石作品《小少爷》的翻译家之一。在该书的序言里，М. П. 戈里郭利耶夫写道："中篇小说的主人公是真实且具有智慧的，在日常生活的海洋中遇到礁石和浅滩时能够极好地应对，并且早已不再对诸如人类的卑微这类琐事发怒。堂吉诃德式小少爷的所有言行在与风车的斗争中被耗尽，要么引起真诚的微笑，要么引起鄙视的冷笑。而且，从一开始读者就站在中篇小说英俊的主人公一边，常常会因为小少爷那不经意的笑话、不可预料的模棱两可的思维而抑制不住地嘲笑。但实际上是完全笑不出来的，或许是因为他的某些行为中蕴含了纯净的心灵，对环绕他的一切愚蠢和好的事物采取的灵活而果断的态度。若细心些会发现，作者所描写的愚蠢与好的事物鲜明、显著而生动形象地展示了日本当下的现实性和某种形象，即有时给人一种线条分明、明暗相间的印象。作者把日本近百年地方社会的画面活生生地展现在读者眼前。"②

1943年7月16日，М. П. 戈里郭利耶夫因突发梗死去世，其工作也因此终止。一些侨民怀疑，这位东方学家、翻译家和文学家的死与日本当局的介入有关。③ 他留下了一部没有译完的由岩田渡洋创作的长篇小说《船队》和一部关于日本历史的大部头著作。

《东方评论》杂志发行到第二次世界大战结束前。它的第6期（1941年1—3月）被评论家们评价为在中国发行的唯一严谨的俄文杂志。杂志上刊登的日文译作的精确性值得着重强调。杂志第20期（1944年7—9月）的文章都是关于太平洋战争的。В. 伊瓦什科维奇

---

① Н. 列兹尼科娃：《新书》，《边界》1941年10月22日，第23页。
② 夏目漱石：《小少爷：中篇小说》，东方评论出版社1943年版，第9页。
③ Т. В. 毕希科娃：《关于 М. П. 戈里郭利耶夫》，载《在东方：(М. П. 戈里郭利耶夫文集)》，Т. В. 毕希科娃编辑，Н. 鲍奇卡列沃依出版社2000年版，第10页。

的文章《日本古典文学史》是个例外。对此,《边界》杂志写道:"文章叙述了日本古典文学的发展阶段,作者明确指出,日本文学——总结了在日本创建期与历史血肉相连的本民族的生活和文化。不能按照刻板公式和对我们来说司空见惯的标准来看待日本文学,而且任何一种类比都不能够假设。因为我们常常认为,欧洲人看上去好像是无标准的,但对日本文学的评价是很高的。文章很好地附上了日本古典诗歌创作的范例,还有极好的、有影响力的、生动的俄国诗歌译文。"①

国内战争期间,俄国人开始在奉天居住。但俄国侨民协会设立于1923年,原驻奉天副军事代理人、老上校 B. B. 布隆斯基是协会的领导者。② 日本占领奉天后,在这里设置了"满洲俄侨事务局"奉天分局。1936年,在"满洲俄侨事务局"奉天分局大楼内开办了公共俱乐部,又被称为俄国人俱乐部。它有大礼堂、接待室、带有图书馆的阅览室、餐厅和带有夏季广场的花园。

在奉天,俄国大学生愿意在由南满铁道株式会社于1911年创办的"满洲医学院"就读。该学院拥有教学楼、图书馆和医院。俄国侨民可以从南满铁路奉天分局图书馆借阅图书,该图书馆定期出版关于图书馆新进图书的简报。③ 在奉天还有一个非常好的犹太人图书馆。

俄国人在奉天发行了自己的周报《奉天》,第1期于1930年12月14日发行。④ 谢苗诺夫工厂的原海军中将 Г. И. 克列尔热参与了报纸的发行工作,并于1922—1927年间担任张作霖元帅的军事顾问。同时代人指出:"在国内战争期间,Г. И. 克列尔热成为高加索前线《俄国新闻》的战地记者。他的报道妙趣横生,为他带来了一定声

---

① К. 克里莫夫:《新书》,《边界》1944年11月30日,第15页。
② В. В. 布隆斯基:《直隶军队——常备军部队兵营建造草图和服装样式以及在直隶省的武装力量配置草案》,东方学院出版社1903年版,102页。(《东方学院学报》1902年第9卷)。
③ 《书刊简报》,瑠久院书房1936—1943年出版,月刊,日文版。
④ 《奉天:周报》1930年第1期(12月14日)。

誉。"① 他在《奉天报》印刷所出版了自己的回忆录，可能也出版了其他图书。②

奉天反国际共产国际机构改组后，开始发行《"满洲俄侨事务局"奉天分局公报》，主要刊发电报、通知规定和广告等信息。③ 哈尔滨《光华》公共俄国实验学校原校长 Г. И. 谢尔巴科夫在书中指出，上述两报在哈尔滨和奉天同时发行。后来他大概迁居到了奉天。著名东方学家 В. В. 格拉维在奉天逝世。④

由于自然条件优越，青岛被人称为远东的海滨避暑胜地。到1935年，在这里居住着约 600 名俄国侨民。⑤ 1939 年，反共产主义委员会青岛分会发行了反映当地俄国人群体生活状况的杂志《俄国人在青岛》。杂志附有美丽的插图，还刊登了当地诗人的诗歌作品。在青岛，还出版了俄文图书。例如，法达印刷所（外国广告公司——作者），出版了《青岛便览》，⑥ 也出版了来自北平的教授 И. И. 加巴诺维奇的著作。⑦

1939 年，新亚印刷机印刷所的所有者 С. М. 奥加涅佐夫从上海迁居青岛，成为报纸的编辑和出版者。在日本当局对印刷所进行改造后，印刷所更名为青岛反共委员会印刷所，并为其印刷出版物。⑧ "印刷所的设备极好，——同时代人指出，——它具有特殊的巨大价

---

① 胡佛战争、革命与和平研究所图书馆与档案馆藏：《Г. И. 克列尔热档案（回忆片段）》。

② Г. И. 克列尔热：《革命和国内战争：个人回忆录》，第 1 册，《奉天报》印刷所 1932 年版，204 页。

③ Г. Г. 萨托夫斯基 - 勒热夫斯基：《满洲国的侨民出版物》，《满洲国十周年纪念文集（1932—1942）》，М. Н. 高尔捷也夫主编，"协和会"与"满洲俄侨事务总局"出版社 1942 年版，第 351 页。

④ В. В. 格拉维：《阿穆尔沿岸地区的中国人、朝鲜人和日本人：报告》，第 11 卷，В. Ф. 季尔什巴穆印刷所 1912 年版，489 页。（阿穆尔考察著作集）。

⑤ 《青岛港：1935 年指南》，法达印刷所 1935 年版，第 17 页。

⑥ 《青岛港：指南，附带周边地区的规划和草图》，法达印刷所（外国广告代理公司）1935 版，99 页。

⑦ И. И. 加巴诺维奇：《境外俄国的俄国史学——俄国历史研究导论》，北京、青岛法达印刷所 1935 年版，188 页。献给我的妻子卢德米拉。

⑧ 《事例：卫兵服役章程》，青岛反共委员会印刷所 1939 年版，79 页。

值。在当时，印刷所是有价值的企业，它不仅为委员会服务，而且还对私人提供印刷服务。一些数据可以证明它经营情况的有力证据：1939年印刷所完成订货1669美元，1940年8997美元，1941年9个月内达到9285美元。"① 还印刷了日报《亚洲》，1940年8月26日该报发行第一期。报纸除报道世界信息外，主要刊载日本当局和委员会的指令、财政决算和会议报告、对侨民的通告。整体上，报纸主要是为了把"巩固东亚新秩序的思想与基础"政策贯彻到实际生活中。几本关于中国的著作出自被国民政府授予荣誉中国公民称号的青岛居民 А. М. 科杰涅耶夫之手。②

第二次世界大战的爆发引起了人们对军事题材的兴趣。1942年，新亚细亚出版社出版了 Б. В. 梅列涅茨基的著作《军队》，该著探讨了当前的军事问题并分析了以往的事件。③ 倡议出版著作的人意识到，该书内容已经过时，关于军事的艺术性没有任何新意。尽管如此，"出版社还是决定出版《军队》，因为它的主要情节特别适用于复兴俄国的军队，是可信的，而最主要的是——作为军队的根本的精神和军事传统的意义和作用"。④

原鄂木斯克政府总务长 Г. Г. 杰里别尔格⑤在青岛从事图书贸易工作。他在哈尔滨法政大学停办后迁居到了青岛，他的图书贸易遍布几个城市——哈尔滨、天津、上海、青岛和横滨。除 Г. Г. 杰里别尔格外，经营一家名为外国图书书店（中山路50号）的 Н. П. 雷巴尔科也从事图书贸易工作。Е. 米泽夫斯基图书馆（匡思路13号）在去青

---

① 《青岛俄国侨民反共委员会》，《通往祖国的道路：插图杂志》1939年第1期，无印刷页。

② А. М. 科杰涅耶夫：1）《现代中国的新旧灯具》；2）《在华俄国人的法律地位》，《新霞光报》1934年4月11日，第3页；3）《远东的行情》，《新霞光报》1934年5月8日，第3页；4）《近代中国的名人》，上海1937年版。

③ Б. В. 梅列涅茨基：《军队》，新亚细亚出版社1942年版，235页。

④ 《出版社寄语》，Б. В. 梅列涅茨基：《军队》，新亚细亚出版社1942年版，第3页。

⑤ Г. К. 金斯：《西伯利亚、同盟者与高尔察克》第2卷，北京1920年版，第26页；Л. Г. 阿尔诺里多夫：《现实与革命，第五年的历史风暴，白鄂木斯克》，А. П. 马雷克、В. П. 卡穆金出版社1935年版，第175—176页。

岛度假的人中很受欢迎。

从太平洋战争爆发开始，青岛的俄国人大幅减少，但他们的文化生活没有停止，特别是俄国之家图书馆—阅览室得以保留。Г. Ф. 谢苗诺夫赠予的图书奠定了该图书馆的基础，其所藏图书基本上都是文学回忆录文献。在1938年12月18日举办的"图书日"展览会上，由于读者的赠予，图书收藏得到了极大的补充。① 一年后，图书馆藏有"超过700册内容各异的图书"②。"图书日"也帮助青岛的俄侨中学的图书馆补充了200本图书，其中包括俄国古典主义作家的作品、儿童文学和教科书。③

1947年6月22日，俄国侨民俱乐部在青岛开办，俱乐部的大楼坐落在俄侨人口较多区域。"俱乐部大楼的上层，——报纸报道，——决定夏季租给避暑的人；下层分布着一个阅览室和一个不大的图书馆组成的文化—教育部。"④

1948年，В. П. 卡穆金从天津迁居到了青岛，曾开办了锚出版社，从事美国报纸的印刷工作。⑤ 很快，他被选举为青岛侨民协会主席。当时，在城市里登记的有496位俄国侨民（129位男性，280名妇女和87名孩子）。⑥ 利用同美国军方的关系，В. П. 卡穆金帮助他们离开了青岛：灰心丧气的大多数俄国人离开青岛去了上海，然后辗转到了其他国家。1949年2月13日，В. П. 卡穆金本人与志同道合者一起离开了青岛，走前一个月关闭了自己的企业。在美国，他经营图书事业的才华得到了进一步施展。

应该提一下一份有趣的出版物，——《我们的报：戈尔诺－阿尔

---

① 青岛俄国侨民反共委员会：《通向祖国的道路：插图杂志》1939年第1期，无印刷页。

② 《青岛》，载《俄国反共产主义在华北1937—1942》，"华北俄侨反共中央委员会"出版社、我们的知识出版社1943年版，第62页。

③ 《青岛俄国侨民反共委员会》，《通向祖国的道路》1939年第1期，无印刷业。

④ 《现在青岛是怎样生活的》，《俄国之声报》1947年7月18日。

⑤ И. 巴里莫娃：《土地上的足迹：В. П. 卡穆金生平历史一页》，国际图书出版社1995年版，第228—231页。

⑥ 《在青岛》，《晚报》1948年6月29日。

泰省军俄国人与非俄国人混成队军事政治生活机关周报》，它于 1921 年通过打字机印字方式在科布多发行。这是 1920—1921 年凯郭罗多夫大尉统筹的爱国主义的反布尔什维克部队的机关报：报纸每期只印刷几份；发行了大约十期。大部分文章都是反映温和民主倾向的社评，有时报纸还刊登有关社会民主党人的资料。

第三章　俄侨的日本研究

俄国革命前，俄国侨民移居日本的数量不多，不超过几百人。这种状况在1918年发生了明显变化。在日本，俄国移民没有与日本当局产生诸如在其他国家多次发生的冲突问题。由于离俄国海岸线近而且气候条件相似，部分难民认为日本适宜定居。正因如此，当时东京成立了第一批侨民组织之一——日本俄国人协会（主席——军事代表Н. В. 奥西波夫上校，秘书——А. В. 谢拉比宁）。俄国人协会主要从事慈善事业，以及帮助那些需要帮助的俄国人。尽管俄国国内发生战争，但一些学者仍继续来到日本，例如：1917年前到过日本的С. И. 诺瓦科夫斯基。①虽然处于逃难境况，但俄国侨民依然从事对于日本的研究工作，К. В. 萨哈洛夫将军出版了一部关于日本的著作。②

20世纪20年代初，Д. И. 阿布里科索夫领导的俄国公使馆在东京继续开展活动。俄日贸易专家А. К. 维雷穆和海军代表А. Н. 沃斯克列森斯基是在公使馆工作多年的人员。东方学院毕业生Б. И. 沃布雷在敦贺担任领事。在俄国国内战争期间，俄国外交官主要从事处理日本同海军上将А. В. 高尔察克政府关系的工作，为А. В. 高尔察克政府购买武器和军需；战争结束后，安置俄国侨民成为他们的主要任务。领事馆的工作人员帮助一部分俄侨疏散到中国或美国，帮助其他侨民在日本寻得栖身之处。一段时间后，外交官们开始离开日本。他

---

① С. И. 诺瓦科夫斯基：1）《关于俄日贸易关系问题》，3册，第1册：俄日贸易和政治关系史；第2册：日本对外贸易；第3册：俄日商品流通，基辅商学院出版社，无出版年；2）《日本与俄国》，东京1918年版，210页。

② К. В. 萨哈罗夫：《日本史》，上海1920年版，175页。

们中的一小部分人转入苏联大使馆工作。Д. И. 阿布里科索夫在其逝世后出版的回忆录中记述了这个时期的历史事件。[①]

据日本警察局的资料显示，到1929年5月19日，在日本有1477名俄国侨民，均为俄国难民，包括犹太人和鞑靼人，其中有800名男性和677名妇女。他们主要从事零售贸易工作，周游于日本和台湾之间，成为这个国家名副其实的地理与文化通。遗憾的是，侨民中热衷于记述所有看到和经历过事件的人不多。虽然如此，一些著作还是面世了。比如，北海道的著名活动家 А. А. 瓦诺夫斯基就研究了哲学、宗教和日本的文学遗产。[②]

大部分俄国人在东京、横滨和神户居住。在横滨，他们开办了俄侨俱乐部，在聚会时宣读了许多关于日本学方面的报告。这座城市里有一所小教堂，著名日本学家 П. 布尔加科夫圣父为这所教堂提供经费。他在妻子 С. М. 布尔加科娃开办的学校里为俄国孩子授课，其妻子是著名东方学家 А. М. 波兹德涅耶夫和 Д. М. 波兹德涅耶夫兄弟的亲姐姐。在这所学校里，东方学家 И. Н. 谢雷舍夫神甫教授日语，著有几部日本学领域的著作，其中包括日本教育体制研究。[③]

为避免在精神上与祖国疏离，在日俄侨坚持出版有关俄国国内动态的书籍。在不同时期，在日本生活着许多著名的俄国评论家、新闻记者和作家。1918年，С. Г. 郭尔汀斯基（Г. 汀斯基）前往了远东。

---

① 《俄国外交官的启示——Д. И. 阿布里科索夫回忆录》，华盛顿大学出版社1964年版，329页，俄译本。

② А. А. 瓦诺夫斯基：1)《日本的勇士（短篇小说）》；《命运的反转（塔季扬娜之梦）》，《在东方：关于东方民族文化问题的非定期性文集》，大紫羽道书店出版社1935年版，第1册，第5—12、第164—220页；2)《М. П. 戈里昂利耶夫（悼词）》，《东方评论》1943年6—9月第6期，第185—194页；3)《从犹太教到基督教的耶稣之路》，东京1962年版；4)《第三份遗训和启示录》，东京1965年版，101页。

③ И. Н. 谢雷舍夫：1)《日本教育体制的基础》，哈尔滨1923年版，86页，合作者合作者武熊；2)《武士之国》，译自世界语：三卷本，"奥佐"印刷所1924—1926年版，第1卷：武士之国：北海道的土著民——虾夷人，作者卓三郎1924年版，86页；第2卷：日本的国民教育，1925年版，80页；第3卷：1922年前劳动妇女的状况，1926年版，31页；3)《俄国杰出人物传记集：三卷本》，第二版，悉尼1946—1953年版。第一卷，莱克&阿瑟斯公司出版1953年版；第二卷，本福德有限公司出版1946年版，31页；第三卷，莱克&阿瑟斯公司出版1953年版，33页。

在途中的一年多，他做过西伯利亚和远东一些报纸的编辑兼撰稿人。1919 年 8 月，他从符拉迪沃斯托克动身去了日本。刚刚安顿好的 С. Г. 郭尔汀斯基在东京组建并亲自领导了远东劳动农民党组织。从 1920 年 3 月起，他担任"日本俄国情报处"负责人，并为日本、英国、美国和符拉迪沃斯托克的报纸撰稿，① 也撰写了几本俄文和日文书籍。②

А. Я. 古特曼（А. 钢）在日本非常活跃。1917 年十月革命前，他是莫斯科和彼得格勒报社的编辑和出版人。1918—1919 年，在赴远东的途中，他为各种报纸撰稿，给卡佩里将军人民军队的士兵和工人讲课，创办并编辑了（1920 年 1 月 30 日前）《俄国经济学家报》（符拉迪沃斯托克）。在 А. В. 高尔察克政权被推翻后，А. Я. 古特曼来到了日本，并在东京创办了《俄国局势报》。1920 年 3 月 20 日，报纸发行了第 1 期。在编辑部寄语中，А. Я. 古特曼写道："我们心怀感激之情，非常感谢日本对我们的善待。我们暂时来到远东，继续为自己不幸的祖国服务，我们只要求一件事——听我们诉说。"③ 报纸一周只发行两次并以俄文和日文的形式印刷。

从 1920 年 6 月 10 日起，《俄国局势报》成为 А. Я. 由古特曼和空军上将 Ю. Д. 郭马诺夫斯基于 1920 年 5 月在日本成立的俄国政治委员会的机关报。由 В. В. 舍尔斯托比托夫编辑的报纸每月发行 4 次。同年 6 月，А. Я. 古特曼从日本去了中国，着手在那里出版一部大部头著作《俄国与布尔什维克主义》。与此同时，他也在撰写著作《犹太人在布尔什维主义中所起的作用》和《共青城的灭亡》，《俄国局势报》中的文章为该书提供了素材。④ 这位新闻记者的足迹最后消失在了德国。

---

① Г. 汀斯基:《俄国人在东京》,《新俄国之声报》1920 年 1 月 29 日。
② Г. 汀斯基:《当代日本》, 哈尔滨 1922 年版, 76 页。
③ А. Я. 古特曼:《编辑部寄语》,《俄国局势报》1920 年 3 月 20 日。
④ А. Я. 古特曼: 1)《俄国与布尔什维克主义: 关于革命及与布尔什维克主义斗争的历史资料（1914—1920）》, 第 1 册, 上海 1921 年版, 356 页; 2)《布尔什维主义与德国》,"俄国印刷和出版事业公司"出版社 1921 年版, 104 页; 3)《共青城的灭亡: 远东国内战争史一页》,"俄国经济学家"出版社 1924 年版, 292 页。

艺术评论家与首都报纸《今日报》的撰稿人 Б. П. 洛巴金（Б. 舒伊斯基）是另一位著名的远东新闻记者。从 1922 年起，他住在日本，并向各个通讯社寄去通讯报道。① 1922 年前，他在符拉迪沃斯托克发行了周报《我的报》，并且是文学杂志《列利》的编辑和日报《回声报》的编辑。由于批评 А. В. 高尔察克政府，《回声报》被查封，而 И. А. 洛巴金因此被逮捕和审判。同时，И. П. 卡尔梅科夫的拥护者也追捕 И. А. 洛巴金。众所周知，И. А. 洛巴金在符拉迪沃斯托克还创办了远东文学艺术家协会。

1920 年离开符拉迪沃斯托克的著名远东渔业主 К. П. 拉夫罗夫在日本也发行了几个出版物。1920 年 10 月，在东京创刊的《俄国远东》成为最早且最有影响力的杂志。这是一份信息分析和学术统计月刊，同时发行俄文和英文版。许多来自俄国远东的知名经济学家和学者都参与了杂志的发行工作。渔猎业是杂志关注的主要题目之一，К. П. 拉夫罗夫、Е. Ф. 列别杰夫、Н. П. 马特维耶夫和 В. К. 布拉日尼科夫等是该杂志的撰稿人。② 在杂志上发表的许多矿藏的资料，引起了日本和外国企业主对这本杂志的关注。③

1921 年初，由于资金问题，杂志《俄国远东》停刊。但 К. П. 拉夫罗夫继续从事研究工作，出版了几本有趣的著作。④ 后来，他开始发行《经济通讯：专门研究俄日经济关系的杂志》。1923 年 1 月 1 日，杂志的第一期正式出刊。А. 奥科罗科夫和 Г. 郭林是同时发行俄文、英文版的该半月刊杂志的合作主编。杂志主要关注俄日贸易问

---

① Б. А. 伊瓦什科维奇：《1918—1922 年远东的作家、学者与新闻工作者》，"自由俄国"印刷所 1922 年版，第 42—43 页。
② В. К. 布拉日尼科夫：1）《远东毛皮手工业和捕鱼业研究文献》，第 1 辑（1919 年），日俄协会印刷所 1920 年版，111 页；2）《1899—1902 年乘纵帆船"守卫"号搜集到的东海动物区系资料》，皇家科学院印刷所 1907 年版，183 页；3）《俄国远东的渔业》，《俄国远东》1920 年第 1 期，第 24—42 页；1920 年第 2 期，第 35—62 页。
③ Э. Э. 阿涅尔特、И. П. 托尔马乔夫：《日常生活中的远东地质委员会》，《俄国远东》1920 年第 1 期，第 52—55 页；А. Н. 克里什塔弗维奇：《俄国在地质和矿藏调查上做了什么？》，《俄国远东》1920 年第 3 期，第 1—39 页。
④ К. П. 拉夫罗夫：《俄国远东的毛皮手工业：概述》，东京 1923 年版，30 页。

题。不久，К. П. 拉夫罗夫成为《信息公报》的编辑：从1929年10月1日至1934年在东京发行。通过《信息公报》可以了解每周日本的报刊评论，其中包括苏联与日本经济关系问题。杂志中设置的书刊评介与情报信息栏目非常有价值。

《工商专刊：研究远东国家经济关系的远东周刊》是关注经济问题的另一个出版物。从1926年春天起，它在东京同时发行俄文和日文版。

以俄文和日文两种语言同时出刊的杂志《日本之声：日俄政治经济关系机关刊物》是在俄侨参与下发行的严肃出版物之一。精通俄文并不止一次到过俄国的日俄俱乐部常务董事上田守治是杂志的发行者，也兼任杂志的总编辑。П. 谢雷－西雷克负责杂志的俄文版工作。由于政治上的分歧，他做了以下说明："近期由我编辑审定的'日本之声'，由于我无法控制的情况，将只作为对于日本思想与观点的反映。"① 我们从这个出版物上发表的资料中可以看到 Б. 赫列夏基茨基海军上将和第一批远东世界语专家之一的 И. Н. 谢雷舍夫的文章。②

第二次世界大战后，新闻记者 И. Г. 卡尔那乌赫在东京创办了周报《星期》。1949年，他从中国大陆首先去了台湾，第二年来到了日本。他曾在哈尔滨和上海生活，在《中俄报》上发表了自己的文章。1954年3月1日，《星期》第一期发行。报纸发行了20个月。该报第一次发表了关于被日本人设立的"满洲俄侨事务局"、以 К. В. 罗扎耶夫斯基为首的俄国法西斯党活动的资料。И. Г. 卡尔那乌赫也积极参加了1954年在东京发行的《日本俄国民族协会公报》的编辑出版工作。

哈尔滨的《边界》——俄国境外在亚洲普及面最广的杂志，不间断地刊登附带精美插图的资料，主要是关于俄国人在日本的社会生活、日本的现状及习俗等问题。该杂志登载了大量介绍日本新信息的

---

① 《П. 谢雷－西雷克》，《日本之声》1920年第45期，第6页。
② И. Н. 谢雷舍夫：《关于国际通用语言问题》，《日本之声》1920年第45期，第5—6页；Б. 赫列夏基茨基：《日本与远东》，《日本之声》1921年第49期，第1—2页。

一般性广告。① 《边界》在鹿儿岛派驻了自己的通讯员 A. 什里亚滨，负责把搜集到的以文化生活为主要题材的资料寄到编辑部。② 到过日本巡回演出的俄国艺人也分享了自己关于日本的印象。③

当时定居在日本的著名新闻记者 Г. И. 切尔特科夫为《边界》杂志做了许多年的通讯员。1923 年 4 月，他创建了发行周刊《新东亚通信：每周俄文出版物（日本报刊关于俄国问题的评论）》的情报处。1929 年 9 月至 1930 年，新东亚会出版社（责任编辑出云次郎）同时发行了这份周刊的俄文和日文版。在空闲时间，Г. И. 切尔特科夫研究日语和日本文化。他继续从事政治活动，因为他被指定为远东俄侨在东京和横滨的领袖。

Г. И. 切尔特科夫也为哈尔滨的《霞光报》撰稿，尝试在日本发行俄文月刊杂志。"近期内开始发行月刊《亚细亚时报》，——他写道，——出版物主要以俄国境外读者为对象，并完全依靠读者给予侨民在艰苦的生存条件下全力以赴坚持独立办刊的出版物以支持。"④ 《亚细亚时报》的编辑在自己和作者群体面前提出了以下任务：亚洲的时事评论；了解亚洲人民及其习俗与文学；分析区域的经济状况；亚洲文献简介；增进居住在亚洲国家的俄国人之间的相互感情，关注

---

① Д. 郭列洛夫：《东京女性的天堂：包罗万象的米茨科金大型商场》，《边界》1934 年 9 月 27 日，第 15 页；Н. В. 刘斌：《在日本的乡村》，《边界》1936 年 2 月 8 日，第 18 页；М. 施密特：《冰雪覆盖的日本北方》，《边界》1936 年 2 月 29 日，第 15 页；К. 扎尔芮斯基：《神户》，《边界》1936 年 4 月 4 日，第 7 页；Н. В. 刘斌：《"日出之国"（日本—译者）的报业巨子》，《边界》1936 年 4 月 25 日，第 2—3 页；К. 尤里安：《"日出之国"（日本—译者）的第一位作曲家》，《边界》1931 年 2 月 28 日，第 14 页；珍妮：《半年来在外演出的俄国演员》，《新东亚通信》1930 年 4 月 20 日，第 13 页；珍妮：《半年来赴外演出的俄国音乐界》，《新东亚通信》1930 年 4 月 20 日，第 13 页；Б. 穆拉托夫：《沙利亚宾使日本神魂颠倒：俄国天才的新辉煌》，《边界》1936 年 2 月 22 日，第 5 页；А. 尤林：《沙利亚宾在东京的幕间休息》，《边界》1936 年 2 月 29 日，第 10 页。

② A. 什里亚宾：《技艺高超的手风琴艺人：即将巡回演出的东野佐塔》，《边界》1936 年 5 月 9 日；也见《音乐的魅力》，《边界》1938 年 4 月 16 日，第 15 页。

③ Л. Н. 安捷尔森：《俄国芭蕾舞在樱桃之国》，《边界》1936 年 7 月 4 日，第 20 页；也见《当樱花盛开时》，《边界》1938 年 6 月 4 日，第 12—13 页。

④ 胡佛战争、革命与和平研究所图书馆、档案馆藏：《И. И. 谢列布列尼科夫文件第五盒》。

他们的生活、活动和思想倾向。这一切都停留在计划中：由于 Г. И. 切尔特科夫患病，杂志的发行工作无疾而终。

1936 年 12 月 11 日，他向自己的朋友说道："许多安排好的事情遇到了阻碍，不得不重新恢复。大概，我不能如期发行杂志的新年创刊号了，因此我把您的文章返还给您……当杂志发行时，我希望您不要拒绝与我们合作。"当发行月刊杂志的尝试受阻后，Г. И. 切尔特科夫本人也停止了新闻记者工作。他移居中国生活了差不多 10 年，在上海特别市财政局做审计员。遗憾的是，他没有从东京带走"可以用适当的方式给予研究"的档案和资料。① 1949 年 Г. И. 切尔特科夫又开始了迁徙。他首先在巴西停留，然后又去了美国。在那里，Г. И. 切尔特科夫主要从事俄语教学工作并成为苏联问题研究专家。他表现出了敏锐的分析能力，在俄文报刊上发表了许多文章。②

1919 年，从符拉迪沃斯托克来到日本的著名远东新闻记者 Н. П. 马特维耶夫继续从事新闻记者工作，并且在这里成为在大阪发行的《俄国远东》杂志的发言人。他也为美国的出版物写文章，并出版了儿童图书。1935 年，Н. П. 马特维耶夫加入了俄侨文学学会。该学会出版了由 М. П. 戈里郭利耶夫编辑的文集《在东方》。Н. П. 马特维耶夫的诗作《日本的古代诗人》被收入文集。同时代人回忆道："我对 Н. П. 马特维耶夫记忆犹新，他在神户从事图书交易工作，他能购买到俄文图书。我清楚记得，他经常逛东京的旧书店，在旧书店中淘到俄文图书后再转手出售。至于其他俄文图书是从何得来，我不清楚。也许是从哈尔滨，因为您知道，他寄文章给《边界》杂志。他经常光顾我的书店，在我们那里购买了许多俄国作家的全套作品。"③

Н. П. 马特维耶夫的工作使我们得知了许多关于俄侨在日本生活

---

① 胡佛战争、革命与和平研究所图书馆、档案馆藏：《И. И. 谢列布列尼科夫文件第五盒》。

② Н. В. 莫拉夫斯基：《Г. И. 切尔特科夫 90 诞辰》，《新俄国之声报》1983 年 6 月 2 日。

③ А. А. 西萨穆特迪诺夫收藏品：《致 В. М. 马特维耶娃的信（神户）——Э. М. 柳莉-维兹维尔（檀香山）在图书馆找到了 Н. П. 马特维耶夫购买的许多书》。

状况的信息。"当然，我非常了解俄国人在神户、大阪和京都次区域的生活，——Н. П. 马特维耶夫写道，——在这里俄国籍侨民大约有400人。大部分是俄罗斯族人，还有犹太人等。日本俄侨的主要职业是开店铺和沿街叫卖、手工业、代理人业务、在外国和日本企业就职等，还有演艺业、音乐、歌唱、跳舞、杂技等。"①

去世前，Н. П. 马特维耶夫久病不起，已经不能挣钱养活家庭。依靠日本朋友的帮助，他不仅获得了治病的钱，而且满足了自己的家庭生活支出。《边界》杂志对其评价道："这位已故之人是了不起的人物，——能够为他人树立榜样。他从事社会和文化工作长达半个多世纪，几乎为俄国远东和境外所有的报纸和杂志撰过稿。他以自己的谦虚、勤奋、诚实和胸有成竹给予每个人帮助和服务，他感染了认识他的每个人，得到了许多为他做很多事情的日本朋友的赏识，而我们俄国人却没能做到，因此我们不能不给予这样的朋友应有的尊重和深深的敬意。"②

神户是大量俄国人生活的城市之一，Н. П. 马特维耶夫在那里度过了余生。著名日本学家 П. Ю. 瓦斯科维奇在神户生活了许多年，他的著作不仅研究日本，而且还研究其他远东国家。③

这个时期，М. П. 戈里郭利耶夫撰写了大量关于日本学的最重要文章。他在东京生活，从1920年起担任日本军事代表团的翻译，而后（1921—1938年）在日本总参谋部军校教授俄语，同时又是《北桦太》公司的合伙人。1935年，М. П. 戈里郭利耶夫成为《在东方》

---

① Н. 阿穆尔斯基：《俄国人在日本》，《边界》1938年2月19日，第7—9页。
② А. А. 尼科里斯基：《在日本人给俄侨致敬信中令人感动的举动》，《边界》1941年9月27日，第16页。
③ П. Ю. 瓦斯科维奇：1）《从日本敦贺港到新泻港的考察日记》，东方学院出版社1904年版，607页。（《东方学院学报》1904年第4、5、6、7、8、9、10卷）；2）《日本人在阿穆尔边区的生活状况概述》，А. Д. 雷弗维奇印刷所1905年版，25页；3）《日本人在阿穆尔边区的生活状况概述》，符拉迪沃斯托克1906年版，25页。（单行本摘自《东方学院学报》1906年第15卷，第1册）；4）《关于朝鲜的现状问题：札记》（《东方学院学报》1906年第15卷，第2册），符拉迪沃斯托克1906年版，8页；5）《俄国领事在日本——手稿和报纸文章中的回忆录（1930—1953）》（旧金山的俄国文化博物馆）；6）《俄国侨民在日本》，《新霞光报》1952年9月25日。

文集的编辑，文集是由日本俄侨文学学会组织的。① 除 М. П. 戈里郭利耶夫外，Н. П. 马特维耶夫、П. П. 彼得罗夫、Г. И. 切尔特科夫、В. Д. 布坡诺娃、А. А. 瓦诺夫斯基等人都在文集中刊登了自己的成果。此外，还有日本作者的作品被首次翻译成俄文刊载在其上。由于出版政策上的分歧，学会内部出现了分裂，致使许多文集没有出版。

М. П. 戈里郭利耶夫酷爱诗歌，把 А. 阿赫马托娃的诗歌译成了日语。1939 年，他移居中国。В. Д. 布坡诺娃回忆了他动身去中国的原因："我们劝他留在东京，并分析他在文化中心生活的优越性。后来在一次争论中我们明白，对于 М. П. 戈里郭利耶夫来说，俄国的氛围同俄国的宗教仪式是不可分割的，这在日本是无法实现的。"②

在日本中学和大学里任教的俄国侨民为所在国家的俄语教学工作做出了巨大贡献。日本学家 Н. А. 涅夫斯基在这个领域占有一席之地，出版了几本书。А. А. 瓦诺夫斯基、А. П. 米秋林③和 Г. Г. 波德斯塔维娜在此方面也享有一定的声誉，他们不仅受到了许多学生的尊敬，而且在教科书的编写方面也可谓功勋卓著。"我立刻开始为自己的课程编写教科书，——Г. Г. 波德斯塔文回忆道，——并且逐渐充实每门课程必要的知识范围。在有智慧、有修养并且受人尊敬的毕沃维赞先生十年来高明的管理下，我们这个小团体开始在东京被人认知并且引起了反响。"④

谈到 20 世纪 30 年代俄国东方学在日本的发展问题，必须提及实力最雄厚的远东渔业主的女儿 Э. М. 柳莉。她不能算是侨民，只是在嫁给了美国人 J. 恩布雷后才更换了俄国护照。Э. М. 柳莉接受了良好

---

① 《在东方：关于东方民族文化问题的非定期性文集》，第 1 册，"大紫羽道"书店出版社 1935 年版，228 页。

② В. Д. 布坡诺娃：《纪念 М. П. 戈里郭利耶夫》，《东方评论》1943 年第 6 期，第 197 页。

③ А. П. 米秋林：1)《光天化日之下：初级学校地理教科书》，哈尔滨 1928 年版，52 页；2)《北满：中学教科书》，П. С. 萨法里扬茨印刷所 1920 年版，44 页；也见第 2 版，1930 年版，97 页；3)《满洲国：学校教科书》，"满洲俄侨事务局"出版社 1935 年版，第 37 页；4)《战争年代的东京：回忆和印象》，《东方评论》1943 年，第 94—111 页。

④ Г. Г. 波德斯塔维娜：《关于我一生的回忆录》，无出版年，无出版地，第 776 页。

的教育，毕业于日本的加拿大学院、美国伯克利大学和法国的索邦神学院。她唯一的女儿同她的第一任丈夫死于意外车祸。在日本，她主要从事人类学研究。① 在夏威夷大学，Э. М. 柳莉主要讲授法语、俄语与文学，做了几次比较成功的翻译。②

俄国人在日本生活及活动的某些方面在著名文学家和历史学家 П. П. 巴拉克申的著作《在华的终局》中得到了反映。③ 为了写这本书，在日本工作的几年，他在俄国侨民中搜集了许多资料。

---

① J. S. 罗伯特、L. W. 埃拉：《苏村的女人们》，芝加哥大学出版社1983年版，293页。
② V. M. 戈尔夫宁：《1817—1819年堪察加之旅》，夏威夷大学出版社1979年版。
③ П. П. 巴拉克申：《在华的终局：白色侨民在远东的产生、发展和消逝》，两卷本，天狼出版社1958—1959年版。第1卷，1958年版，430页；第2卷，1959年版，374页。

第四章 国立远东大学的东方研究者

第一节 国立远东大学东方系

还在1910年，远东的教育工作者第一次产生了在符拉迪沃斯托克组建大学的想法——"为了国家边区的稳定和发展新兴工业"[①]，但这个倡议没有得到国民教育部的支持。1916年，随着东方学院改组问题的提出，这个问题又重新浮出水面。东方学院呈报给国民教育部的报告强调，"符拉迪沃斯托克这座城市里建有东方学院，为开设其他系创造了特别有利的条件：东方语文系、法律系和经济系，通过扩充或剥离当时在学院已经设立的法律学科和经济学科方式改组学院"[②]。卫国战争期间，大批难民的涌入扩大了俄国远东地区的人口，为高等教育在俄国远东的发展提供了现实条件，因为难民中有不少是高等学校教师、学者和技术型专家。

远离俄国中心并缺乏强有力的政权为远东的知识界独立行动创造了条件，无论是外来的知识分子，还是本地知识分子，都积极努力开办高等学校。1918年，在符拉迪沃斯托克活动着两批知识分子群体：高等教育发展远东促进会（董事会主席为东方学院教授 B. M. 门德林，秘书为符拉迪沃斯托克商港工程师 C. A. 达尼洛夫）和历史语文

[①] А. П. 格奥尔基耶夫斯基：《国立远东大学的过去与现在》，《滨海边区的自然与经济》，符拉迪沃斯托克1923年版，第349页。

[②] 《与改组问题相关联的东方学院迫在眉睫的需求问题的报告记录》，符拉迪沃斯托克1916年版，第2页。

大学创建委员会（主席为来自彼得格勒的人类学家 C. M. 史禄国）。1918—1919 年，在符拉迪沃斯托克以私人办学方式创办了 3 所学校：高等工业学校、历史语文大学和法政大学——"按照预定的成熟方案组建了大学未来的合理部分"。

1920 年 4 月 17 日，符拉迪沃斯托克国立远东大学隆重开办。在该校创办的倡议者中，有许多东方学院的东方学家，以及 C. M. 史禄国、A. M. 梅尔瓦尔特、Л. А. 梅尔瓦尔特等。后来担任历史语文大学校长一职（1919—1920）的 П. П. 施密特教授是国立远东大学组建方案的起草委员会成员。朝鲜语文教授 Г. В. 波德斯塔文被推举为国立远东大学首任校长。① 东方学院以东方系名义并入国立远东大学。

因此，А. В. 鲁达科夫写道："尽管校委会的一部分成员没有提出反对意见，但他们不得不与那些陆续到来的仍然留在俄国大学里工作的大部分学术声誉极差的难民打交道，除了 3—4 名副教授和教授外……红军逼近符拉迪沃斯托克在教师与地方军队军官中引起了骚动不安。所有人都选择乘坐驶往朝鲜清津港的轮船逃离。从符拉迪沃斯托克逃走的 Г. В. 波德斯塔文教授是难民者之一，他根本没有对大学作出任何指示，也没有留下任何指令。"②

实际上，Г. В. 波德斯塔文是在 1922 年 10 月离开了符拉迪沃斯托克的，他带着家属定居朝鲜——首先是在清津，然后是在汉城。1923 年春季，他又移居到了哈尔滨：中东铁路学务处邀请他主持为中国籍员工开设的俄语培训班，而后是为俄国籍员工开设的中文培训班。同时，他在日俄学院授课，后又担任了哈尔滨 Д. Л. 霍尔瓦特中学的校长。远东国立大学校长 В. И. 奥郭罗德尼科夫教授几次尝试请 Г. В. 波德斯塔文回到远东国立大学主持朝鲜语教研室工作。他被推举为中东铁路学务处处长候选人，但 1924 年 3 月 23 日因暴食在哈尔滨逝世。③

---

① 滨海边疆区国家档案馆：全宗 117，目录号 3，案卷 1，第 13 封面页。
② 东方学研究所圣彼得堡分所档案馆：全宗 96，目录号 1，案卷 73，无页码。
③ В. В. 恩格里菲尔德：《Г. В. 波德斯塔文教授：悼词》，《亚细亚时报》1924 年第 52 期，第 5—7 页。

大学的领导者试图通过外贝加尔省布里亚特人亲戚的邀请，让二月革命后回到自己祖国的 Г. Ц. 齐比科夫重回母校授课。他收到了一封以"代理职务者"名义但并没有伤及 Г. Ц. 齐比科夫自尊心的由教授领衔重新设立教研室的邀请电报，但 Г. Ц. 齐比科夫旅行家并没有返回符拉迪沃斯托克。1919 年，在长期斡旋之后，俄国地理学家学会出版了他的著作。① 1930 年 9 月 20 日，Г. Ц. 齐比科夫这位蒙古学家在阿金斯克逝世。

在数次更改自己的计划后，1920 年 3 月，П. П. 施密特还是决定彻底离开符拉迪沃斯托克。在最后一封信里他写道："现在我将要去里加的一所新创办的大学教授民族学。为此，我要离开远东并放弃中国学研究，但我将继续从事汉语和满语研究。在东方学院，我每月的工资收入为 5—50 美元，而当时工人每月的工资收入为 50—100 美元。美国政府花费了数百万美元让工人的生活富足，但没有花费一分钱去教会他们学习技能。我觉得，美国人认为布尔什维克主义比科学更好。我在自己的故乡生活贫苦，因此我为离开'自由'的俄国感到很高兴。"② 来到里加后，П. П. 施密特先后受聘为里加大学教授（1920 年 4 月 1 日）和语文哲学系主任（1923—1925）。他主要讲授语言学课程，并于 1927 年获得了哲学博士学位。

П. П. 施密特仍继续与俄国东方学家保持联系，尤其是与其意见不总是相和的中国学家 В. М. 阿列克谢耶夫。"错误需要纠正，但不能指责活动家这个弱小的群体，他们与我们所有人一样也会犯各种错误。一部分汉学家在自己的前辈那里只找到了错误，而另一部分汉学家则认为有名望的人的每句话都是对的。他们甚至在基本原则上对立。"③ 依据按照阿穆尔边区研究会计划的田野调查资料可知，П. П. 施密特发表了几篇关于远东少数民族语言溯源的文章（乌尔奇人、涅

---

① Г. Ц. 齐比科夫：《佛教香客在圣地西藏——来自于 1899—1902 年的考察日记》，俄国皇家地理学会出版社 1919 年版。

② Г. Ц. 齐比科夫：《佛教香客在圣地西藏——来自于 1899—1902 年的考察日记》，俄国皇家地理学会出版社 1919 年版，第 76 页。

③ 俄罗斯科学院圣彼得堡分所档案馆：全宗 820，目录号 3，案卷 885，第 2 封面页。

吉达尔人、奥罗奇人和那乃人）。在生命的最后几年，他把更多的精力从中国学研究转向了其他学术研究领域。东方学家 Г. В. 波德斯塔文、Е. Г. 斯帕利文和 В. М. 阿列克谢耶夫不理解 П. П. 施密特的意图，他写道："我完全无愧于汉学家对自己的研究对象的热爱，但不明白对我研究其他专业的指责……但是，现在我们提出的作为科学的学术争论是否被视为资产者那种毫无意义的臆造？当我们彼此不认同时，在生理学家眼里我们是否失去了尊重？他们会说，我们将一切真理置于这种关系之中，最终我们将迷失在时间和空间之外。"①

除了东方学研究成果外，П. П. 施密特还出版了关于拉脱维亚语言、民俗和民族等方面的著作。在学者撰写的大量著作中，② 大约有 10 部保存在阿穆尔边区研究会图书馆中。还在符拉迪沃斯托克生活时，П. П. 施密特就将自己的部分藏书转运到了那里。

到 1921 年 1 月 1 日，在国立远东大学东方系学习的大学生共有 541 名。同年，招生了 130 人，毕业了 366 人③：一部分人应征入伍，其他人分配了工作，还有一些人去了国外。随着俄国国内战争在远东的结束，大部分东方学家永远离开了俄国。1922 年 10 月 20 日，离开符拉迪沃斯托克的 Г. В. 波德斯塔文将自己的国立远东大学校长一职临时转交给了 Е. Г. 斯帕利文教授，④ 他从 1921 年 5 月 30 日起担任东方系主任一职，而在国内战争的最后一年，又担任了"自由俄国"公司的总经理一职。

在国立远东大学，Е. Г. 斯帕利文讲授了以下课程："日语及文学学习导论""日语会话导论实践课""现代日本政治制度""日语书面语（附原文）学习导论""日本的社会宗教制度与社会运动""书法、文本叙述与自由会话"。⑤ 他喜欢对大学生说："科学的结

---

① 俄罗斯科学院圣彼得堡分所档案馆：全宗 820，目录号 3，案卷 885，第 19 封面页。
② П. Е. 斯科奇科夫：《中国书目》，第 2 版，莫斯科 1960 年版，按字母顺序索引：第 683 页。
③ 滨海边疆区国家档案馆：全宗 117，目录号 3，案卷 2，第 33 页。
④ 滨海边疆区国家档案馆：全宗 117，目录号 3，案卷 12—a，第 278 页。
⑤ 滨海边疆区国家档案馆：全宗 117，目录号 3，案卷 13，第 278 封底页。

论是什么？——请把自己的想法引向科学之路，请选择开明的老师并接受他的观点，请结交好友并获得他们的支持。激发自己的思想取决于我们自己，但要学会方法——为此需要借助老师和朋友的力量。没有老师、没有方法、没有规矩，甚至日常生活中最无关大局的事、最庸俗的工作，只依靠自己的愿望，无论你拥有什么样的天分和能量，都是很难完成它的。"在自己的一生中，E. Г. 斯帕利文一直很注重从儒学中汲取养份。1925 年，斯帕利文来到了日本，担任全苏对外文化关系协会代表，以及苏联驻东京大使馆文化秘书。他成为东京一些学术团体的正式成员：民族学学会、日俄学会、亚洲学会等。他在日本生活了 6 年，之后移居哈尔滨，被任命为中东铁路公司董事会顾问。

教师群体以及大学生的大量到来成为符拉迪沃斯托克高等学校改组的原因之一。以 В. И. 奥戈罗德尼科夫教授为首的赤塔大学搬迁到这里，他将这座城市里的所有高等学校联合起来并置于赤塔大学的羽翼之下。由于很快开始了"清理"，大部分大学生被开除，而某些有产者出身的教师也因此被解雇。

国立远东大学东方系开设有两个专业：兼修蒙古—布里亚特语与满—通古斯语的汉语专业（А. В. 鲁达科夫、Т. Д. 切尔沃涅茨基等）和日语专业（负责人 П. С. 阿努弗里耶夫[①]），设立了中国学、日本学、英语与英美文学、文化史、满学与蒙古学等研究室和商品学实验室。由于缺乏专家，没有开设朝鲜语专业课程，但东方系的个别教师（比如 С. Д. 阿诺索夫）对朝鲜问题很感兴趣。[②]

苏联大学东方系的主要任务和目标如下："强调为苏联外交部和对外贸易部等主要部门培养实践东方学家人才的重要意义，并考虑到

---

① П. С. 阿努弗里耶夫：《日本俄语学习现状》，符拉迪沃斯托克，1928 年版，15 页（远东国立大学著作集，第 6 辑，第 7 册）；也见《日于书面语学习参考资料》，1 册，远东国立大学，1929 年版，8 页（手稿）。

② С. Д. 阿诺索夫：《乌苏里边区的朝鲜人：历史经济概况》，图书事业 1928 年版，第 86 页。

一些地方和整体条件，符拉迪沃斯托克是最令人满意的基地，理事会认为将目前由两个专业——设有满语教研室的汉语专业和朝鲜语教研室的日语专业组成的东方系并入国立远东大学是非常有必要的。中国和日本是学习对象国，因此在系里主要学会的是这两国语言。在它们被充分实际应用的基础上，还必须通过适当的法律和政治经济课程进行补充。正常的学习期限为四年，但在特殊情况下学习期限可以缩短至三年。目前，由种种原因导致系里三四年级的大学生人数极少，以致今后将无法开设。大学为满足由符合一般原则的有一定官衔的人员构成的东方学家的迫切需求，决定在系里开设两年制语言实践和理论速成班。在本学年的下半年，这些速成班以学校拨款的方式开办。"①

1923年，东方系的教学大纲基本上是沿袭东方学院的教学大纲。② 与旧教学大纲所不同的是，立足于时代，新的教学大纲里关于社会政治课程的比重更大，并把重点放在最严肃的马克思主义培训上：东方学要为占统治地位的共产主义制度服务。③ 有些教授不喜欢这一模式，其中包括准备启程到彼得格勒的 H. B. 屈纳。"在远东生活20年，——1923年6月9日，他致信著名中国学家 B. M. 阿列克谢耶夫，——在收集了大量的研究材料之后，我觉得有必要回到首都，利用这些资料和早期发表的成果继续开展研究工作。由此，我产生了回到故乡的圣彼得堡大学的想法，那里的整个学术环境比这里更好，在这里我是单枪匹马地从事学术研究。"④

留在国立远东大学担任汉语教授一职并任中国学研究室主任的 A. B. 鲁达科夫对教学计划和教学大纲做出了如下评论："至于教学参

---

① 滨海边疆区国家档案馆：全宗117，目录号3，案卷13，第122—122封底页。
② 滨海边疆区国家档案馆：全宗117，目录号3，案卷13，第311—314页。
③ А. П. 格奥尔基耶夫斯基：《苏联远东国立大学（1922—1927）五周年纪念》，载《1926—1927年远东国立大学报告》，国立远东大学印刷所1928年版，第8页；滨海边疆区国家档案馆：全宗117，目录号3，案卷13，第315页。
④ 俄罗斯科学院东方学研究所档案馆：全宗820，目录号3，案卷465，第2封底—第3页。

考资料，——他写道，——必须指出，С. Н. 乌索夫编写的已过时的教科书解决了最初的教材问题。但是，缺少军事术语教材。按照习惯和报纸上的报道编写教材是不够的。上述事实证明，必须做出一个重要的评论。在利用旧课本进行教学的过程中，如果教学经验丰富且业务精湛的教师能学习新知识，并知晓什么地方需要增加内容以及修改什么，那么已编写完的优秀旧课本就显得不紧要了。如果按照20多年前的陈旧过时的课本上速记课，那么就会非常可怕了。当语言知识储备不足的年轻教师没有能力批判地分析语言，并相信自己所掌握的一切时，事情会变得更糟糕。"①

А. В. 鲁达科夫教授在国立远东大学东方系讲授了几门课程："中国的工商活动——海关商业术语与公文""商务和办公书信往来""韦德文本诠释（实践课）""现代官方标准汉语'官话指南'""汉语书面语的主要元素、报纸语体、现代报纸的阅读、白话复述"（实践课）。②

利用东方学院的宝贵经验，他为大学生的汉语实践课制定了大纲。其中写道："生产实习应该同大学生能够就业的机关、组织、工厂等的生产条件相互协调。实践生应该记日记，不仅要记录所有语言方面的观察，而且还要包括中国工作环境的习惯和实际。记载的资料不应该只是草稿性质的，而且要尽可能地分析产生的现象。应该认真地记录，切忌马虎大意，因为实践指导者会经常阅览日记。"③

东方系的科研工作主要集中在族际问题上。那时候，由于开始了按字母顺序编写滨海边区和阿穆尔沿岸地区少数民族语言的这一令人感兴趣的工作，从而能够在远东居民中进行人类学调查。④ 国立远东

---

① 东方学研究所圣彼得堡分所档案馆：全宗96，目录号1，案卷73，无页码。
② 滨海边疆区国家档案馆：全宗117，目录号3，案卷13，第278封面页。
③ Т. А. 卡拉卡什收藏品（符拉迪沃斯托克）：《А. В. 鲁达科夫：〈留在苏联境内的4年级大学生实习大纲〉》，无日期。
④ 《东方系》，载《至1927年1月1日国立远东大学的状况报告》，远东国立大学出版社1927年版，第316页。

大学的青年东方学家们刊印了一套新的学术著作集《东方学》，在国立远东大学（Б. К. 巴什科夫①、И. А. 克柳金、Н. П. 奥维迪耶夫）著作集中，也收录了 А. В. 鲁达科夫和 Т. Д. 切尔沃涅茨基的讲义。②1927 年，А. В. 格列本希科夫被派到中国东北进行学术考察，П. С. 阿努弗里耶夫去了日本。

东方学家、民族学家和地方志学家的学术活动集中在隶属于国立远东大学的远东地方志研究会（后来的远东边区地方志研究会）。各领域专家的远东研究，既包括俄国地域，也包括国外相关国家。研究领域包括与以下各股相关联的"自然"与"人类"：民族学和自然人类学股、语言学股、历史和考古学股。1923 年 11 月 9 日，远东边区地方志研究会召开了第一届年会，Н. В. 屈纳被推选为主席。宣读报告是学会第一阶段的主要工作。尤其是，1924 年 11 月 2 日，Е. М. 车布尔科夫斯基教授作了题为《上学年大学生人类学工作的几点认识》的报告，并总结了对中国人和朝鲜人的人类学调查结果。在国立远东大学发表了诸多学术成果的 Е. М. 车布尔科夫斯基在中国居留期间也硕果累累。③

1924 年 11 月 16 日，И. А. 洛巴金讲述了自己于 1924 年暑假期间对奥罗奇人进行的考察。他收集到了有关本土狩猎和捕鱼业的经济

---

① Б. К. 巴什科夫：1)《在早期交往时期日本对欧洲人的态度评价》，《东方学院师生文集》，符拉迪沃斯托克 1917 年版，第 22—25 页；2)《日本会话课本》，1 册，伊尔库茨克：伊尔库茨克国立大学出版处 1921 年版；3)《汉语言发展的主要阶段》，国立远东大学出版社 1926 年版，14 页。（国立远东大学著作集，第 6 辑：东方学，第 1 册）；4)《满语》，东方文献出版社 1963 年版，67 页。

② Т. Д. 切尔沃涅茨基：《汉语文学教科书》；也见《军事术语词典》；《中国象形文字的历史分析：1926/1927 国立远东大学东方系汉语专业讲义》，国立远东大学出版社 1927 年版，238 页。

③ Е. М. 车布尔科夫斯基：1)《俄国人类学的生物测定研究》，《生物测定学》1923 年第 15 卷第 3—4 期，第 254—270 页。出版了单行本；2)《关于人的科学——人类学简纲》，1 册，国立远东大学印刷所 1924 年版，162 页；3)《中国古代文化的地理因素：公开演讲》，哈尔滨 1928 年版；4)《孔子的对手：关于哲学家墨子与中国民间见解的客观研究的文献评论》，阿布拉莫维奇印刷所 1928 年版，13 页；5)《或然性的世界》，哈尔滨 1929 年版；6)《皇宫附近的荒凉地方：概况》，А. И. 谢列布列尼科夫出版社 1939 年版（不确定）。

和技能，以及滨海边区北部奥罗奇人、通古斯人和其他本地人的民族学方面的资料。为了编写奥罗奇人词典，民族学家收集了该民族的民间歌谣和新词汇。学者还对180人进行了人类学测量，并按照 E. M. 车布尔科夫斯基教授的方法制作了400幅图片。1925年1月24日，还没有离开符拉迪沃斯托克的 Е. Г. 斯帕利文与 Н. В. 屈纳还介绍了日本同事鸟居龙藏教授（1870—1953）的情况。同年，考古学家 А. И. 加金、历史学家 И. А. 克柳金①、И. И. 加巴诺维奇和 А. В. 鲁达科夫②也做了报告。1927年6月，А. В. 鲁达科夫还宣读了关于藏医学和中国医学的总结报告，之后该报告刊发在《南乌苏里边区医生协会通报》上。

与革命前的俄国远东一样，东方学家学会在此继续活动。仍从事东方学研究的 А. В. 格列本希科夫教授是全俄东方学学会远东分会的主席之一。③"关于 А. В. 格列本希科夫教授的学术和社会活动，——有评论写道，——应该确信，在国立远东大学，在满学领域的不同学

---

① И. А. 克柳金：1)《蒙古—布里亚特人的道德诗篇》，《东方艺术学校》1924年第7—9期，第159—171页；2)《乌尔其图伊儿汗致 Д. 克拉西莫夫、爱德华一世和其他十字军远征参加者的信函》，国立远东大学印刷所1926年版，26页（《国立远东大学著作集》，第6辑：东方学，第2册）；3)《学习生动的蒙古语言的秘诀》，国立远东大学出版社1926年版，13页（《国立远东大学著作集》，第6辑：东方学，第1册）；4)《移相哥石碑（成吉思汗石文）》，国立远东大学出版社1927年版，38页（《国立远东大学著作集》，第6辑：东方学，第5册）。

② 《国立远东大学地方志研究会月刊》1925年第1期，86页。

③ 《学院的人员构成》，《国立远东大学地方志研究会月刊》1925年第1期。А. В. 格列本希科夫：1)《我们边区的历史概况》，无出版地，无出版年，第113—121页；2)《关于南乌苏里边区的新文化问题》，《滨海省的主人》1916年第1—2期，第37—40页；3)《基于考古学资料的阿穆尔边区历史研究》，《纪念文集》，符拉迪沃斯托克1916年版，26页。（出版了单行本）；4)《北满移民体系中的合作社元素》，《滨海省的主人》1928年第1—2期，第29—35页；5)《语音学及其研究的实践方法》，符拉迪沃斯托克1920年版，第21页。（单行本摘自《国立远东大学学术丛刊》第1、2卷）；6)《中国货币史（南乌苏里边区的古钱币）》，"奥佐"印刷所1922年版，26页；7)《儒学与民族联盟》，西伯利亚学会1922年版，63页；8)《移民合作社在中国》，《中央消费合作社远东分社通报》1923年第1期；9)《中国的农业问题》，《新东方》1926年第12期，第18—31页；10)《中国在东北地区垦殖的基础》，《俄国垦殖研究所著作集》，第2辑，莫斯科1926年版，第95—107页；11)《中国东北的居民》，《远东经济生活》1929年第7—8期，第64—75页；第44期，第10—12页。

科方向，А.В.格列本希科夫都是一位杰出学者。目前，他正在准备出版有关17世纪中俄关系史的齐齐哈尔档案文献。在社会活动方面，他亲自参与解决各种社会问题，因为他不仅具有专业的东方学知识，而且还拥有丰富的行政管理经验。这一切毫无疑义地说明，А.В.格列本希科夫教授一直处于全力以赴的精神状态下"。① А.В.格列本希科夫尽力同首都的东方学家保持联系。于是，他于1925年去了列宁格勒，并与В.М.阿列克谢耶夫院士相识，同他探讨了远东俄国东方学家的发展状况问题。

作为全苏东方学家学会符拉迪沃斯托克分会理事会成员的А.В.鲁达科夫认为，学会及各股的工作不应仅依靠研究人员，而要依靠更多的人员。他指出："学会的一切实践活动应该分六股进行：政治经济股、历史地理股、文化习俗股、文学股、语言学股和工会运动股。"② А.В.鲁达科夫持续关注中国的经济问题，参与发行《新远东》杂志的工作，并在定期出版物上发表了文章。③ 教授的言辞是完全具有现实意义和预见性的："他对中国将会发展成为资本主义国家，抑或社会主义国家的预见性认识属于未来。在各种政治力量角逐过后，如果在中国建立了能够把国家发展成为发达的工业国的政府，那么，当中国人拥有杰出的商业品质，当中国人在利益、团结和性质特殊性领域表现出非凡的协调一致精神时，如上所述，中国人将迎来走向广阔合作的机遇。……在有利的政治环境下，整个国家能够覆盖合作伙伴的高度密集的网络。"④ 如今我们可以说，这位中国学家的话成了现实。

他继续从事编写汉语教科书的工作，并于1931年出版了古代汉语学习指南。两年后，他又出版了一本新的现代汉语参考书。在多年

---

① 东方学研究所圣彼得堡分所档案馆：全宗75，目录号2，案卷1，第2页。
② 《红旗报》，1926年10月5日。
③ А.В.鲁达科夫：《对中国商人的评价》，《经济生活》1925年第10期，第104—108、115—123页。
④ Т.А.卡拉卡什收藏品（符拉迪沃斯托克）：《А.В.鲁达科夫手稿》无名称，第23页。

中，这些教材成为学习汉语的主要资料。А. В. 鲁达科夫仍从事司法实践。多年来，他一直是符拉迪沃斯托克法院中中国案件的鉴定人和翻译，并最早将苏联的《劳动法准则》部分译成了汉语（第69—151页）。① А. В. 鲁达科夫还有许多成果，并慷慨地将自己的知识分享给了爱好者。

由于认识到学会对东方系的重要性，国立远东大学的教师们决定成立东方学学会（1929年创办）。在最初的几个月里，学会的会员表现出了极大的积极性：设立了翻译处；在符拉迪沃斯托克的中国居民间进行调查；着手编写了第一批出版物；协调社会政治股和语言学股的工作。符拉迪沃斯托克的东方学家们委派自己的代表 К. А. 哈尔尼斯基到哈尔科夫参加了于1929年6月2日召开的全乌克兰东方学家大会，并委托他同莫斯科的东方学学会建立联系。②

很快，东方学家们就发行了杂志《东方学学会月刊》。"高度关注——К. А. 哈尔尼斯基以编辑委员会的名义写道，——当下热点问题，其中包括经济、政治等问题，尤其是现在与阿姆斯特丹黄色工会国际有内在联系的组织与个人的反共主义活动相关的具有特殊意义的工人运动，我们将给这些资料尽量多地留出足够的版面，它们的价值不在于反映当前的重大事件，而是有益于找到认识整个东方、事态、特殊的发展条件的正确方法。"③

分析第一期的资料，可以得出关于那时苏联东方学政治走向的一个结论。1929年11月16日，远东国立大学东方学家学会召开了例行会议，会议具体说明了政治经济股、语言学股和历史地理股的工作，经过决议又补充设立了4个股：苏联远东股、太平洋股、中国股和日本股。基本上，它们的活动都具有实践性。它们宣告："附属于大学并带有辅助学习功能的学会，应转型成现代的苏联科研机构，重点关

---

① Т. А. 卡拉卡什收藏品（符拉迪沃斯托克）：《А. В. 鲁达科夫教授小传》，1939年9月19日，第1页。

② 《远东国立大学东方学学会的活动》，《东方学学会月刊》1929年第1—2期，第85页。

③ К. А. 哈尔尼斯基：《编辑部寄语》，《东方学学会月刊》1929年第1—2期，第8页。

注与周边国家政治经济有密切关系的苏联远东研究。"① 东方学家 A. B. 马拉库耶夫②、3. H. 马特维耶夫③、H. П. 奥维迪耶夫④和 A. H. 彼得罗夫⑤在其中起到了重要作用。

---

① 维亚奈 - 布克：《编辑部寄语》，《远东国立大学东方学学会：信息专刊》1930 年第 1 期，第 2 页。

② A. B. 马拉库耶夫：1)《中国的对外贸易及在世界商品流通中的地位》，东省文物研究会出版社 1927 年版，88 页（《东省文物研究会工商股》，Д 辑，第 9 册）；也见英文版，67 页；2)《中国东北大豆的出口》，东省文物研究会出版社 1928 年版，75 页（《东省文物研究会工商股》，Д 辑，第 12 册）；3)《中国的度量衡》，符拉迪沃斯托克 1932 年版，151 页（《远东边区地方志研究会著作集》，第 2 卷）；4)《远东东方学十年》，符拉迪沃斯托克 1932 年版，12 页（单行本摘自《苏联科学院远东分院通报》1932 年第 1、2 期）；5)《学术和科普文献中的人参（1596—1932 年）：关于远东人参采选的文化述评：苏联科学院远东分院图书馆的药材原料》，《苏联科学院远东分院通报》1932 年第 3—4 期，第 37—47 页；6)《苏联科学院远东分院图书馆中的中国古文献手稿目录》，苏联科学院远东分院出版社 1932 年版，34 页（手稿）；7)《中文打字机》，符拉迪沃斯托克 1932 年版，25 页；8)《中国与日本发展史》，符拉迪沃斯托克，无出版年，60 页；9)《中国学导论——第六讲：中国语言和文字》，符拉迪沃斯托克 1934 年版，44 页；10)《远东古天文学的起源》，《远东国立大学系物理—数学系月报》1935 年第 1 期；11)《中国的地理教程》，第 1 册，远东国立大学出版社 1935 年版，160 页；12) 合作者 A. B. 鲁达科夫：《中国药理学中的梅花鹿》，苏联科学院远东分院出版社 1935 年版，32 页（单行本摘自《苏联科学院远东分院通报》第 11 期）；13)《西藏地名导论》，工业大学出版社 1945 年版，21 页；14)《阴符经：中国哲学史的一页》，《托木斯克国立师范学院学术丛刊》1946 年第 3 卷，第 125—144 页；15)《中国的气候》，《托木斯克国立师范学院学术丛刊》1947 年第 4 卷，第 91—126 页；16)《在与人类进化相关的人类纪中国地质史的基本特征》，《哈萨克斯坦大学学术丛刊》1954 年第 15 卷：地质与地理卷，第 1 册，第 95—113 页；17)《中国人类纪初评》，《第四纪研究委员会著作集》1957 年第 13 卷，第 356—359 页。

③ 3. H. 马特维耶夫：1)《远东国立大学图书馆（组织和活动概要）》，《远东学术资讯》1920 年第 6 期，第 15—16 页；2)《日本书目》，国立远东大学印刷所 1923 年版，132 页；3)《关于远东各州的文献——文献系统化索引初编（按照国际十进制体系分类）》，图书事业 1925 年版，248 页；4)《渤海：8—10 世纪东亚历史》，国立远东大学印刷所 1929 年版，34 页（《国立远东大学著作集》，第 6 辑，第 7 册）；5)《远东边区书目：1931 年远东边疆区疆界内外面世的关于远东边疆区的文献索引》，《苏联科学院远东分院通报》1932 年第 3—4 期，第 87—93 页；6)《兴安岭—布列亚山问题的研究文献》，《苏联科学院远东分院通报》1934 年第 10 期，第 127—133 页。

④ H. П. 奥维迪耶夫：《日语文学的现况》，《远东国立大学著作集》，第 6 辑，第 1—13 页。

⑤ A. H. 彼得罗夫：1)《现代日本的社会风俗概况：1906 年 1 月在东方学院大礼堂宣读的关于日本的公开讲义》，东方学院出版社 1907 年版，40 页（《东方学院学报》，第 16 卷第 6 册）；2)《英国和俄国怎样保护自己在亚洲的利益》，А. Д. 波波夫出版社 1910 年版，43 页；3)《日本的妇女运动》，伦敦 1908 版（不确定），160 页；4)《当前日本的财政经济状况：统计报告》，圣彼得堡 1912 年版，94 页。（单行本）

А. В. 鲁达科夫明白不能"重蹈覆辙",而应该吸取沙皇政府没有给予远东语言学习应有重视的教训。他编制了《东方学专门教育领域建设的五年规划》,开篇语如下:"由于有必要在苏联社会建立关于远东知识的学术发源地并传播其正确信息,为了在具有语言与社会经济关系的苏联生人和本地东方研究者中培养优秀人才以及为了在苏联与远东各民族间建立稳固的联系,提出了关于创办设有两个专业的特别东方学院的问题: 1) 招收只讲俄语人的专业; 2) 招收中国、朝鲜以及其他远东国家生人的专业。① 决议否定了教授的建议:'在近五年内组建独立运行的东方学院是不适宜的。'"②

尽管整体上面临着充满质疑和告密行为的复杂政治环境,А. В. 鲁达科夫冒着被批判的危险,继续给大学生授课。从工厂入学且没有受到足够基础教育的大学生,不能正确理解中文的特点。他们中的一位回忆道:"上课开始了。А. В. 鲁达科夫教授提供给我们所有大学生一篇中文报纸中的文章,每人用汉语阅读文章。А. В. 鲁达科夫教授进行领读并讲解象形文字的意义,大学生们机械地记录。翻译练习开始后,教授翻译,朗读人重复翻译,其余人一句一句地抄写。到本节课学习结束时,在两个小时内通常要学会翻译3—4个、最多5个句子。回家后,大学生们就死记硬背译文和象形字的意义。在下次课上,每位大学生要重复阅读上一次阅读过的内容,一句又一句地重复А. В. 鲁达科夫教授翻译的译文,且要保持正确的语调。"③

开设语言学专业④在国立远东大学的发展中是十分重要的一步。事实是,方案中没有安排东方语言教学,远东国家研究的课程也没有开设。结果是,东方学专业培养的人才的水平下滑得十分严重。大学

---

① 《特殊教育领域的五年建设规划——1932年12月15日》,《文件与资料中的远东国立大学史(1899—1939年)》,第270号文件,远东大学出版社1999年版,第448页。
② 《特殊教育领域的五年建设规划——1932年12月15日》,《文件与资料中的远东国立大学史(1899—1939年)》,第270号文件,远东大学出版社1999年版,第625页。
③ И. 波塔波夫:《我们——不是学生》,《大学讲台》1935年12月25日。
④ 《关于在远东国立大学教育系迫切开设语言学专业问题的资料(1927年2月27日在国立远东大学地方志研究会全会上的报告和专题介绍)》,国立远东大学印刷所1927年版,25页。

经常组织东方学教学领域的社会性竞赛,甚至在汉语学习上采用了"斯达诺夫方法",也在简化大学生学习过程和缩短人才培养时限方式上进行了探索。年轻的同事评价了这位受人敬重的教授,在教学中他始终如一地坚持老方法,尤其是继续教授大学生学习中国草书。关于大学汉语的教学问题,А. В. 鲁达科夫在笔记中说出了自己的想法并指出,汉语学习"完全符合高等学校的任务,并且按照我们的方法要求学会课程,把学生的智力提高到高等学校要求的水平上。建立诸如语音学、句法、形态学和语义学等这些学术课程基础上的中文课文的语言分析,是一项复杂的脑力工作,需要相当的智力才能达到。"①

20 世纪 30 年代,东方学教育忽冷忽热。政权从一个极端走到另一个极端。大学时而关闭,时而重新招生。东方系时而搬到哈巴罗夫斯克,并入在那里开办的国民经济学院;时而迁回符拉迪沃斯托克,为远东的出口和运输机构培训工作人员。这个时期语言的培训水平比东方学院开办后的最初几年有了明显下降。引入实验室小组的方法使人才的培养质量进一步下降,在这种情况下,由于各种政治和纪律的原因,有不少大学生被国立远东大学开除。培养军事翻译人员越来越成为每年工作的重点。

尽管汉语专业的大学生淘汰率极高,但中国学家在大学里还是被认为是享有特权的从事专门职业的人。② 从远东国立大学毕业后,毕业生将会获得相当于"高级中尉"的军人称号。远东大学东方学院在俄国东方学中一直不占主要地位。③ 1939 年 6 月 5 日,远东大学被完全关闭了。④

А. В. 鲁达科夫很关注东方学院图书馆的状况,那时其馆藏有

---

① 《А. В. 鲁达科夫教授随笔〈汉语教研室活动总结材料简评〉摘要——1936 年 4 月 9 日》,《文件与资料中的远东国立大学史(1899—1939 年)》,第 308 号文件,远东大学出版社 1999 年版,第 532 页。

② З. Ф. 莫尔宫:《对 1939 年国立远东大学东方系毕业生 Ф. Ф. 索洛维耶夫的采访》,《远东国立大学东方学院学报》1994 年第 1 期,第 79 页。

③ В. М. 阿列克谢耶夫:《关于东方的科学——文章和文件》,"科学出版社"东方文献总编室 1982 年版,第 118 页。

④ 滨海边疆区国家档案馆:全宗 26,目录号 20,案卷 26,第 77 页。

200000多册图书、全套定期出版物和多语种手稿。在汉语教研室会议上，他提出了保护图书馆的问题，并讲道："不仅中文部的状况，而且整个图书馆的状况也十分糟糕。几年内，远东国立大学设置的机构明显多于之前的国立远东大学，以及国立远东大学图书馆各部的所有新场地都分配给了远东国立大学，由此国立远东大学的东方学图书馆多次从一地搬到另一地，从而陷入了混乱状态。如今，图书馆几乎无人问津，图书也损坏了：撕碎、腐烂并且布满灰尘。"①

任何人都不会质疑 A. B. 鲁达科夫的学术威望，但也没有任何人正式承认他在俄国中国学领域所做出的功绩。1924 年，在国立远东大学隆重庆祝他从事中国学研究生涯 25 周年之际，许多人都认同他在中国学研究和培养整整一代优秀的中国学家上做出的杰出贡献。同行们赞赏道："在中国学研究上，您是一位富有献身精神的学者，为自己的事业奉献了终身。当时，符拉迪沃斯托克的一些学者没能承受住恶劣的物质条件和文化氛围纷纷离去时，您却镇定地坚守在自己的岗位上，丝毫没有中断自己在东方学院的工作。随着在符拉迪沃斯托克设立大学，您全力以赴地继续为远东工农群众的新式教育搭建知识的温床。"② 在举办大学周年纪念会时，教育人民委员部发起了授予 A. B. 鲁达科夫科学活动家功勋称号的请求，但是却无人理会：要知道教授无论如何也不愿在社会政治活动中抛头露面。时间流逝，若干年后，符拉迪沃斯托克的地方长官决定庆祝这位东方学家的 70 寿辰，并重新发文授予他科学活动家的称号，③然而仍没有得到积极响应。

1929 年，当 A. B. 鲁达科夫被推举为科学院通讯院士候选人时，推荐者指出："A. B. 鲁达科夫对满学的兴趣也推动了当时以 A. B. 格

---

① T. A. 卡拉卡什收藏品（符拉迪沃斯托克）：《汉语教研室会议记录副本》，无日期，第 2 页。

② T. A. 卡拉卡什收藏品（符拉迪沃斯托克）：《国立远东大学基层委员会纪念 A. B. 鲁达科夫教授 25 年活动公函副本》，无日期。

③ T. A. 卡拉卡什收藏品（符拉迪沃斯托克）：《A. B. 鲁达科夫信件副本》，无日期。

列本希科夫教授为代表的俄国东方学中的满学领域新的学术力量的成长，圣彼得堡大学 И. И. 扎哈罗夫教授去世后，好长一段时间内，А. В. 格列本希科夫都是满学领域唯一有独立科研能力的学术预备专家。А. В. 鲁达科夫自发编写了汉语学习著作，并继续为蒙古语教研室工作（从《托布奇阿勒坦》讲义中出版了相应原文），使其成为继 А. В. 格列本希科夫之后唯一的学术预备专家。由此可以断定，在过去的 29 年里，А. В. 鲁达科夫的学术活动直接和间接地填补了俄国东方学的空白。目前，А. В. 鲁达科夫教授依然将全部精力用于学术研究工作。他出版的著作《汉语书面语实践词典》，是在汉语词汇学和汉语结构研究领域最有价值工作的开始。这可以说明，А. В. 鲁达科夫教授没有停止自己的学术活动，将自己的知识和力量都献给了国家的文化建设事业。如果他能够入选中国学和汉语领域的科学院院士的话，就能担当起最重大的责任。"①

А. В. 鲁达科夫虽然在俄国中国学家中的声誉很高，但并没有入选科学院院士。事实上，那时他是科学院太平洋委员会符拉迪沃斯托克分会会员。而 А. В. 鲁达科夫提交授予其语文学博士学位的申请也未有任何结果。1935 年 8 月 28 日，远东国立大学汉语教研室会议指出："应该注意到，从 1904 年起，А. В. 鲁达科夫就受聘为汉语教授，并多年担任远东国立大学汉语教研室主任，曾获得汉语文硕士学位并撰写了本专业的大量著述和手稿，请求学校校委会按适当程序申请授予 А. В. 鲁达科夫汉语专业东方语言学博士学位（中国语文博士）。"② 1937 年，申请书再次寄往莫斯科，又杳无音讯。③ 大概是远东国立大学离中央太远的缘故吧。要知道，在当时只有 Н. В. 屈纳被授予了这个学位，尽管他没有通过硕士论文答辩。

---

① 东方学研究所圣彼得堡分所档案馆：全宗 75，目录号 2，案卷 20，第 2—3 页。
② Т. А. 卡拉卡什收藏品（符拉迪沃斯托克）：《1935 年 8 月 28 日远东国立大学汉语教研室会议记录副本》。
③ Т. А. 卡拉卡什收藏品（符拉迪沃斯托克）：《1937 年 4 月 24 日授予 А. В. 鲁达科夫汉语言文学科学博士学位的决定副本》。

第二节　对东方学家的清洗

虽然俄国国内战争已经结束，但远东地区各国的对抗仍没有完结，政治环境还十分紧张。苏维埃政权有所顾虑，正如内务人民委员部所指出的，在日本已占领中国东北的背景下，在即将爆发的对日战争中，生活在俄国远东地区的一些中国人和朝鲜人将"臣服"于日本侵略者。

对于在中国和日本的俄国同行有着最直接联系的东方学家，苏联政府认为他们是可疑的。于是，从20世纪20年代末政府就已经开始对他们进行镇压了。地理学家与东方学家 А. В. 马拉库耶夫先是被逮捕，然后从符拉迪沃斯托克被驱逐出去。编写出象形文字字典的远东国立大学教师 Ц. 巴德玛耶夫随后被逮捕，① 同时被逮捕的还有1907年毕业于东方学院的边区外国语师范学院校长 П. Ф. 李文。

由于与日本总领事渡边相识，还有一些东方学家中也被逮捕。据目击者描述，作为本地社交界中心人物的渡边于1898年第一次来到符拉迪沃斯托克。1929年秋，领事离开了符拉迪沃斯托克，而第二年苏联人民委员会国家政治保安总局的侦察员收集了渡边在滨海边区居住期间与日本人保持联系的证据。"除领事安排的官方宴会外，——在1930年4月25日被控诉者中的一份审问记录中记载，——应渡边领事和新任领事绪方电话邀请，我与库普列索夫参加了宴会。出席宴会的嘉宾近70人。其中包括：那西洛夫——海上巡视员，В. К. 阿尔谢尼耶夫——远东旅行家，多谢夫——领事秘书与他的妻子普罗塔索娃，远东国立大学教授——他的名字叫安德烈耶夫，布隆施泰因——我的老相识，丹麦人戈鲁姆森——'瓦萨尔德'公司代表，因为喝了一杯酒，我微醉，不记得其余的参加者了。但事实上，我还跳了许多舞。跳舞前进行了交谈，讲述了自己旅行见闻的

---

① Ц. 巴德玛耶夫：《适用日语教材的新象形文字词典》，远东国立大学1932年版，118页。

В. К. 阿尔谢尼耶夫及其妻子是特别健谈的人。В. К. 阿尔谢尼耶夫的妻子与我是中学同学。由于喝醉，渡边领事没有参加晚会，但向参加者说明了举办宴会的动机：从数量上统计，本次宴会是第三次；第一次是为了欢迎政府人士，第二次是为了欢迎外国人，而第三次也就是我们参加的这次，是为了欢迎他所结识的俄国好朋友。"①

几年后，苏联人民委员会滨海省国家政治保安总局的工作人员逮捕了同渡边有联系的近五百名"日本特务"，其中包括东方学院的毕业生、知名的渔业专家 М. С. 阿列克辛。1932年，渡边又返回了符拉迪沃斯托克，担任总领事一职，一直任职到1936年。老领事指出，他的所有俄国朋友一个跟着一个地毫无踪迹地消失了，而苏联人民委员会国家政治保安总局也毫不遮掩表示对这位显耀人物的兴趣，其为了自保被迫返回了日本。

东方学家们基本上都被指为犯了托洛茨基主义和间谍活动罪，这在那些年都是平常事。1937年6月23日，远东国立大学原校长 А. В. 波诺马列夫在哈巴罗夫斯克被逮捕了，很快他"被指认"为有罪的人。1937年8月14日，符拉迪沃斯托克的肃反工作人员又扣押了远东国立大学党委会秘书 М. Н. 沃斯特里科夫，因为他当时建议从党内开除沙皇军官出身的 А. В. 波诺马列夫。当被解除远东国立大学校长一职后，А. В. 波诺马列夫来到了哈巴罗夫斯克。在审问时，这位老校长回忆起了 М. Н. 沃斯特里科夫的不实指责并决定报复他，捏造了党委会秘书的罪名。

1937年8月31日，日本学家 К. А. 哈尔尼斯基被捕。逮捕他的决议指出，"有足够证据表明，他是外国的一个代理人，在苏联从事间谍活动"。② 1937年9月8日，另一位日本学家 К. П. 费克林被捕。为了不牵扯到远东国立大学教研室主任 Н. П. 奥维迪耶夫（1937年9月21日），他没有招出关于"反革命组织"的任何事。然而，这时却出现了把许多东方学家卷进来的"作为远东右翼阴谋组成部分的远东

---

① А. А. 西萨穆特迪诺夫收藏品：《关于镇压方面的文献资料》。
② 滨海边疆区国家档案馆：全宗1588，目录号1，案卷（К. А. 哈尔尼斯基），第2页。

国立大学反革命间谍和破坏组织的第 1404 号案件"。1937 年 11 月 5 日，З. Н. 马特维耶夫、В. А. 沃依洛什尼科夫、И. Т. 贝科夫、Е. С. 涅里金①被逮捕，第二天 И. С. 门克被逮捕。1938 年，在远东国立大学东方系教授"东亚自然地理"和"东亚经济地理"课程的 Н. В. 列宾被逮捕。与这位俄国东方学家一起被捕的还有在远东国立大学授课的日本人。

内务人民委员部职员朴圣红回忆道，对远东国立大学职员进行讯问时采取了特殊的方式。尤其是，他回忆了对 К. А. 哈尔尼斯基的审问。②1938 年 4 月 25 日，召开了苏联最高法院军事委员会巡回开庭会议，会议在 21 点开始，持续了 3 个小时。1957 年 4 月 2 日，东方学家们被平反。

镇压也波及到了住在其他城市的东方学家。东方学院的毕业生 Н. П. 马佐金是 Е. Г. 斯帕利文学生中最优秀的一位。他在日本学领域发表了大量著述。③ 离开国立远东大学后，Н. П. 马佐金来到了莫斯科教授日语。他反对发表低水平成果，由此招来了首都东方学家们剑拔弩张的针锋相对。比如，1935 年，Н. П. 马佐金在《东方书刊评介》杂志上发表了尖锐批评胡克与戈尔布斯坦编写的日语教科书的文章，引起了苏联东方学家们的极大愤怒。37 名日本学家联名写信批判作者的评论。Н. П. 马佐金对此回应道："除了书写方式本身：把

---

① Е. С. 涅里金：《日语简单会话学习参考资料》，伊尔库茨克 1920 年版，119 页；也见《日本书面语语法基础》，伊尔库茨克国立大学东方学家学会 1922 年版，52 页。

② 朴圣红：《内务人民委员部工作人员回忆录》，《太平洋共青团员》1989 年 2 月 11 日，第 6—7 页。

③ Н. П. 马佐金：1)《1910—1911 年符拉迪沃斯托克市日本、中国与欧洲手工业作坊里生产资料评价》，《亚细亚时报》1910 年第 10 期，第 1—20 页；2)《西藏人、蒙古人、苗族人、傈僳人和傣族人的母系延续》，符拉迪沃斯托克 1911 年版，258 页；3)《关于台湾的民族志》，中东铁路印刷所 1915 年版，7 页；4)《关于吉田先生的著作〈山东的公牛与山东的畜牧业产品〉的图书简讯》，蒙古考察队出版社 1920 年版，24 页（书评：《书刊评介》，《俄国评论》1920 年 12 月，第 389—390 页）；5)《为作战部队订购肉类的蒙古考察队——中国东北—符拉迪沃斯托克地区（1915—1918 年）》，《俄国图书出版社》印刷所 1920 年版，24 页；6)《关于太阳女神天照大御神躲进天岩户的日本神话与太阳魔法》，国立远东大学出版社 1921 年版，41 页（《国立远东大学东方系学报》，《东方学院学报续刊》，第 56 卷第 3 册）；7)《日本的出版物谈俄国的国内状况》，满洲俄国东方学家学会出版社 1917 年版，24 页；8)《敢作敢为：散文和诗歌》，手稿出版社 1926 年版，69 页。

我没说过的话，尤其是明显的蠢话硬加在我身上，于是这个硬加的反驳言论就更能表现出这部作品的科学性。"① Н. П. 马佐金请求符拉迪沃斯托克的同事讨论首都东方学家们的异议，于是在1936年5月5日远东国立大学日语教研室会议上，这位远东研究者反驳了日本学家的一切攻击。

Н. П. 马佐金先后两次被逮捕：1931年和1937年。在后一次被逮捕后，他被枪决了。大概，Н. П. 奥维迪耶夫的学生 А. А. 雷非尔特也被镇压了。东方学院曾经的教授们也是这样消失的：校长 Д. М. 波兹德涅耶夫、教授 Е. Д. 波里瓦诺夫等。

尽管符拉迪沃斯托克的东方学学校事实上被摧毁了，但它的某些代表性人物却幸存下来并继续研究远东国家，而且他们还培养了许多学术型的东方学家，将东方学院的传统传给了他们。1939年，А. В. 鲁达科夫出版了最后一部巨著《中国文学语言（文案）中的虚词词典》。由于缺少纸张且印刷设备落后，印刷质量不高，但这位中国学家仍然很高兴，因为他完全没想到著作能被出版："当著作最终出版的时候——他将被笼罩在黑暗中"，他致信 Н. В. 屈纳写道。② "由于他被清算"③，教授痛苦地经历了大学的关闭以及失业（1939年7月1日）。他痛苦地看着，卡车从住宅楼旁运走大学大楼里的图书，该大楼已被内务人民委员部滨海省管理局占用。晚些时候，系主任 А. А. 卡涅夫斯基往莫斯科运了3车书。

А. В. 鲁达科夫的亲人们建议他去敖德萨：许多人劝他去更暖和的地方，离开对身体非常不利的符拉迪沃斯托克。④ 但 А. В. 鲁达科夫没有同意，或许他是想在故乡的符拉迪沃斯托克完成最初的事业。那时，他编写了一部包罗万象的著作《中国文学语言语法》，不仅囊括作者的多年研究成果，而且还包括中国学领域所有最新的研究成

---

① 俄罗斯科学院圣彼得堡分院档案馆：全宗.820，目录号.3，案卷.536，第8页。
② Т. А. 卡拉卡什收藏品（符拉迪沃斯托克）：《А. В. 鲁达科夫致 Н. В. 屈纳信件的副本》，无日期。
③ 东方学研究所圣彼得堡分所档案馆：全宗96，目录号1，案卷82，第12页。
④ 东方学研究所圣彼得堡分所档案馆：全宗96，目录号1，案卷82，第11封面页。

果。按照 A. B. 鲁达科夫的想法，这部写到自己漫长生命尽头的著作，应该能够让他的名字永久定格在中国学史上。

20 世纪 30 年代，随着远东政治形势的复杂化，迫切需要军事翻译。为了培养军事翻译人才，在符拉迪沃斯托克开设了以那里马诺夫名字命名的东方学学院的军事专业，从 1939 年 9 月 1 日起，A. B. 鲁达科夫受聘为该院教授。一年后，军事专业停办，他又有机会在另一个军队开办的陆海军翻译班教授汉语。[1] 众所周知，在那段时间这位中国学家培养了数十位业务精湛的人才。虽然他们没有受过东方学院提供的综合性教育，但 A. B. 鲁达科夫在授课时利用了当时校长开设的类似课程。

由于脚部疼痛，A. B. 鲁达科夫不能一直在讲台上并在黑板上写汉字。这使他丧失了在市内环行的条件。他在自己的住所给经常聚集在此的身着军装的学生上课。家庭式的氛围使学习班变得无拘束，变成了酷爱中国语言和文化的人的俱乐部。[2] A. B. 鲁达科夫知晓并能简洁地阐明语言学习中的一切困难，对学生讲述了在中国的离奇事件。许多听众觉得他是一位对现实生活无所不知的人，对他顶礼膜拜。随着卫国战争的爆发和日本进攻苏联远东的威胁减弱，翻译班被停办。由于军队被清算，1943 年 8 月 24 日 A. B. 鲁达科夫随之被解职，[3] 固定工作的丧失使其家庭经济状况日益恶化。

在生命的最后几年，他多次提出复建东方学院的想法。1941 年初，他就致信 H. B. 屈纳："在符拉迪沃斯托克由我来安排复建东方学院是最合适不过的了，这样我就可以在接近远东国立大学的条件下工作。虽然图书馆没了，但我能够借助自己的私人图书馆帮助东方学院，把保存得很好的未盖印或未盖章的干净图书作为主要藏书。这些图书包括英文、法文、德文和俄文等多种版本，在内容上完全属于中国学、东方语言学和蒙古学领域（大概 400 册）。此外，在学院里应

---

[1] T. A. 卡拉卡什收藏品（符拉迪沃斯托克）：《A. B. 鲁达科夫的劳动手册手抄本》。
[2] P. B. 维亚特金：《A. B. 鲁达科夫（纪念诞辰 100 周年）》，《亚非民族》1971 年第 4 期，第 127 页。
[3] T. A. 卡拉卡什收藏品（符拉迪沃斯托克）：《A. B. 鲁达科夫的劳动手册手抄本》。

该设置一个大型中文图书馆（藏有大量图书），既收藏各朝代历史书，也收藏语言学文献类图书，还包括内容易懂的图书。"①

关于复建东方学院一事，第二次世界大战结束后，А. В. 鲁达科夫在《红旗报》上发表了一篇篇幅短小的文章。② 在苏联共产党滨海边疆区委员会存放着 А. В. 鲁达科夫的笔记，其写道："在东方学院改组为大学时，朝鲜语教研室因为办学效果甚微而被撤销，因此东方语言教学是以汉语和日语为基础的。如果我们的机关刊物《东方学院学报》广泛刊登关于中国和日本方面的文章，不包括某些极少的大学生报告，那么朝鲜方面的文章几乎就没什么可刊登的。鉴于本文开篇所指出的，同时我们又完全缺少业务精湛的朝鲜学家，迫切需要我们计划中创造机会和条件，因此必须将朝鲜语和朝鲜学列入我们目前的教学。为此，现在必须毫无迟疑地派遣我们在符拉迪沃斯托克的东方学学校修完所有课程的两名毕业生去汉城和平壤。"③

在了解到符拉迪沃斯托克计划重建苏联科学院远东分部，并打算创建新的研究所后，А. В. 鲁达科夫再次建议设立东方学中心。④ 可是，当时在符拉迪沃斯托克恢复东方学教育的时机还不成熟。

第三节　侨民东方学的终结

移居加拿大后的 И. А. 洛巴金继续从事学术研究，并于 1929 年 5 月 9 日，在不列颠哥伦比亚大学顺利通过了题为《温哥华地理》的硕士论文答辩。作为自然界的丛林者，И. А. 洛巴金参加了加拿大民族学博物馆对道格拉斯海峡基蒂马特印第安人习俗的考察。考察结束后，这位俄国侨民成为华盛顿大学人类学系教师，并在那里

---

① Т. А. 卡拉卡什收藏品（符拉迪沃斯托克）：《А. В. 鲁达科夫致 Н. В. 屈纳的信件抄本》，无日期。
② А. В. 鲁达科夫：《东方学院的复建》，《红旗报》1946 年 5 月 1 日。
③ 东方学研究所圣彼得堡分所档案馆：全宗 96，目录号 1，案卷 75，第 1—1 封底页。
④ Т. А. 卡拉卡什收藏品（符拉迪沃斯托克）：《А. В. 鲁达科夫致高等学校和学术机构职工工会的信件抄本》，无日期。

详细拟定了"东北亚民族与中亚民族"课程计划。1935 年，И. А. 洛巴金在南加利福尼亚大学（洛杉矶）通过了博士论文答辩，然后成为这所大学的俄语、俄国文明史和人类学教师。在空闲时间，他从事远东民族比较语言学研究。

1945 年是俄国侨民平静生活的拐点。由于同日本当局和侨民组织存在合作，一些东方学家被逮捕，后来他们的生活处于不可知的状态。许多人投奔了需要专业翻译的苏联军队，担任哈尔滨工学院汉语教研室主任的 И. Г. 巴拉诺夫就是其中之一。根据同时代人的记载，"在自己的生活和活动中，他不仅是一位勤奋、认真、简单而又乐于助人的人，而且格外谦逊，是一位信仰上帝与东正教的活动家。这是他在苏联给人留下的最后印象。"①

移居美国后，В. П. 彼得罗夫成为了一名作家和多所大学的教授，并出版了 35 本著作、发表了 300 多篇概述性文章，其中包括 8 本英文著作。② 从 1940 年起，他定居在旧金山。

1939 年移居美国的 Н. П. 阿福托诺莫夫继续自己的事业。最初，他在美国纽约的俄美学院教授俄语教学法课程。1946 年春，他成为《美国俄语教师助手》杂志的创刊人、出版人和主编（孟菲斯，后来迁往旧金山），以及《美国俄语学校助手》杂志的主编。他撰写了大约 300 篇（部）学术成果，主要关注俄国远东和中国东北教育以及外国人的俄语学习问题。他是美国的俄国高等学校协会会员。对他的评价，В. Н. 热尔纳科夫写道："在自己生命的最后时日，Н. П. 阿福托诺莫夫致力于编写关于哈尔滨高等学校的著作。……但他没能写完这部大部头的重要著作。……他有着惊人的记忆，风趣幽默，是一位有

---

① Н. П. 阿福托诺莫夫：《И. Г. 巴拉诺夫（悼词)》，《俄国生活报》1972 年 3 月 3 日。

② А. А. 西萨穆特迪诺夫收藏品：1)《В. П. 彼得罗夫自传》；2)《在华出版的 В. П. 彼得罗夫文集：在美国的旗帜下：短篇小说集》，А. П. 马雷克与 В. П. 卡姆金出版社 1933 年版，134 页；3)《罗拉：长篇小说》，А. П. 马雷克与 В. П. 卡姆金出版社 1934 年版，142 页；4)《在中国东北：故事》，《言论报》1937 年版，153 页；5) 也见《松花江上的城市》，俄美历史学会出版社 1984 年版，207 页。

趣的健谈的人。"①

最后需要强调的是，俄国侨民东方学与莫斯科东方学有着明显区别，一直处于不为人知的状态。但当时俄国侨民东方学对学术以及社会各领域的诸多见解，俄国侨民所办学校教授及工作人员的教学活动和成果，还有侨民东方学家的著述，毫无疑问是俄国东方学发展中的一朵奇葩。由此，可以做出以下结论：1）对远东国家进行的学术研究是站在学术与社会属性兼具的东方学立场上的，其显著特征是进行考察、举办讲座与兴办博物馆、刊印学会会员的著述；2）侨民东方学家能够为在华俄侨创办高等学校奠定基础；3）侨民东方学家的学术研究应纳入俄国和世界东方学的整个体系中。他们的著述对诸如比较语言学、语言学和词典的编撰等学科的理论做出了应值得肯定的贡献；4）促进了东方学哈尔滨学派的形成，应对该学派的活动给予重新定位和补充分析。对俄侨东方学在远东的实践进行评价，必须着重强调，其代表性人物向专家们提供了真正献身科学的典范，是世界东方学的杰出活动家。

值得深思的是，尽管取得了许多成绩，但受排挤的侨民群体认为自己在远东国家的居留只是暂时的，希望能快点返回祖国。况且，为生存而进行的斗争也限制了俄国侨民的许多文化创举。

毫无疑问，俄国国内战争给俄国东方学的发展带来了巨大损失。这不能仅仅归因于一部分东方学家永远地离开了俄国。很快，苏维埃俄国出台了更加严厉的政策，作为军事前哨阵地的符拉迪沃斯托克的形势更为严峻。

---

① В. Н. 热尔纳科夫：《纪念 Н. П. 阿福托诺莫夫：(悼词)》，《俄国生活报》1976 年 7 月 2 日。

附录　东方学家生平

Д. И. 阿布里科索夫（1876年出生于莫斯科，1951年11月4日逝世于加利福尼亚帕洛阿尔托）。日俄战争期间，俄国驻伦敦大使馆随员。驻北京（1911—1912年）、东京（1913年6月至1914年4月）大使馆二等秘书。第一次世界大战期间，在亚洲司任职：一等秘书、代办、俄国驻东京大使（1916—1925年）。大使馆关闭后，在东京生活。太平洋战争爆发后，搬迁至 П. Ю. 瓦斯科维奇那里。1946年11月，迁居旧金山，后定居在帕洛阿尔托（加利福尼亚）自己的朋友海军上将 Б. П. 杜达列夫的老家。侨居期间，撰写了关于自己外交生涯的回忆录。

史料与文献：哥伦比亚大学巴克米迪夫档案（全宗 J. 鲍里斯，手稿盒. 1910—1950年，第2号文件（第1文件盒）；П. Ю. 瓦斯科维奇：《为死者 Д. И. 阿布里科索夫辩护》，《俄国生活报》，1952年9月23日；П. Е. 波达尔科：《新一代擎起了我们手中的火炬（Д. И. 阿布里科索夫）》，《远东国立大学东方学院学报》1997年专刊，第171—186页。

М. В. 阿布罗西莫夫（1891年8月24日出生于顿河省西罗汀斯克，1940年3月4日逝世于哈尔滨）。莫斯科商业学院毕业后（1915年），留校准备教授职称，后在沙尼亚夫斯基大学任教3年。鄂木斯克工学院副教授（1917—1919年）。国内战争期间，在《光明报》《俄国之声报》《俄国评论报》等报纸上发表了社会政治领域的文章。从1920年2月起，在哈尔滨生活。哈尔滨高等经济法律学校和法政大学的创办者之一，讲授政治经济学的理论与实践课程。受聘为国立远东大学政治经济学教研室副教授（1922年）。在巴黎的俄国高等学校通过硕士论文答辩并获政治经济学硕士学位（1929年）。因患有恶性肿瘤逝世。

史料与文献：滨海边疆区国家档案馆：全宗117，目录号1，案卷1，第34页；哈巴罗夫斯克边疆区国家档案馆：全宗830，目录号3，案卷13382，第17页：附照片。

А. Я. 阿福多辛科夫（1904年11月12日出生于拉脱维亚雷泽克，1938年2月3日逝世于莫斯科）。父母在国内战争中牺牲后，被日本人带到东京继续学习，后在哈尔滨法政大学深造。哈尔滨日俄学院与苏联领事馆秘书、翻译。著有关于中国东北经济方面的成果。中东铁路出售后回到苏联（1937年）。

史料与文献：哈巴罗夫斯克边疆区档案馆：全宗830，目录号3，案卷545，第28页；《И. С. 伊尔因》，《新杂志》1965年第80期，第182页；第82期，第211页。

Г. Г. 阿维那里乌斯（1876年12月11日出生于圣彼得堡，1948年春逝世于大连）。毕业于圣彼得堡大学东方系（1900年）和圣彼得堡大学法律系（1901年）。任哈尔滨东方文言商业高等专科学校、哈尔滨法政大学教师，中东铁路管理局秘书（1903—1920年）、中东铁路公司资深通译（1921—1924年）、哈尔滨商务局通译（1925—1933年）。在"满洲国"附属大学教授东亚史课程。在《亚细亚时报》等出版物上发表多篇书刊评介类文章。满洲俄国东方学家学会会员。

史料与文献：哈巴罗夫斯克边疆区档案馆：全宗830，目录号3，案卷3507，第21页；附照片；《纪念Г. Г. 阿维那里乌斯：悼词》，《工大人》1976年第8期，第16页。

Н. П. 阿福托诺莫夫（1885年12月13日出生于顿河省谷梁耶夫卡，1976年6月20日逝世于旧金山）。毕业于新切尔卡斯克顿河神学校和涅任别兹博罗德科公爵历史语文学院（1912年）。自1912年9月起，在中国东北生活。任中东铁路哈尔滨商业学校俄语、斯拉夫语、拉丁语和历史教师（1925年2月27日前）。出席乌苏里边区自然历史研究第一届代表大会（尼科利斯基—乌苏里斯基，1921年）。

任哈尔滨俄国文学与法律科学高级汉语班（1922—1924 年）、哈尔滨第一公共商业学校俄语和文学教师（1925 年），满洲教育学会秘书及其机关刊物《亚洲俄国的教育事业》杂志合作编辑（1912—1923 年）。为满洲俄国东方学家学会会员，并积极参与该会著作的编辑出版工作（从 1913 年起）。任东省文物研究会地方文化遗产研究股秘书。在《满洲教育学会通报》和《亚细亚时报》（1922—1926 年编辑委员会成员）等杂志上发表了大量文章。作为"无国籍人"被商业学校解雇（1925 年 2 月 27 日）。哈尔滨法政大学教师（1927 年）。移居美国前（1939 年），在哈尔滨铁路学院和师范学院教授教学法通论、教育学说与流派史、俄国与欧洲教育史、教学论及语言学导论等课程。日本铁路员工俄语培训班负责人。著有学术成果 300 篇（部），主要研究外国人的俄语教学以及俄国远东与中国东北的教育问题。美国的俄国高等学校会员。

史料与文献：哈巴罗夫斯克边疆区国家档案馆，全宗 830，目录号 3，案卷 259，第 18 页；В. Н. 热尔纳科夫：《Н. П. 阿福托诺莫夫》，1979 年版，35 页，附带照片及成果目录（284 篇文章）；В. Н. 热尔纳科夫：《纪念 Н. П. 阿福托诺莫夫 90 年诞辰》，《俄国生活报》1975 年 12 月 27 日；В. Н. 热尔纳科夫：《纪念 Н. П. 阿福托诺莫夫》，《俄国生活报》1976 年 7 月 2 日；М. М. Г.：《沉痛的一页》，《工大人》1977 年第 9 期，第 105 页。

В. Н. 艾维兹－奥格雷（1871 年 10 月 30 日出生于乌克兰刻赤，1956 年逝世于加利福尼亚南泻湖）。毕业于里加实验中学、莫斯科军事学校，以优异成绩毕业于东方学院日汉语专业（1909 年）。在大学期间，曾荣获银质奖章。符拉迪沃斯托克要塞第 3 炮兵部队大尉，在阿穆尔军区司令部服役，后完成了与 П. Ф. 翁特别尔格总督在鄂霍次克海和阿拉斯加的考察，并采集了关于原住民生活状况的资料。作为总参谋部军官东方学家在德国从事情报工作。俄国驻东京大使馆军事代表（1918—1922 年）。著有多篇文章。

史料与文献：滨海边疆区国家档案馆：全宗 115，目录号 1，案卷 60，第 16 页（艾维兹—奥格雷）；И. 弗兰克恩资料（旧金山）

П. Ф. 亚历山大洛维奇，毕业于东方学院汉满语专业（1910年）。西伯利亚第 24 散兵部队上尉，参加了第一次世界大战。波兰独立后，转调到波兰军队服役，晋升为上校军衔后编入总参谋部序列。波兰驻东京大使馆军事代表（1920—1921 年）。退役后到 1940 年前，在立陶宛帕斯瓦里斯中学做教师。

М. К. 阿列克谢耶夫，北京邮政所所长，从 1909 年起成为满洲俄国东方学家学会会员。

М. С. 阿列克辛（1883 年 10 月 15 日出生于库尔斯克省旧奥斯科尔，1932 年 12 月 17 日逝世）。毕业于奥廖尔压力山德罗斯克实验学校（1902 年），以优异成绩毕业于东方学院日汉语专业，其毕业论文获得金质奖章（1909 年）。堪察加省长特派员。满洲俄国东方学家学会会员。在《俄国滨海边区报》上发表了数篇文章（1922 年），主要研究日本的渔业问题。"柳里兄弟"商店股东和渔业工厂总经理。

史料与文献：滨海边疆区国家档案馆：全宗 115，目录号 1，案卷 17，第 66 页；附照片；Б. А. 伊瓦什科维奇：《1918—1922 年远东的作家学者与新闻工作者》，自由俄国印刷所 1922 年版，第 3 页；联邦安全局滨海边疆区管理局第 П-33577 号未决案件；《哈巴罗夫斯克边疆区记事手册——受害者名单》。网址 http：//lists. memo/ru/dl/f371. htm。

В. Н. 阿林（1905 年 2 月 15 日出生于彼尔姆省切尔登，1945 年逝世于哈尔滨）。与母亲移居哈尔滨（1920 年）。作为自学考生毕业于哈尔滨实验学校（1923 年），毕业于"布拉格"汽车学校（1925 年）。曾做过布景画美术家（1927 年）、东亚汽车公司出租车司机和秘书。动物昆虫学家与民族学家，曾把采集的蝴蝶标本寄往美国。在《哈尔滨地方志博物馆通报》上发表了多篇文章。东省文物研究会与哈尔滨自然科学与人类学爱好者学会活动家，参与完成了布尔热瓦尔斯基研究会组织的考察活动。后因先天性心脏病而死亡。

史料与文献：哈巴罗夫斯克边疆区国家档案馆：全宗 830，目录号 3，案卷 28182，第 19 页。

С. Я. 阿雷莫夫（1892 年 3 月 24 日出生于哈尔科夫州斯拉夫哥

罗德，1948年4月29日逝世于莫斯科）。因参加革命运动被流放西伯利亚（1911年），后流亡国外。曾在上海和哈尔滨生活（1917—1926年）。符拉迪沃斯托克"创作"协会会员（1919年）。在《上海生活报》《东省杂志》等报刊上发表过文章。每日晚报《喉舌报》第一任编辑（哈尔滨）。与 H. B. 乌斯特里亚洛夫共同编辑文学艺术月刊《窗》（哈尔滨，1920年11月第1期、1920年12月第2期）。1926年，返回苏联。

史料与文献：《简明文学百科全书》第1卷，莫斯科1962年版，第167页；O. 索弗诺娃：《不可预知的道路：俄国（西伯利亚、外贝加尔）、中国、菲律宾（1916—1949）》，泽纳书刊印刷总生产公司1980年版，第107页。

А. И. 安多戈斯基（1863年3月8日出生，1931年2月25日逝世于哈尔滨）。出生于诺夫哥罗德省贵族之家，文官秘书之子。毕业于圣彼得堡第二军事中学，以优异成绩毕业于康斯坦丁诺夫斯克第二军事学校，以二等优异成绩毕业于军事法律学院。曾在军法局工作。总参谋部尼古拉耶夫斯克学院最后一任院长，与学院一起先后被疏散到叶卡捷琳堡与喀山。授少校军衔。А. В. 高尔察克军队参谋部军需官。国内战争期间，任符拉迪沃斯托克市长。曾在哈尔滨和上海生活过。反苏联游击队组织策划人。哈尔滨第一实验学校校长。哈尔滨东方文言商业高等专科学校金融与铁路法教研室主任。

史料与文献：俄罗斯国家军史档案馆：全宗409，目录号1，案卷133586（1—7/П. С. 82—214），第39封底页；《哈尔滨东方文言商业高等专科学校的生活》，《在远东》1931年第1期，第86页；《А. И. 安多戈斯基将军在哈尔滨之死》，《新霞光报》1931年3月20日，第3页。

И. 安德烈耶夫，俄文报纸《从东方》编辑—出版者及排字工人（汉口，1895年8月1日第1期，11月1日第4期）。报纸全套保存在俄国皇家地理学会阿穆尔分会图书馆里（哈巴罗夫斯克）。俄国"莫尔恰诺夫与别恰特诺夫"商行职员（汉口）。

史料与文献：《在华出版俄文报纸的尝试》，《阿穆尔边区报》

1896 年第 147 期（10 月 20 日），第 14—16 页。

К. К. 安德鲁辛科（1883 年出生于基辅，1948 年后逝世）。哥萨克之子。毕业于基辅第一商业学校（1908 年）。曾就读于东方学院汉蒙语专业（1905—1910 年，1915 年毕业），修满了全部课程。1948 年 5 月 14 日被逮捕。曾在比尔姆省基泽罗夫斯克区古巴哈市生活过。

史料与文献：《比尔姆省记事手册——受害者名单》。网址http://lists. memo. ru/d2/f61. htm。

Э. Э. 阿涅尔特（1866 年 7 月 25 日出生于诺沃格奥尔吉耶夫斯克要塞，1946 年 12 月 25 日逝世于哈尔滨）。毕业于涅普柳耶夫军事中学（1875 年）、圣彼得堡亚历山大罗夫斯克士官武备学校（1883 年）、圣彼得堡矿业学院（1889 年）。曾在顿涅茨克进行地质勘探工作。阿穆尔铁路矿山地质勘探队高级工程师（1895 年）。与 В. Л. 科玛洛夫经尼科利斯科 - 乌苏里斯基完成了在中国东北的考察（1896 年）。在去符拉迪沃斯托克的路上，在阿穆尔边区研究会做了一场报告：《1896—1897 年在北朝鲜和松花江流域的地质考察及这些国家丰富的矿产资源信息》。从 1898 年起，作为阿穆尔边区研究会会员，在朝鲜继续进行调查（1899 年）。由于发掘了矿物质而被授予布尔热瓦尔斯基奖章（1904 年）。对雅库特省和阿穆尔省的矿产地进行了综合性考察（从 1900 年起）。1917 年，从彼得格勒获得了在符拉迪沃斯托克组建地质委员会的批准（1920 年 5 月 11 日成立），被推选为地质委员会第一任主席。后移居哈尔滨（1924 年 7 月 1 日）。为东省文物研究会成员，多个学术组织的通讯会员，参加过国际会议，进行过田野调查。德国科学院通讯院士（1937 年）。银鼠湾西北角（彼得大帝湾，日本海域）和中国东北生长的家庭豆类作物——阿涅尔特长白棘豆，都是以 Э. Э. 阿涅尔特的名字命名的。

史料与文献：哈巴罗夫斯克边疆区国家档案馆：全宗 830，目录号 3，案卷 73419，第 42 页；《城市编年史：关于 Н. Г. 沃尔科夫报告中谈及他和 Э. Э. 阿涅尔特赴中国东北的考察》，《阿穆尔边区报》1897 年第 208 期（12 月 21 日），第 7—8 页；В. Н. 热尔纳科夫：《Э. Э. 阿涅尔特——俄国远东和北满的学者：逝世 20 周年》，《俄国生活报》，1967年1月8日；Е. 基里洛夫：《不为人知的Э. Э. 阿涅尔特：源于档案研究试作笔记》，哈巴罗夫斯克1993年版，102页。

С. Д. 阿诺索夫（1898年生于沃罗涅日省舍斯托克沃，1938年后去世）。参加了国内战争（1917—1920年），政工人员，俄共（布）成员。曾在沃罗涅日大学（1920—1923年）和国立远东大学农艺系和东方系学习。后在国立远东大学东方系任教，讲授阶级斗争史课程。

史料与文献：滨海边疆区国家档案馆：全宗117，目录号1，案卷132，第9页。

Я. И. 阿拉钦（1878年3月22日出生于沃洛格达，1949年逝世于哈尔滨）。毕业于喀山兽医学院和圣彼得堡考古学院（1907年）。曾在喀山大学医学系学习（1901年）。А. В. 高尔察克政府内务部演出及印刷处处长（1918—1919年），后任西伯利亚哥萨克军队情报处处长。谢苗诺夫阿塔曼特派员（1919年）。国立远东大学图书馆馆员（符拉迪沃斯托克，1920年）。С. Д. 梅尔库洛夫政府部长委员会办公厅主任（1921年）。从1922年起，移居哈尔滨，授课兼编写剧本。从第1期开始，编辑家庭读物——文学艺术类杂志半月刊《巴扬》（1923年4月10日—6月25日）。警察总局公民证登记科办公室主任（哈尔滨，从1924年起），后又任新闻检查员（1933年前）。著有包括译自中文诗歌的诗集。

史料与文献：哈巴罗夫斯克边疆区国家档案馆：全宗830，目录号3，案卷12214，第28页；V. 佩雷莱辛：《侨居中国的俄国诗人（1920—1952）》，海牙1987年版，第84页；刁绍华：《中国（哈尔滨—上海）俄侨作家文献存目》，《俄罗斯人在亚洲》1996年第3期，著述目录：第92—93页（43种）。

Л. В. 阿尔诺里托夫（1894年6月23日出生于沃洛格达，1957年逝世于巴西）。曾在伊尔库茨克中学学习。1912—1913年，在柏林、巴黎和图卢兹生活，并在当地大学听课，后在托木斯克大学法律系和医学系继续深造。从学生时代起发表文章，《伊尔库茨克生活报》撰稿人（1915—1916年）。出版厅某处处长（从1918年10月起），后任 А. В. 高尔察克政府外交部情报处处长。在《俄国军队报》和《霞光报》上刊载文章。离开鄂木斯克后（1919年7月末），移居哈巴罗夫斯克，在《阿穆尔生活报》和《阿穆尔沿岸地区报》报社工作。与此同时，在哈巴罗夫斯克士官武备学校任教。1920年8月在哈尔滨定居，在那里生活了4年半。在哈尔滨的《俄国之声报》《喉舌报》《光明报》《哈尔滨霞光报》上发表多篇文章。移居上海后，任《上海霞光报》编辑。报纸停办后，在中国律师那里打工。在上海出版了几部著作，涉及政论性和中国学方面，最后移居巴西。

史料与文献：上海市政警察局档案：第70卷；上海市政警察局档案：第42卷，第D8149文件夹；В. Д. 日加诺夫：《俄国人在上海》，上海1936年版，无页码；Н. 亚兹科夫：《俄国人在汉口与上海》，《新霞光报》1947年1月21日。

В. К. 阿尔谢尼耶夫（1872年9月10日出生于圣彼得堡，1930年9月4日逝世于符拉迪沃斯托克）。圣彼得堡步兵士官学校毕业后（1896年），在波兰服役。来到符拉迪沃斯托克后（1900年），完成了对俄国远东地区的考察，并收集了大量标本（1906—1927年）。积极参与阿穆尔边区研究会——俄国皇家地理学会滨海边区分会（1903—1930年）与俄国皇家地理学会阿穆尔分会的活动，并主持哈巴罗夫斯克戈罗杰科夫博物馆的工作。在包括国立远东大学在内的机构从事教学工作（从1917年起）。撰写了大量学术成果。

史料与文献：Ф. Ф. 阿里斯托夫：《В. К. 阿尔谢尼耶夫（乌苏里斯基）》，《普通自然地理学》，第32卷，第3—4册，莫斯科1930年版，第208—243页；Б. П. 波列沃依、А. М. 列舍托夫：《В. К. 阿尔谢尼耶夫作为民族学家》，《苏联民族学》1972年第4期，第74—87页；Б. П. 波列沃依：《民族学家С. 波尼亚托夫斯基谈В. К. 阿尔谢尼耶夫》，《远东》1976年第9期，第130—135页；М. М. 塔拉索娃：《В. К. 阿尔谢尼耶夫》，科学出版社东方文献总编室出版社1985年版，343页；М. М. 哈萨诺娃：《民族学家В. К 阿尔谢尼耶夫的道路：未定稿版》，苏联科学院远东分院远东民族历史、考古和民族学研究所1988年版，23页。

А. А. 阿尔汉戈里斯基（1881出生，逝世年逝世地不详）。出生于低级神职人员之家。毕业于阿尔汉格尔斯格教会学校（1903年），以最优异成绩毕业于东方学院汉蒙语专业（1909年）。被派往北京学习汉语知识（1914年）。

И. К. 阿法纳西耶夫（出生年出生地不详，1914年11月9日逝世于哈尔滨）。满洲俄国东方学家学会活动家。在《亚细亚时报》上发表过文章。

С. В. 阿法纳西耶夫（1871年10月30日出生，1939年10月26日逝世于哈尔滨）。毕业于伊尔库茨克中学（1889年）、伊尔库茨克军事学校（1891年）。由于调查成果，被东方学院授予金质奖章（1902年10月17日）。1904年晋升为大尉。参加日俄战争后，晋升为中校。在符拉迪沃斯托克东方学院朝汉语专业就读到四年级时被除名。后向校务委员会递交申请，最终获得最高领导人的批准，被允许于1905年4月参加不发放毕业证书的考试，并给其开据学习经历证明。1905年1月28日，被委任为驻华军事代表一级助理，驻华军事代表（北京，1907—1908年），驻山海卫（译者——今辽阳）军事专员助理（奉天，1909—1910年），俄国驻齐齐哈尔领事馆领事（1910—1918年）。以六等文官身份退役。满洲俄国东方学家学会会员。

史料与文献：滨海边疆区国家档案馆：全宗115，目录号1，案卷85，第20页（С. В. 阿法纳西耶夫）；《1902年10月17日东方学院校务会议记录》，《东方学院学报》1903年第5卷，第XXI—XXII页；《沉痛的一页》，《1941年俄国日历》，哈尔滨1940年版，无页码。

Н. А. 巴依科夫（1872年11月29日出生于基辅，1956年3月6日逝世于澳大利亚布里斯班）。毕业于基辅第二古典中学（1889年），以优异成绩毕业于梯弗里斯军事学校（1896年）。1901年，转入外阿穆尔军区边防警卫队服役，参加了日俄战争。在中国东北生活了14年：采集了大量学术标本，捕猎过老虎，撰写了多篇故事和学术成果。参加过剿匪。俄国皇家科学院通讯科研人员（1907年）。1908

年，因其卓越的学术活动，国土资源部（根据科学院的请求）奖励其一块位于南乌苏里边区的100俄亩土地。第一次世界大战期间，被征调担任上校团长。1918—1919年参加了红军。1920年因感染伤寒被英国人疏散到埃及，后又去了印度。1922年返回了哈尔滨。1934年辞去工作专心于文学创作。1942年5月29日，在哈尔滨举行了隆重庆祝文学创作40周年纪念活动。1956年3月，举家移居澳大利亚。他的许多文艺作品被翻译成日、汉、德、法、英、意和捷克等语。

史料与文献：俄罗斯国家军事历史档案馆：全宗409. ПС 16127—1911、ПС206—950—1914；目录号1，案卷181808；哈巴罗夫斯边疆区克档案馆：全宗830，目录号3，案卷11198，第13页；阿穆尔边区研究会档案馆：全宗 В. К. 阿尔谢尼耶夫（Н. А. 巴依科夫的信件）；胡佛战争、革命与和平研究所图书馆与档案馆：И. И. 谢列布列尼科夫第3文件盒（Н. А. 巴依科夫的信件）；俄国文化博物馆：《中国东北研究者和作家 Н. А. 巴依科夫纪念部》；《悼念自然主义作家 Н. А. 巴依科夫：悼词》，《俄国生活报》1958年7月15日；В. Н. 热尔纳科夫：《Н. А. 巴依科夫》，墨尔本大学1968年版，19页。

А. Н. 巴库列夫斯基（1886年3月12日出生，1979年6月5日逝世于日本横滨）。喀山省世袭贵族之子。毕业于契博克萨雷神学校，以优异成绩毕业于喀山步兵学校，总参谋部学院毕业。参加了第一次世界大战和国内战争。俄国驻日本军事使团工作人员，授上校军衔。日本的俄国民族协会秘书（1932—1945年）。东京大教堂附属"尼古拉—多"外国语学院教授（16年）。日本东正教会图书馆负责人。日本东正教会秘书：服务于大主教伊里涅伊（美国东正教会都主教）、大主教尼古拉、主教阿姆夫罗西（世俗名希特金斯基、阿尔亚斯金斯基）和主教弗拉基米尔。

史料与文献：俄罗斯国家军事历史档案馆：全宗409，目录号1，案卷25685，第1封底页、第2页；Г. И. 切尔特科夫：《隆重悼念 А. Н 巴库列夫斯基：（悼词）》，《俄国生活报》1979年8月9日。

П. П. 巴拉克申（1898年9月22日出生于南乌苏里边区巴拉巴

什，1990年7月29日逝世于加利福尼亚伯克利）。毕业于六年制哈巴罗夫斯克实验学校、莫斯科亚历山大二世军事学校、4个月短期培训班，任军士长。参加了第一次世界大战和国内战争，被授予准尉军衔。1918年6月23日，在中东铁路附属地服役。作为滨海省龙骑兵部队和斯米尔诺夫、沃尔科夫将军军队一员，参加了对抗红军的战斗。在叶卡捷林诺夫卡村作战时，左腿受伤（1919年4月5日）。经符拉迪沃斯托克去了日本，后又来到了上海（1920年）。凭借大学生签证，移居美国并在旧金山生活（从1923年8月）。曾在加利福尼亚大学建筑系学习（伯克利，1926—1929年）。1936年12月，收购《俄国生活报》报社。从1948年3月13日至1951年5月21日，在美国驻汉城历史集团军中服役。1955年5月前，在日本生活，后移居希腊和西班牙。从1965年起，领取退休金。在美国创办了私营出版社《天狼》，并通过它出版了9卷本作品集。

史料与文献：夏威夷大学（檀香山）：《П. П. 巴拉克申收藏品》；《来自元老院的男人 П. П. 巴拉克申：自传（手稿）》；《П. П. 巴拉克申的讣告》，《旧金山纪事报》1990年7月31日、8月1日；《П. П. 巴拉克申：悼词》，《俄国生活报》1990年8月7日，第6页；Д. 斯杰凡：《来自哈巴罗夫斯克的绅士》，《远东》1991年第11期，第6—10页。

А. М. 巴拉诺夫（1865年8月15日出生，1927年1月26日逝世于哈尔滨）。从1898年起，移居哈尔滨。被授予外阿穆尔军区边境护路队骑兵大尉军衔（1907年）、陆军中校军衔（1911年）。外阿穆尔军区司令部司令。蒙古问题专家。1917年前，通过外阿穆尔军区司令部印刷所刊印了自己的著作。东省文物研究会终身会员、博物馆民族学部主任。

史料与文献：《悼词》，《喉舌报》1927年1月26日（第1848期），第3页；М. К. 巴斯汉诺夫：《1917年前俄国军事东方学家：生平词典》，东方文献出版社2005年版，第26—27页。

А. И. 巴拉诺夫（1917年10月17日出生于哈尔滨，1987年2月26日逝世于美国波士顿），И. Г. 巴拉诺夫之子。毕业于哈尔滨法政大学。受 Т. П. 高尔捷也夫和 Б. В. 斯克沃尔佐夫的影响，开始研究自然科学。曾在北京大学植物学专业学习。植物学家（主要研究植物的分类和远东的植物区系）。哈尔滨地方志博物馆科研人员（1950 年前），后在哈尔滨的中国科学院林业与土壤学研究所工作。移居美国后，在哈佛大学及其他学术机构工作从事阿诺德植物园植物标本的采集工作。著有 120 多种学术成果。

史料与文献：А. Н. 巴拉诺娃：《А. И. 巴拉诺夫：悼词》，《朋友之友》1987 年第 27 期（12 月），第 22—23 页。

И. Г. 巴拉诺夫（1886 年 1 月 30 日出生于托博尔斯克省，1972 年 4 月 1 日逝世于哈萨克斯坦阿拉木图）。以优异成绩毕业于符拉迪沃斯托克东方学院汉满语专业（1911 年）。中东铁路汉语翻译与哈尔滨各类学校教师。满洲俄国东方学家学会副主席，《亚细亚时报》杂志联合主编（从 1921 年起）（第 48—52 期）。哈尔滨法政大学编外副教授（从 1924 年起）。在授课过程中，通过了汉语、文学、民族学和中国文化史的考试。在"北满"学院讲授汉语和东北经济地理课程（哈尔滨，1938—1945 年），并从事翻译工作。哈尔滨铁路学院俄文部主任（1939—1945 年）。哈尔滨工学院汉语教研室主任（1946—1955 年），著有 150 多种学术成果。

史料与文献：В. Н. 热尔纳科夫：《悼念 И. Г. 巴拉诺夫：悼词》，《俄国生活报》1972 年 3 月 3 日。

П. К. 别达列夫，自然学家和气象学家。中东铁路职员，著有关于中国的著作。

А. Т. 别里琴科（笔名阿兹布卡）（1875 年 10 月 16 日出生于鲍布罗夫斯克县科兹洛夫卡，1958 年逝世于美国旧金山）。毕业于圣彼得堡大学东方系汉蒙满语专业（1897 年）。俄国驻北京外交使团随团大学生（从 1898 年起）。由于击退义和团对北京公使馆大楼的进攻，被授予圣弗拉基米尔四等勋章（1900 年）。俄国驻汉口领事馆秘书、通译（从 1902 年起）。俄国驻汉口领事馆二等通译（1903—1905 年）。俄国驻杨口（1906—1909 年）、福州（1910—1912 年）、广州（1913—1914 年）领事，俄国驻汉口总领事（1914—1920 年 9 月 23

日），汉口俄国侨协会主席和葡萄牙驻汉口领事（1924—1946年）。在去欧洲的途中，访问了旧金山（1947年）。1948年又回到了美国，并在旧金山定居。

史料与文献：俄国文化博物馆：《А.Т.别里琴科文献收藏品》；《А.Т.别里琴科：悼念朋友：悼词》，《俄国生活报》1958年4月4日；А.С.卢卡什金：《А.Т.别里琴科：悼词》，《俄国生活报》1958年4月11日：О.М.巴奇赤：《А.Т.别里琴科档案：目录》，《俄罗斯人在亚洲》1997年第4期，第308—326页。

Е.А.别尔纳德斯基，在中国海关做助理（北京，从1909年起），满洲俄国东方学家协会会员。

В.В.布隆斯基（1875年1月3日出生于赫尔松州省的尼古拉耶夫，逝世年逝世地不详）。毕业于弗拉基米尔士官武备学校，以优异成绩毕业于亚历山大罗夫斯克第三军事学校（1892年），毕业于符拉迪沃斯托克东方学院（1908年）。第11东西伯利亚部队少尉（从1898年4月18日起）。参加了日俄战争，受伤并残疾。驻奉天军事代表助理（1909—1922年），并被授予上校军衔。作为奉天侨民协会会长，从事社会活动。远东俄国侨民驻奉天领导人（从1925年起）。奉天东正教兄弟会实验学校校长（从1925年起）。1932年3月，因参加霍尔瓦特组织而被日本人逮捕，但很快就被释放。后蓄意反对阿谢苗诺夫塔曼。在满洲俄侨事务局活动初期，极力反对该组织，但在1935年11月又被迫加入该组织。死于侨居中。

史料与文献：滨海边疆区国家档案馆：全宗115，目录1，案卷105，第14页；哈巴罗夫斯克边疆区国家档案馆：全宗830，目录号3，案卷635，第12页；《俄国侨民协会的7年：来自奉天的报道》，《新霞光报》1929年10月19日，第6页。

Г.А.鲍格达诺夫（1885年12月26日出生于维亚茨克省萨拉普尔斯克县涅奇基诺，逝世年逝世地不详）。毕业于萨拉普尔斯克实验学校（1909年），以一等文凭毕业于圣彼得堡大学法律系（1914年），参加了第一次世界大战和国内战争。任А.В.高尔察克最高统帅办公厅副主任和部长委员会办公室主任，中东铁路经济调查局代表

（从 1920 年起），中东铁路商务处契约科科长（1929 年前）。哈尔滨法政大学教师（1928—1937 年），主要讲授铁路商务经营等课程。哈尔滨（中国人成立的）总商会铁路事务顾问（1930—1935 年）。哈尔滨贸易公所职员（1930—1935 年）。著有相关著作（《铁路运输业的法律特性：在中东铁路培训班上讲授的铁路法规讲义摘要》《满洲国的税务改革》），以及在《法政学刊》和哈尔滨的定期出版物上发表了一些文章。

史料与文献：哈巴罗夫斯克边疆区档案馆：全宗 830，目录号 3，案卷 6298，第 70 页；Н. П. 阿福托诺莫夫《十八年中的哈尔滨法政大学》，《法制及文化：哈尔滨法政大学十八年纪念文集》，哈尔滨 1938 年版，第 36 页。

Л. А. 鲍国斯洛夫斯基（鲍郭斯拉夫斯基）（1877 年 8 月 1 日出生于诺夫哥罗德省切尔诺夫斯克县，逝世年逝世地不详），神甫之子。毕业于基里洛夫斯克神学校（1892 年）、圣彼得堡神学校（1898 年）、符拉迪沃斯托克东方学院日汉语专业（1907 年），获银质奖章。德德莫夫的继任者——凯瑟林捕鲸公司经理（1903 年）。为日本战俘做过翻译。俄国驻朝鲜（1911—1917 年？，后者为不确定年）、东京（1912 年）总领事馆随团大学生和翻译。满洲俄国东方学家学会会员，在《亚细亚时报》上刊载过多篇文章。从事东方伦理学和佛教问题研究。

史料与文献：滨海边疆区国家档案馆：全宗 115，目录号 1，案卷 121，第 68 页。

Н. В. 鲍郭雅夫伦斯基（1867 年 4 月 19 日出生于沃罗郭德斯克县卡拉加奇，1945 年 6 月 20 日逝世于美国西雅图），神甫之子。毕业于圣彼得堡大学东方系（1892 年），后任俄国驻伊宁总领事馆秘书（1900—1901 年），俄国驻吐鲁番领事，阿穆尔总督（从 1908 年起）。曾在中国和日本进行考察，研究了远东的贸易状况。最后一任俄国驻西雅图总领事。曾尝试在西雅图开办学校和成立社会团体。被授予圣弗拉基米尔四等勋章（1913 年），以及日本和中国勋章。著有关于中国的著作（《长城外的中国西部地区》，1906 年）。

史料与文献：圣彼得堡国立中央历史档案馆：全宗 14，目录号，案卷 26598；胡佛战争、革命与和平研究所图书馆与档案馆：Н. В. 鲍郭雅夫伦斯基第 1 文件夹（书信集），第 3 文件盒（兰德森收藏品）；《生平履历》，《俄国侨民（1920—1930）：丛刊》，俄国军事书库 1931 年版，第 31—32 页；《阿穆尔总督办公厅官员名录》，《俄国远东管理体制史：文件与资料》，符拉迪沃斯托克 1999 年版，第 114 页。

А. Е. 鲍日科（1905 年 8 月 13 日出生，1970 年 4 月 11 日逝世于美国伯克利）。任哈尔滨法院通译，天津翻译局主任（1935—1936 年）。毕业于斯坦福大学历史语文系。在德国通过博士学位论文答辩。曾在德国和加利福尼亚大学任教。

史料与文献：《А. Е. 鲍日科的逝世：（悼词）》，《俄国生活报》1970 年 2 月 13 日。

А. П. 鲍洛班（鲍洛班－巴拉巴诺夫）（伊尔克列耶夫斯基）（出生年出生地不详，1924 年 10 月逝世于中国）。毕业于符拉迪沃斯托克东方学院（1908 年），完成了在日本的考察（1903 年）。参加了日俄战争，被授予中尉军衔。中东铁路齐齐哈尔商务代办处主任（1913—1916 年），俄国驻库伦总领事。满洲俄国东方学家学会会员。

史料与文献：滨海边疆区国家档案馆：全宗 115，目录 1，案卷 124，第 32 页。

А. А. 鲍洛托夫（1867 年 1 月 28 日出生，1934 年逝世于哈尔滨）。哈尔滨自然学家。东省文物研究会干事会干事。阿穆尔河第三水务段段长。松花江生物水产调查所观测员。

Л. М. 鲍尔霍维基诺夫（1871 年 1 月 5 日出生，1925 年 6 月 11 日逝世于保加利亚哈尔曼里）。毕业于莫斯科步兵学校和总参谋部尼古拉耶夫斯克学院（1898 年）。曾在阿穆尔军区司令部服役，被授予总参谋部上校军衔。皇家东方学家学会阿穆尔分会副主席。参加了日俄战争、第一次世界大战和国内战争。被授予空军少将军衔（1913 年）、海军中将军衔（1917 年）。1920 年，从克里木移居保加利亚。后自杀身亡。著有大量关于亚太地区军事问题的成果。

史料与文献：《1899 年 3 月 9 日 Л. М. 鲍尔霍维基诺夫的〈国外和俄国军队中军官的战术教育〉报告摘要》，《阿穆尔边区报》1899 年第 272 期（3 月 14 日），第 4—6 页；В. В. 克拉维文格：《谁是白匪军和军事反革命分子（1917—1923 年）：百科全书指南》，涅斯托尔 1998 年版，第 20 页；《伟大战争中的俄国军队：草稿卡片匣》。网址 http：//www. grwar. ru/persons/persons. html？id＝380。

鲍尔沙科夫，满洲俄国东方学家学会会员，在《亚细亚时报》上发表过文章。

Н. В. 鲍尔佐夫（1871 年 4 月 26 日出生于维亚茨基省格拉佐夫，1955 年 11 月 25 日逝世于美国伯克利）。毕业于圣彼得堡大学历史语文系。哈尔滨商业学校创办者及第一任校长（1905—1925 年），中东铁路学务处处长，东省文物研究会地方文化发展股股长，《俄国孩子的一天》杂志编辑（1934—1955 年）。移居美国后，在伯克利生活，教授俄语和文学。著有多篇文章。И. В. 库拉耶夫基金董事会主席。

史料与文献：俄国文化博物馆：《Н. В. 鲍尔佐夫文献收藏品》；А. Д. 比利莫维奇：《悼念 Н. В 鲍尔佐夫：悼词》，《俄国生活报》，1955 年 11 月 29 日；В. Ф 布尔加科夫：《俄国境外作家词典》，N. 罗斯出版股份有限公司 1993 年版，第 20 页。

Л. И. 鲍罗多夫斯基（1870 年出生，1906 年 4 月 25 日逝世于圣彼得堡）。研究者和地图制图专家。中尉军衔。在阿穆尔边区研究会作了有关蒙古东南部考察的报告（1892 年 1 月 20、27 日）；阿穆尔边区研究会候补委员（从 1893 年 3 月 4 日起）；财务主任（从 1892 年起）；管理委员会成员（1894 年 5 月 23 日前）。部分收藏品转交给了皇家科学院。移居圣彼得堡后，在财政部工作。以他的名字命名了鲍罗多夫斯基马先蒿属植物燃料。

史料与文献：阿穆尔边区研究会档案：全宗 1，目录号 1，日常事务；С. А. 闻格罗夫：《俄国作家与文者简明生平词典（从俄国形成之初至今）》，艺术印刷品出版社 1915 年版，第 1 卷，第 78 页。

В. К. 布拉日尼科夫（1870 年出生，1921 年 5 月 21 日逝世于东京）。鱼类学家，远东渔场主（哈巴罗夫斯克，从 1898 年起）。对鄂霍次克海、阿穆尔河和萨哈林岛进行了调查（1899—1902 年）。阿穆尔边区研究会会员（1901 年 5 月 20 日）。农业部某处处长，参与了《俄日捕鱼租让合同》（1907 年）的签订。皇家东方学学会阿穆尔分会候补委员，哈巴罗夫斯克博物馆馆长（1908—1910 年）。从 1918 年起侨居日本：东京帝国大学渔业学院教授，讲授"俄国的养鱼业"课程，在东京参加了《俄国远东》杂志的出刊工作。著有鱼类学著作。

史料与文献：《远东毛皮和渔业研究资料》，第 1 册（1919），B. K. 布拉日尼科夫编辑，日俄协会 1920 年版，111 页；《B. K. 布拉日尼科夫：悼词》，《日本之声报》1921 年 6 月 20 日，第 8 页；А. И. 格鲁兹德夫：《海岸线：地图上的名字》，远东科学出版社 1996 年版，第 23、72 页。

С. Н. 布莱洛夫斯基（1861 年 1 月 1 日出生于叶卡捷琳诺斯拉夫斯克省巴甫洛格拉德县萨莫伊洛夫卡，1917 年后去世）。地方志学家、文学史家、民族学爱好者和教育家。毕业于涅任师范学院历史语文系，曾在诺沃哥罗德谢维尔斯克生活，后成为符拉迪沃斯托克中学教师。阿穆尔边区研究会正式会员：1896 年与 Д. И. 久果夫一同研究濒临灭绝的鞑靼人部落（1896 年阿穆尔边区研究会报告，第 7 页）；作了题为《苏图河流域的鞑靼人和中国人》的报告（1896 年 11 月 20 日）；管理委员会成员和博物馆馆长（1896 年）；副主席（1897 年 9 月 10 日推选），对考古学感兴趣，符拉迪沃斯托克民众读书会活动家。在哈巴罗夫斯克的学校任俄语教师及教研部主任（1898—1900 年）。离开远东后，定居在敖德萨和圣彼得堡。

史料与文献：С. А. 闻格罗夫：《俄国作家与学者简明生平词典（从俄国形成之初至今）》，第 2 版，艺术印刷品出版社 1915 年版，第 6 卷，第 162—164 页；Т. С. 舒里基娜：《阿穆尔与萨哈林小民族文化与风俗的俄国研究者（19 世纪末 20 世纪初）》，远东大学出版社 1999 年版，第 71—85 页：著书目录，参考文献。

Я. Я. 卜朗特（1869 年 11 月 9 日出生于萨拉托夫，1946 年 1 月 25 日逝世于北京）。毕业于圣彼得堡大学东方系（1892 年）。1894

年，在内务府就职，后转调到户部工作。中东铁路北京办事处负责人（从 1901 年起）。俄文专修学院资深教授。满洲俄国东方学家学会会员。著有关于中国的著作。

史料与文献：圣彼得堡国立中央历史档案馆：全宗 14，目录号 3，案卷 26490；胡佛战争、革命与和平研究所图书馆与档案馆：《И. И. 谢列布列尼科夫第 3 文件盒》；《满洲俄国东方学家学会会员著作》，《亚细亚时报》1918 年第 47 期，无页码。

В. А. 布拉特措夫，俄国驻哈尔滨和上海总领事馆秘书，满洲俄国东方学家学会会员（从 1909 年起）。

И. С. 布隆涅尔特（1882 年 1 月 14 日出生于敖德萨，1948 年逝世于北京）。第三哈尔科夫中学毕业后，考入圣彼得堡大学东方系汉东方语专业（1901 年），在北京读大学（1907—1911 年），在北京做翻译（1911—1917 年）。北京大学教授。北京的俄国学校日语教师。反共产国际活动家（副主席）。

史料与文献：圣彼得堡国立中央历史档案馆：全宗 14，目录号 3，案卷 39179。

В. Д. 布普诺娃（1886 年 5 月 4 日出生于圣彼得堡，1983 年 3 月 28 日逝世于列宁格勒），以优异成绩毕业于中学（1903 年）。曾在考古学院和美术学校学习（1913—1915 年）。与母亲搬到了日本（1922 年 4 月），参加了许多展览会。主要研究日本绘画，在日本艺术界影响很大。任日本东京早稻田大学俄语和文学教师（1924—1937 年）、东京外语学校教师（1927—1945 年）。1958 年被遣返回苏联，定居在苏胡米和列宁格勒（从 1979 年起）。苏联艺术家协会会员（1959 年）。格鲁吉亚功勋卓著艺术家（1966 年）。在日本出版有俄语教科书及参考书。

史料与文献：И. П. 科热夫尼科娃：《В. Д. 布普诺娃：俄国艺术家在日本》，科学出版社 1984 年版，224 页。

А. Д. 布普诺娃－奥诺（1890 年 3 月 1 日出生于圣彼得堡，1979 年 5 月 8 日逝世于苏胡米），小提琴手和教育家。В. Д. 布普诺娃之妹，曾居于日本（1915—1960 年）。

史料与文献：И. П. 科热夫尼科娃：《А. Д. 布普诺娃－奥诺》，《境外俄国：珍贵的侨民著作——20 世纪 30 年代前：百科全书生平词典》，俄罗斯政治百科全书 1997 年版，第 112—113 页。

П. А. 布德别尔格（1903 年 4 月 8 日出生，1972 年 6 月逝世于美国加利福尼亚阿拉米达）。将军总参谋部 А. П. 布德别尔格海军中将之子。毕业于哈尔滨实验学校（1920 年），曾在国立远东大学东方系学习（1920—1922 年）。伯克利加利福尼亚大学教授（美国）。日本学家—中国学家，学术成果颇丰。去世后被安葬在塞尔维亚人的墓地。

史料与文献：滨海边疆区国家档案馆：全宗 117，目录号 1，案卷 692，第 7 页；А. Р. 索别普：《П. А. 布德别尔格著述目录》，《美国东方学学会杂志》第 94 卷，第 1 期（1974 年 1 月—3 月），第 8—13 页。

П. И. 布尔加科夫（1862 年出生，1931 年 10 月 10 日逝世于美国伯克利）。毕业于奥尔洛夫神学校（1883 年）、圣彼得堡神学院（1888 年），获神学副博士学位。1888—1890 年在圣彼得堡做神学、希腊语、拉丁语、俄语与颂诗教师，伊萨基耶夫斯基大教堂唱诗班教师。贝尔格莱德神学校巡视员助理（从 1890 年起）。中学和东方学院神学课教师（从 1901 年 7 月 21 日起）。被授予神甫神职（1901 年 9 月 16 日）。娶 С. М. 波兹德涅耶娃为妻。俄国驻日本大使馆牧师（从 1906 年起），在俄语学校讲授俄语、文学和颂诗，后在日语学校讲授希腊语。酷爱日本文化，访问了日本的两年制学校。日本军事学院和军事学校俄语教师。1924 年，与妻子移居美国，定居于伯克利，并育有 2 个儿子。伯克利圣赫勒拿岛教区创建人之一。

史料与文献：俄国国家远东历史档案馆：全宗 226，目录号 1，案卷 598，第 74 页；案卷 599，第 168 页；П. В. 什库尔金远东档案（圣保罗，美国）；《П. И. 布尔加科夫牧师在东京》，《远东之星》1910 年第 1 期，第 4 页；I. 塞里塞夫：《大祭司 П. И. 布尔加科夫》，《俄国风云人物影像及简介》，W. C. 彭福出版有限责任公司 1946 年版，第 2 卷，第 2 页、第 14 页；《П. И. 布尔加科夫与世长眠：代替讣告（纪念 П. И. 布尔加科夫逝世）》，《新霞光报》1931 年 10 月 13 日。

С. М. 布尔加科娃（娘家姓波兹德涅耶娃）（1866 年 7 月 21 日出生，1943 年 11 月 4 日逝世于洛杉矶），П. И. 布尔加科夫之妻。曾在日本开办过学校。将几部日文著作译成俄文，Л. Н. 托尔斯泰对其给予了高度评价。丈夫也在她所开办的学校教课。俄国驻日本红十字会妇女主席。伯克利苏俄救助会妇女主席和创办人。去世后，被葬于塞尔维亚科尔姆墓地。

史料与文献：《С. М. 布尔加科娃的逝世：悼词》，《新霞光报》1943 年 11 月 6 日；М. 马尔克齐：《С. М. 布尔加科娃》，《新霞光报》1943 年 11 月 9 日。

Ф. Ф. 布谢（1838 年 11 月 23 日出生于圣彼得堡，1896 年 12 月 28 日逝世于圣彼得堡）。最早对滨海边区的外乡朝鲜人和中国人进行人口普查者之一。南乌苏里边区移民局局长。阿穆尔边区研究会第一任主席（从 1884 年 4 月 18 日起）。阿穆尔边区研究会及俄国和其他国家 10 个学术团体的名誉会员。被俄国皇家地理学会授予康斯坦丁诺夫金质勋章（1897 年，去世后）。撰写有关于东方学的大量著作，但没有被出版。

史料与文献：阿穆尔边区研究会：全宗 Ф. Ф. 布谢；《Ф. Ф. 布谢——远东第一位图书目录学专家：诞辰 150 年：目录索引》，А. А. 西萨穆特迪诺夫编，苏联地理学会 1988 年版，8 页；Т. С. 舒里金娜：《Ф. Ф. 布谢——俄国远东民族学家》，《远东历史、哲学、地理与经济问题》，符拉迪沃斯托克 1968 年版，第 246—250 页；А. А. 西萨穆特迪诺夫：《Ф. Ф. 布谢：生平概述》，阿穆尔边区研究会出版社 1999 年版，56 页。

А. А. 瓦诺夫斯基（1874 年 9 月 11 日出生于莫斯科州切尔尼，1967 年 12 月 16 日逝世于东京）。毕业于第三莫斯科士官武备军校（1893 年），曾在莫斯科技师学校学习。由于参与政治活动而被逮捕（1898 年、1903 年）。参加了第一次世界大战，被授予少尉军衔。在哈巴罗夫斯克服役（1916 年），后被送往日本治病（1918 年）。对哲学、宗教和日本古代文学感兴趣。东京早稻田大学俄语和文学教师。去世后，被葬于东京高野山奥之院公墓。

史料与文献：Н. 杰尔诺夫：《俄侨作家（1921—1972）》，G. K. 公司 1973 年版，第 25 页；И. П. 科热夫尼科娃：《А. А. 瓦诺夫斯基的生平与著述》，《远东问题》1993 年第 5 期，第 171—179 页；第 6 期，第 147—158 页。

П. Ю. 瓦斯科维奇（1876 年 12 月 16 日出生于沃伦州别尔亚耶瓦，1958 年 3 月 29 日逝世于日本神户）。牧师之子。科斯特罗姆第 19 步兵部队一等后备军士官生（从 1897 年 10 月 1 日起）。毕业于团学习班（1898 年 4 月 24 日）。被授予后备军准尉（1898 年 8 月 5 日）。毕业于沃伦神学校（1891 年）、符拉迪沃斯托克东方学院日汉语专业（1903 年）。从 1903 年 7 月 1 日起，任阿穆尔省财政厅职位较高的科长。俄国皇家地理学会会员，研究日本人习俗（从 1903 年 8 月 14 日起）。参加了日俄战争（1904 年 4 月 4 日应征），任团参谋部与总督外交部行军办公室日语翻译（1904 年 4 月 29 日起），外交部官员（从 1906 年 2 月 7 日起）。曾在汉城读大学（1906—1909 年）。萨哈林岛勘界委员会日语翻译（从 1907 年 4 月 14 日起），九等文官（从 1907 年 7 月 1 日起），驻东京翻译官（1911—1917 年），俄国驻大连总领事（1917—1923 年）。退休后，经营牛奶厂。在《亚洲复兴报》（1939 年）和《上海霞光报》（1944 年）上发表了多篇文章，后在日本度过余生。

史料与文献：俄罗斯帝国对外政策档案馆：全宗 ДЛС и ХД，目录号 464，案卷 598（П. Ю. 瓦斯科维奇）；滨海边疆区国家档案馆：全宗 115，目录号 1，案卷 171，第 11 页；俄国文化博物馆：《П. Ю. 瓦斯科维奇收藏品（回忆录）》。

Ф. М. 维别尔（1855 年 11 月 24 日出生，1919 年春逝世于敖德萨）。毕业于总参谋部尼古拉耶夫斯克学院，阿穆尔总督官员。任总参谋部大尉，执行了驱逐在苏昌谷地擅自占有土地者的任务。任总参谋部上校时，按照阿穆尔总督指令，与俄国驻华代办会晤，在中国与朝鲜完成了考察，在汉城与驻北京公使会谈政治与边境问题（1889

年5月18日—7月9日）。任步兵上将。

史料与文献：《步兵》，《符拉迪沃斯托克报》1885年9月22日，第5页；网址 http：//www. regiment. ru/bio/V/243. htm。

К. Ю. 维别尔，中东铁路某科科长（哈尔滨）。满洲俄国东方学家学会会员（从1909年起）。

И. Н. 维列夫金（1880年9月19日出生于库尔斯克州雷尔斯克县普什卡尔那亚，1933年11月逝世于北京）。参加了日俄战争，在中国东北收集情报（1906年3月29日—8月1日）。毕业于马林斯克农业学校（1902年）、符拉迪沃斯托克东方学院（1908年）。满洲里海关工作人员。《哈尔滨日报》主编和秘书。满洲俄国东方学家学会秘书。中东铁路北京俄中学堂教师。受聘为北京大学教授。养蚕业和织造业专家，图书目录编者。

史料与文献：滨海边疆区国家档案馆：全宗115，目录号1，案卷180，第55页；И. И. 谢列布列尼科夫：《我的回忆录：在侨居中（1920—1924）》，我们的知识出版社1940年版，第81页。

И. Н. 维什涅尔（1872年出生，1932年7月21日逝世于哈尔滨）。毕业于里加工学院商业专业，中东铁路职员。曾在哈尔滨法政大学任教。

史料与文献：Н. П. 阿福托诺莫夫：《十八年中的哈尔滨法政大学》，《法制及文化：哈尔滨法政大学十八年纪念文集》，哈尔滨1938年版，第36—37页。

Т. В. 维肯（1884年6月15日出生于叶卡捷琳诺斯拉夫，1951年逝世于菲律宾），任第三符拉迪沃斯克防卫团中尉。作为旁听生毕业于符拉迪沃斯托克东方学院东方语言班（1913年）、东方学院日汉语专业（1920年），俄国驻东京大使馆军事代表，1949年从上海被疏散到图巴包岛集中营。

史料与文献：滨海边疆区国家档案馆：全宗115，目录号1，案卷185，第9页；上海市政警察局档案：第82卷。

维克托尔（世俗名 Л. В. 斯夫亚汀）（1893年8月2日出生于奥伦堡州上乌拉尔斯克县卡拉加尼斯克哥萨克村镇，1966年9月18日逝世于克拉斯诺达尔）。以优异的成绩毕业于奥伦堡神学校，曾在喀山神学院学习。应征入伍（1916 年）。于梯弗里斯军事学校毕业后，被派往高加索前线，成为连队指挥官，参加了俄国国内战争（П. П. 别洛夫与 А. С. 巴基奇将军、А. И. 杜托夫首领部队）。修士（1921 年 6 月 20 日），在符拉迪沃斯托克国立远东大学东方系学习（1921—1922 年），天津教堂大司祭（1922—1932 年），修士大司祭（1929 年），上海的主教（从 1932 年 10 月 21 日起），第 20 届俄国驻华东正教使团团长（1932 年 7 月 14 日大教堂高级僧正）。举办了隆重庆祝俄国驻华传教士团成立 250 周年庆典（1935 年），并出版了文集。大主教（从 1936 年起），后被中国当局逮捕（1946 年 10 月 19 日），传教士团撤销后，将财产移交给苏联驻北京大使馆（1956 年），卡拉斯诺达尔边疆区和库班教区主教（从 1956 年 3 月 31 日起），都主教（1961 年 3 月 20 日）。

史料与文献：上海市政警察局档案：第 82 卷；В. Д. 日加诺夫：《俄国人在上海》，上海 1936 年版，无页码；О. К.：《基督教堂的守卫者：纪念驻中国北京大主教维克托尔举行宗教仪式 20 周年》，《圣赐食粮》1941 年第 12 期，第 28—32 页；С. Л. 齐赫文斯基：《第 20 届传教士团团长——尊敬的维克托尔大主教：苏联驻北京总领事的回忆录》；О. В. 克彬格：《俄国驻华传教士团最后一位任团长——大主教维克托尔：生活之路》，《东正教在远东：俄国驻华传教士团 250 年》，安德烈耶夫父子出版社 1993 年版，第 84—99 页；《维克托尔（斯夫亚汀）》，"俄国东正教"网站，"生平履历"栏目。网址 http//www. ortho-rus. ru/cgi-bin/ps-file. cgi？2 - 2545。

В. П. 维克托拉夫。大尉军衔，符拉迪沃斯托克东方学院第一届毕业生（1908 年），东方学院区翻译预科培训班负责人。

А. К. 维雷姆（1867 年 10 月 29 日出生，1934 年 10 月 29 日逝世于横滨）。毕业于圣彼得堡大学东方系，在东京读大学（1891—1897 年），俄国驻东京大使馆秘书和通译（1898—1909 年），俄国驻横滨总领事（1911—1925 年），俄日贸易关系专家，发表了一些经济领域的文章。

史料与文献：网址 http://www.rusconsul.jp/hp/community/tombs/persons/Yokohama/19340000-Wilm.htm。

Б. И. 沃布雷（1883 年 8 月 2 日出生于波尔塔瓦省康斯坦丁诺夫斯克县，逝世年逝世地不详）。绥芬河站圣尼古拉教堂东正教诵经士（1907 年前），毕业于波尔塔瓦神学校（1904 年）、符拉迪沃斯托克东方学院汉日语专业（1908 年），在萨哈林省和阿穆尔省做翻译。中东铁路管理局职员，满洲俄国东方学家学会会员。参加了第一次世界大战。在日本敦贺做俄语教师（1924—1934 年），乌克兰侨民委员会主席，教授俄国侨民日语，后移居美国，定居于纽约。

史料与文献：上海市政警察局档案：第 82 卷；滨海边疆区国家档案馆：全宗 115，目录号 1，案卷 195，第 32 页；哈巴罗夫斯克边疆区档案馆：全宗 830，目录号 3，案卷 14058。

В. П. 沃德尼科夫（1876 年 3 月 3 日出生于叶尼塞斯克州米努辛斯克边区，逝世年逝世地不详）。毕业于米努辛斯克市学校（1890 年）、阿尔泰矿山工厂学校（1895 年）、斯克兰顿高等矿山学校（美国，宾夕法尼亚州，1910 年）。参加了镇压中国义和团的运动（1900 年）、日俄战争和第一次世界大战，曾受伤。两次投身于中东铁路的建设工作（从 1898 年起，从 1918 年起），银矿矿长、金矿矿长和"笨女人"工厂（股份公司）厂长（1914 年前）。中东铁路扎赉诺尔煤矿矿长，并担任煤矿防火总工程师（1918—1929 年），矿山工程师顾问。从 1929 年起，受私营公司和个人委托，对东三省的矿区开展调查。个人热衷于调查奉天、吉林和黑龙江省的金矿区域。最后两年主要在圣弗拉基米尔学院矿山化学班讲授黄金开采与矿山设计课程。（第 1 封面页）编写了适用于指导初级军官与军士长的工兵作业方面的教科书、爆破作业手册，并著有关中国采金业史的文章。

史料与文献：哈巴罗夫斯克边疆区国家档案馆：全宗 830，目录号 3，案卷 5450，第 38 页。

А. Д. 沃叶依科夫（1879 年 12 月 21 日出生于西姆比尔州塞兹兰斯克县萨马伊基诺，1944 年 5 月 28 日逝世于哈尔滨）。1899 年毕业于圣彼得堡古列维奇中学，1906 年毕业于圣彼得堡大学物理数学系自然科学专业，1903—1904 年在柏林农学院实验室任职，1902 年在塞兹兰大学组建了一所大型俄国苗圃，1914 年成为农业厅园林栽培领域的资深专家。参加过第一次世界大战。1917 年，任萨拉托夫农业学院教师。1919 年，去美国出差，但由于经费不足滞留在符拉迪沃斯托克。1921—1922 年，任符拉迪沃斯托克国立远东大学农学与农业教研室副教授。这段时间他出版了大约 30 部园林栽培和农业经济方面的著作。进行了从哈巴罗夫斯克到符拉迪沃斯托克及周边地区的学术考察。1922—1929 年，担任爱河站中东铁路试验田负责人。1929—1930 年，任"满洲农业"杂志主编，"北满"学院技术植物学教研室教师。作为移民问题协会工作人员，1943—1944 年经营了一个果园并收集了许多栩栩如生的植物标本。一生著述颇丰。

史料与文献：哈巴罗夫斯克边疆区国家档案馆：全宗 830，目录号 3，案卷 40314，第 47 页；远东教育学院年鉴，1921—1922 年，符拉迪沃斯托克 1922 年版，第 14 页；В. С. 斯塔里科夫：《А. Д. 沃叶依科夫》，《哈尔滨地方志博物馆通报》1945 年第 1 期，第 5—13 页，图书编目：第 10—13 页（74 种）；《满载水果的满洲里站》，《边界》1937 年第 26 期（6 月 26 日），第 10 页；Н. И. 伊尔因娜：《道路与命运》，莫斯科工人出版社 1991 年版，第 20—36 页。

В. А. 沃伊洛什尼科夫（1895 年 2 月 10 日出生于赤塔州博尔贾县查干奥卢伊，1938 年 6 月 25 日逝世于符拉迪沃斯托克）。哥萨克的后代。毕业于赤塔师范学校和符拉迪沃斯托克国立远东大学东方系（1928 年），毕业论文题目为《侨民浪潮出现的政治经济因素》。在人民革命军服役（1918—1922 年）。远东共和国军部特别员（1920—1921 年），驻华军事使团参谋（1925—1927 年），哈巴罗夫斯克国民经济学院教研室主任和副教授，哈尔滨中东铁路中等技术学校校长（1931 年 9 月—1933 年 7 月），远东国立大学东方系主任（1932—1937 年，符拉迪沃斯托克）。

史料与文献：滨海边疆区国家档案馆：全宗 117，目录号 1，案卷 941，第 63 页；В. К. 多尼斯科依：《远东国立大学东方系被撤销》，《俄罗斯科学院远东分院通报》1996 年第 1 期，第 104、

105 页。

С. Г. 沃洛郭德斯基（1878 年 10 月 6 日出生于克拉斯诺亚尔斯克县波戈列尔斯克，1940 年后去世），牧师之子，毕业伊尔库斯克神学校（1899 年）、东方学院（1907 年）。作为符拉迪沃斯托克法律刊物的新闻记者，以笔名 C. 布达发表了数篇关于自己在朝鲜生活的文章。20 世纪 20 年代，在哈尔滨的一所苏联中学教授俄语，后移居澳大利亚（20 世纪 30 年代）。《澳大利亚俄侨研究会丛刊》杂志（澳大利亚俄侨研究会非定期机关刊物）编辑（主编 С. Г. 沃罗果斯基，出版者 И. 谢雷舍夫，悉尼：东方出版社，1940 年）。

史料与文献：《定期出版物目录汇编》。网址 http：//orel. rsl. ru/nettext/bibliograf/sv-cat-period-izd. pdf。

Н. Г. 沃洛德琴科（1862 年 11 月 20 日出生于圣彼得堡，1945 年逝世）。毕业于圣彼得堡军事学校（1881 年）、米哈伊洛夫斯克炮兵学校（1884 年）、总参谋部尼古拉耶夫斯克学院（1898 年），参加了第一次世界大战和日俄战争，被授予少将军衔。任驻哈尔滨边防卫士团司令部首长，被授予圣乔治四等勋章及赐圣乔治剑。中俄军事关系专家，满洲俄国东方学家学会会员。1945 年 9 月 24 日被除奸部逮捕。

史料与文献：哈巴罗夫斯克边疆区国家档案馆：全宗 830，目录号 3，案卷 2207，第 15—17 页；《哈巴罗夫斯克边疆区记事手册——遇难者名单》。网址 http；//lists. memo. ru/d7/f230. htm。

И. И. 翁索维奇（1867 年 10 月 10 日出生于明斯克，1944 年 6 月 24 日逝世于旧金山）。毕业于克列缅丘格实验学校，中东铁路管理局职员（哈尔滨），满洲俄国东方学家学会会员（从 1909 年起）。革命前，任职于彼得格勒中东铁路总公司商务咨询处。与此同时，在月刊《俄日协会杂志》编辑部工作，俄日协会的创办者之一。哈尔滨贸易公所秘书（从 1907 年起）。1921 年 9 月返回哈尔滨后，任哈尔滨中东铁路公司商务代表（1930 年 1 月前）。因拒绝领取苏联护照被解职，长时间处于失业状态，不得已靠发表文学作品挣取稿费维持生活。第二次世界大战爆发前不久，移居旧金山，在那里参加了俄国中心的社会活动。在《俄国生活报》上发表了一些文章，著有诗集。

史料与文献：滨海边疆区国家档案馆：全宗830，目录号3，案卷6390，第9页；《И. И. 翁索维奇逝世：悼词》，《新霞光报》1944年6月27日。

A. Н. 沃斯克列森斯基（1879年7月23日出生于圣彼得堡，1930年5月20日逝世于法国马赛）。毕业于圣彼得堡陆海军学校。被授予海军准尉军衔（从1899年9月14日起）、中尉军衔（从1903年4月6日起），被借调到海军总参谋部（从1903年8月18日起），参加了日俄战争（从1904年5月16日起），太平洋舰队司令部信号副官（1904年）。被授予佩戴宝剑和饰带的圣安娜三等勋章（1904年）、圣瑰宝五等日本勋章（1907年）、圣弗拉基米尔四等勋章（1915年）。一级大尉（从1916年6月30日起），驻中国和日本海军军事代表（1906—1917年）。通晓法语、汉语和日语。东京大学教授，娶日本人为妻，将由日本总参谋部编写的多部反映俄日战争的著作译成俄文。

史料与文献：俄罗斯国家海军档案馆：全宗406，目录号9，案卷720（А. Н. 沃斯克列森斯基履历表），第12页；Б. П. 阿普列夫：《与外地来的工作人员在一起》，《言论报》出版社1934年版，第60页。

М. Н. 沃斯特里科夫（1903年出生于萨拉托夫省诺沃-列普诺夫斯克县奥尔洛沃-加伊，1938年11月9日逝世于科雷马）。曾在符拉迪沃斯托克国立远东大学东方系日语专业学习。联共（布）成员（从1930年起），积极参加社会和党务活动。国立远东大学图书馆副馆长（从1937年3月起）。1937年8月14日被逮捕，被判处20年劳改营改造，后被平反。

史料与文献：В. К. 多尼斯科依：《远东国立大学东方系被撤销》，《俄罗斯科学院远东部通报》1996年第1期，第98—99页。

В. П. 弗拉迪（1871年7月25日出生于圣彼得堡，逝世年逝世地不详）。从1893年7月起，从事文学及学术活动，动物学家、东方民族学家和植物学家。1898年，在阿穆尔河上完成了第一次考察，《西伯利亚思想》杂志编辑。曾在普提雅廷岛居住过，在《符拉迪沃斯托克报》上刊登了几篇文章。创办了一所西伯利亚和远东博物馆（圣彼得堡涅瓦大街 84 号，80 号住宅）。到 1908 年，大约发表了 300 多篇文章，出版了 40 多部著作和小册子。

史料与文献：《大事记》，《远东》1908 年 7 月 12 日（第 152 期），第 3 页；С. А. 闻格罗夫：《俄国作家与学者简明生平词典（从俄国形成之初至今）》第 2 版，艺术印刷品出版社 1915 年版，第 153 页；С. Ю. 李坡什茨：《俄国植物学家：传纪词典》，第 2 卷，莫斯科自然试验者协会出版社 1948 年版，第 190 页。

В. В. 加戈里斯特罗姆（1883 年出生，逝世年逝世地不详）。毕业于圣彼得堡大学东方系，在北京实习（1907—1909 年）。俄国驻喀什（1910—1911 年）、广州（1913—1915 年）领事馆通译，俄国驻上海领事馆秘书（1916—1917 年）。八等文官，被授予圣安娜三等勋章。中国驻海拉尔外交委员会俄国事务参谋（1920 年后），东省文物研究会活动家。在《东省文物研究会杂志》上刊发过文章。俄罗斯苏维埃联邦社会主义共和国驻中国东北特派员助理。

А. И. 加里切夫（加里奇）（1879 年 3 月 12 日出生，逝世年逝世地不详）尼科利斯克村农民之子。毕业于布拉戈维申斯克中学（1900 年）、符拉迪沃斯托克东方学院。曾在哈尔滨和天津生活过。东方文言商业高等专科学校日语讲师（哈尔滨），东省文物研究会会员，日中经济关系专家，撰写过著作。从事翻译工作。1947 年从天津被遣返回苏联。

史料与文献：滨海边疆区国家档案馆：全宗 115，目录号 1，案卷 213，第 65 页。

И. И. 加巴诺维奇（中文名何邦福）（1891 年 7 月 21 日出生于圣彼得堡，1983 年 1 月 27 日逝世于澳大利亚）。以一等文凭毕业于圣彼得堡大学历史语文系（1913 年），参加了第一次世界大战。复员后，来到了堪察加（1918 年），成为堪察加省政府成员，堪察加省驻符拉迪沃斯托克全权代表。阿穆尔边区研究会和国立远东大学地方志研究会会员（符拉迪沃斯托克，1924 年）。从 1925 年起移居中国，曾在上海教书，同时在俄文和外文报刊上发表了一些关于俄国远东的文章。北京国立清华大学历史学教授（从 1931 年起），讲授了大约 20 年的古代史和俄国史课程，出版了几部历史学著作：有关历史综合论和古亚细亚族问题，关于古亚细亚族的著作手稿在战争中被焚毁。全家移居澳大利亚后，定居于堪培拉（从 1953 年起），任堪培拉大学俄语教师。1964 年退休后，迁居悉尼，在那里撰写了自己的回忆录，并在《新杂志》上刊载了一些片段。后病逝于堪培拉的曼利区医院。

史料与文献：В. Н. 热尔纳科夫：《И. И. 加巴诺维奇教授》，墨尔本大学 1971 年版，7 页：附照片。

А. Е. 格拉西莫夫（出生年出生地不祥，1933 年逝世于哈尔滨）。经济学家，中东铁路经济调查局职员，东省文物研究会活动家，著有关于中国经济问题的多部著作。

М. Ф. 格弗特列尔。俄国驻上海副领事，满洲俄国东方学家学会会员（1909）。

Г. К. 金斯（1887 年 6 月 15 日出生于诺沃格奥尔季耶夫斯克，1971 年 9 月 25 日逝世于美国伯克利）。毕业于圣彼得堡大学（1909 年），粮食部资深法律顾问（1917 年）。1918 年春，任鄂木斯克工学院民法教研室客座教授，西伯利亚政府成员。1920 年 1 月移居哈尔滨，在哈尔滨法政大学授课。与 В. М. 波索欣共同开办了一个"俄满图书贸易"书店，出售侨民文献，任《俄国评论》杂志主编。在中东铁路工作：中东铁路公司总务处长、稽核局长兼教育机构委员会主席（1921 年—1926 年）。从 1923 年至哈尔滨市政改组前，任哈尔滨自治公议会会长，哈尔滨自治公议会董事会主席与条例和处罚起草委员会主席。1929 年 4 月 23 日，在巴黎高等学校通过了题为《水法》的硕士论文答辩。哈尔滨法政大学关闭后（1937 年），在哈尔滨商业学院任教。1941 年 6 月 30 日移居旧金山儿子处，并在那里从事各种社会、学术和新闻记者活动。

史料与文献：哈巴罗夫斯克边疆区档案馆：全宗号 830，目录号 3，案卷 4459；俄国文化博物馆第 65 号收藏品（第 11 盒）；Н. П. 阿福托诺莫夫：《十八年中的哈尔滨法政大学》，《法制及文化：哈尔滨法政大学十八年纪念文集》，哈尔滨1938年版，第15—36页；Н. П. 阿福托诺莫夫：《悼念 Г. К. 金斯教授：悼词》，《俄语》1971年第92期，第40—43页；《悼词》，《美国的俄国高等学校丛刊》1972年第6卷。

М. А. 金才（1900年7月12日出生于哈尔滨，1992年9月11日逝世于澳大利亚）。企业家。毕业于中东铁路商业学校（1912年），曾在东方学院学习，1918—1922年在符拉迪沃斯托克国立远东大学东方系汉语专业学习。在澳大利亚度过余生，著有回忆录。

史料与文献：滨海边疆区国家档案馆：全宗115，目录号1，案卷243，第16页。

П. М. 格拉迪（1885年12月24日出生于乌克兰，1971年12月逝世于莫斯科）。毕业于托木斯克大学医学系，曾在符拉迪沃斯托克东方学院学习，中东铁路医生，满洲俄国东方学家学会会员。《亚细亚时报》主编（1915年）。1921年被遣送回国。

М. Д. 格列波夫。土壤学家和农学家，中东铁路职员。东省文物研究会活动家，撰写过著作，从哈尔滨移居上海。

Н. Д. 格列波夫（1882年5月8日出生于梁赞州斯科比诺，1939年6月14日逝世于哈尔滨）。毕业于梁赞神学校、莫斯科大学三年制法律专业、基辅军事学校（1902年）、符拉迪沃斯托克东方学院汉满语专业（1912年），驻华军事专员及阿穆尔军区司令部通译。满洲俄国东方学家学会、东方学学会阿穆尔分会会员。参加了第一次世界大战，任团长，被授予圣格奥尔吉勋章。1918年移居中国东北，任绥芬河站中学校长（1920—1927年），后在哈尔滨的陀思妥耶夫斯基中学、东方文言商业高等专科学校、圣弗拉基米尔学院、基督教青年会学院和"北满"学院教课。参谋部特种指挥部官员（从1936年起）。因心脏病发作而死亡。

史料和文献：А. М. 布亚科夫：《东方学院军官毕业生：岁月与命运》，《远东国立大学东方学院学报》1999年第5期，第103页、114页：照片；《悼词》，1939年第157期（6月15日），第4页。

В. Е. 戈鲁兹多夫斯基（1877年3月19日出生于切尔尼戈夫州科

泽利措，1934年逝世于基辅）。毕业于切尔尼戈夫中学（1895年）、圣弗拉基米尔大学物理学数学系自然科学专业（基辅，1900年）。由于政治原因，处于被警察监控状态（1903—1906年）。阿穆尔边区研究会博物馆的守旧者（1907年1月19日至1908年1月1日），将收藏品摆放得井然有序。符拉迪沃斯托尔商业学校自然科学教师（从1908年11月12日起）。符拉迪沃斯托克师范学院解剖学、人体生理学、植物学和地理学课程教师。为指定乡公所学校培训学校工作人员的六周教导员班拟定系列国学课程的负责人（从1920年5月起）。不止一次地在边区内进行巡游和考察，也到过日本。地区学方法论者之一，在符拉迪沃斯托克К. Д. 乌申斯基国立师范学院授课（从1921年起）。任国立远东大学教师（从1923年起）、副教授（1925年8月23日—1926年）。因健康问题，移居基辅。以他的名字命名了穆拉维耶夫-阿穆尔斯基半岛上的一个海湾（如今的间湾）。

史料与文献：Н. И. 别列兹金娜：《В. Е. 戈鲁兹多夫斯基》，阿穆尔边区研究会出版社1999年版，4页。

Н. В. 戈鲁霍夫（1880年10月18日出生于圣彼得堡，1957年后逝世于苏联）。毕业于亚历山大一世加特契纳学院和圣彼得堡生物实验室高等学校生物专业，从圣彼得堡移居中国东北（1909年8月3日）。满洲农业学会哈尔滨实验养蜂场工作人员。参加第一次世界大战后，任中东铁路制图员（1921—1925年），在中东铁路三河地区从事农业（从1926年起）和养蜂业（从1930年起）。满洲俄国东方学家学会、东省文物研究会、自然地理学研究会会员。发表了几篇关于土壤学和农业经济方面的文章。后被遣返回苏联，在赤塔州做养蜂人。

史料与文献：哈巴罗夫斯克边疆区国家档案馆：全宗830，目录号3，案卷29485，第38页。

М. П. 郭洛瓦切夫（1893年6月26日出生于叶尼塞斯克，1956年12月8日逝世于旧金山）。毕业于莫斯科的梅德维德尼科夫中学。在莫斯科大学法律系毕业后，任鄂木斯克法院诉讼代理人助理。后毕业于莫斯科考古学院，被派到新罗西斯克大学准备国际法领域的教授职称（1915 年）。论文答辩通过后，受聘为编外副教授（1917 年），后受聘为鄂木斯克大学教授（1917 年）。国内战争期间，曾在西伯利亚生活，任西伯利亚地方政府部长（1918 年）、鄂木斯克政府外交部副部长。经哈尔滨来到符拉迪沃斯托克后，受聘为国立远东大学国际法教授，讲授俄国法规史课程。任西伯利亚政府外交部部长（符拉迪沃斯托克，1922 年 10 月）。作为西伯利亚地方主义思想家，在哈尔滨发行了《西伯利亚问题》杂志，兼任《公报》编辑。哈尔滨东方文言商业高等专科学校的创办人之一，并在那里讲授国际法课程。圣弗拉基米尔学院校长和教授（1934 年）。1935 年 9 月由于参加政治活动，被日本当局从哈尔滨驱逐。迁居上海后，从事律师职业，并发行了《侨民思想报》（1936—1937 年）。经菲律宾（1949 年），移居美国（1950 年）。

史料与文献：上海市政警察局档案：第 73 卷；哥伦比亚大学（美国）：《М. П. 郭洛瓦切夫文献收藏品》；《哈尔滨圣弗拉基米尔学院的创办》，《圣赐食粮》1934 年第 11 期，第 21—22 页；《从满洲国驱逐出境》，《亚洲之光》1935 年第 12 期，第 44 页；А. 扎郭尔斯基：《隆重悼念 М. П. 郭洛瓦切夫教授：悼词》，《俄国生活报》1956 年 12 月 20 日；М. В. 科尔仁科：《悼念 М. П. 郭洛瓦切夫教授：悼词》，《俄国生活报》1957 年 1 月 11 日。

Н. Л. 关达基（1860 年 8 月 8 日出生于莫斯科，1946 年 6 月 5 日逝世于哈尔滨）。以优异成绩毕业于莫斯科大学法律系和物理学数学系后（1887 年），成为一名中学教师。在乌拉尔和西伯利亚进行田野考察后，出版了几部著作。参加了在巴黎召开的世界展览会，并在史前考古学和人类学国际会议上作了报告。在环球旅行期间，访问了印度、中国、日本和美国。1891 年后，以自己的考察成果为依据出版了几部学术著作，并因此而获得了俄国皇家地理学会和皇家科学院的金质奖章。阿穆尔总督特派员（1893 年）。研究了本地居民的生活习俗后，被派遣至楚科奇，被任命为区长。返回哈巴罗夫斯克后，任移民局局长。曾在阿穆尔边区研究会作了学术报告（1893 年）。相继任托博尔省长（1906 年）、托木斯克省长（1908 年）。西伯利亚与远东调查阿穆尔考察队长。后任皇宫御马监。最后一任阿穆尔总督（从1911年起），无军衔。皇家东方学学会阿穆尔分会的创始人和名誉主席（1911年）。1917年被逮捕。被释放后，移居哈尔滨，任中东铁路地亩处处长。房产主公会及满洲俄国东方学家学会主席（哈尔滨）。

史料与文献：俄罗斯国家历史档案馆：全宗1284，目录号47—1911，案卷11（《关于任命四等文官宫廷高级侍从关达基为阿穆尔总督的委任书》），第125页；俄罗斯国家远东历史档案馆：全宗702，目录号1，案卷275（《阿纳德尔县长Н. Л. 关达基的报告呈文》）；《御马监Н. Л. 关达基治理阿穆尔边区5周年》，《皇家东方学学会阿穆尔分会丛刊》1915年第3册，第I—X页；《Н. Л. 关达基对俄国学术的贡献（以Н. Л. 关达基被选举为俄国皇家地理学会阿穆尔分会名誉会员为依据）》，无出版地，无出版年，23页；哈巴罗夫斯克边疆区国家档案馆：全宗830，目录号3，案卷80，第39页；涅斯托尔：《Н. Л. 关达基的墓地》，《圣赐食粮》1946年第6、7、8期，第47—49页：附带照片；《悼念Н. Л. 关达基》，《自由之声报》1947年5月18日；Н. А. 日哈列夫：《关于马尔科沃居民、教师、地方志历史学家、民族志学家А. 齐亚奇科夫的故事（1840—1907）》，图书出版社1992年版，第7—159页；Н. И. 杜比妮娜：《阿穆尔总督Н. Л. 关达基》，哈巴罗夫斯克1997年版，208页。

Т. П. 高尔捷也夫（1875年7月30日出生于圣彼得堡，1967年4月28日逝世于比利时乔利蒙）。出生于圣彼得堡外科医学院药理学教研室副教授之家。毕业于苏梅实验学校（1894年）、新亚历山大里斯克农业与园艺学院（1894—1898年）。一级农学家，曾在哈尔科夫县地方自治机关工作，萨拉托夫州地方自治机关土壤学家（1900—1907年），涅尔琴斯克实验学校（1907—1909年）、尼科利斯克—乌苏里斯基女子师范学校（1909年7月—1915年8月）教师。在滨海边区研究了朝鲜的种稻、养蚕业与草本植物的结构，并收集了一些植物标本。俄国皇家地理学会乌苏里分会的创建人之一，阿穆尔总督农业会议成员。由于参与庆祝罗曼诺夫王朝300年的展览会获得了金质奖章（哈巴罗夫斯克，1913年），在展览会上展示了施肥对植物成长的生理学影响，被授予圣斯坦尼斯拉夫及圣安娜三等勋章。亚历山大一世沃罗涅日农学院总花匠（1916—1918年）。1918年1月，回到尼科利斯科－乌苏里斯基后，在女子师范学校和铁路中学继续教授自然科学课程（1918—1922年）。乌苏里边区自然历史研究第一次代表大会参加者。因积极帮助俄国移民，被日本当局强制驱逐到农村。1945—1967年，在哈尔滨博物馆工作。

史料与文献：哈巴罗夫斯克边疆区国家档案馆：全宗830，目录号3，案卷5829，第49页；А. 乌普申斯基：《让荒漠变成绿洲……：Н. К. 列里赫院士在呼伦贝尔草原的考察》，《边界》1934年第43期（10月20日），第4—6页；В. Н. 热尔纳科夫：《Т. П. 高尔捷也夫》，奥克兰（加利福尼亚）1974年版，第46页；И. 科兹洛夫：《Т. П. 高尔捷也夫在滨海省的活动：诞辰90周年》，《俄国生活报》1965年2月24日；《Т. П. 高尔捷也夫的过去学生们：悼念俄国学者：悼词》，《俄国生活报》1972年4月27日；С. О. 阿维那里乌斯：《Т. П. 高尔捷也夫》，《朋友之友》1985年第22期（5月），第19页。

С. И. 郭尔亚伊诺夫（1877年6月5日出生于刻赤，逝世年不详，逝世于塔夫里达州叶尼卡）。恰克图小市民之子。毕业于特洛伊茨科萨夫斯克阿列克谢耶夫学校（1895年），因参与学生罢课，被符拉迪沃斯托克东方学院开除（1903年）。1910年，获东方学院毕业证，曾在旅顺生活。受聘为尼科利斯科－乌苏里斯基师范学校教师。阿穆尔学区派驻哈尔滨代表（1917年）。

史料与文献：滨海边疆区国家档案馆：全宗115，目录号1，案卷271，第36页。

В. В. 格拉维（1880年出生于圣彼得堡，1930年2月25日逝世于奉天）。毕业于圣彼得堡亚历山大罗夫斯克法政学校。阿穆尔边区外交部全权代表。Н. Л. 关达基阿穆尔考察队员。俄国驻北京大使馆一级秘书（1912年5月—1917年）。宫中低级侍从，五等文官，被授予圣弗拉基米尔四等勋章。满洲俄国东方学家学会会员。道胜银行官员，哈尔滨驻北京联分公司经理（1921年后），撰写了几部关于远东的著作。其图书和档案可能保存在美国夏威夷大学。

史料与文献：《俄国在中国东北和中国的文学与教会生活（1920—1952）：V. 佩雷莱辛回忆录》，海牙1996年版，第64—65页。

А. И. 戈拉日丹采夫（1899年出生于伊尔库茨克州乌索利耶，可能于1954年逝世于纽约）。曾在哈尔滨生活。毕业于哈尔滨法政大学经济专业（1927年），并留校从事学术工作，受聘为法政大学政治经济学教研室编外副教授（从1933年起），曾在南京大学工作。移居美国后，被美国当局（麦克阿瑟首席情报官威洛比）猜疑为苏联间谍。用俄语和英语撰写了关于亚太地区经济方面的著述。日本、朝鲜和台湾社会经济问题专家。太平洋国际关系研究所科研人员，并在那里撰写了学位论文《近代朝鲜：日本统治下的经济和社会发展》（1944年）。获哥伦比亚大学哲学博士学位（1945年）。第二次世界大战后，任美国驻东京占领军司令部工作人员（盟军最高指挥官），并对深谷市开展了社会学调查。获得了洛克菲勒基金的支持，从而保障了研究的顺利进行。耶鲁大学东方学（远东研究）客座研究员（1948—1949年）。在纽约度过了余生，任联合国秘书处翻译。

史料与文献：И. 弗兰基恩资料（旧金山）。

А. В. 格列本希科夫（1880年7月29日出生于喀山，1941年10月1日逝世于列宁格勒）。毕业于喀山实验学校（1899年），以优异成绩毕业于东方学院汉满语专业，并留满语教研室准备教授职称（符拉迪沃斯托克，1907年）。在中国东北进行了学术考察（从1907年7月1日起），在喀山大学历史语文系听课（1910年），后在圣彼得堡大学继续语音学教学法的实训。凭借论文《语言学导论》，被授予一等毕业证（1911年10月14日）。任东方学院教师（从1912年起）、校长（1917年）。满洲俄国东方学家学会和阿穆尔边区研究会会员。阿穆尔边区研究会博物馆成立25周年文集编辑策划者（1915年9月30日）。1919年国立远东大学组建方案起草委员会成员（符拉迪沃斯托克，1919年），国立远东大学客座教授（1920年8月24日）。

国立远东大学东方系主任，主讲满语语法、满语句法、满语会话及书面语、东亚经济地理、语言学导论等课程（1920—1925年）。国立远东大学/远东国立大学蒙古学与满学研究室主任。国家地理学会符拉迪沃斯托克分会会员（1924年），全俄东方学学会远东分会主席，曾在中国东北地区进行考察（1927年9月15日—10月16日），为远东边区经济杂志"语言学"栏目撰写文章，国立远东大学地方志研究会会员。国立远东大学停办后，迁居列宁格勒（1930年），一段时间内生活无保障。获语文学博士学位（1939年2月5日，没有进行答辩）。东方学研究所科研人员（1935—1941年），著有80余种成果。

史料与文献：滨海边疆区国家档案馆：全宗115，目录号1，案卷274，第37页；东方学研究所圣彼得堡分所档案：全宗75，（全宗A. B. 格列本希科夫），目录号1，案卷113；全宗75，目录号2，案卷1（生平资料），第2页；俄罗斯国家历史档案馆：全宗702，目录号1，案卷949（《1914年与俄国毗邻的中国东北吉林省边境地区管控方案》，A. B. 格列本希科夫教授起草）；俄罗斯国家远东历史档案馆：全宗P—289，目录号2，案卷326（A. B. 格列本希科夫）。

E. B. 格列国里。第1东西伯利亚射击炮兵旅中尉。毕业于符拉迪沃斯托克东方学院汉语东方语专业并获银质奖章（1910年）、总参谋部尼古拉耶夫斯克学院。满洲俄国东方学家学会会员。在《亚细亚时报》上发表过文章。阿穆尔军区司令部军事统计处通译（从1910年起），被派到中国东北北部地区锻炼汉语会话及文学能力（1913年）。第一次世界大战和国内战争的参加者。曾在北京生活，后受聘为奉天军事学院教授。1920年末，任张作霖元帅司令部炮兵教官，后以自杀方式结束生命。

史料与文献：П. П. 巴拉克申：《在华的终结》，第1卷，天狼出版社1958年版，第249页；A. M. 布亚科夫：《东方学院军官毕业生：岁月与命运》，《远东国立大学东方学院学报》1999年第5期，第111页。

M. П. 戈里郭利耶夫（1899年11月7日出生于外贝加尔省梅尔夫，1943年7月16日逝世于大连）。毕业于赤塔男子中学（1918

年)、赤塔军事学校炮兵专业,被授予下级准尉(1918年),后又毕业于赤塔日语翻译军事培训班。日本军事使团翻译和少尉(从1920年起)。从1920年起,在东京生活。文集《在东方》的编辑—策划者(日本俄侨协会出版物)。日本总司令部军事学校俄语教师(1921—1938年)。移居大连后,在南满铁道株式会社弘报课工作,在杂志《东方评论》和报纸《时代报》上发表了文章,翻译了许多日文成果。

史料与文献:А. М. 瓦诺夫斯基:《М. П. 戈里郭利耶夫:(悼词)》,《东方评论》1943年第6期(7—9月),第185—194页。

П. А. 戈里涅维奇(1888年1月16日出生,一说为1899年,出生于波多利斯克州杜波沃耶,1941年10月24日逝世)。牧师之子。西伯利亚社会革命联盟党党员(1919—1923年)。国内战争期间,积极参加政治活动。毕业于符拉迪沃斯托克东方学院(1920年)、国立远东大学社会科学系(1924年)。国立远东大学东方系教师,后在莫斯科的一所大学中工作。获历史学副博士学位(1935年12月27日,无业)。苏联大百科全书第一版作者之一(关于中国的条目)。

史料与文献:滨海边疆区国家档案馆:全宗117,目录1,案卷1343,第6页;М. И. 卡扎宁:《П. А. 戈里涅维奇》,《亚非民族》1965年第3期,第234—235页;Я. В. 瓦西里科夫、А. М. 戈里什娜、Ф. Ф. 别尔切诺克:《被镇压的东方学——1920—1950年代遭受镇压的东方学家》,《亚非民族》1990年第4期,第116页;С. Д. 米利班德:《1917年以来国内东方学家生平词典》,科学出版社1995年版,第1册,第336页:著述目录。

Б. Л. 戈罗姆布切夫斯基(1855年1月15日出生于科夫诺州,1926年夏逝世于华沙)。毕业于华沙步兵学校(1875年),参加了撒马尔罕远征(1878年),任军民管理局官吏(从1880年起)。由于调查喀什的成果,被授予银质勋章(1885年)和俄国皇家地理学会金质奖章。因功绩被授予上校军衔(1896年5月14日)。阿穆尔省边境警官(从1896年7月23日起)。经布拉戈维申斯克周游日本,以及中国(1897年)。任关东州民政部警官(从1899年8月26日起)。

用波兰语撰写了回忆录。(《为俄国—华沙服务：狼的祈祷》，1926年。)

史料与文献：俄罗斯国家历史档案馆：全宗1，目录1，案卷4328，第11页；《Б. Л. 戈罗姆布切夫斯基：传记》，《符拉迪沃斯托克报》1899年第44期（10月31日），第11—12页；Б. Л. 戈罗姆布切夫斯基。网址http://dic.academic.ru/dic.nsf/ruwiki/290458。

В. Ф. 格罗谢（1868年5月26日出生于库尔兰州，1931年10月6日逝世于上海）。曾在杰尔普特大学（塔尔图）学习，毕业于圣彼得堡大学东方系（1892年），在北京实习（1894—1896年）。俄国驻天津领事馆秘书（1896—1898年），俄国驻烟台副领事（1900—1902年），俄国驻洋口领事馆秘书（1903—1905年），俄国驻横滨（1906—1908年）、上海（1911—1920年）总领事，实职文职参谋，被授予圣弗拉基米尔四等勋章和圣安娜宝剑，俄国侨民委员会（1927—1931年）、上海法律协会（1928—1931年）主席。后因心脏破裂而亡。曾撰有关于中国和日本的报告。

史料与文献：俄罗斯帝国对外政策档案馆：全宗529（1911—1916年），目录号491，案卷1860，第28—30、40页；圣彼得堡中央国家档案馆：全宗14，目录3，案卷26292；胡佛战争、革命与和平研究所图书馆与档案馆：《文献信息检索系统，第48文件盒》；俄国文化博物馆：《В. Ф. 格罗榭收藏品：关于他的生平、活动及逝世的资料》，手稿，无作者；И. 申布里科夫：《悼念В. Ф. 格罗榭：悼词》，《上海霞光报》，1932年10月9日；В. Д. 日加诺夫：《俄国人在上海》，上海1936年版，无页码。

Б. 古里耶夫，满洲俄国东方学家学会会员，在《亚细亚时报》上发表过文章。

А. Я. 古特曼（笔名А. 刚）（1873年出生，1933年后去世）。经济学家、新闻记者和报纸编辑。曾在日本生活（1920年7月2日），发行了报纸并参与政治活动，在德国度过余生。巴黎《复活报》驻柏林通讯员（1933年前）。

史料与文献：Б. А. 伊瓦什科维奇：《1918—1922年远东的作家、

学者与新闻工作者》，"自由俄国"印刷所1922年版，第21—22页。

Ф. Ф. 达尼棱科（1875年8月7日出生于普里卢克县杜博夫加伊，1946年后逝世）。曾参加日俄战争，任滨海省管理局科长。在符拉迪沃斯托克以走读的方式通过了课程考试（1907年），以优异成绩毕业于东方学院汉满语专业（符拉迪沃斯托克，1911年）。阿穆尔省农业长官。从1918年起，在哈尔滨生活。任中东铁路商业学校英语教师（哈尔滨，1919—1928年），哈尔滨东方文言商业高等专科学校创办人之一与教师（1925—1940年）。通过了题为《中国文化起源》的论文答辩，受聘为副教授（1940年）。积极参加乌克兰侨民组织的活动（从1920年起），任文化教育科负责人，在《亚细亚时报》上发表了几篇文章，日本军事使团第二处工作人员。1945年10月3日被苏军逮捕。1946年12月4日，被判处10年劳改营改造。1993年9月20日被平反。

史料与文献：俄罗斯国家远东历史档案馆：全宗1，目录号1，案卷3112（关于滨海省管理局），第28页；滨海边疆区国家档案馆：全宗115，目录号1，案卷305，第11页；哈巴罗夫斯克边疆区档案馆，全宗830，目录号3，案卷11798；《按名字说出所有人：殉难者名册（从姓名首字母А到К）》，А. П. 拉夫伦佐娃、Т. Г. 别斯巴洛娃、О. В. 拉德琴科，哈巴罗夫斯克1998年版，第189页。

Е. В. 达尼叶尔，满洲俄国东方学家学会活动家、主席。中东铁路管理局局长对华交涉专员。从事翻译工作。

史料与文献：俄国文化博物馆：《Н. В. 鲍尔佐夫收藏品（第146号文件，第2盒）：Е. В. 达尼叶尔的信（1925—1929年）》。

А. 德久尔（1876年10月14日出生于沃伦省斯拉乌塔，1936年12月15日后逝世于满洲里）。曾任科尔夫斯克铁路车站站长，В. К. 阿尔谢尼耶夫考察队成员（1908年）。从1922年起，在哈尔滨生活。东省文物研究会会员，在中国东北从事自然科学研究。"满洲俄侨事务局"考古学、博物学与人种学研究青年会会员。从1930年起失业，死于狩猎中。

史料与文献：哈巴罗夫斯克边疆区档案馆：全宗830，目录号3，案卷6382，第1—2页；《学术大事记：悼念老朋友 И. А. 德久尔》，《满洲博物学家》，"满洲俄侨事务局"考古学、博物学与人种学研究青年会出版社1937年版，第49页；А. 茹科夫：《В. К. 阿尔谢尼耶夫的朋友》，《太平洋之星报》1992年8月27日；А. А. 西萨穆特迪诺夫：《科尔夫斯克站主人的命运》，《符拉迪沃斯托克时代报》1995年8月11日。

Г. Н. 吉气（1881—1961）。获中等教育文凭。参加了俄国国内战争，在 А. В. 高尔察克和 Т. М. 谢苗诺夫部队作战。路标转换派分子。乌苏里铁路驻哈尔滨商务代办和中东铁路经济调查局主任。东省文物研究会会员。在从欧洲学术考察的返回途中滞留于莫斯科。处于非法处境的迪吉去了布拉戈维申斯克，并从那里跑到了哈尔滨。"Г. Н. 吉气从苏联出逃是极其重大的事情。值得一提的是，在这段时间，Г. Н. 吉气中断了与白色运动的关系，转而投向了苏联方面，从而在中东铁路谋取了显要的职位。"（1929年，《新霞光报》）1930年，移居法国。著有关于中国经济问题的多项成果。

史料与文献：《在红白间摇摆：Г. Н. 吉气从莫斯科逃往哈尔滨》，《新霞光报》1929年8月22日，第3页；《侨民、路标转换派分子和新难民》，《新霞光报》1931年3月21日，第4页；《政治侨民——不是我们的道路：Н. В. 乌斯特里亚洛夫致 Г. Н. 吉气的信（1930—1935）》，《历史档案》1999年第1期，第20—211页；第2期，第92—126页。

К. И. 德米特里耶夫（1872年4月生人，出生地及卒年卒地不详）。1892年毕业于奥洛涅茨中学，1894年毕业于莫斯科军校。在帝王禁卫军中服役4年。1903年以优异成绩毕业于东方学院汉蒙语专业。1902年其论文《旅顺地区考察研究》获得银质奖章。应 А. П. 波兹德涅耶夫的邀请成为国民教育部职员，主要负责搜集关于中国国民教育的信息。在北京、上海和哈尔滨俄中银行工作。

Н. Н. 多布罗维多夫（1867年1月2日出生于哈巴罗夫斯克，1947年后去世）。毕业于布拉戈维申斯克神学校和圣彼得堡大学两年制东方系，在北京学习了4年汉语。在阿穆尔沿岸地区和滨海边区讲授汉语课程（1893—1896年）。阿穆尔总督办公厅翻译（14年）。满洲俄国东方学家学会会员。作为翻译参加了日俄战争，任哈尔滨秋林公司中国部通译。后逝于侨居中。

史料与文献：哈巴罗夫斯克边疆区档案馆：全宗830，目录号3，案卷71983，第2页。B. И. 那达罗夫：《寄往编辑部的信（评论）》，《远东报》1900年3月12日，第3页。

И. А. 多布罗夫斯基（1877年出生于波多利斯克省卡缅涅茨，1920年3月22日逝世于哈尔滨）。毕业于符拉迪沃斯托克东方学院汉满语专业。日俄战争期间，任第3军团司令部翻译。获文凭后，在哈尔滨定居，与A. B. 司弼臣等创办了中文版俄国报纸。《亚细亚时报》杂志第一任编辑，满洲俄国东方学家学会创办人之一。在哈尔滨的学校从事汉语教学工作，后任《远东报》主编助理（1909—1916年）。与此同时，为其他一些俄文报纸撰稿，著有关于中国的多篇文章。哈尔滨最古老的报纸《哈尔滨日报》（1903年6月10日发行，从1917年12月起更名为《铁路员工报》，从1918年1月1日起更名为周报《满洲日报》，主要关注政治、经济、文化和职业与劳动生活趣谈），任其最后一任编辑（从1917年4月13日起）。1920年3月11日，由于И. А. 多布罗夫斯基自杀（用枪自杀）结束生命，该报停办。

史料与文献：滨海边疆区国家档案馆：全宗115，目录号1，案卷329，第36页。Б. А. 伊瓦什科维奇：《1918—1922年远东的作家、学者与新闻工作者》，"自由俄国"印刷所1922年版，第23页；И. Г. 巴拉诺夫：《И. А. 多布罗夫斯基：悼词》，《亚细亚时报》1922年第48期，1册，第3—5页。

А. А. 多布罗霍托夫。律师和中国学家。满洲俄国东方学家学会会员，"满洲俄国侨民事务局"第三处职员，中国诗歌翻译者。1945年被逮捕，并被遣送回苏联。

Н. М. 多布罗霍托夫（1876年11月12日出生于托木斯克，1946年11月16日逝世于哈尔滨）。毕业于托木斯克神学校和托木斯克大学4年制法律系，《伊尔库茨克生活报》（1918年）、《呼唤报》

(1918年)发行者。西伯利亚国内战争活动家，曾在哈尔滨生活，符拉迪沃斯托克地方自治会成员。在《东省杂志》和《中东经济月刊》上刊登了有关中国经济问题的文章，多年在哈尔滨贸易公所任秘书。

史料与文献：哈巴罗夫斯克边疆区国家档案馆：全宗830，目录号3，案卷13225；《在哈尔滨》，《新霞光报》1947年2月5日。

В. В. 多尔别热夫（1873年2月3日出生于弗拉季高加索，1958年5月9日逝世于旧金山）。毕业于弗拉季高加索中学（1893年）、圣彼得堡大学东方系汉满蒙语专业（1897年）。俄国驻库伦总领事馆通译（1898—1900年）。俄国驻吐鲁番（1905年）、乌里雅苏台（1906—1909年）、塔城（1910—1920年）领事。曾在北京生活，俄国侨民委员会秘书（1945年12月前），同时兼职外语教师。1951年7月，移居美国。

史料与文献：圣彼得堡国立中央历史档案馆：全宗14，目录号3，案卷30046，第66页；В. В. 多尔别热夫：《回忆录》，加利福尼亚1994年版，70页。

Г. И. 多尔（杜利亚、多利亚）（1876年1月23日出生于库班省阿纳帕，1931年9月12日逝世于大连）。助祭之子，编入哥萨克阶层。毕业于叶卡捷琳诺达尔斯克神学校（1893年）、斯塔夫罗波尔神学校（1899年），以优异成绩毕业于东方学院日汉语专业（符拉迪沃斯托克，1905年）。圣彼得堡大学编外副教授。俄国驻奉天总领事馆通译（1912—1917年？，后者年份不确定）。八等文官，被授予圣斯塔尼斯拉夫三等勋章。娶信仰东正教的日本人为妻，多尔死后其妻将档案带到了日本。

史料与文献：滨海边疆区国家档案馆：全宗号115，目录号1，案卷341，第49页。

И. И. 多姆布洛夫斯基。东方学经济学家。东省文物研究会活动家。在《亚细亚时报》和《满洲经济通讯》上发表过多篇文章。

А. А. 季雅科夫（1876年出生，逝世年逝世地不详）。毕业于圣彼得堡大学东方系，曾在北京实习（1903年）。驻库伦（1903年）、伊宁（1905年）翻译官。俄国驻伊宁总领事馆秘书（1906—1912

年）。俄国驻伊宁（1913—1916 年）、乌鲁木齐（1916—1917 年？，后者年份不确定）领事。七等谋士，被授予圣安娜三等勋章。新疆远东俄国侨民全权代表（20 世纪 20 年代），曾做过翻译。

Д. А. 季雅科夫（1884 年 11 月 6 日出生，1929 年 12 月 14 日逝世于莫斯科）。教育家，中东铁路学务处处长。月刊《满洲教育学会通报》编辑委员会成员（哈尔滨，1922 年第 1—6 期）。完成了在美洲和欧洲的考察，后返回苏联。1929 年被逮捕。著有关于中国东北教育与文化的文章。

史料与文献：В. Ф. 布尔加科夫：《俄国境外作家词典》，N. 罗斯出版公司 1993 年版，第 50 页；"记事簿"学术信息与教育中心档案。网址 http：//lists.memo.ru/d11/f453.htm。

И. А. 季雅科夫（1891 年 11 月 14 日出生于塔姆波夫省捷姆尼科夫斯克县吉沙雷，1969 年 8 月 22 日逝世于塔姆波夫省莫尔尚斯克）。毕业于杰姆尼科夫斯克高等初级学校、圣彼得堡师范学院（1912 年），后毕业于圣彼得堡大学 3 年制历史语文系，后进入符拉迪沃斯托克东方学院学习。在叶卡捷林诺夫卡和尼科利斯科-乌苏里斯基女子中学（1921 年）教书。俄罗斯岛上的女子师范学校创办者与校长（从 1921 年起）。杂志《生活的清晨》的编辑—出版者，并在其上刊载了自己的作品和在中国内地、西藏、泰国、印度和马来西亚考察的报告（1925—1927 年、1937—1940 年）。任北京传教士团发行的《基督徒之路》杂志的编辑（1927 年），三河学校督学。出版了几部中国学领域的著作。在《上海时代报》《哈尔滨时代报》和《侨民之声报》等报纸上发表了文章。曾在哈尔滨生活，后在上海做教师，后被遣送回苏联。

史料与文献：上海市政警察局档案：第 72 卷；滨海边疆区国家档案馆：全宗 117，目录号 1，案卷 1635，第 9 页；哈巴罗夫斯克边疆区国家档案馆：全宗 830，目录号 3，案卷 49518，第 50 页；В. Ф. 布尔加科夫：《俄国境外作家词典》，N. 罗斯出版公司 1993 年版，第 50 页；《生活的清晨：文化艺术杂志》，编辑—出版者 И. А. 季雅科夫，符拉迪沃斯托克，1921 年第 1 期（具体日期不确定），第 2 期（6 月 15

日）；塔姆波夫图书馆门户网址 http：//www.tambovlib.ru/？id = tambovlib.day&date = 14 - 9 - 1801；《И. А. 季雅科夫（1881—1969）》，俄国境外作家与宗教活动家，俄国境外的宗教活动：文献目录，网址 http：//zarubezhje.narod.ru/gi/d-007.htm。

И. Ф. 久科夫（1872年1月5日出生于特维尔州，逝世年逝世地不详）。农民出身。第13东西伯利亚射击部队准尉。作为旁听生毕业于符拉迪沃斯托克东方学院朝—汉语专业（1908年）。参加了日俄战争，任第1军总军需官情报局翻译、局长（从1904年3月起），符拉迪沃斯托克市政府人员，被授予上尉军衔，后退役。符拉迪沃斯托克周报《劳动发展报》编辑。栏目设置："1. 朝鲜人感兴趣的朝鲜、日本和中国及其他国家当前问题的文章；2. 外国信息；3. 朝鲜及其邻国大事记；4. 翻译与转载其他报纸和杂志上的文章。"

史料与文献：俄罗斯国家历史档案馆：全宗1，目录号2，案卷2185（关于朝鲜报纸的发行），第13页；滨海边疆区国家档案馆：全宗115，目录号1，案卷344，第20页（И. Ф. 久科夫）。

М. Н. 叶尔硕夫（1886年8月1日出生，1938年后逝世）。毕业于喀山神学校，获硕士学位（1911年），留校准备教授职称。通过了题为《马勒伯朗士哲学中的神意识》的论文答辩。喀山大学哲学史教研室编外副教授、客座教授（从1916年起）。符拉迪沃斯托克历史语文大学教授、第一任校长（从1918年起），国立远东大学副校长（从1920年起），并讲授"现代哲学重要学派概述"课程。来到中国后，在中国高等学校继续授课。开设过"18—19世纪俄国文化与哲学"课程（北京大学，1922—1923年）和"西欧和俄国教育学及学校工作现状"课程（北京女子师范学院）。哈尔滨师范学院和法政大学教授，讲授了哲学、教会法及"当代中国国民经济"课程（1926—1934）。曾在《东省杂志》上刊发过文章。后被遣送回国，可能被镇压。

史料与文献：东方学研究所圣彼得堡分所：全宗96，目录号1，案卷102（关于М. Н. 叶尔硕夫教授著作的评论）；滨海边疆区国家档案馆：全宗117，目录号6，案卷13，第13页；Н. П. 阿福托诺莫夫:《十八年中的哈尔滨法政大学》,《法制及文化:哈尔滨法政大学十八年纪念文集》,哈尔滨1938年版,第38页;О. В. 萨梅洛娃:《关于 М. Н. 叶尔硕夫著作〈东西方之今昔——在历史阐释中"东西方"问题的基本条件〉的序言》(书中摘录),《俄罗斯科学院远东分院通报》1992年第3—4期,第159—160页。

А. П. 叶辛科(1902年9月17日出生于克拉斯诺亚尔斯克州巴塔尔巴申斯克,1938年4月25日逝世于符拉迪沃斯托克)。参加了国内战争。毕业于莫斯科东方学研究所中国部(1927年)。苏联驻上海总领事馆职员(1927—1928年),莫斯科东方劳动者共产主义大学教务长(1929—1931年)。远东国立大学副教授,主要讲授中国经济课程。符拉迪沃斯托克远东国立大学校长助理(从1935年起)。联共(布)成员(从1930年起)。国立远东大学党委会秘书(1936年)。1937年6月28日被逮捕。

史料与文献:滨海边疆区国家档案馆:全宗 П—1,目录号3,案卷135,第47—57页;В. К. 多尼斯科依:《远东国立大学东方系被撤销》,《俄罗斯科学院远东分院通报》1996年第1期,第97—98页。

И. И. 扎夫罗茨基(1884年8月18日出生于波多利斯克省巴尔塔县戈洛瓦涅夫斯克,逝世年逝世地不详)。毕业于敖德萨阿纳尼耶夫斯克中学(1905年),在新罗西斯克大学听完了历史语文系第一学期的课程后(1906年),转入东方学院,并于1910年毕业于该校满汉语专业。以后备军士官生身份在滨海省龙骑兵队伍服兵役,后在中国海关税务司工作。

В. Н. 热尔纳科夫(1909年8月8日出生于鄂木斯克,1977年2月15日逝世于美国奥克兰)。毕业于隶属于奥克萨科夫中学的实验学校(哈尔滨,1926年),后进入哈尔滨法政大学经济专业学习。滨江省立博物馆职员(从1932年起)。获得文凭后(1937年),在"大陆科学院"博物馆工作。17年内,任基督教青年会哈尔滨自然地理学研究会秘书及其出版物编辑。滨江省立文物研究会(从1932年起)和隶属于伪满洲国国务总理大臣直接管辖的大陆学院博物馆(从

1938年起）职员。中国科学院发布了 В. Н. 热尔纳科夫的考察结果（1960年）。哈尔滨工学院教师，多年讲授中国经济地理课程，并受聘为运输经济系副主任（1946—1952年）。举家迁往澳大利亚（1962年）。到达墨尔本后，成为墨尔本自然主义学家俱乐部职员，进行了多次考察并收集了许多收藏品。在美国度过余生。

史料与文献：哈巴罗夫斯克边疆区国家档案馆：全宗830，目录号3，案卷11457，第33页；Н. П. 阿福托诺莫夫：《В. Н. 热尔纳科夫从事学术研究活动40年》，《哈尔滨商业学校》1969年第9期，第49－57页；《沉痛的一页：悼词》，《工大人》1977年第9期，第106页；А. С. 卢卡什金：《纪念 В. Н. 热尔纳科夫逝世半周年》，《俄国生活报》1977年8月27日；N. V. 齐瑟曼：《В. Н. 热尔纳科夫》，墨尔本大学1986年版，19页：著述目录166种。

В. Д. 日加诺夫（1896年4月1日出生于哈巴罗夫斯克，1978年10月16日逝世于澳大利亚）。狩猎队前高级士官及乌苏里铁路职员家庭出身。以志愿兵身份参加了第一次世界大战（1914年）。被授予上尉军衔。任"敢死队"连长，后参加了国内战争。1922年春，在堪察加做临时工，并在那里组织了远东第一次大罢工。1925年被逮捕。轮船停靠在日本时，跳栏板逃跑。从1925年起，在上海生活。上海俄国境外历史档案馆主席（从1936年起）。移居至澳大利亚后，发行了杂志《逝去的景象》。曾打算再版自己的著作《俄国人在上海》。

史料与文献：А. А. 西萨穆特迪诺夫：《В. Д. 日加诺夫的"白俄侨民忏悔"》，《新杂志》1996年第197卷，第312—316页。

Н. В. 日仁（1884年12月2日出生于萨拉托夫，逝世年逝世地不详）。小市民之子。毕业于塔什干实验中学（1901年）。以翻译身份参加了日俄战争（1904—1905年）。毕业于东方学院日汉语专业（1907年）。在符拉迪沃斯托克任道胜银行职员。在哈尔滨任中国海关职员（从1910年起）。

А. Н. 扎尼科夫斯基（1880年11月2日出生，逝世年逝世地不详）。七等文官谋士之子。毕业于托木斯克神学校、东方学院日汉语专业（1908年）。学习期间，经常从事翻译工作。被太平洋舰队舰长授予银质奖章（1904年10月）以及四等优秀军人勋章。未完成东方学院朝鲜语专业学习（1908年）。符拉迪沃斯托克市东方印刷物检察官。

史料与文献：滨海边疆区国家档案馆：全宗115，目录号1，案卷378，第57页。

В. Г. 泽别尔里赫（1906年出生，1985年逝世）。毕业于中东铁路哈尔滨实验学校并获金质奖章（1925年）。哈尔滨法政大学东方经济系毕业后（1930年），留汉语教研室教授课程（1936年前）。一等毕业论文被出版。德国驻奉天领事馆工作人员（1937年），后移居德国，并在那里从事东方学书刊评介工作。

史料与文献：Н. П. 阿福托诺莫夫：《十八年中的哈尔滨法政大学》，《法制及文化：哈尔滨法政大学十八年纪念文集》，哈尔滨1938年版，第39页；陈元主编：《W. 泽别尔里赫（1906—1985）：东亚学者与图书馆员》，柏林州立图书馆1998年版，125页。

А. В. 伊万诺夫（1878年2月28日出生于基辅，1936年逝世于哈尔滨）。毕业于圣彼得堡亚历山大罗夫斯克士官武备军校（1894年）、林业学院（1899年）。林务员助理（1899—1902年），低级林积测定员（1902—1903年），林务员和林业检查员（1903—1913年），乌苏里哥萨克军队林务员（1913—1917年），营林学家，"大哈尔滨"园林处处长。著有几部关于中国东北森林的学术著作。东省文物研究会会员。

史料与文献：哈巴罗夫斯克边疆区国家档案馆：全宗830，目录号3，案卷3522，第6—7封底页。

В. Н. 伊万诺夫（笔名菲尼科博士）（1888年11月7日出生于科斯特罗姆，1971年10月9日逝世于哈巴罗夫斯克）。毕业于科斯特罗姆中学（1906年）、圣彼得堡大学（1911年）。参加过第一次世界大战。曾在鄂木斯克、符拉迪沃斯托克和哈尔滨的报社工作。1922年，迁居到 Г. М. 谢苗诺夫和 С. Д. 梅尔库洛夫的统治区域。《公报》主编。曾在天津生活。天津中国学学会（后来被称为中国研究会）

创办人之一（1935 年秋），中国学杂志《华俄月刊》第一主编（1936 年 3 月出刊第一期），《我们的道路》报纸主编。从 1931 年起，加入苏联国籍。因持亲苏立场，1936 年 5 月转入《中国先驱报》工作（1937 年 10 月 12 日前），在《每日资讯报》上刊载过文章（1936—1937 年），后任《我的杂志》总编（从 1937 年 11 月 7 日起）。在上海《祖国之声》广播电台上发表过演讲。1945 年 2 月返回苏联，在哈巴罗夫斯克生活，从事文学创作活动。苏联作家协会会员。

史料与文献：О. 施特恩：《关于远东的作家》，《喇叭茶：文化艺术选集》，"梅尔库里"印刷所 1931 年版，第 1 册，第 184—186 页；《远东作家：生平资料》，图书出版社 1973 年版，第 98—102 页；《В. Н. 伊万诺夫（1888—1971）：文献目录》，《西伯利亚的俄国文学（1917—1970 年）：图书目录索引》，新西伯利亚 1977 年版，第 2 册，第 136—138 页；Н. 马克西莫夫：《履行誓言：В. Н. 伊万诺夫诞辰 90 周年》，《远东》1978 年第 6 期，第 138—150 页。

И. Е. 伊万诺夫（1861 年 7 月 19 日出生于诺夫哥罗德省，逝世年逝世地不详）。出生于士兵家庭。毕业于 4 年制莫斯科士官武备军校（1878 年），以优异成绩毕业于莫斯科士官学校（1880 年）。第一东西伯利亚射击部队大尉（从 1900 年 5 月 6 日起）。被授予中校军衔（1904 年 12 月 6 日）。参加了日俄战争，受伤后被授予圣格奥尔吉四等勋章。符拉迪沃斯托克东方学院旁听生（从 1907 年 8 月 23 日起）。满洲俄国东方学家学会会员。

史料与文献：滨海边疆区国家档案馆：全宗 115，目录号 1，案卷 410，第 10 页。

Л. А. 伊万诺夫（笔名 А. 凯萨罗夫）（1885 年 2 月 4 日出生于波尔塔瓦，逝世年逝世地不详）。毕业于第一哈尔科夫中学（1903 年），以优异成绩毕业于东方学院汉满语专业（1909 年）。学习期间，从事新闻记者和戏剧活动。满洲俄国东方学家学会会员，在《亚细亚时报》上发表过文章。后在基辅圣弗拉基米尔大学继续学业。

史料与文献：滨海边疆区国家档案馆：全宗 115，目录号 1，案卷411，第30页。

И. С. 伊尔因（1885年9月14日出生于莫斯科，1981年1月29日逝世于瑞士沃韦）。Н. И. 伊尔因娜与 О. И. 伊尔因娜父亲。毕业于海军士官武备学校（1907年）。电工工程师。曾在炮兵部队服役，任 А. В. 高尔察克部队上校。符拉迪沃斯托克梅尔库洛夫政府电报通讯社社长。哈尔滨民族类报刊撰稿人。后移居中国东北。《俄国之声报》撰稿人。哈尔滨日俄学院俄语教师（从1926年4月1日起）。因有"护国主义倾向"，被日本军校开除（1942年8月）。

史料与文献：《中国（哈尔滨—上海）俄侨作家文献存目：在定期出版物上发表的文章和著作目录》，北方文艺出版社2001年版，第65页；哈巴罗夫斯克边疆区国家档案馆：全宗830，目录号3，案卷17973；И. С. 伊尔因娜：《道路与命运》，莫斯科工人出版社1991年版，第546—566页。

Н. И. 伊尔因娜（1914年5月19日出生于圣彼得堡，1994年1月19日逝世于莫斯科）。И. С. 伊尔因之女，与母亲和妹妹移居哈尔滨（1920年2月1日）。毕业于哈尔滨基督教青年会中学（第4届）、三年制东方文言商业高等专科学校（1932—1935年），精通英语、法语和满语。英国商学院教师。1934年6月，《哈尔滨时报》评选她为"职业小姐"。1936年12月，移居上海。从1937年2月起，在《上海霞光报》工作。《新生活报》和《上海集市》杂志撰稿人。1948年1月，被遣返回苏联，在喀山生活，从事速记工作。毕业于莫斯科文学创作学院（1953年）。苏联作家协会会员。在亚利桑那大学授课了两个月（1989年）。

史料与文献：哈巴罗夫斯克边疆区国家档案馆：全宗830，目录号3，案卷15830；И. 斯特罗耶娃：《希特勒分子在上海》，《新霞光报》1946年7月10日。

Ф. Е. 伊尔亚申科（1887年出生，1938年4月9日逝世于哈巴罗夫斯克）。被授予上尉军衔，曾在东方学院学习，参加了第一次世界大战。哈巴罗夫斯克阿穆尔军区司令部军事统计处低级通译（1917年）、符拉迪沃斯托克美国远征队司令部翻译（1918年11月—1920

年1月)。从1920年2月起,任滨海省地方自治机关远东临时政府陆海军司令部侦察处特务长。曾作为以阿卡列夫为首的外交使团成员被派往北京,之后在赤塔、哈巴罗夫斯克红军部队服役,曾在伊尔库茨克和莫斯科生活。被授予少校军衔。1937年6月17日被捕,20世纪90年代初被平反。

史料与文献:《红军部队中的镇压》。网址 www.rkka.ru/handbook/personal/repress/major.htm。

英诺肯提乙(世俗名 И. А. 费古罗夫斯基)(1863年2月22日出生于叶尼塞斯克省,1931年6月15日逝世于北京)。出生于叶尼塞斯克教区牧师家庭。曾在托木斯克神学校学习,中断了两年后在圣彼得堡神学院继续学习(1888—1892年)。1890年,他剃度为僧侣,并取法号为英诺肯提乙。圣彼得堡神学校校长(1894年)。驻北京第18届俄国传教士团团长(从1896年10月3日起),在英诺肯提乙的保护下,传教士团在1900年义和团运动期间未被洗劫。1902年6月3日任主教。为帮助在日俄战争中的俄国伤员,在哈尔滨成立了中国东正教会(1903年2月23日),创办了《中国东正教会通报》杂志(1904年3月25日发行第1期),发行了《中国福音报》杂志。力求实现传教士团自主权,开办了商业企业,扩大了传教活动。1917年,传教士团的资本达到了约1百万金卢布。北京传教士团在北京有两个修道院(女子和男子)、22个管区、21所学校、1所中等宗教学校和1处养老院。去世后埋葬在殉教者大教堂里。

史料与文献:《驻华东正教传教士团团长英诺肯提乙履行大主教圣职身份20年》,《圣赐食粮》1927年第8期,第29—30页;《德高望重的北京都主教英诺肯提乙逝世》,《圣赐食粮》1931年第8期,第29—31页;《中国东正教会大主教、传教士团团长英诺肯提乙逝世周年纪念》,《中国福音报》纪念专刊,1932年第4期(6月),第38页;《中国福音报》,1931年第5—6期(6—7月),39页;《中国福音报(1685—1935年):俄国驻华东正教传教士团成立250周年纪念文集》,传教士团出版社1935年版,145页;《隆重纪念都主教英诺肯提乙》,《中国福音报》1935年第3期,第27—32页;А. С. 伊巴托娃：《庆祝俄国驻华传教士团成立250周年（1935年）》，《东正教在远东：俄国驻华传教士团250周》，安德烈耶夫父子出版社1993年版，第74—84页。

伊里纳尔赫（世俗名 И. С. 施曼斯基）（1873年出生于诺夫哥罗德省，逝世年逝世地不详）。毕业于卡契孤儿院（1892年），曾在诺夫哥罗德神学校学习（1895—1897年），1897年为修士。俄国驻朝鲜传教士团团长，收集了有关朝鲜的博物文献资料，并将其转赠给符拉迪沃斯托克的东方学院（1918年）。

史料与文献：费奥多西（Ф. И. 别列瓦洛夫）：《1900—1925年俄国驻朝鲜传教士团存在的第一个25年》，Н. 基克洛维奇牧师印刷所1926年版，第97—103页。

М. И. 卡扎宁（1899年2月12日出生于赫尔松州克里沃罗格，1972年逝世）。毕业于8年制男子商务学校（1917年），曾在国立远东大学东方系学习（1917—1920年），但未能毕业，后在德国生活。毕业于伦敦大学东方学院（1927年），1927—1937年任大学教师。两次被镇压。著有大约50种成果。

史料与文献：《祖国史》，超文本。网址 http://www.emc.komi.com/03/10/006.htm；http://lists.memo.ru./d15/f14.htm。

А. А. 卡姆科夫（1868年出生于喀山，可能于1937年后去世）。毕业于喀山大学法律专业（1889年）、亚历山大罗夫斯克军事法律学院（1896年），通过了喀山大学硕士考试。1900—1902年，参加了八国联军侵华。1912年6月7日起，任阿穆尔军区法院军事法官。1913年被授予少校军衔。符拉迪沃斯托克法院刑法厅厅长（1920年）。国立远东大学刑法教研室副教授（1921—1923年）。哈尔滨法政大学教师（1926年）、秘书（1929年）和系副主任（1930年）。1937年被遣返回苏联，后遭到镇压。

史料与文献：Н. П. 阿福托诺莫夫《十八年中的哈尔滨法政大学》，《法制及文化：哈尔滨法政大学十八纪念文集》，哈尔滨1938年版，第39页；《哈尔滨法政大学史：教授与分大学关闭后散在世界各地的教师与毕业生》,《新霞光报》1938 年 3 月 17 日;《伟大战争中的俄国军队:草稿卡片匣》。网址 http://www.grwar.ru/persons/persons.htm? id = 3718; http://www.memo.ru/memory/samara/sam-10 - 1. htm。

А. Я. 康托洛维奇 (1896 年出生于圣彼得堡,可能于 1937 年逝世)。积极参加十月革命。毕业于彼得格勒工学院经济系 (1921 年) 和彼得格勒大学社会科学系 (1922 年)。从外交人民委员部转入中东铁路 (1924—1928 年)。东省文物研究会会员,获经济学副博士学位 (1935 年)、经济学博士学位 (1936 年)。1937 年 5 月被逮捕,后被平反。

史料与文献:Я. В. 瓦西里科夫、М. Ю. 索罗金娜:《人与命运:东方学家——苏联时期政治恐怖的受害者生平词典》,圣彼得堡东方学出版社 2003 年版,第 191—192 页。

В. А. 卡尔里科夫 (1871 年 11 月 15 (27) 日出生于撒马尔罕州苦盏市,1937 年 10 月 17 日逝世于莫斯科)。毕业于奥伦堡涅普柳耶夫斯克士官武备学校 (1889 年)、第二康斯坦丁诺夫斯克军事学校 (1891 年)、总参谋部军事学院 (1898 年)。1919 年 3 月 3 日授中尉军衔。

史料与文献:《В. А. 卡尔里科夫》。网址 http://www.east-front.narod.ru/bio/karlikov.htm;《伟大战争中的俄国军队:草稿卡片匣》。网址 http://www.grwar.ru/persons/persons.html? = 914;М. К. 巴斯汉诺夫:《1917 年前俄国军事东方学家生平词典》,东方文献出版社 2005 年版,第 104 页。

А. К. 克尔。天津大学俄语文学教授,满洲俄国东方学家学会会员 (从 1909 年起)。

Л. К. 克尔 (可能于 1878 年出生,1930 年 8 月 29 日逝世于哈尔滨)。奥兰廷鲍姆小市民之子。毕业于圣彼得堡商业学校 (1896 年)、东方学院汉满语专业 (1907 年)。北京和哈尔滨道胜银行职员,中东铁路职员,满洲俄国东方学家学会活动家。

史料与文献:滨海边疆区国家档案馆:全宗 115,目录号 1,案卷460，第56页；T. 日列维奇（米罗什尼琴科）：《悼念哈尔滨和中国东北大地上逝去的人》，自传出版社2000年版，第253页；《报告提纲》，《阿穆尔边区研究会报告》，符拉迪沃斯托克1907年版，第5—6页。

H. B. 基里洛夫（1860年8月3日出生于特维尔省上沃洛切克，1921年2月18日逝世于布拉戈维申斯克）。毕业于莫斯科大学医学系（1883年）。萨哈林（1896—1899年10月30日）、符拉迪沃斯托克要塞部队医生（1900—1902年）。曾希望以旁听生身份就读符拉迪沃斯托克东方学院（1900年）。由移民管理局派驻奥西诺夫卡村（1905—1906年）、奥利加村（1906—1911年）医院做医生。因为政治鼓动而遭受惩罚（1908—1909年）。阿穆尔边区研究会会员（从1893年1月28日起），作了题为《关于中国贸易》（1902年3月12日）、《关于波西耶此克地段的朝鲜人》（1902年4月4日）、《中国医学的民族学价值》（1905年）的报告。曾在东方学院讲授"远东人类学的使命"的公开课（1903年9月17日）。

史料与文献：滨海边疆区国家档案馆：全宗115，目录号1，案卷462；雅罗斯拉夫斯基：《东方学院公开课》，《远东》1903年第207期（9月18日），第2—3页；Е. Д. 别特利亚耶夫：《H. B. 基里洛夫——外贝加尔和远东的研究者》，图书出版社1960年版，79页；Б. Д. 列辛斯基：《H. B. 基里洛夫是一位医生和社会活动家》，《17—20世纪苏联远东文化史——十月革命前》，符拉迪沃斯托克1989年版，第138—147页。

B. O. 克列姆（1861年5月21日出生于圣彼得堡梅列库尔，1938年9月16日逝世于柏林）。毕业于莫斯科拉扎列夫斯基东方语言学院（1883年）。毕业后被外交部东方语言学习部录用，在外交部亚洲司工作（1885年7月15日），1886年任该司通译。被调到布哈拉汗国后，任俄国驻布哈拉政治代办处秘书和通译（1888年）。外贝加尔省长官阿什哈巴德边境事务官（1893年10月19日—1900年2月14日）。1900年2月14日，以总领事身份出任俄国驻印度（孟买）总领事馆第一任领事，协助俄国地理学会和科学院进行学术考察。独自收集了关于印度经济、政治、军事和学术方面的信息（1900—1906年）。1906—1908年任俄国驻麦什德总领事。返回圣彼得堡后，任外交部特派员，后被选举为圣彼得堡俄国东方学家学会秘书（1910年），外交部中亚处处长（1914年8月—1917年8月）。1917年9月，被派至汉城休假，十月革命爆发后未能返回彼得格勒，后移居中国。哈尔滨中东铁路公司总务处处长（1920—1921年）。北京中国政府中东铁路交涉高级顾问处处长（1921—1924年），1924年10月前任中华民国外交部通译。中东铁路中苏共管后，从岗位上被解职。此后开始授课，做翻译，任中国国际赈灾委员会总审计员。1937年12月—1938年4月任反共产国际北京委员会第一任主席。

史料与文献：《北京》，《俄国反共产主义在华北（1937—1942）》，华北俄国侨民中央反共产主义委员会出版社、我们的知识出版社1943年版，第53页；Н. А. 司别什涅夫：《北京——我童年的祖国，中国史诗洞声传译笔记》，瞭望台出版社2004年版，第131—133；胡佛战争、革命与和平研究所图书馆与档案馆：《B. O. 克列姆著述（1922—1926）与B. O. 克列姆传记（1926年9月1日，英文版）》；俄国文化博物馆：《Д. Л. 霍尔瓦特收藏品》。

И. А. 克柳金（1889年11月20日出生于外贝加尔省上乌丁斯克县上安加尔斯克，1938年9月11日逝世于符拉迪沃斯托克）。牧师之子。毕业于赤塔神学校（1894年）、伊尔库茨克神学校（1910年），以优异成绩毕业于符拉迪沃斯托克东方学院汉满语专业（1916年），完成了在蒙古的考察。自1918年起在东方学院汉满语专业做旁听生。任国立远东大学教师，讲授蒙古语、东亚经济地理（蒙古）课程。任国立远东大学地方志研究会科研人员，从事蒙古—维吾尔古文字古代形态和蒙古民族日常生活诗歌研究。外贝加尔研究会和阿穆尔边区研究会会员。因政治动机问题，被解职。

史料与文献：滨海边疆区国家档案馆：全宗115，目录号1，案卷481，第20页；《学院的人员构成》，《国立远东大学地方志研究会月报》，Е. М. 车布尔科夫斯基和Г. Н. 加索夫斯基主编，符拉迪沃斯托克1925年第1期，第19页；Э. В. 叶尔马科娃、Е. А. 戈奥尔基耶夫斯卡娅：《1920—1930 年代的东方系》，《远东国立大学东方学院学报》1994 年第 1 期，第 52—63 页；Э. В. 叶尔马科娃：《东方学家教师们：名字与命运》，《远东国立大学东方学院学报》1996 年第 3 期，第 8—11 页；《滨海边疆区被镇压的牺牲者数据库》。网址 http；//lists. memo. ru/d16/f256. htm。

Б. Я. 克尔亚乌斯（1875 年 3 月 12 日出生于立陶宛克莱佩达，逝世年逝世地不详）。被授予中尉军衔。1908 年，毕业于东方学院汉满语专业。以上尉军衔退休（从 1910 年起）。布拉戈维申斯克男子中学德语教师。从 1912 年起在哈尔滨生活，任中东铁路稽核局局长，满洲俄国东方学家学会财务主任。20 世纪 20 年代中期，与家人移居加拿大。另有一说法——被遣返，并在布拉戈维申斯克生活，残疾人。1932 年 3 月 14 日，被远东边疆区苏联人民委员会国家政治保安总局判刑，在远东边疆区丧失居留权 3 年。

史料与文献：《阿穆尔省：政治镇压下牺牲者记事手册》，第 1 卷。网址 http：//www. amurobl. ri/index. php？m = 24596&r = 2847& = 24612&1 = 24638。

А. С. 科别列夫（1877 年 5 月 17 日出生于库尔斯克州别尔哥罗德，逝世年逝世地不详）。小市民之子。毕业于别尔哥罗德神学校（1893 年）、哈尔科夫神学校（1899 年）、东方学院日汉语专业（1905 年，上乌丁斯克），作为日语翻译参加了日俄战争。

史料与文献：滨海边疆区国家档案馆：全宗 115，目录号 1，案卷 484，第 49 页。

Г. П. 科热乌洛夫（出生年出生地不详，1948 年逝世于上海）。《时代》出版社职员，编写了适用于中国人的俄语教科书。在中国的学校教授俄语，培养了许多学生。去世前，正着手出版俄汉语词典。

史料与文献：《Г. П. 科热乌洛夫的逝世：悼词》，《新霞光报》1949 年 1 月 1 日。

И. В. 科兹洛夫（1898 年 11 月 26 日出生于布拉戈维申斯克，1984 年 7 月 22 日逝世于旧金山）。哈尔滨的自然主义学家，中东铁路爱河站试验田和中东铁路地亩处职员，东省文物研究会会员，基督教青年会哈尔滨自然地理学研究会创会会员。移居天津后，在法国天主教传教士团博物馆工作。上海自然科学学会主席。经图巴包岛移居美国。

史料与文献：俄国文化博物馆：《И. В. 科兹洛夫手稿和文献资料收藏品（第2111号）》；《И. В. 科兹洛夫：悼词》，《大洋洲俄国侨民委员会月报》1984年第161期，第16页。

Н. Ф. 科列索夫（1867年7月11日出生于圣彼得堡，1925年11月28日逝世于北京）。商人之子。曾在圣彼得堡大学法律系和东方系（1889年毕业）学习，在北京实习（1893—1896年）。俄国驻北京大使馆二级通译（1897—1902年），一级通译与总领事（1902—1917年）。七等文官，被授予圣斯坦尼斯拉夫一等勋章和圣弗拉基米尔四等带绶带勋章。通晓汉语、法语、德语和英语。1924年7月，与姐姐离开使馆大楼。И. С. 布隆涅尔特和В. В. 加戈里斯特列姆的老师。

史料与文献：圣彼得堡国立中央历史档案馆：全宗14，目录号3，案卷24950：И. И. 谢列布列尼科夫：《我的回忆录：在侨居中（1920—1924）》第2卷，我们的知识出版社1940年版，第80页。

М. В. 科洛波夫（1868年10月11日出生，1944年4月8日逝世于天津）。工程师上校，中东铁路管理局 Д. Л. 霍尔瓦特局长助理和中东铁路军事处处长，从事中国军事与宗教史研究。

史料与文献：胡佛战争、革命与和平研究所图书馆与档案馆：《科洛波夫，第1盒》。

С. А. 科罗科洛夫（1868年1月10日出生于圣彼得堡，1921年10月17日逝世于奉天）。著名教育家之子。毕业于圣彼得堡大学东方系（1892年）。外交部职员，驻华领事馆通译，驻喀什领事馆秘书（从1896年起），驻奉天官吏（从1900年起）。俄国驻喀什（从1904年起）、福州（从1909年起）、奉天（从1910—1917年起）领事。在奉天因病逝世，著有多种成果。满洲俄国东方学家学会会员（从1909年起）。

В. Л. 科马罗夫（1869年10月13日出生于圣彼得堡，1945年12月5月逝世于莫斯科）。以一等文凭毕业于圣彼得堡大学自然历史专业（1894年）。后相继获植物学硕士学位（论文《中国东北植物区系》，圣彼得堡大学，1902年）、植物学博士学位（论文《中国和蒙古植物区系导论》，1911年，莫斯科大学）。在阿穆尔边区研究会受 Н. К. 艾波夫邀请作了题为《关于1896年中国东北考察》（1896年10月27日）、《关于中国东北》（1897年11月28日）以及《关于穿越奉天和吉林到中国东北考察》（1897年12月3日）的报告。1920年，当选为俄国科学院院士、院长（1936年）。斯大林一等奖金获得者（1941年、1942年），社会主义劳动模范（1943年）。

史料与文献：Н. 阿穆尔斯基：《在阿穆尔边区研究会》，《符拉迪沃斯托克报》1897年第51期（12月21日），第9—11页；С. Ю. 李普什茨：《俄国植物学家……》，第4卷，第288—308页：著述目录清单，参考文献；《В. Л. 科马罗夫报告会：В. Л. 科马罗夫诞辰100周年纪念文集：(Н. Е. 卡巴诺夫、Т. П. 萨莫依洛夫、Г. Э. 库伦措娃、З. И. 古特尼科娃、Д. П. 沃罗比耶夫)》，第18册，符拉迪沃斯托克1971年版，第51页。

Н. А. 科诺瓦洛夫（1877年11月23日出生于特维尔省，1923年后逝世）。商人之子。毕业于圣彼得堡圣安娜教会学校实验（商业）专业（1895）。后以一级后备军士官生在莫斯科禁卫军部队服役（一年），被授予准尉军衔。服役结束后，被派去伦敦做后备军，并通过了中国海关入职考试。曾在宜昌、北京等地服役。中国外交部同文馆俄文教员。总督学罗伯特·哈特的私人秘书（1900—1903年）。营口助理特派员、特派员，营口海关关长及中国东北邮政业务区区长（1906年），哈尔滨中国海关特派员。后获得两年假期，在此期间以旁听生身份入读东方学院三年制培训班，并通过了考试，以优异成绩毕业于东方学院汉满语专业（1912年）。

史料与文献：滨海边疆区国家档案馆：全宗115，目录号1，案卷512，第23页。

П. Ф. 康斯坦季诺夫（1890年8月9日出生于喀山省，1954年1月24日逝世于旧金山）。调解法官之子。以优异成绩毕业于喀山实验学校（1910），以及莫斯科农学院农艺专业（1916年），取得农学家资格，留校工作。莫斯科炮兵营后备军士官生（1917年）。参加了国内战争，编入第二喀山炮兵连志愿军，后在白河受伤，并染上了伤寒病。1920年与卡普列耶夫一起来到了哈尔滨，任爱河站中东铁路实验田负责人助手（1921—1924年），从事黄豆研究。哈尔滨中东铁路农业化学实验室主任，并在大学授课（1924—1929年）。在中国东北出版了10种成果。从1929年4月29日起，移居旧金山。参加了加利福尼亚大学乳品业培训班，1942—1954年在旧金山市自治局工作。北美俄国农业学会（1937—1940年）、俄国文化博物馆创办人之一。旧金山俄国中心俄国文化档案博物馆第1任馆长（1948年3月7日第一届成立大会表决当选）。

史料与文献：俄国文化博物馆：《П. Ф. 康斯坦季诺夫文献资料和手稿收藏品（第238号）》；《纪念. П. Ф. 康斯坦季诺夫逝世40天：悼词》，《俄国生活报》1954年3月4日；И. В. 科兹洛夫：《隆重悼念俄国文化博物馆创办人 П. Ф. 康斯坦季诺夫》，《俄国生活报》1973年12月7日；俄国文化博物馆：《境外俄国历史和文化文物库：悼念 П. Ф. 康斯坦季诺夫》，俄国文化博物馆编辑委员会1955年版，126页；А. А. 卡拉姆津：《俄国文化博物馆》，《俄国生活报》1993年3月12、13日；О. М. 巴奇赤：《旧金山俄国文化博物馆月报：我们的五十年》，《俄罗斯人在亚洲》1998年第5期，第273—274页。

В. А. 科尔马佐夫（笔名 В. К. 阿列克谢耶夫）（1886年7月4日出生于圣彼得堡，1960年6月15日逝世于西雅图）。圣彼得堡移民总局职员（1908—1914年）。毕业于圣彼得堡大学经济学专业和工程兵部队准尉学校（1917年）。参加了第一次世界大战和国内战争，被授予少尉军衔。1920年从邓尼金部队被疏散到南斯拉夫，在贝尔格莱德政府统计局工作（1921—1922年）。从1922年11月起，移居哈尔滨。1924—1935年任中东铁路经济调查局职员。东省文物研究会活动家，从事考古发掘工作，在《东省杂志》上发表了多篇文章（1924—1935年）。后迁居天津，从那里又移居美国。

史料与文献：哈巴罗夫斯克边疆区国家档案馆：全宗830，目录号3，案卷1153，第11页；В. Н. 热尔纳科夫：《悼念 В. А. 科尔马佐夫：悼词》，《俄国生活报》1975年6月12日。

И. Я. 廓索维慈（1862年8月25日出生，1933年1月1日逝世于巴黎）。毕业于皇村国立重点高级中学（1884年）。外交部亚洲司官员（从1884年6月13日起）。任俄国驻北京使团二级秘书（1890—1994年5月1日），关东州总督外交官（从1899年8月29日起），俄国驻天津领事（1900年8月5日—9月7日），俄国驻布什尔总领事（从1902年4月24日起），外交部第一司五等文书（从1902年6月8日起）。俄日签署1905年朴茨茅斯和约时，任 С. Ю 维特秘书。外交部第一司副司长（从1906年3月10起），驻北京特命全权公使（从1908年5月28日起），驻摩洛哥特命全权公使（从1912年5月28日起）。后被派往库伦。驻波斯宫廷特命全权公使（从1912年10月30日起）。1915年5月22日起任机密顾问，驻波斯借贷储蓄银行董事会主席。外交部委员会成员（1915年7月24—1917年7月19日）。1921年后来到了北京。

史料与文献：俄罗斯帝国对外政策档案馆：全宗．外交部官员目录清单，目录号464，案卷1794a；Д. Г. 杨切维茨基：《在沉睡的中国旁：1900年〈新境报〉记者在中国军事作战区域日志》，第2版，旅顺1901年版，第246—248页、第614—618页；И. И. 谢列布列尼科夫：《我的回忆录：在侨居中（1920—1924）》第2卷，我们的知识出版社1940年版，第122—123页；Н. Э. 廓索维慈：《И. Я. 廓索维兹：悼词》，《言论报》1933年1月31日；А. Т. 别里琴科：《悼念过去的俄国驻华公使 И. Я. 廓索维慈》，《帆》1933年第11期，第84页。

А. А. 科斯汀（1913年1月4日出生于鄂木斯克，1984年12月29日逝世于哈卡斯阿巴扎）。哈尔滨动物学—爬虫学家，东省文物研究会会员，曾在哈尔滨圣弗拉基米尔学院东方系学习。哈尔滨圣弗拉基米尔学院东方学学会主席，举办了周年纪念会（1935年11月3日）。与 Н. К. 列里赫完成了考察（1934年），著有动物分类学领域的成果。

史料与文献：А. 乌普申斯基：Н. К. 列里赫在呼伦贝尔草原的考

察》，《边界》1934年第43期（10月20日），第4—6页；阿康托巴那斯：《青年俄国东方学学家：在哈尔滨圣弗拉基米尔学院东方系东方学学会活动的7年岁月》，《边界》1935年第49期（12月1日），第15—16页；网址http：//grani.agniage.net/articles11/4511.htm。

А. М. 科杰涅夫。骑兵上尉，参加了日俄战争。圣彼得堡公证人。从1920年起，在上海生活，为上海市政委员会秘书处成员，上海俄国侨民联合会第一任主席。著有英文版中国历史以及关于外国在华自治和诉讼机关活动的著作。

史料与文献：В. Д. 日加诺夫：《俄国人在上海》，上海1936年版，无页码；《上海俄国侨民联合会主席团选举》，《上海霞光报》1932年2月7日；《上海的俄国侨民是如何选举自己的代表机构的》，《新曙光报》1932年2月19日，第3页；《哥萨克联盟与А. М. 科杰涅夫》，《上海霞光报》1932年8月16日。

Н. И. 科汉诺夫斯基（1870年11月10日出生于波多利斯克省图利钦，1939年后去世）。神甫之子。曾在圣彼得堡大学阿拉伯—波斯—土耳其—鞑靼语专业学习，1889年9月转入法律系学习，并以一等文凭毕业（1893）。因其成果《关于水路和铁路的竞争》获银质奖章。同时，留校准备教授职称。后获政治经济硕士学位（1896）。在财政部发行的定期出版物上刊发文章（从1894年起）。从1898年1月起在国外进行了两年学术考察。符拉迪沃斯托克商业学校教师（从1912年8月1日起），在符拉迪沃斯托克东方学院讲授法律课程（从1900年起），后晋升为教授。阿穆尔边区研究会会员。符拉迪沃斯托克市杜马议员。通过了题为《劳动及其组织：理论经济研究》的论文答辩（1919年），1922年获政治经济学硕士学位。国立远东大学编制内教授。国立远东大学社会科学系主任（1921年6月13日—9月21日），后因病辞职。曾在哈尔滨生活，任哈尔滨法政大学教授（1922—1923）。移居欧洲后，在立陶宛生活。根据某些信息，曾在美国生活。著有关于中国经济和俄中关系的文章。

史料与文献：圣彼得堡国立中央历史档案馆：全宗14，目录号3，案卷27160；滨海边疆区国家档案馆：全宗117，目录号6，案卷

18，第9页（Н. И. 科汉诺夫斯基）；《东方学院校务会议记录——1900年8月18日会议》，《东方学院学报》1900年第2卷，第1册，第1—2页；Н. П. 阿福托诺莫夫《十八年中的哈尔滨法政大学》，《法制及文化：哈尔滨法政大学十八年纪会文集》，哈尔滨1938年版，第39页；Н. В. 科切什科夫、Г. П. 图尔莫夫：《远东的教师们》，《教师协会著作集》1998年第4期，第32页。

В. В. 科汉斯基（1883年3月22日出生于敖德萨，逝世年逝世地不详）。小市民之子。毕业于第二基什涅夫斯克男子中学（1903年）、符拉迪沃斯托克东方学院汉满语专业（1908年），满洲俄国东方学家学会会员。曾在中国东北生活，后移居美国。

史料与文献：滨海边疆区国家档案馆：全宗115，目录号1，案卷536，第35页。

Г. Б. 科楚洛夫（出生年出生地不详，1939年逝世于上海）。文学家和诗人，曾在上海生活。著有关于中国艺术的著作。

К. А. 克列梅涅茨基（1868年12月6日出生，逝世年逝世地不详）。大尉军衔。毕业于符拉迪沃斯托克东方学院，俄国驻上海领事馆军事代表助理（1914—1921年12月）。后被授予上校军衔。在中国为东方学院图书馆购书提供帮助，满洲俄国东方学家学会会员（从1909年起）。

史料与文献：М. К. 巴斯汉诺夫：《1917年前俄国军事东方学家：生平词典》，"东方文献"出版社2005年版，第132页。

Л. А. 克鲁泡特金（1859年出生，1909年11月10日逝世）。公爵。1897年毕业于第一巴甫洛夫斯克军事学校，被授予中尉军衔。从1880年起，在滨海省服役。南乌苏里管理局区块陪审员（从1880年11月22日起）。Ф. Ф. 布谢移民局副局长（从1884年10月25日起），1888年退休。阿穆尔边区研究会会员（1884—1909年）、管理委员会成员（从1884年4月18日起），博物馆建设委员会成员（1888年）、候补委员（1889年1月3日），负责监督滨海省的农业（1895年前）。曾在滨海省从事考古工作。

史料与文献：俄罗斯国家远东历史档案馆：全宗1，目录号1，案卷 4692，第 4 页；全宗 701，目录号 1，案卷 102；《Л. А. 克鲁泡特金：悼词》，《远东》1909 年第 262 期，第 4 页。

В. Н. 克雷洛夫。外阿穆尔军区骑兵上尉，自学日语。毕业于符拉迪沃斯托克东方学院军官班。国内战争期间，编辑出版了杂志《普通非政治军事人民》和《军队与人民》（符拉迪沃斯托克，1921 年）。移居中国东北（可能在 1923 年后），新闻记者，东省文物研究会会员。著有关于日本在中国东北影响的文章。

史料与文献：滨海边疆区国家档案馆：全宗 115，目录号 1，案卷 553，第 12 页。

Г. Г. 克西莫多夫（1877 年 3 月 21 日出生，可能于 1911 年逝世）。梯弗里斯省伊拉卡村神甫之子。毕业于梯弗里斯神学校（1903 年），以金质奖章获得者身份毕业于东方学院汉日语专业（1908 年）。在学习期间，从事日本文学史研究。任布拉戈维申斯克边境警官通译，从事中文翻译工作。

В. К. 库德列瓦托夫（1887 年 1 月 9 日出生于坦波夫省莫尔尚斯克，逝世年逝世地不详）。毕业于实验学校和莫斯科商业学院，中东铁路商务代表。著有经济类的成果。

史料与文献：哈巴罗夫斯克边疆区国家档案馆：全宗 830，目录号 3，案卷 3366，第 20 页。

М. Н. 库兹明斯基。毕业于圣彼得堡大学东方系。1903—1904 年在北京实习。俄国驻库伦（1905 年，1907—1910 年）、乌里雅苏台（1906 年）、哈尔滨（1911 年）领事馆秘书和通译。俄国驻科布多（1912—1913 年）、承化寺（1915—1917 年）领事。七等文官，被授予圣安娜二等勋章。著有关于中国的文章。

Н. Д. 库兹明（1866 年 7 月 15 日出生，逝世年逝世地不详）。毕业于符拉迪沃斯托克中学和伊尔库茨克步兵学校（1886 年），秋明（图曼）界河警卫长（1890 年），比金河河谷考察狩猎队指挥长（1894 年）。1895 年完成了在朝鲜的考察。曾在诺沃季耶夫克村工作。第七东西伯利亚射击部队大尉。1896 年任驻朝鲜军事代表助理。1897 年任朝鲜军队教导员。阿穆尔总督 Н. И. 戈罗杰科夫副官

(1898—1899年)。阿穆尔边区研究会会员（从1899年11月21日起），后被派往中国加入上海保卫委员会（1900年）。1903年毕业于符拉迪沃斯托克东方学院朝汉语专业，在朝鲜进行了学术考察（1903年5—9月）。任驻中国东北部队东部支队侦查连长（从1904年3月12日起），阿穆尔省（从1906年4月22日起）、南乌苏里边区（从1912年12月6日起）边境特派员。因表现优异，被授予上校军衔（1912年12月6日）。1925年被逮捕，作为流人被苏联人民委员会国家政治保安总局流放到索洛维茨基集中营。1997年被平反。

史料与文献：俄国国家远东历史档案馆：全宗1，目录号1，案卷4702，第14页；滨海边疆区国家档案馆：全宗115，目录号1，案560卷，第7页（Н. Д. 库兹明）；《本地大事记》，《阿穆尔边区报》1896年第123期（5月8日），第10页；《城市大事记》，《阿穆尔边区报》1900年第363期（12月10日），第10—11页。

Л. Н. 库库拉诺夫（1892年11月2日出生，1988年8月1日逝世于旧金山）。毕业于亚历山大罗夫斯克国立重点高级中学。随安嫩科夫部队参加了俄国国内战争，后担任翻译，曾在北京和天津生活。美国运通公司职员，帮助 И. И. 谢列布列尼科夫夫妇翻译了中国诗歌。

史料与文献：А. Н. 谢列布列尼科娃、И. И. 谢列布列尼科夫：《中国诗歌之萃》，手稿出版社、"新闻理想"印刷所1938年版，168页；Ю. 克鲁岑什腾-别杰列茨：《悼念朋友：（Е. В. 库库拉诺娃悼词）》，《俄国生活报》1977年9月20日。

К. К. 库尔杰耶夫（1882年5月12日出生于敖德萨，1928年1月28日逝世于符拉迪沃斯托克）。民粹主义者，曾被关进卡尔集中营（1881年），后被移送到定居点（1887年）。阿穆尔总督 П. Ф. 翁特别尔格经济顾问（1908年），俄国皇家地理学会阿穆尔分会管理者，皇家东方学学会阿穆尔分会创会人之一（1911年），东省文物研究会和阿穆尔边区研究会活动家。编辑出版《阿穆尔沿岸地区报》《阿穆尔边区报》（1911—1917年）、《祖国之声报》（1922年）。任符拉迪沃斯托克国立远东大学东方系教师，哈尔滨法政大学教师

(1922—1923 年)，讲授《太平洋上的经济业务》课程。

史料与文献：俄罗斯国家历史档案馆：全宗 1，目录号 1，案卷 6103（与哈巴罗夫斯克警察局长和《阿穆尔沿岸地区报》出版社关于向报纸编辑 K. K. 库尔杰耶夫提供信息的往来信函），第 108 页；Л. А. 沃斯特里科夫、Э. В. 沃斯托科夫：《哈巴罗夫斯克与哈巴罗夫斯克人——往事随笔》，图书出版社 1991 年版，第 244 页。

И. И. 库斯杰尔（1876 年出生，20 世纪 30 年代逝世）。毕业于第一圣彼得堡实验学校商业专业（1897 年）、东方学院满汉语专业（1911 年）。去世前，为中东铁路中央图书馆职员。

Н. В. 屈纳（1877 年 9 月 13 日出生于梯弗里斯，1955 年 4 月 5 日逝世于列宁格勒）。音乐教师之子。毕业于第三圣彼得堡中学（1896 年），以一等文凭毕业于圣彼得堡大学东方语言系（1900 年）。四年级时，凭借毕业论文《日本历史地理记述》荣获金质奖章。完成了在中国、朝鲜、日本（1900—1902 年、1909 年、1912 年、1913 年、1915 年）和澳大利亚（1905—1906 年）的考察。自 1902 年起任符拉迪沃斯托克东方学院教授，作为东方学院代表参加了国际东方学家大会（1908 年）。满洲俄国东方学家学会及阿穆尔边区研究会会员，国立远东大学章程草案起草委员会成员，国立远东大学教授，国立远东大学地方志研究会"人"研究部主席。从 1925 年起为列宁格勒东方活语言学院教授。获历史学博士学位（1935 年 5 月 15 日，未进行论文答辩）。苏联科学院民族学研究所东亚和东南亚研究部主任、科研人员（1934—1935 年），中央历史档案馆和国立苏维埃社会主义共和国喀山公共图书馆工作人员（1942—1945 年，阿拉木图）。著有 400 余种成果。

史料与文献：圣彼得堡国立中央历史档案馆：全宗 14，目录号 3，案卷 32523，第 48 页；苏联科学院东方学研究所列宁格勒分所东方学家档案：全宗 91（Н. В. 屈纳），案卷 13；俄罗斯科学院东方学研究所列宁格勒分所档案：全宗 8，案卷 1318；《1902 年 10 月 21 日东方学院年度报告》，《东方学院学报》1903 年第 5 卷，第 XXXIV—XXXVI 页；《学院的人员构成》，《国立远东大学地方志研究院月报》

1925 年第 1 期，第 20 页；Л. В. 杰尼娜：《历史学博士、Н. В. 屈纳教授学术著作目录（1877—1955）》，《亚洲国家历史问题》1965 年版，第 85—94 页（236 种）；Л. В. 杰尼娜：《Н. В. 屈纳：诞辰 100 周年》，《亚非民族》1978 年第 1 期，第 138—142 页；С. Д. 米利班德：《1917 年以来国内东方学家生平词典》修订版，科学出版社 1995 年版，第 1 卷，第 653—654 页：著述目录；Н. В. 科切什科夫、Г. П. 图尔莫夫：《远东的教师们》，《教师协会著作集》1998 年第 4 期，第 34—35 页。

К. П. 拉夫罗夫（1881 年出生于堪察加，1935 年 2 月 27 日逝世于东京）。将阿穆尔河上的渔业工厂无偿转交给国家（1915 年）。远东鱼品工业局第一负责人。1920 年后移居日本。《俄国远东》杂志（东京，1920 年 10 月，俄文和英文版信息分析和学术统计月刊）、专载俄日经济关系的《经济通讯》杂志（1923 年 1 月 1 日发行第 1 期，合作主编 А. М. 阿科罗科夫和 Г. 郭林）、《信息月刊》（1929 年 10 月 1 日发行第 1 期，东京）的编辑和出版者。

М. И. 拉夫罗夫（1877 年出生，1937 年后去世）。毕业于圣彼得堡大学东方系。俄国驻喀什总领事馆秘书（1902—1906 年），驻哈尔滨副总领事（1907—1909 年），驻宽城子领事（1911—1917 年）。六品文官，被授予圣斯坦尼斯拉夫二等勋章。满洲俄国东方学家学会会员，东省文物研究会干事会干事（从 1923 年起）。1917 年后，移居哈尔滨，20 世纪 30 年代搬离。收藏了稀有图书。

史料与文献：《我们的道路》，1937 年第 239 期（9 月 10 日），第 5 页。

В. В. 拉曼斯基（1879 年 7 月 14 日出生于圣彼得堡，1943 年后逝世）。1896 年毕业于圣彼得堡大学物理数学系，后获矿学与地质学硕士学位（1906 年）。相继任圣彼得堡工业大学经济专业编外副教授（1902—1906 年）、彼尔姆大学地理学教研室客座教授（1918 年）、哈尔滨法政大学教师、上海法国租界市政"列米"学校俄文教师。从事中国经济和文化研究，英文翻译。

史料与文献：上海市政警察局档案：第 76 卷；Н. П. 阿福托诺

莫夫：《十八年中的哈尔滨法政大学》，《法制及文化：哈尔滨法政大学十八年纪念文集》，哈尔滨 1938 年版，第 40 页。

А. Ю. 兰德岑（1874 年 12 月 25 日出生于喀琅施塔得，1935 年 5 月 11 日逝世于旧金山）。毕业于圣彼得堡大学东方系和圣彼得堡考古学院。1903 年曾在北京实习。俄国驻吉林（1907—1911 年）、哈尔滨（1912—1914 年）领事馆秘书，俄国驻日本神户副领事（1915—1921 年）。来到美国后（1921 年 4 月），任西雅图编外俄国领事（1924 年前）。移居旧金山后，在"美洲"银行工作（1934 年前）。满洲俄国东方学家学会会员。曾在《亚细亚时报》和《东省杂志》上发表多篇文章。从事中国和日本民族学、法学和经济研究。

史料与文献：《А. Ю. 兰德岑突然离世：悼词》，《新霞光报》1935 年 5 月 11 日，第 5 页。

И. В. 拉列夫（1886 年 3 月 28 日出生，逝世年逝世地不详）。牧师之子。毕业于特洛伊茨科萨夫斯克实验学校（1906 年），1912 年以优异成绩毕业于符拉迪沃斯托克东方学院汉蒙语专业。翻译了汉语文献《光绪朝颁布的法令法规集》。从 1913 年起被录用为阿穆尔省边境特派员翻译，北京道胜银行职员。后移居美国。

史料与文献：滨海边疆区国家档案馆：全宗 115，目录号 1，案卷 589，第 35 页；И. Г. 巴拉诺夫：《中国解梦书：(满洲俄国东方学家学会全体成员会议上宣读的报告摘要——根据 И. В. 拉列夫搜集的笔记整理而成，该笔记由有文化修养的北京人童斌三记录)》，中东铁路印刷所 1925 年版，9 页。单行本摘自于《法政学刊》1925 年第 1 期。

А. Ф. 拉什科维奇（出生年出生地不详，1958 年后逝世）。1911 年毕业于符拉迪沃斯托克东方学院汉满语专业。曾参加第一次世界大战。第一外阿穆尔步兵部队指挥官（1916—1917 年），上校军衔及乔治勋章获得者。1921—1922 年在中东铁路护路队服役。曾在哈尔滨和奉天从事俄语和汉语教学工作（1922—1932 年）。全家曾在上海生活，在比里姆车站度过了余生。

史料与文献：А. М. 布亚科夫：《东方学院军官毕业生：岁月与

命运》，《国立远东大学东方学院学报》1999年第5期，第113页。

А. Ф. 列别德夫（1884年8月1日出生，逝世年逝世地不详）。伊什穆斯克神学校教师之子。毕业于托博尔斯克神学校（1906年），毕业于符拉迪沃斯托克东方学院汉蒙语专业（1910年）。外阿穆尔省官吏。

史料与文献：滨海边疆区国家档案馆：全宗115，目录号，案卷591，第32页。

Е. Ф. 列别德夫（1879年1月14日出生于伊什穆斯克，1925年后逝世）。А. Ф. 列别德夫的弟弟。毕业于伊什穆斯克神学校（1893年）和托博尔斯克神学校，以优异成绩毕业于符拉迪沃斯托克东方学院日汉语专业（1906年）。1905年"波尔塔瓦"装甲舰斗争的参与者，1906年在东京实习，1907年任俄国驻奉天总领事馆通译，1907—1912年任俄国驻大连领事馆秘书，驻日本函馆副领事（1913—1925年）。作为翻译参加日俄战争，被授予圣安娜勋章和圣斯坦尼斯拉夫三级带绶带勋章（1907年）。研究俄日渔业关系，《俄国远东》杂志撰稿人（1920年，东京）。据某些信息，最后移居墨西哥。

史料与文献：滨海边疆区国家档案馆：全宗115，目录号1，案卷592，第54页。

А. А. 雷菲尔特（1898年出生，1937年10月9日逝世于莫斯科）。毕业于海军士官候补生学校、国立远东大学东方系（符拉迪沃斯托克，可能毕业于1928年），Н. П. 奥维迪耶夫的学生。在波罗的海和远东红军舰队服役，曾在远东的一家报馆工作。《远东红军舰队》杂志主编，讽刺艺术家。远东对外贸易公司和商务代表处职员。1925—1926年曾在日本生活，《移民报》撰稿人。莫斯科工农兵军事学院日语教师。1937年6月13日前任工农兵侦查局第二处处长。1937年7月27日被逮捕，后被平反。

史料与文献：滨海边疆区国家档案馆：全宗117，目录号1，案卷3050，第14页；网址 http：//www. jp-club. ru/？tag = lejfert。

В. С. 列奥诺夫（1887出生，1960年后去世）。在多子女家庭中长大。毕业于科兹洛夫斯克商业学校（1906年）、符拉迪沃斯托克东方学院汉满语专业（1911年）。阿穆尔炮兵部队工作人员（从1911年起），中东铁路稽核局局长，中东铁路机务处和哈尔滨私人面包房会计。暮年的他住在伦敦的一家养老院里。

К. М. 列托夫特（1892年3月6日出生于维伦斯省沃尔瓦尔克，逝世年逝世地不详）。毕业于哈尔滨的帝国皇储 А. 尼古拉耶维奇大公学校（1906年），在符拉迪沃斯托克东方学院汉满语专业修完了全部课程（1916年），并以优异成绩通过毕业考试（1917年）。大学四年级时，任符拉迪沃斯托克军事检查站检察官（1915年）。

史料与文献：滨海边疆区国家档案馆：全宗115，目录号1，案卷608，第41页。

В. А. 李阿泽（1879年12月15日出生于梯弗里斯省郭里季瓦尔斯科耶，逝世年逝世地不详）。牧师之子。毕业于郭里斯克神学校（1895年）、梯弗里斯神学院（1902年）、符拉迪沃斯托克东方学院（1908年）。在学习期间，完成了在中国的考察，并撰写了《在华两个月》的报告。俄国社会民主工党党员。后移居格鲁吉亚。

史料与文献：滨海边疆区国家档案馆：全宗115，目录号1，案卷612，第54页。

П. Ф. 李文（被收养时名叫戈尔登斯特）（1880年12月20日出生于符拉迪沃斯托克，1935年后逝世）。符拉迪沃斯托克企业主之子。毕业于符拉迪沃斯托克实验学校（1901年），以优异成绩毕业于东方学院汉满语专业（1907年），并留校准备讲师职称。曾被派往英国学习英语，成为圣彼得堡大学历史语文系（1907年秋）、伦敦大学英语与文学专业（1908—1909年）学员。满洲俄国东方学家学会会员。东方学院、符拉迪沃斯托克高等工业学校、符拉迪沃斯托克工学院副教授（1919—1920年），国立远东大学东方系主任和副教授。滨海边区外国语师范学院校长（符拉迪沃斯托克）。1935年3月30日被逮捕。1935年8月9日被判处劳改营5年，在马林斯克服刑（内务人民委员部西伯利亚劳动改造营）。后被平反。

史料与文献：滨海边疆区国家档案馆：全宗115，目录号1，案卷258，第30页；《培养教师的举措》，《1909年东方学院状况报告》，东方学院印刷所1910年版，第12—13页；А. А. 西萨穆特迪诺夫：《联邦安全局滨海省管理局档案资料（第 П—32311 号调查案件）》。

А. И. 李尼科夫（1877年10月17日生于沃洛格达州托杰姆县波戈列洛沃，1922年4月18日逝世于哈尔滨）。1906年毕业于莫斯科神学院。1906年任阿尔汉格尔斯克国际革新派教徒报主编，米努辛斯克教师进修学校校长。刊载西伯利亚、中亚和远东历史、考古学、地理学和民族学文章的月刊《西伯利亚档案》的创办人和出版者（从1911年起在伊尔库茨克发行，从1913年起在米努辛斯克发行），伊尔库茨克档案委员会主席，搜集了古文物藏品。俄国国内战争时期，任尼科利斯克－乌苏里斯基实验学校历史与地理教师。后因心脏衰竭而亡。

史料与文献：М. Е. 斯托日：《西伯利亚作家、诗人与学者词典》，鸢尾出版社，无出版年，第40—41页；Б. А. 伊瓦什科维奇：《1918—1922年远东的作家、学者与新闻工作者》，"自由俄国"印刷所1922年版，第42页；网址 http://irkipedia.ru/content/aleksandr_ivanovich_linkov_i_ego_zhurnal_sibirskiy_arhiv。

Л. И. 李翁（1884年4月28日出生于卡卢加省，1915年1月4日逝世于华沙）。毕业于莫斯科军事学校（1901年8月30日），以最优异成绩毕业于东方学院（符拉迪沃斯托克，1910年6月16日）。按照阿穆尔哥萨克军队指令，被编入哥萨克阶层（1903年6月4日）。曾参加日俄战争，1909年5月6日任哥萨克上尉。后任阿穆尔军区日语翻译（1910年7月28日）、俄国驻日本军事代表（1911年11月30日）。1914年12月26日因病免职，在医院去世。

史料与文献：俄罗斯国家历史档案馆：全宗115，目录号1，第4页；А. М. 布亚科夫：《东方学院军官毕业生：岁月与命运》，《远东国立大学东方学院学报》1999年第5期，第100页。

П. Ф. 李哈列夫斯基。中东铁路译翻处处长，东省文物研究会会员。著有关于中国的文章。

К. В. 罗夫措夫（1868年5月14日出生，1935年2月18日逝世于上海）。毕业于伊尔库茨克步兵学校、符拉迪沃斯托克东方学院汉蒙语专业（1910 年）。参加了 1900 年八国联军侵华战争、日俄战争、第一次世界大战和国内战争。伊尔库茨克军区司令部反侦察处长，被授予上校军衔。1918 年，被授予少将军衔。从事汉语翻译工作，出版了几部著作。曾在大连（开办了一所有偿图书馆）和上海生活。

史料与文献：И. И. 谢列布列尼科夫：《我的回忆录（1925—1931）：手稿》，天津 1945 年版，第 98 页；《К. В. 罗夫措夫将军在上海逝世：（悼词）》，《新霞光报》1935 年 2 月 20 日，第 2 页；А. М. 布亚科夫：《东方学院军官毕业生：岁月与命运》，《远东国立大学东方学院学报》1999 年第 5 期，第 112—113 页。

И. А. 洛巴金（1888 年 1 月 2 日出生，1970 年 3 月 6 日逝世于美国洛杉矶）。1908 年毕业于哈巴罗夫斯克实验学校，以优异成绩毕业于喀山大学物理数学系自然科学专业（1912 年）。Б. Ф. 阿德列尔的学生，根据他的建议来到了远东。后任符拉迪沃斯托克女子中学（1912—1913 年）、哈巴罗夫斯克实验学校（1913—1917 年）教师，尼古拉耶夫斯克教师进修学校（1917—1919 年）与哈巴罗夫斯克教师进修学校（1919—1920 年）校长、俄国皇家地理学会阿穆尔分会博物馆馆长（1920 年，哈巴罗夫斯克）。国立远东大学编外副教授，讲授民族学课程（1920—1925 年，符拉迪沃斯托克）。国立远东大学地方志研究会科研人员（人类学和民族学股）。循道派教会学校教师和哈尔滨师范学院教授（1925—1926 年）。1929 年 5 月 9 日，在英国哥伦比亚（温哥华）大学通过题为《温哥华地理》的硕士论文答辩（270 页）。参加了加拿大国家博物馆对道格拉斯海峡基蒂马特印第安人生活习俗研究的考察。美国西雅图华盛顿大学人类学系教师（1930—1931 年），讲授"东北亚民族"和"中亚民族"课程。南加利福尼亚大学哲学博士（1935 年，洛杉矶），教授俄语、俄国文明史和人类学课程。从事比较语言学研究。去世前，撰写了关于远东少数民族和美国印第安人生活习俗和风俗比较分析的著作。去世后，遵从东正教徒的仪式被安葬在瓦尔哈尔墓地。后以他的名字命名了穆拉维耶夫－阿穆尔斯基半岛上的一个海湾。

史料与文献：滨海边疆区国家档案馆：全宗117，目录号6，案卷21（И. А. 洛巴金）；Б. А. 伊瓦什科维奇：《1918—1922年远东的作家、学者与新闻工作者》，"自由俄国"印刷所1922年版，第42—43页；《悼念 И. А. 洛巴金：悼词》，《俄国生活报》1970年7月7日。

А. С. 卢卡什金（1902年4月20日出生于中国东北南部的辽阳，1988年10月6日逝世于美国旧金山）。铁路职员之子。毕业于赤塔中学和哈尔滨东方文言商业高等专科学校。积极参加了哈尔滨难民救助委员会的工作（1924—1940年）。任东省文物研究会自然科学股秘书，"满洲俄侨事务局"考古学、博物学与人种学研究青年会和布尔热瓦尔斯基研究会顾问，哈尔滨博物馆助理监督、监督（1930—1941年）。从1941年起移居旧金山，为加利福尼亚科学院海洋生物学家。俄国中心理事会理事（1949—1952年），《俄国生活报》公司董事会主席（1952—1955年），俄国文化博物馆馆长（1954—1965年）。亚洲俄国侨民活动名家，著有多篇文章。

史料与文献：俄国文化博物馆：《第3号收藏品，第42盒》；О. М. 巴基奇：《旧金山俄国文化博物馆月刊：我们的五十年》，《俄罗斯人在亚洲》1998年第5期，第272—273页。

А. Н. 卢茨基（1883年2月10日出生于克兹洛夫（当今的米丘林斯克）。1920年5月逝世于穆拉维耶沃－阿穆尔站（当今的拉佐火车站，滨海边疆区），被授予大尉军衔，曾在东方学院学习。曾在反间谍机关工作。发表过文章。以红军身份参加了俄国国内战争。

史料与文献：Е. А. 卢茨基、Б. И. 穆哈乔夫：《А. Н. 卢茨基：历史生平概述（1883—1920年）》，远东科学出版社2012年版，276页。

Б. В. 柳巴（1889年9月22日出生，1968年4月30日逝世于旧金山）。毕业于圣彼得堡大学东方系。俄国驻哈尔滨和库伦总领事，中东铁路职员。逝世后葬于克尔木的塞尔维亚人墓地。

В. Ф. 柳巴。满学家、中国学家，库伦翻译官学校督学。在中国蒙古等地区做过外交工作，著有回忆录。

史料与文献：А. К.：《关于库伦的翻译官学校》，《阿穆尔边区报》1894年第1期。

Л. И. 柳比莫夫（笔名 И. 列奥尼多夫、Л. 列恩斯基、Л. 伊万诺夫、列·伊·柳，列·伊）（1883年11月28日出生于奥伦堡省上乌拉尔县阿夫兹亚诺—彼得罗夫工厂，逝世年逝世地不详）。1910年毕业于喀山大学法律系。从1919年起，在满洲里生活，从1924年起迁居哈尔滨。1934年前，任中东铁路俄语课讲师。1929年时为中东铁路经济管理局职员，编辑了《哈尔滨贸易公所纪念文集》。1922—1923年满洲里站俄国民族协会主席。东省文物研究会会员，在《东省杂志》上刊发过文章。参与了编写适用于中国人的俄语教科书的工作。

史料与文献：哈巴罗夫斯克边疆区国家档案馆：全宗830，目录号3，案卷6361，第46页。

Э. М. 柳莉-维兹维尔（1909年2月20日出生于尼古拉耶夫斯克，2005年8月16日逝世于美国檀香山）。鱼品企业主 М. М. 柳里之女。毕业于日本的加拿大学院、美国的伯克利大学和法国的索邦神学院。在日本从事人类学研究，在夏威夷大学讲授法语、俄语与文学。名誉教授，做过几次翻译。曾在檀香山生活。

史料与文献：夏威夷大学图书馆：《Э. М. 柳莉-维兹维尔收藏品》。

Э. Е. 马加拉姆（1899年出生于敖德萨，1962年逝世）。政治侨民，新闻记者。曾在瑞士生活。从1917年5月起，在俄国参加捷克斯洛伐克军团暴动后，去了哈尔滨，在那里的《满洲日报》《生活新闻报》上发表了一系列文章。移居上海后，任发行时间不长的《上海新闻报》审校，积极刊发上海第一批俄国文学家文章的《文学丛刊》编辑和出版者。之后他去了欧洲，大约1925年时返回苏联。1938年、1949年先后两次被逮捕。

史料与文献：Б. А. 伊瓦什科维奇：《1918—1922年远东的作家、学者与新闻工作者》，"自由俄国"印刷所1922年版，第43页；А. Д. 阿列克谢耶夫：《1917—1940年俄国境外文学丛书——文献资料》，科学出版社1993年版，第110页。

Г. Я. 马良洛夫斯基（1866年出生于托博尔斯克，1932年4月9日逝世于哈尔滨）。毕业于喀山神学院，获神学副博士学位（1891年）。1917年任国民教育部人民学校校长。1917年退休后，成为西伯利亚奶油制造劳动组合协会理事会成员。移居哈尔滨后，成为哈尔滨东方文言商业高等专科学校教师（从1924年起），讲授西伯利亚学、统计学、中国东北贸易和经济史等课程。东省文物研究会会员。

史料与文献：《悼词》，《商人与东方学家的一天》1932年第10期，第3页。

А. В. 马拉库耶夫（1891年7月17日出生于雅罗斯拉夫尔省罗斯托夫，1955年8月19日逝世于阿拉木图）。曾在敖德萨商业航海学校航海员专业学习（1913—1914年）。参加了第一次世界大战，被授予准尉军衔，后被奥匈帝国俘虏（1914—1918年）。1919—1920年，成为外国商船船员，1921年，任符拉迪沃斯托克榨油合作社英文翻译。曾在哈尔滨生活（1923—1924年、1927年），任苏联驻华商务处工作人员（1924—1926年）。东省文物研究会名誉会员。"在做俘虏期间，通过自学熟练掌握欧洲语言（英语、法语和德语），在中国生活期间学习汉语。在中国生活的最后两年，更多地致力于中国经济研究，为哈尔滨出版物以及莫斯科的苏联大百科全书撰稿。"（来自于自传）。1928年8月22日被逮捕，并于1929年3月17日被判流放3年。国立远东大学教师（符拉迪沃斯托克）。与此同时，任苏联科学院远东分院工作人员、图书馆第一任馆长、副教授（从1935年12月20日起），阿穆尔边区研究会会员（从1930年起），苏联地理学会阿穆尔分会副主席。1937年11月16日，再次被逮捕，并于1940年2月9日被判处流放5年。托木斯克师范学院、托木斯克工学院、托木斯克大学（1940—1950年）、喀山大学（1950—1955年）教师。1955年11月1日，获地理学副博士学位，未进行答辩。为远东边区经济杂志《毗邻国家》栏目撰写文章。1971年12月14日被平反。著有大约100种成果。

史料与文献：А. А. 西萨穆特迪诺夫收藏品：《1997年8月5日

联邦安全局滨海边区资料（第 П—30561、П—35468 个人卷宗，符拉迪沃斯托克)》;《A. B. 马拉库耶夫已发表的著述目录》，国立远东大学出版社 1931 年版，8 页；Г. 格里郭尔：《悼念 A. B. 马拉库耶夫（1891—1955)》，《全苏地理学通报》1957 年第 89 卷，第 3 册，第 267 页；С. Д. 米利班德：《1917 年以来国内东方学家生平词典》修订版，科学出版社 1995 年版，第 2 卷，第 30 页：著述目录。

В. Д. 马拉库林（1881 年 12 月 23 日出生于托木斯克省科雷万，1944 年 8 月 21 日逝世于哈尔滨）。毕业于科雷万城市学校（1895 年）、托木斯克兽医医疗学校（1900 年），以优异成绩毕业于托木斯克大学法律系（1910 年）。曾参加日俄战争。从 1912 年起，从事律师职业，后任国家银行克拉斯诺亚尔斯克分行视察员（1914—1917 年），哈尔滨东方文言商业高等专科学校创办人、第一任校长、副教授。著有关于地方自治、合作社以及中国经济等问题的成果。

史料与文献：滨海边疆区国家档案馆：全宗 117，目录号 6，案卷 26，第 25 页；Г. 马克西姆：《悼念 В. Д. 马拉库林教授：悼词》，《边界》1944 年 9 月 10 日。

В. П. 马尔加里托夫（1854 年 1 月 16 日出生于顿河州奥斯特洛夫斯克，1916 年 10 月 12 日逝世于基斯洛沃德克）。毕业于圣彼得堡大学物理—数学系，获自然科学副博士学位（1880 年 7 月 7 日）。赴滨海省任特派员（从 1880 年 7 月 10 日起）、办公厅主任（从 1881 年 6 月 19 日起），符拉迪沃斯托克中学数学和物理教师。在阿穆尔边区研究会担任管理委员会成员（从 1884 年 4 月 24 日起）、候补委员（从 1887 年 9 月 2 日起）、代理主席（从 1888 年 5 月 24 日起）、主席（1889—1894 年）、名誉会员（1904—1905 年）。七等文官（1896 年 5 月 14 日）。阿穆尔边区区学校巡视员（1894 年 1 月 1 日—1909 年）。被派遣到堪察加（1897 年）、中国东北（1901 年）开办学校。符拉迪沃斯托克市长（1909—1915 年）。后以他的名字命名了滨海边区的村镇、河流和阿亚克流域上的一个海角（1972 年前——普弗松戈河）。

史料与文献：俄罗斯国家远东历史档案馆：全宗 702，目录号 1，案卷 2211（В. П. 马尔加里托夫）；Т. С. 舒里金娜：《阿穆尔与萨哈林小民族文化与风俗的俄国研究者（19 世纪末至 20 世纪初）》，远东大学出版社 1999 年版，第 47—70 页：照片、著述目录、参考文献。

  3. Н. 马特维耶夫（1889 年 11 月 2 日出生于符拉迪沃斯托克，1938 年 4 月 25 日逝世于符拉迪沃斯托克）。Н. П. 马特维耶夫之长子。以金质奖章毕业于符拉迪沃斯托克中学（1908 年），曾在圣彼得堡工学院经济专业学习（1908 年 9 月 1 日起）。1911 年，由于政治问题被开除。作为大学生加入俄国社会民主工党（孟什维克，1924 年正式退党）。阿穆尔边区研究会会员（从 1908 年起）。在符拉迪沃斯托克东方学院日汉语专业学习（1912—1916 年），并以二级成绩毕业，两次赴日本进行夏季语言实习。从 1916 年起，服兵役。毕业于伊尔库茨克准尉学校（1917 年）。符拉迪沃斯托克电报局军事检查员和监察员（1920 年 6 月前），后在合作社工作。梅尔库洛夫斯基政府国民教育处理事会成员。在国立远东大学历史系学习（符拉迪沃斯托克，1918—1921 年），并留东方史教研室准备教授职称。国立远东大学东方系科研人员（从 1923 年 1 月起）。东方史教研室副教授（从 1927 年 4 月起），讲授远东国家史课程。任国立远东大学（1923—1932 年 7 月）、远东工学院（从 1930 年 6 月起）、国家地理学会符拉迪沃斯托克分会（1924 年）图书馆馆长，苏联科学院远东分院图书馆工作人员。阿穆尔边区研究会图书馆与编辑委员会主席，阿穆尔边区委员会丛刊学术编辑，远东边区经济杂志历史栏目撰稿人。应父亲和 Е. Г. 斯帕利文的请求，向日本寄送了日文出版物（1924—1932 年）。苏联科学院远东分院出版社秘书。1937 年 11 月 7 日被逮捕，1938 年 4 月 25 日被判决最高惩处，1956 年 10 月 20 被平反。著有 200 余种成果。

  史料与文献：滨海边疆区国家档案馆：全宗 115，目录号 1，案卷 674，第 49 页；全宗 117，第 2 页、第 19 页、第 48 页；А. А. 西萨穆特迪诺夫收藏品：《联邦安全局滨海省管理局档案资料（关于远东国立大学反革命间谍—敌对分子组织加入远东右倾托洛茨基政治阴谋人员的第 14040 号卷宗）》；В. А. 尼科拉耶夫：《西伯利亚与远东文献——图书目录索引词典》，责任编辑 H. H. 雅诺夫斯基，西伯利亚分院科学出版社1973年版，第18—19页；《З. Н. 马特维耶夫：（诞辰100周年）：1989年11月2日纪念包报告会资料》，符拉迪沃斯托克1990年版，58页；В. К. 多尼斯科依：《远东国立大学东方系被撤销》，《俄罗斯科学院远东分院通报》1996年第1期，第103—104页；Н. В. 科切什科夫、Г. П. 图尔莫夫：《远东的教师们》，《教授协会著作集》1998年第4期，第37—38页。

Н. П. 马特维耶夫（笔名 Н. А.，Н. М.，Н. 阿穆尔斯基、来自格鲁霍夫卡的海涅、尼克的祖父）（1865年11月10日出生于日本函馆，1941年2月8日逝世于日本神户）。领事馆医生之子。第一个在日本函馆出生的欧洲人，毕业于符拉迪沃斯托克港口的干部学校。曾在《符拉迪沃斯托克报》《远东边陲报》《东方日报》等报社工作。在《符拉迪沃斯托克报》上刊发了多篇民族学和东方学方面的文章（1893年）。为阿穆尔边区研究会会员（从1896年6月10日起）、《远东的自然与人》杂志主编（1906年第1—27期；1918年1—7月的两期作为日报《边陲报》副刊发行）。因与长崎的俄侨来往而被捕。《大洋》杂志的撰稿人（1918年）。移居日本后（1921年），在那里发行儿童出版物，从事图书和杂志出售等业务。

史料与文献：А. А. 尼科利斯基：《日本人在对待俄侨方面的感人举动：Н. П. 马特维耶夫（阿穆尔斯基）墓地上的圣洁纪念碑》，《边界》1941年9月27日，第16页。

Н. П. 马佐金（1886年12月1日出生于敖德萨，1937年10月8日逝世于莫斯科）。东方学家，医生之子。曾在哈尔科夫大学法律系学习（1907年），毕业于哈尔科夫不完全中学（1907年）、符拉迪沃斯托克中学（1907年），以优异成绩毕业于东方学院日汉语专业（1911年）。从1911年起任中东铁路职员。国立远东大学副教授（1922年）。阿穆尔边区研究会和满洲俄国东方学家学会会员，Е. Г. 斯帕利文的朋友与学生。在《亚细亚时报》杂志、《远东》文集（1918年）上刊发过文章。苏联驻哈尔滨总领事馆职员。国立远东大学教师，后移居莫斯科。1931年、1937年两次被逮捕。

史料与文献：滨海边疆区国家档案馆：全宗115，目录号1，案卷679，第47页：照片（Н. П. 马佐金）；Я. В. 瓦西里科夫、А. М. 戈里什娜、Ф. Ф. 别尔切诺克：《被镇压的东方学——1920—1950年代遭受镇压的东方学家》，《亚非民族》1990年第4期，第97页；Я. В. 瓦西里科夫、М. Ю. 索罗金娜：《人与命运：东方学家——苏联时期政治恐怖的受害者生平词典》，圣彼得堡东方学出版社2003年版，第260—261页。

В. М. 门德林（1886年4月21日出生于叶卡捷林达尔，1920年5月22日逝世于符拉迪沃斯托克）。政府机关记录员之子。曾在哈尔科夫大学历史语文系学习，第一赤塔军中尉，被授予乌苏里哥萨克部队大士、上校军衔。毕业于符拉迪沃斯托克东方学院日汉语专业（1907年），并留校准备教授职称，后被派往日本（1908年1月1日—1909年）。满洲俄国东方学家学会会员。在《亚细亚时报》杂志上发表过文章。以 А. В. 高尔察克政府委员会成员的身份，在符拉迪沃斯托克参加了国内战争。符拉迪沃斯托克高等工业学校第一任校长（从1918年起）。В. М. 门德林去世后，他的寡妻将珍贵的日本学图书运到了哈尔滨。从哈尔滨移居日本时，将图书和档案文献资料留给了 В. М. 门德林的朋友 Э. Э 阿涅尔特。Э. Э 阿涅尔特把图书转赠给了东省文物研究会博物馆，其早已被日本人改造成了大陆科学院。图书被列入"В. М. 门德林教授寡妻图书"目录（1938年）。

史料与文献：俄罗斯国家远东历史档案馆：全宗226，目录号1，案卷354（报告），第60—69页；俄罗斯国家远东历史档案馆：案卷501（В. М. 门德林）；滨海边疆区国家档案馆：全宗115，目录号1，案卷692，第55页；滨海边疆区国家档案馆：（В. М. 门德林）全宗117，目录号3，案卷1，第13封底页；Э. В. 叶尔马科娃：《东方学家教师们：名字与命运》，《远东国立大学东方学院学报》1996年第3期，第7—8页；Н. В. 科切什科夫、Г. П. 图尔莫夫：《远东的教师们》1998年第4期，第38—39页。

П. Н. 梅尼希科夫（1869年12月16日出生于维亚特卡州瓦沃扎，大约在1934年左右逝世）。牧师之子。1890年毕业于维亚特卡神学校。曾任乌法州斯捷潘诺夫斯克初等学校教师、萨马罗－兹拉托乌斯托夫斯克铁路办事员、符拉迪沃斯托克东方学院管事（1901年2月15日—1902年），后在该校读大学。在大学二年级时，在中国东北西南部和喀尔喀北部地区完成了考察（1903年）。被东方学院校务委员会派往辽阳、奉天担任翻译。毕业于东方学院汉蒙语专业（1905年），后成为特罗伊茨克萨夫斯克牲畜采购委员会工作人员（从1905年起）。从1911年起，在中国东北进行了多次考察，任中东铁路商务处处长，满洲俄国东方学家学会会员、东省文物研究会创办员。1934年9月13日，В. Н. 热尔纳科夫在哈尔滨自然地理学研究会举办了纪念 П. Н. 梅尼西科夫的晚会。著有关于中国的多种学术成果。

史料与文献：滨海边疆区国家档案馆：全宗115，目录号1，案卷693，第80页；《П. Н. 梅尼希科夫（纪念在中国东北学术活动20年）》，《东省文物研究会杂志》1926年第6期（3月），第46—48页。

А. М. 梅尔瓦尔特（1884年出生于德国曼海姆，1932年5月23日逝世于苏联科米乌赫特别奇拉格）。印度民族学家，第一位俄国德拉维语学家，Л. А. 梅尔瓦尔特的丈夫。1914—1918年完成了在印度和锡兰的考察。东省文物研究会会员，曾在哈尔滨授课（1923年）。在外考察时，曾滞留在符拉迪沃斯托克（1918—1923年）。后成为国立远东大学筹建方案起草委员会成员（1918年），国立远东大学副教授。入职国立远东大学民族学收藏部（1920—1921年）。苏联科学院民族学和人类学博物馆学者管理员（1924年）。因"科学院事件"被逮捕（1930年1月13日），被判处劳改5年（1931年8月8日）。

史料与文献：Б. А. 伊瓦什科维奇：《1918—1922年远东的作家、学者与新闻工作者》，"自由俄国"印刷所1922年版，第45页；Я. В. 瓦西里科夫、А. М. 戈里什娜、Ф. Ф. 别尔切诺克：《被镇压的东方学——1920—1950年代遭受镇压的东方学家》，《亚非民族》1990年第4期，第97页；俄罗斯科学院图书馆：《1929—1939年的科学院事件：С. Ф. 普拉托诺夫院士的控告案件》，圣彼得堡1993年版，第XLVIII页、第XLIX页、第4页、第9页。

Л. А. 梅尔瓦尔特（娘家姓列维娜）（1888年8月25日出生于圣彼得堡，1965年9月9日逝世）。А. М. 梅尔瓦尔特之妻，俄国印度尼西亚语文学奠基人。毕业于圣彼得堡高等女子学校历史语文系（1910年）、圣彼得堡大学东方语系和语文系（1911年）。享受教授待遇，任彼得格勒杰米多夫女子学校讲师（1910—1914年）。参加了彼得大帝人类学和民族学博物馆赴印度的考察（1914—1918年）。后任符拉迪沃斯托克历史语文系图书馆馆员，国立远东大学筹建方案起草委员会成员（1918年），国立远东大学教师（1919—1923年），苏联科学院人类学和民族学博物馆科研人员。印度民族学家。两次被逮捕（1930年7月8日、1939年10月），被判处劳改5年（1931年8月8日）。著有25余种学术成果。

史料与文献：《Л. А. 梅尔瓦尔特：悼词》，《亚非民族》1965年第6期，第246—247页；С. Д. 米利班德：《1917年以来国内东方学家生平词典》修订版，科学出版社1995年版，第2卷，第356页。

С. Д. 梅尔库洛夫（1871年12月6日出生于布拉戈维申斯克，1957年逝世于旧金山）。毕业于布拉戈维申斯克中学（1893年）、圣彼得堡大学法律系（1897年）。任符拉迪沃斯托克城市自治法律顾问，远东北方保险公司总督察，阿穆尔沿岸地区工商业人口复选代表，彼得格勒社会活动家俱乐部荣誉会员，阿穆尔临时政府主席（从1921年5月26日起）。经日本移居美国。去世后葬于克尔梅的塞尔维亚墓地。著有关于远东垦殖的学术成果。

史料与文献：圣彼得堡国立中央历史档案馆：全宗14，目录号3，案卷30391，第70页。

А. С. 梅谢尔斯基（可能于1875出生，1932年10月26日逝世于哈尔滨）。毕业于杰尔普特（尤里耶夫）兽医学院。为中东铁路兽医卫生保健科科长（1908—1913年），赤塔防疫站工作人员（1913—1915年），为作战部队订购肉类的蒙古考察队队长（从1915年起）。1922年移居哈尔滨后，任中东铁路兽医科高级医生、哈尔滨村镇管理兽医监察员、满洲农业学会创办会员、东省文物研究会副主席。

史料与文献：《悼词》，《俄国之声报》1932 年第 2021 期（11 月 7 日），第 5 页。

Д. В. 梅谢尔斯基（1875 年出生，1933 年逝世于华沙）。公爵。毕业于圣彼得堡东方系。后担任俄国驻伊宁领事馆通译（1901 年），俄国驻天津领事馆秘书（1905—1906 年），俄国驻宽城子（1907—1909 年）、哈尔滨（1909 年）领事馆副领事，俄国驻吉林领事馆领事（1911—1914 年），俄国驻喀什领事馆总领事（1915—1917 年）。七等文官，被授予圣斯坦尼斯拉夫二等勋章。满洲俄国东方学家学会会员。著有关于中国的多部著作。

Н. И. 米罗留波夫（1870 年 10 月 17 日出生，1927 年逝世于哈尔滨）。法学家，哈尔滨法政大学第一任校长。毕业于喀山教会学校、神学校、神学院。以一等文凭从喀山大学毕业后，留刑法教研室准备教授职称（1897 年）。通过硕士考试后，在刑事法教研室授课。通过硕士论文答辩后，受聘为伊尔库茨克大学教授。1917 年初，由地方律师协会推荐，出任喀山法院检察长。打死皇室家庭案件的审讯领导人之一。白鄂木斯克垮台后，被疏散到哈尔滨。哈尔滨法政大学创办人之一，1920 年秋，讲授首批开设的课程，后被推举为系主任。俄国复兴会哈尔滨分会委员会和董事会主席（1921 年）。符拉迪沃斯托克阿穆尔边区缙绅会议主席（1922 年）。因结核病去世。

史料与文献：胡佛战争、革命与和平研究所图书馆与档案馆：《Н. И. 米罗留波夫，2 尺寸胶卷盒》；《Н. И. 米罗留波夫：悼词》，《俄国之声报》1927 年 2 月 26 日；《远方的朋友——未被忘却的坟墓：悼词》，《霞光报》1927 年 2 月 27 日；Ш. 玛利娅（М. 沙比罗）：《悼念老师：悼词》，《俄国之声报》1927 年 3 月 1 日。

А. А. 米塔列夫斯基（1879 年 7 月 28 日出生于圣彼得堡，逝世年逝世地不详）。毕业于塔什干中学（1897 年）、第二亚历山大皇家基辅工学院（1903 年）。为农业司官员（1903—1908 年），移民组织资深代表（1908—1911 年），阿克莫林斯克省级农学家（1911—1917 年）。后在符拉迪沃斯托克生活（1917—1922 年），任国立远东大学印刷所所长。从 1924 年起移居哈尔滨，为中东铁路商务处职员（从

1925 年起）。从事大豆培育研究，著有相关学术成果。曾被公派回苏联（1929 年）。

史料与文献：哈巴罗夫斯克边疆区国家档案馆：全宗 830，目录号 3，案卷 9051，第 30 页。

И. П. 米特罗法诺夫（1892 年出生，1943 年 8 月 23 日逝世于德国）。毕业于国立重点高级中学，精通英语、法语、德语和汉语。1914—1918 年任俄国驻北京外交使团二级秘书、法官。与英国作家一同出版过关于中国习俗和宗教信仰的图书，被纽约模范图书再版出版社再版（1966 年）。在中国发行的《中国年鉴》杂志，以及在美国与英国的出版物上发表了关于中国的英文文章。"受过全面教育，且精通英文、法语、德语和汉语的杰出中国学家。И. П. 米特罗法诺夫给人以极好的印象。与许多其他中国学家不同，他对中国人的生活和习俗有着极为浓厚的兴趣。他对国际汉学文献的广泛了解令人震惊。"（И. И. 谢列布列尼科夫）曾在北京的学校教书，后移居德国。去世后，被埋葬在柏林的泰格尔墓地。

史料与文献：И. И. 谢列布列尼科夫：《我的回忆录：在侨居中（1920—1924)》第 2 卷，我们的知识出版社 1940 年版，第 79—80 页。

И. А. 米哈伊洛夫（1891 年 12 月 29 日出生于涅尔琴斯克，1946 年 8 月 30 日逝世于莫斯科）。社会革命党员（从 1908 年起）。圣彼得堡大学青年教师（1917 年前），彼得格勒粮食部处长，鄂木斯克农业学院副教授，А. В. 高尔察克政府财政部部长，哈尔滨中东铁路经济调查局主任。积极参与发行《霞光报》和《哈尔滨时报》，《满洲经济通讯》杂志出版人，发表过经济方面的文章。1945 年被遣返苏联。

史料与文献：哈巴罗夫斯克边疆区国家档案馆：全宗 830，目录号 3，案卷 185，第 10 页。

В. Ф. 米哈伊洛夫斯基（1859 年 2 月 16 日出生于赫尔松州尼古拉耶夫，1920 年夏逝世于符拉迪沃斯托克）。中尉之子。毕业于尼古拉耶夫斯克六年制不完全中学、北京同文馆，作为符拉迪沃斯托克东方学院汉满语专业旁听生以最优异成绩毕业（1916 年）。在滨海省管辖部门工作（从 1876 年 8 月 1 日起），任符拉迪沃斯托克不完全中学教师（1876—1882 年），符拉迪沃斯托克区法院汉语翻译（从 1882 年 6 月 25 日起），后被派往北京学习 8 个月（从 1882 年 7 月 6 日起）。任上乌苏里斯克地区地方自治机构陪审员（从 1886 年 2 月 15 日起），符拉迪沃斯托克杜马议员。在南乌苏里斯克边区从事考古发掘工作（从 1885 年起），Ф. Ф. 布谢的助手。符拉迪沃斯托克男子中学汉语专业班教师（从 1895 年 7 月 16 日起），因为免费教授 4 年汉语课，被授予珍贵的带有金链和勋章的金质怀表（1899 年 12 月 14 日）。七等文官（1910 年 7 月 26 日任命），因病解职。从 1888 年起成为阿穆尔边区研究会会员，1896 年在图书馆里自发组织了汉语课程义务讲授班，1914 年将关于阿穆尔河、萨哈林岛、符拉迪沃斯托克的照片收藏品和在绥芬河的考古发掘物品上交。阿穆尔边区研究会管理委员会成员（1914 年 11 月 13 日—1917 年 4 月 6 日）。将东方学藏书（523 本）全部转赠给国立远东大学。

史料与文献：俄罗斯国家历史档案馆：全宗 1，目录号 1，案卷 2913（汉语、朝鲜语和日语翻译名册），第 3 页；《大事记》，《符拉迪沃斯托克报》1895 年第 42 期（10 月 15 日），第 5 页；《1899 年 5 月 31 日第 401 号符拉迪沃斯托克港口命令》，《远东报》1899 年 6 月 3 日，第 1 页；《1885—1917 年阿穆尔边区研究会报告》；滨海边疆区国家档案馆：全宗 115，目录号 1，案卷 715，第 14 页：照片（В. Ф. 米哈伊洛夫斯基）；滨海边疆区国家档案馆全宗 117，目录号 3，案卷 1，第 20 封底页。

К. О. 米霍夫斯基（1881 年 9 月 28 日出生于华沙，逝世年逝世地不详）。在华沙中学学习（1897 年前），毕业于伊尔库茨克中学（1902 年）。与父母移居哈尔滨，又从那里迁居符拉迪沃斯托克（1906 年），并在东方学院汉蒙语专业学习（1910 年）。中东铁路职员。

史料与文献：滨海边疆区国家档案馆：全宗 115，目录号 1，案卷 717，第 28 页。

А. П. 米丘林（1887 年 2 月 26 日出生于伊尔库茨克，1957 年逝世于东京）。曾在哈尔滨生活，后移居日本。在东京外语学院教授俄语课程。

史料与文献：哈巴罗夫斯克边疆区国家档案馆：全宗830，目录号3，案卷9903。

И. В. 莫扎列夫斯基（1862年4月1日出生于切尔尼戈夫州格鲁霍夫斯克县图利果洛瓦，1940年6月3日逝世于哈尔滨）。获医学博士学位，后成为军医、阿穆尔军区医院主治医师、哈尔滨市保健医生（1908—1935年5月1日）、满洲俄国东方学家学会会员。东方学爱好者，将大量东方学收藏品卖给了日本人（1926年）。

史料与文献：哈巴罗夫斯克边疆区国家档案馆：全宗830，目录号3，案卷26860，第10页；Е. П. 帮德尔：《章嘉呼图克图的墓地——喇嘛教肖像研究资料》，第1册，И. В. 莫扎列夫斯基译自德文本，中东铁路护路队印刷所1919年版，72页。

А. К. 莫尔特列赫特（1873年8月25日出生于里弗梁迪雅，1949年后去世）。毕业于杰尔普特（尤里耶夫）大学医学系（1899年），任眼科医师。获医学博士学位，任眼科医护队队长（1902年）。被授予镌刻有"在移民者中多年行医的老眼科专家"的小银质勋章（1913年）。早期研究台湾的欧洲昆虫学家之一。在阿穆尔边区研究会全体会员大会上作了关于赴台湾考察的报告（1908年8月28日）；阿穆尔边区研究会领导委员会成员（从1912年3月15日起），阿穆尔边区研究会博物馆馆长（从1914年11月20日起），阿穆尔边区研究会财务主任（1915年1月22日—1917年11月30日），对外通讯报道学术秘书（1924年）。1936年4月4日被逮捕。可能，移民到德国并逝世于此。

史料与文献：Ф. 托德尔：《俄罗斯的台湾研究史》，《远东问题》1993年第5期，第46页。

Н. И. 莫洛佐夫（1892年2月出生，1938年后逝世）。毕业于皇村中学、圣彼得堡矿业学院，继而在矿业学院教书（1914—1915年）。乌拉尔矿业学院副教授和教授（从1917年起）。1919年从乌拉尔来到了符拉迪沃斯托克，任符拉迪沃斯托克工学院教授。从1921

年起移居哈尔滨，在中东铁路农业实验室工作，在包括法政大学的哈尔滨多所学校教授化学课程。编写过关于豆油加工的著作，以及适用于中东铁路职员的课本。1937年被遣返回苏联，可能遭到镇压。

史料与文献：俄国文化博物馆：《Н. И. 莫洛佐夫文献资料收藏品》；А. Н. 科尼亚杰夫：《至今让我们无法忘怀的记忆》，《工大人》1972年第4期，第22页；Н. В. 科切什科夫、Г. П. 图尔莫夫：《远东的教师们》，《教师协会著作集》1998年第4期，第40页；《哈尔滨法政大学史：分散在世界各地的已关闭的法政大学的教师和毕业生》，《新曙光报》1938年3月17日。

В. 穆拉维耶夫。满洲俄国东方学家学会会员，在《亚细亚时报》上发表过文章。

В. И. 那达罗夫（1873年10月13日出生，20世纪30年代逝世于中国）。И. П. 那达罗夫之子，第14东西伯利亚军团上尉。毕业于符拉迪沃斯托克东方学院朝鲜语专业（1903年），留校准备教授职称（从1903年11月1日起），主要从事俄、日、中三国关系研究。任中东铁路对哈尔滨地方政府交涉全权代表处办事员，俄国驻延吉编外副领事，满洲俄国东方学家学会会员。七等文官，被授予圣安娜三等勋章。后因公牺牲。

史料与文献：《城市大事记》，《阿穆尔边区报》1899年第311期（12月12日），第8—9页；《1903年9月9日会议》，《东方学院学报》1903年第9卷，第19—25页。

И. П. 那达罗夫（1851年1月3日出生于波尔塔夫省康斯坦丁诺沃格拉德，大约1920年左右逝世）。毕业于彼得罗波尔塔夫军事中学、康斯坦丁诺夫斯克军事学校（1869年）、圣彼得堡总参谋部尼古拉耶夫斯克学院（1878年）。后被授予大尉军衔（1880年4月20日），任符拉迪沃斯托克军事长官办公室主任（从1880年6月2日起）。从1880年10月19日起在符拉迪沃斯托克完成了对南乌苏里边区的军事统计记述考察：从依曼河口穿过乌拉河到达乌毕河流域（1882年2月1日—6月23日）。阿穆尔边区研究会终身会员（从1885年3月15日起）、候补委员（1887年9月2日）、建设委员会成员（1888年），1890年被俄国皇家地理学会授予小金质勋章。阿穆尔边区研究会荣誉会员（1901年3月15日）。从事远东少数民族族源研究，搜集了收藏品，著有多种成果。任外贝加尔省军事长官，外贝加尔哥萨克军派任阿达曼（1901—1904年），后勤部队首长（1915年）。

史料与文献：俄罗斯国家远东历史档案馆：全宗1，目录号1，案卷895（关于在北乌苏里边区的公派考察），第38页；Т. С. 舒里金娜：《阿穆尔与萨哈林小民族文化与风俗的俄国研究者（19世纪末20世纪初）》，远东大学出版社1999年版，第38—39页：著作目录，参考文献。

Р. 那穆达科夫。在外贝加尔省色楞格斯克草原杜马下属部门所辖郊区出生，接受过喇嘛教育，担任过古溪诺尔湖大仓的职务。卸下喇嘛身份后，在库伦喇嘛高级学校学习藏医课程。为俄国皇家地理学会翻译藏医学文选（从1897年起）。任圣彼得堡大学东方系、符拉迪沃斯托克东方学院（从1900年起）蒙语讲师。因教学出色，被授予斯坦尼斯拉夫绶带银质勋章（1901年4月28日）。

史料与文献：《1901年4月16日会议》，《东方学院学报》1901年第2卷，第3册，第219—220页。

Э. Е 那雷姆斯基。中国学家。在《Э. Е 马加拉姆丛刊》中刊有译文。

Н. А. 那谢金（1855年出生，逝世年逝世地不详）。毕业于圣彼得堡尼古拉耶夫斯克骑兵学校（1874年）。普列奥布拉任斯基部队禁卫军准尉（从1874年12月30日起）。被授予中尉军衔（从1880年4月20日起），退役为预备役（从1881年6月15日起）。阿穆尔总督高级特派员（从1893年11月19日起）。在阿穆尔沿岸地区、滨海边区和萨哈林完成了几次调查。为俄国皇家地理学会阿穆尔分会（1894年）、东省文物研究会（1898年）会员，阿穆尔省边区长官（1895年10月3日—1897年1月10日）。著有关于朝鲜人的学术成果。

史料与文献：俄罗斯国家远东历史档案馆：全宗1，目录号1，案卷2945，第16页。

H. A. 涅夫斯基（1892年2月18日出生于雅罗斯拉夫尔州雷宾斯克，1937年11月24日逝世）。毕业于圣彼得堡大学日汉语专业（1914年），曾长期在日本生活（1913年5月—9月、1915—1929年），研究阿依努人。在奥塔尔高等商业学校教授俄语（1919—1922年），日本大阪外国语大学教授（1922—1929年）。1929年返回苏联，后获语言学博士（1935年1月5日，未进行论文答辩），研究神道教、日本民族习俗，破译唐古特人经文。后成为苏联科学院东方学研究所、东方活语言研究所副教授和教授，埃尔米塔什博物馆职员（1934—1937年）。1937年10月3日被逮捕，与日本妻子一同被判处最高惩戒，后被平反。1962年4月22日，获得列宁奖金。著有学术成果50余篇（部）。

史料与文献：Л. Л. 格罗姆科夫斯卡娅、Е. И. 克恰诺夫：《Н. А. 涅夫斯基》，科学出版社东方文献总编室1978年版，216页；С. Д. 米利班德：《1917年以来国内东方学家生平词典》修订版，科学出版社1995年版，第2卷，第135页、136页；P. 伊里因：《20世纪第一个三十年境外俄国侨民的卓越著作：百科全书生平词典》，俄国政治百科全书1997年版，第450—451页；Я. В. 瓦西里科夫、М. Ю. 索罗金娜主编：《人与命运：东方学家——苏联时期政治恐怖的受害者生平词典》，圣彼得堡东方学出版社2003年版，第278—280页。

С. В. 涅达钦（1884年2月1日出生，逝世地逝世年不详）。牧师之子，毕业于圣彼得堡大学东方语言系。从1907年12月1日起，任日文和朝文书刊检查员。1914年1月18日，在外交部任职。历史学家和民族学家，著有关于日本和朝鲜东正教的文章。

史料和文献：《朝鲜侨民（关于朝鲜人和俄国人的接近问题）》，《东方文集》，第1辑，第183—204页；《远东及其与世界战争的关系》，圣彼得堡1916年版，67页；И. Ф. 马萨诺夫：《俄国作家、学者和社会活动家笔名词典：四卷本》，第4卷，莫斯科1960年版，第333页；网址http：//magazines.russ.ru/nlo/2004/69/grin37.html。

И. Я. 涅兹纳依科（1893年5月27日出生于库班，1945年后逝世)。童年时期，在父亲工作的中东铁路长大。按照最高指示，被公派日本学习，毕业于俄国驻东京传教士团开办的小学和中学（1906—1912年）。担任阿穆尔军区司令部任翻译官（从1914年起），驻奉天领事馆通译（从1916年起），宽城子警备长（1918年），在中东铁路管理局工作（1920—1930年）。后成为哈尔滨自治市官员（1935—1941年），哈尔滨市长助理俄文秘书（从1940年起），移民局通译（从1944年3月起）。曾在哈尔滨中东铁路局工作，后移居上海，曾在哈尔滨和上海讲授日语课程，高级特派员。可能被镇压。

史料与文献：上海市政警察局档案：第77卷；哈巴罗夫斯克边疆区国家档案馆：全宗830，目录号3，案卷12398，第124页。

E. C. 涅尔金（1882年3月12日出生于圣彼得堡省，1938年4月25日逝世于符拉迪沃斯托克）。毕业于圣彼得堡A. M. 波兹德涅耶夫实践东方学院日语专业。与父亲一起在旅顺生活（1904年），之后同父亲一起被俘虏至日本。同父母在哈尔滨和伊尔库茨克（从1908年起）生活。任第五军特别处（符拉迪沃斯托克）、伊尔库茨克军区司令部侦查处翻译，国立远东大学教师、图书馆馆员、图书馆馆长（从1926年起，符拉迪沃斯托克）。1937年11月5日被逮捕，1938年4月25日被判处最高惩戒。1956年4月2日被平反。

史料与文献：A. A. 西萨穆特迪诺夫收藏品：《联邦安全局滨海省管理局档案资料（第П—25947号侦查案件）》；B. K. 多尼斯科依：《远东国立大学东方系被裁撤》，《俄罗斯科学院远东分院通报》1996年第1期，第105—106页；《平反》，《朝日俄罗斯》1998年4月10日，第15页。

H. И. 尼基弗洛夫（1886年4月29日出生于基辅省，1951年5月8日逝世）。圣弗拉基米尔大学毕业后（1910年），留校从事科研工作。通过硕士论文答辩后，受聘为编外副教授（1914—1917年），后任鄂木斯克工学院世界史教研室教授（1917—1919年）、伊尔库茨克大学教授（1920—1921年）、符拉迪沃斯托克远东大学教授（1921年）、哈尔滨法政大学教授（从1922年1月1日起到关闭止）。在布拉格的俄国高等学校考试委员会通过了题为《旧秩序终结中的法国君主立宪制》的世界史硕士学位论文答辩（1928年）。哈尔滨法政大学最后一任校长（从1930年2月起）。在世界史领域著有多项成果，出版了几部教学参考书。1945年被除奸部逮捕，并被遣返回苏联，被判处劳改10年。

史料与文献：滨海边疆区国家档案馆：全宗117，目录号6，案卷41，第15页；《法制及文化：哈尔滨法政大学十八年纪念文集》，哈尔滨1938年版，第3—84页；Е. 拉琴斯卡娅：《生活万花筒：回忆录》，基督教青年会出版社1990年版，第179—180页；Н. 杰尔诺夫：《俄国侨民作家》，G. K. 有限公司1973年版，第96页；Н. 扎叶尔科：《关于Н. И. 尼基弗洛夫教授》，《在中国东北的山岗上》2000年第80期（11月），第4—5页；Я. В. 瓦西里科夫、М. Ю. 索罗金娜主编：《人与命运：东方学家——苏联时期政治恐怖的受害者生平词典》，圣彼得堡东方学出版社2003年版，第283页。

П. М. 尼科拉恩科。南乌苏里边区兵营设施与要塞建设监察机关检查员（符拉迪沃斯托克），Е. Г. 斯帕利文的学生，满洲俄国东方学家学会会员。曾到日本考察，研究商务活动。1917年前，曾去过乌克兰，后回到符拉迪沃斯托克（1932年或者1933年）。可能被镇压。

尼古拉（世俗名 И. Д. 卡萨特金）（1836年8月1日出生于斯摩棱斯克别列佐夫斯克耶，1912年2月3日逝世于东京）。毕业于圣彼得堡神学院（1860年）。驻函馆领事馆牧师（从1861年7月2日起），俄国驻日本传教士团第一任团长（1870年4月6日设立）。1880年受封主教，1906年4月受封大主教。著有多项成果，其中包括翻译类。

史料与文献：《悼念德高望重的牧师、日本大主教尼古拉——2月3日逝世周年纪念》，圣彼得堡1912年版，76页。

Е. Х. 尼鲁斯（1880年3月7日出生于特维尔斯塔里察，1945年后逝世）。毕业于第二莫斯科士官武备学校（1898年）、米哈伊洛夫斯克炮兵学校（1901年）、亚历山大罗夫斯克军事法律学院（1910年）。外阿穆尔军区边防独立部队驻哈尔滨军事侦察员（1914—1918年），Д. Л. 霍尔瓦特远东最高全权代表委任校官及宿营地协调委员会主任（1918—1921 年），中东铁路公司高级秘书（1921—1930 年），汉语培训班教师（1924 年）。因为"已无需要"而辞去职务（1930 年）。1921 年被授予上校军衔。主要从事《中东铁路沿革史》的编撰工作（从 1921 年 10 月 22 日起），这本书是目前研究第一阶段铁路活动情况的最重要史料。第一卷的出版正值纪念中东铁路修筑 25 周年，第 2 卷处于手稿状态。哈尔滨法政大学（法庭辩护课）（1927—1928 年）、哈尔滨圣弗拉基米尔学院及日俄协会讲师。从事私人业务活动（从 1930 年 2 月起）。移居天津后（1936 年），与过去的中东铁路职员合伙开办了一家私人银行。之后在上海生活，从事私人业务及教学活动。第二次世界大战后，移居巴西，后又辗转欧洲，直到逝世。

史料与文献：哈巴罗夫斯克边疆区国家档案馆：全宗 830，目录号 3，案卷 680；上海市政警察局档案：第 77 卷；夏威夷大学图书馆：《E. X. 尼鲁斯履历表》。

И. К. 诺维科夫。毕业于符拉迪沃斯托克东方学院汉满语专业。满洲俄国东方学家学会创办人之一。中东铁路哈尔滨商业学校汉语教师，在哈尔滨东方文言商业高等专科学校讲授《远东国家的政治体制》课程。《亚细亚时报》杂志编辑委员会成员。移居澳大利亚后（大约 1939 年），在那里教授俄语。

史料与文献：哈巴罗夫斯克边疆区国家档案馆：全宗 830，目录号 3，案卷 37781，第 2 页；И. 谢雷舍夫：《俄语在澳大利亚》，《俄国生活报》1942 年 9 月 18 日。

B. B. 诺萨奇－诺斯科夫（1878 年 2 月 15 日出生于波多利斯克州卡梅涅茨—波多利斯克，1943 年 7 月 27 日逝世于哈尔滨）。1900 年毕业于莫斯科大学法律系。圣彼得堡—彼得格勒铁路银行董事会主席（1910—1917 年）。1917 年举家移居哈尔滨，后又迁居天津，并被选举为俄国同乡会主席（1920 年）。承租了俄国驻北京传教士团印刷所（1920—1921 年），联合开办了《东方教育》图书出版公司。与 Г. К. 金斯一起编辑《东方评论》杂志（1921—1922 年）。1924 年，应中东铁路邀请"从事经济和铁路经营问题研究，撰写了被译成英文和法文的关于中东铁路的著作，但该书出版时被奥斯特罗乌莫夫限制了发行量（36本）"。（第25封底页）从1929年起任中东铁路公司会计员助理。在哈尔滨东方文言商业高等专科学校讲授政治经济学和金融学课程，在《公报》《哈尔滨时报》《我们的道路》等报纸上发表了经济类文章。

史料与文献：哈巴罗夫斯克边疆区国家档案馆：全宗830，目录号3，案卷497；《沉痛的一页：悼词》，《1944年俄国民间历法》，哈尔滨1944年版，第91页。

Н. П. 奥维迪耶夫（1891年4月23日出生于辛比尔斯克州阿拉特尔，1938年4月25日逝世于符拉迪沃斯托克）。辅祭之子。毕业于阿拉特尔神学校（1913年）、符拉迪沃斯托克东方学院日汉语专业（1918年）。《滨海边区之声报》驻日本新闻记者（1918—1922年），商业学校和国立远东大学教师，与此同时兼任第5军特别处翻译（符拉迪沃斯托克，从1924年10月起）。1925年完成了对日本的考察，后作为学术代表团成员再次赴日考察（1927年10月）。远东国立大学日语教研室主任（从1932年起）。1937年9月10日被逮捕，被判处最高惩戒。1957年4月2日被平反。

史料与文献：滨海边疆区国家档案馆：全宗115，目录号1，案卷784，第71页（Н. П. 奥维迪耶夫）；А. А. 西萨穆特迪诺夫收藏品：《联邦安全局滨海省管理局档案资料（案卷П—25320）》；В. К. 多尼斯科依：《远东国立大学东方系被撤销》，《俄罗斯科学院远东分院通报》1996年第1期，第102—103页；Э. В. 叶尔马科娃、Е. А. 格奥尔基耶夫斯卡娅：《1920—1930年代的东方系》，《远东国立大学东方学院学报》1994年第1期，第52—63页；Э. В. 叶尔马科娃：《东方学家教师们：名字与命运》，《远东国立大学东方学院学报》1996年第3期，第8—11页。

Э. И. Ф. 奥伦别尔格（1889年12月5日出生于敖德萨，逝世年逝世地不详）。毕业于敖德萨男子中学（1907年）、符拉迪沃斯托克东方学院汉满语专业（1912年）。哈尔滨邮局职员。

史料与文献：滨海边疆区国家档案馆：全宗115，目录号1，案卷796，第32页。

Н. В. 奥西波夫（1878年4月2日出生于达格斯坦州铁米尔汗—舒拉，1925年逝世于东京）。第十一东西伯利亚射击部队上尉。毕业于东方学院日汉语专业（1908年）。被授予上校军衔，驻东京军事代表，侨民社会活动家。以自杀形式结束生命。

史料与文献：滨海边疆区国家档案馆：全宗115，目录号1，案卷799，第6页；А. А. 西萨穆特迪诺夫：《对 В. Н. 奥西波夫的访谈（美国檀香山，1996年）》。

Н. И. 奥西波夫（出生年出生地不详，1925年秋逝世于北京）。1900年起，在北京生活。在符拉迪沃斯托克东方学院获得了以巴尔加切夫斯基命名的奖学金（1901年）。任中东铁路北京办事处通译，拥有一所大规模的东方学图书馆，编写过俄汉词典。通过 И. И. 谢列布列尼科夫商店将图书馆出售给了同事 Р. И. 巴尔彼耶。

史料与文献：滨海边疆区国家档案馆：全宗115，目录号1，案卷800，第6页。（Н. И. 奥西波夫）；И. И. 谢列布列尼科夫：《我的回忆录：在侨居中（1920—1924）》第2卷，我们的知识出版社1940年版，第81页。

巴维尔（世俗名 Н. И. 伊万诺夫斯基）（笔名克列茨）（1874年1月19日出生于图拉省切尔尼斯克县波克罗夫斯克耶，1919年逝世于去往诺沃切尔卡斯克的路上）。牧师之子。毕业于图拉神学校（1894年）、符拉迪沃斯托克东方学院朝鲜语专业（1904年）。1896年，剃度为修士，参加了日俄战争。修士大司祭，俄国驻汉城朝鲜传教士团第3任团长（1906—1912年）。受封为尼科利斯基-乌苏里斯基主教、符拉迪沃斯托克教区牧师（1916年6月24日）。"满洲"俄国东方学家学会会员。在符拉迪沃斯托克修建会馆——"纪念牺牲军人"的教会学校（马哈林大街）。跟随"瓦良格"号巡洋舰从仁川到符拉迪沃斯托克运送海员遗体（1911年）。将俄文神学图书翻译成朝文：《简短的祈祷文》《日课经》《祈祷书》《圣礼书》《从八重唱赞美诗集和祭祷书中选出的赞歌》《神甫简史》《教理问答》等。因感染伤寒而死亡，葬于诺沃切尔卡斯克。

史料与文献：俄罗斯国家历史档案馆：全宗1，目录号2，案卷

2169（关于遗体改葬），第 13 页；滨海边疆区国家档案馆：全宗 115. 目录 1，案卷 415 页，第 26 页；《1901 年 11 月 29 日会议》，《东方学院学报》1902 年第 3 卷，第 4 册，第 133—134 页；费奥多西乙（别列瓦洛夫）：《俄国驻朝鲜传教士团存在的第一个 25 年（1900—1925 年）》，Н. 基克洛维奇牧师印刷所 1926 年版，第 60—97 页；阿福古斯汀（尼基汀）：《俄国驻朝鲜东正教使团》，《东正教在远东——俄国驻华传教士团 250 年》，"安德烈耶夫父子" 1993 年版，第 140—141 页；维尼阿明：《符拉迪沃斯托克教区第一任助理主教》，《符拉迪沃斯托克报》1993 年 5 月 22 日，第 5 页。

П. А. 巴甫洛夫（出生年出生地不详，1946 年后去世）。中东铁路职员，气象学家、生物学家和地质学家，东省文物研究会会员。后可能被镇压。著有 10 余种学术著作。

В. Г. 巴甫洛夫斯基（1880 年 9 月 22 日出生于喀山，逝世年逝世地不详）。毕业于喀山神学院，于 1904 年通过关于俄国叙事诗的硕士学位论文答辩后，获神学副博士学位。从 1921 年起，先受聘为以乌申斯基命名的国立远东师范学院俄语教研室副教授，后受聘为国立远东大学副教授。出版了关于叙事诗、俄语词源和教学法的著作。移居哈尔滨后，受聘为哈尔滨东方文言商业高等专科学校副教授和教授，讲授语言学和逻辑学课程。

史料与文献：Б. А. 伊瓦什科维奇：《1918—1922 年远东的作家、学者与新闻工作者》，"自由俄国" 印刷所 1922 年版，第 51—52 页。

И. К. 巴甫洛夫斯基。中校军衔。毕业于东方学院汉满语专业（1910 年）。从 1916 年起退役。被授予少将军衔（1916 年 9 月 18 日）。任 А. В. 高尔察克军事检查监督总局局长（1919 年），上海西伯利亚士官武备学校教师。

史料与文献：А. М. 布亚科夫：《东方学院的军官毕业生：岁月与命运》，《远东国立大学东方学院学报》1999 年第 5 期，第 102 页。

И. А. 巴宁。东方经济学家，东省文物研究会会员。著有学术成果 10 余篇（部）。

Б. И. 帮克拉托夫（1892 年 2 月 29 日出生于科斯特罗马，1979

年8月19日逝世）。1916年毕业于符拉迪沃斯托克东方学院。曾在中国生活。作为斯塔尔-郭尔施泰因的助手为哈佛大学提供学术资料。回苏联后，继续从事学术研究活动。著有学术成果大约20篇（部）。

史料与文献：俄罗斯国家远东历史档案馆：全宗226，目录号1，案卷357，第84页。В. С. 斯塔里科夫：《Б. И. 帮克拉托夫的学术和教学活动：（诞辰80周年）》，《东方国家与民族》1971年第11册，第7—14页。С. Д. 米利班德：《1917年以来国内东方学家生平词典》修订版，科学出版社1995年版，第2卷，第204—205页；В. М. 谢罗夫：《东方学院的创办（1899—1909）》，《远东国立大学东方学院学报》1994年第1期，第32—33页。

В. А. 巴诺夫（1854年8月8日生于圣彼得堡，1922年11月8日逝世于符拉迪沃斯托克）。海军技术学校毕业后，转入现役（1871年1月1日，喀琅施塔得）。在西伯利亚舰队服役（从1879年8月31日起），为《符拉迪沃斯托克报》联合主编（1885年），《远东报》主编、出版者（符拉迪沃斯托克，1891年12月31日—1921年6月17日，1922年为不定期刊物）。因向海军突击队队长申请军服和生产而被解职（1893年7月12日）。1903—1905年为符拉迪沃斯托克市长。自1890年3月11日起任阿穆尔边区研究会管理委员会秘书。在庆祝俄国皇家地理学会成立50周年纪念会上，发表了关于亚洲东北部民族历史命运的报告（1897年1月21日）。著有学术成果多篇（部）。

史料与文献：《В. А. 巴诺夫：悼词》，《世界报》1922年11月10日；И. 弗兰克恩收藏品（旧金山）。

Д. П. 班杰列耶夫（1885年5月12日出生，1950年9月7日逝世于旧金山）。符拉迪沃斯托克《远东边陲报》主编，阿穆尔边区研究会会员，渔业和捕兽手工业委员会主席（从1921年2月23日起）。1922年9月25日—1923年1月18日在哈尔滨恢复了报纸发行业务。曾在北京生活，任《中国福音报》杂志主编，俄国驻华传教士团秘书，最后移居美国。

史料与文献：俄国文化博物馆：《Д. П. 班杰列耶夫文献收藏品（第180，6 盒）》；《Д. П. 班杰列耶夫》，《1920—1952 年俄国人在中国东北和中国的文学与宗教生活：V. 佩雷莱辛回忆录》，海牙1996 年版，第78—81 页；《俄国生活报》1950 年9 月9 日、18 日。

В. Л. 巴拉迪佐夫-梅尔杰夫（1880 年1 月31 日出生，逝世年逝世地不详）。阿斯特拉罕州察列夫市七等文官之子。毕业于喀山实验学校（1902 年），以优异成绩毕业于符拉迪沃斯托克东方学院（1908 年）。原打算留校历史地理科学教研室准备教授职称。"宣称自己是一个勤奋的人，认真对待所研究的对象，并且是一个很有爱心的人，不满足于学习教授指定的教材，而是通过阅读现有的重要研究成果努力补充一些信息。巴拉迪佐夫-梅尔杰夫先生对历史与地理课程充满特殊的兴趣和爱，从他对这些课程的反映来看，是经过认真思考的。"（滨海边疆区国家档案馆：全宗115，目录号1，案卷822，第73 页）然而他的申请却被拒绝。

史料与文献：滨海边疆区国家档案馆：全宗115，目录号1，案卷822，第74 页。

Б. К. 巴什科夫（1891 年7 月7 日出生于奔萨州叶尔莫罗夫卡，1970 年9 月1 日逝世）。士兵之子。毕业于奔萨神学校（1913 年）、符拉迪沃斯托克满汉语与日汉语专业（1917 年）和蒙语专业（1918 年）。为中学（1915—1919 年）、伊尔库茨克大学（1919—1923 年）、国立远东大学（符拉迪沃斯托克，1923—1926 年）等学校汉语教师，国立远东大学地方志研究会、语言学学会研究人员。研究中国古代民间文学，获语文学博士学位（1950 年6 月29 日）。一生著有学术成果约60 篇（部）。

史料与文献：滨海边疆区国家档案馆：全宗115，目录号1，案卷827，第57 页；《学院的人员构成》，《国立远东大学地方志研究会月报》，1925 年第1 期，第19 页；С. Д. 米利班德：《1917 年以来国内东方学家生平词典》修订版，科学出版社1995 年版，第2 卷，第212 页。

В. Ф. 别列列申（真实姓名萨拉特科-别特里谢，笔名阿夫列里）（1913 年 10 月 23 日出生于伊尔库茨克，据其他资料显示是 6 月 7 日，1992 年 11 月 7 日逝世于巴西里约热内卢）。曾在哈尔滨商业学校（1924 年）、基督教青年会中学（1925—1929 年）、"北满"工学院学习（1933—1934 年），参加了无线电训练班。在《边界》杂志（从 1932 年 11 月 11 日起）、《喉舌报》（从 1934 年起）上发表了几首诗。后毕业于哈尔滨法政大学法律专业（1935 年）。从 1938 年 5 月 7 日起，成为修士。在第二届东亚竞赛（参赛作品《复兴》组诗）上获得了"抒情诗"组一等奖。从三河男子修道院院长职位上离职（《霞光报》1943 年 11 月 16 日）。在哈尔滨神学系教学委员会通过论文答辩后，获神学副博士学位（《时代报》1943 年 5 月 14 日）。1953 年移居巴西。部分私人档案转给了阿姆斯特丹，剩下部分档案在其去世后转运到莫斯科。

史料与文献：哈巴罗夫斯克边疆区国家档案馆：全宗 830，目录号 3，案卷 15841，第 9 页；哈巴罗夫斯克边疆区国家档案馆：全宗 830，目录号 3，案卷 39484，第 8 页；《В. Ф. 萨拉特科—别特里谢剃度为僧》，《圣赐食粮》1938 年第 6 期，第 16—17 页；B. C.：《В. Ф. 别列列申——巴西诗人》，《朋友之友》1984 年第 20 期（五月），第 8—9 页；О. М. 巴奇赤：《诗人墓地上的花圈（В. Ф. 别列列申 1913—1992）：悼词》，《美国的俄国高等学校丛刊》1994 年第 26 卷，第 414—418 页；Е. 基里洛娃、В. 斯洛波德奇科夫：《В. Ф. 别列列申档案将转运到俄罗斯》，《远东问题》1993 年第 3 期，第 181—183 页；Е. В. 维特科夫斯基：《В. Ф. 别列列申……》，《俄国域外文学百科全书（1918—1940）：俄国域外作家》，俄罗斯政治百科全书 1997 年版，第 307—309 页；J. P. 辛里奇：《В. Ф. 别列列申（1913—1992）：他在莱顿大学图书馆的论文和书籍目录》，莱顿大学图书馆 1997 年版，184 页。

Д. П. 别尔申（笔名达乌尔斯基）（1856 年出生，1936 年 6 月 4 日逝世于北京）。伊尔库茨克俄国皇家地理学会西伯利亚分会博物馆保管人，曾在税务局工作。多年担任伊尔库茨克布里亚特学生救助会主席。伊尔库茨克总督 Л. М. 科尼亚杰夫特派员，负责处理与外蒙古经济关系（从1912年起），在库伦创办了蒙古国民银行。"革命迫使他离开了这个岗位。多次骚乱后，中国临时恢复了在外蒙古的影响，Д. П. 别尔申险些被关进外蒙古监狱。后来他成功逃到中国腹地，但在这里的生活境况并不好。已达暮年的他，疾病缠身，又没有特别的帮扶。他只能孤寂地活着，以在报纸上发表一些自己熟知的关于蒙古和西伯利亚的文章度日。"（И. И. 谢列布列尼科夫）曾在天津、上海、张家口和北京生活。应谢列布列尼科夫的请求，撰写了回忆录《恩琴伯爵、库伦与阿勒坦-布拉克》，其手稿出售给了胡佛研究所。

史料与文献：И. И. 谢列布列尼科夫：《Д. П. 别尔申：悼词》，《言论报》1936年4月21日；附照片。

В. Д. 别索茨基（1884年10月5日出生于雷利斯克，1919年后去世）。第一三三辛菲罗波尔步兵部队少尉（1906—1907年）。毕业于符拉迪沃斯托克中学、伊尔库茨克步兵学校（1906年），以优异成绩毕业于符拉迪沃斯托克东方学院并获金质奖章（符拉迪沃斯托克，1911年）、圣彼得堡总参谋部尼古拉耶夫斯克学院（1916年）。为阿穆尔考察队队员，皇家东方学学会阿穆尔分会、满洲俄国东方学家学会会员，敖德萨军区司令部作战处处长，全俄政府总政治委员（1919年），后在作战时牺牲。

史料与文献：滨海边疆区国家档案馆：全宗115，目录号1，案卷832，第17页（В. Д. 别索茨基）。

И. И. 别杰林。毕业于符拉迪沃斯托克东方学院。任中东铁路哈尔滨商业学校汉语教师，汉语和英文翻译。在哈尔滨报纸上发表过回忆录。为《祖国之声报》编辑，每日晚报《喉舌报》第二编辑（1921年9月2日出刊），满洲俄国东方学家学会会员，在《亚细亚时报》上发表过文章。

А. Н. 彼得罗夫（1881年1月24日出生于喀山，1938年逝世）。毕业于喀山实验学校（1901年）、符拉迪沃斯托克东方学院朝汉语专业（1907年）。日俄战争期间，担任翻译，获格奥尔吉耶夫斯基勋章。在日本和中国完成了几次学术考察（1907—1909年），为满洲俄国东方学家学会会员，天津西语皇家中国学院教授（从1908年起），符拉迪沃斯托克工学院经济生活史副教授（1919年）。从日本和中国的学术公出中返回（1920年10月1日），国立远东大学《经济生活和贸易史》教研室客座教授（符拉迪沃斯托克，从1920年4月27日起），远东国立大学教授。曾在莫斯科和列宁格勒生活，不止一次被内务部人民委员部机关逮捕（由于"雅库特反革命民族主义核心人物"案件与"沙赫京斯克案件"）。多项成果处于手稿状态（国际贸易史、美国贸易史）。

史料与文献：滨海边疆区国家档案馆：全宗115，目录号1，案卷838，第91页；滨海边疆区国家档案馆：全宗117，目录号6，案卷45，第34页；Б. А. 伊瓦什科维奇：《1918—1922年远东的作家学者与新闻工作者》，自由俄国印刷所1922年版，第54—55页；Н. В. 科切什科夫、Г. П. 图尔莫夫：《远东的教师们》，《教师协会著作集》1998年第4期，第50页；Я. В. 瓦西里科夫、М. Ю. 索罗金娜主编：《人与命运：东方学家——苏联时期政治恐怖的受害者生平词典》，圣彼得堡东方学出版社2003年版，第299页：著述成果。

В. П. 彼得罗夫（1907年3月22日出生于哈尔滨，2000年5月18日逝世于美国马里兰州罗克维尔）。毕业于哈尔滨法政大学（1929年）。自1930年起，在上海生活。为《上海霞光报》采访记者，美国多所学校和大学教师和教授，主要讲授俄语和地理课程。从1940年起，在旧金山生活，1995年被推选为俄美荣誉院院士。在美国共出版了包括8本英文的35部著作，以及300多篇概述性文章。其中包括关于中国的几乎所有著作，都是艺术、科普和回忆录方面的。

史料与文献：В. Н. 布特科夫：《作家В. П. 彼得罗夫的75寿辰》，《俄国生活报》1982年5月18日；Е. 亚历山大罗夫：《隆重悼念В. П. 彼得罗夫：悼词》，《俄国生活报》2000年8月26日。

Б. О. 毕尔苏德斯基（1866年10月21日出生于维尔诺省祖洛沃，1918年5月17日逝世于巴黎）。曾在圣彼得堡大学法律系学习，参加了"民族自由"恐怖主义党派，1887年3月被逮捕。后由死刑改判为在萨哈林监禁15年，从1887年8月起生效。从事民族学研究，收集了一些藏品。为1896年12月6日亚历山大罗夫斯克博物馆联合创办者。1898年4月16日应阿穆尔边区研究会的邀请，搬到了符拉迪沃斯托克。阿穆尔边区研究会财务主任、秘书和图书管理员（从1899年3月18日起）。曾在阿穆尔河下游和萨哈林进行过考察，并收集了一些藏品，1901年3月15日，任阿穆尔边区研究会候补委员。在包括阿依努人在内的远东少数民族民族学研究领域著有多种成果。后以他的名字命名了萨哈林多林斯克的一座山。

史料与文献：В. М. 拉特舍夫、М. М. 普罗科弗耶夫：《Б. О. 毕尔苏德斯基在萨哈林博物馆的民族学收藏品目录》，南萨哈林斯克1988年版，126页。А. А. 西萨穆特迪诺夫：《……满怀忘却与深情……：Б. О. 毕尔苏德斯基诞辰125周年（Б. О. 毕尔苏德斯基在阿穆尔边区研究会活动大事记）》，阿穆尔边区研究会1991年版，4页；К. 萨瓦达：《Б. О. 毕尔苏德斯基眼中的日本——与东京音乐学校音乐家的相识》，《斯拉夫研究》1996年第43期，第205—227页。

О. В. 布列特涅尔（1898年9月20日出生于圣彼得堡，1929年3月7日逝世）。О. В. 布列特涅尔的弟弟。以 Н. 那里马诺夫命名的莫斯科东方学研究所科研人员，著有大约40种学术成果。

史料与文献：俄罗斯国家远东历史档案馆：全宗226，目录号1，案卷626，第37页；С. Д. 米利班德：《1917年以来国内东方学家生平词典》修订版，科学出版社1995年版，第2卷，第244—245页。

О. В. 布列特涅尔（1892年7月26日出生于圣彼得堡，1970年1月29日逝世于神户）。以优异成绩毕业于圣彼得堡大学东方学系日汉语专业（1915年），以一等文凭毕业于实践东方学院（波兹德涅夫）。从1916年起任俄国驻日本大使馆大学生兼翻译。1921年参加了国立远东大学编外副教授职位的竞选（符拉迪沃斯托克）。

史料与文献：Л. 叶尔马科夫：《О. В. 布列特涅尔与其通信的人》，网址 http：//www.japantoday.ru/znakjap/histori/pdf/34-1.pdf。

А. И. 波革列别茨基（1891年出生，可能于1952年逝世）。左派政党成员。俄国国内战争期间，在鄂木斯克 А. В. 高尔察克政府工作。在中国东北与路标转换派分子联系紧密，任中东铁路商务处处长。后加入了苏联国籍，在天津经营了一家商业银行（1935年）。

史料与文献：哈巴罗夫斯克边疆区国家档案馆：全宗830，目录号3，案卷1765，第10页。

Г. В. 波德斯塔文（1875年7月9日出生于雷宾斯克，1924年3月23日逝世于哈尔滨）。荣誉公民之子。毕业于雷宾斯克中学（以优异成绩）、圣彼得堡大学东方系（1898年）。在朝鲜进行学术考察（1899—1900年）。为符拉迪沃斯托克东方学院校长（1919年），国立远东大学第一任校长，朝鲜语教研室教授（1920—1922年），满洲俄国东方学家学会会员，阿穆尔边区研究会正式会员（从1912年起）。国内战争期间，国家经济委员会和人民自由党符拉迪沃斯托克支部委员会成员。1922年末，移居朝鲜，后又迁居中国东北，任哈尔滨霍尔瓦特中学校长。

史料与文献：圣彼得堡国立中央历史档案馆：全宗14，目录号3，案卷30636；俄国文化博物馆：《Г. В. 波德斯塔文收藏品》；《悼念Г. В. 波德斯塔文教授：悼词》，哈尔滨1942年版，21页（摘自《亚细亚时报》杂志第52期）。

А. М. 波兹德涅耶夫（1851年9月27日出生于奥列尔，1920年9月30日逝世）。牧师之子，Д. М. 波兹德涅耶夫的弟弟。以副博士学位毕业于圣彼得堡大学东方语系后（1876年），留校准备教授职称。在中国（1892—1893年）完成了考察。通过题为《蒙古族民间文学范例》的论文答辩（1881年），后获蒙古语文硕士（1881年）、博士（1883年）学位。任圣彼得堡大学蒙古与卡尔梅克语文学教研室副教授（从1880年起），1884年编制内教授，1899—1903年为符拉迪沃斯托克东方学院校长。1902年2月1日被授予圣斯坦尼斯拉夫一等勋章和圣安娜一等勋章，为国民教育部委员会成员（从1903年11月3日起），机密顾问，被授予白头鹰勋章。顿河大学历史系卡尔梅克语言教研室教授（1919—1920年5月20日）。

史料与文献：东方学研究所圣彼得堡分所档案馆：全宗44，目录号3，案卷6，第18页；《А. М. 波兹德涅耶夫》，《苏联历史百科全书》第 11 卷，莫斯科 1968 年版，第 248 栏；《А. М. 波兹德涅耶夫》，《苏联大百科全书》第 20 卷，第 165 页；А. Ю. 萨兰：《东方学家 А. М. 波兹德涅耶夫兄弟奥列尔生人》，《远东民族文化与历史中的共性与特性》，符拉迪沃斯托克 1991 年版，第 92—102 页；С. Д. 米利班德：《1917 年以来国内东方学家生平词典》修订版，科学出版社 1995 年版，第 2 卷，第 249 页、第 250 页：著述目录；Н. В. 科切什科夫、Г. П. 图尔莫夫：《远东的教师们》，《教师协会著作集》1998 年第 4 期，第 54—55 页。

Д. М. 波兹德涅耶夫（1865 年 1 月 26 日出生于奥列尔，1937 年 10 月 30 日逝世于莫斯科）。А. М. 波兹德涅耶夫之弟弟。毕业于奥尔洛夫神学校（1885 年）、基辅神学学院历史系（1889 年）、圣彼得堡大学东方语系汉蒙满语专业（1893 年）。完成了在伦敦、巴黎和柏林（1893—1894 年）、中国（1898—1904 年）、日本（1905—1910 年）的公派考察，被授予中国双龙勋章。获硕士学位（1896 年），为圣彼得堡大学教师（1896—1898 年）。参加了下诺夫哥罗德工商代表大会（1896 年）。任巴黎第六届东方学家代表大会远东部代表、秘书（1897 年夏），驻北京道胜银行行长和财政部特派员（从 1898 年 5 月起），符拉迪沃斯托克东方学院校长（1904 年 6 月 5 日—1906 年 9 月 1 日），圣彼得堡实践东方学院教师（1910—1917 年），工农红军军事学院和列宁格勒国立大学教师（1917—1931 年）。1937 年 10 月 1 日被捕，被处以最高惩戒。著有 100 多篇（部）学术成果。

史料与文献：圣彼得堡国立中央历史档案馆：全宗 14，目录号 3，案卷 27318，第 69 页；《1904 年东方学院状况与活动报告》，《远东报》印刷所 1907 年版，第 5—7 页；Е. Г. 斯帕利文：《Д. М. 波兹德涅耶夫先生在日本学领域的倾向和著述评价》，东方学院出版社 1908 年版，89 页。（《东方学院学报》第 32 卷，第 2 册）；С. Д. 米利班德：《1917 年以来国内东方学家生平词典》，科学出版社 1995 年版，第 2 卷，第 250 页：著述目录；Г. И. 波德巴洛娃：《Д. М. 波兹德涅耶夫》，《苏联历史百科全书》第 11 卷，莫斯科 1968 年版，第 248 栏；Н. 卡巴诺娃：《一个家庭的命运》，《今日亚非》1990 年第 2

期，第 50—54 页；Я. В. 瓦西里科夫、А. М. 格利什娜、Ф. Ф. 别尔切诺克：《被镇压的东方学——1920—1950 年代的遭受镇压的东方学家》，《亚非民族》1990 年第 5 期，第 99 页；Ф. 托德尔：《俄国的台湾研究史》，《远东问题》1993 年第 5 期，第 48 页、第 49 页；《С. Н. 雅波尼斯基日志》，К. 那卡穆拉、Е. 那卡穆拉、Р. 雅素依、М. 那加纳娃编辑，北海道大学出版社 1994 年版，第 684 页、第 689 页、第 695 页、第 698 页；Н. В. 科切什科夫、Г. П. 图尔莫夫：《远东的教师们》，《教师协会著作集》1998 年第 4 期，第 56—58 页。

Д. Д. 波科基洛夫（1865 年出生，1908 年 2 月 23 日逝世于北京）。毕业于圣彼得堡大学东方系（1887 年）。驻北京传教士团大学生（1891—1893 年），外交部亚洲司职员，道胜银行北京分行行长。从 1897 年 1 月起，任俄国外交部驻华官方代表。1905 年任驻北京特派及全权公使。著有关于远东历史、政治和经济方面的成果。

史料与文献：《Д. Д. 波科基洛夫：悼词》，《远东报》1908 年 2 月 29 日（第 48 期），第 3—4 页。

С. И. 波克洛夫斯基（1884 年出生，逝世年逝世地不详）。奥尔洛夫省波克洛夫斯克村牧师之子。毕业于奥尔洛夫神学校和东方学院汉满语专业，中东铁路管理局商务处商务代表。1913 年在《北满农业》杂志上发表了一些文章。在《哈尔滨日报》上发表了关于中国东北北部地区小手工业生产的文章。在哈尔滨意外死亡。

Н. А. 波列沃依（1875 年 10 月 4 日出生，可能于 1920 年逝世）。С. А. 波列沃依的弟弟，上尉军衔。1908 年以一等文凭毕业于东方学院汉满语专业，并以出色论文获金质奖章。在第十二东西伯利亚皇储继承人护卫队服役。依照总参谋部总管理局的指示，被派往中国进行学习语言和相关知识（1909 年 2 月—1913 年 10 月）。1911 年 2 月—1913 年 10 月俄国驻华军事代表。1913 年，返回自己所在部队。经东方学院校务委员会推荐，受聘为突厥斯坦军区司令部东方语言学校汉语教师。

史料与文献：А. А. 西萨姆特迪诺夫收藏品：《Л. С. 波列沃依回忆录（美国）》；А. М. 布亚科夫：《东方学院军官毕业生：岁月与命

运》，《远东国立大学东方学院学报》1999 年第 5 期，第 100 页；M. K. 巴斯汉诺夫：《1917 年前俄国军事东方学家生平词典》，"东方文献"出版社 2005 年版，第 184—185 页。

C. A. 波列沃依（1886 年 8 月 21 日出生于乌克兰皮里亚京，1971 年 9 月 16 日逝世于美国）。毕业于符拉迪沃斯托克东方学院汉语专业（1913 年）。从 1917 年起，在中国生活。任天津南开大学俄语和文学教授（从 1918 年起），后从事翻译工作，编写了俄汉词典（1924—1927 年）。1939 年，移居美国，为哈佛大学职工。

史料与文献：Л. C. 波列沃依收藏品（美国盐湖城）；A. A. 西萨穆特迪诺夫收藏品：《1997 年 11 月 27 日、29 日专访》；J. M. 汉密尔顿：《E. 斯诺》，印地安纳大学出版社 1988 年版；J. D. 斯彭斯：《寻找现代中国》，诺顿有限公司 1990 年版，第 320 页。

E. Д. 波利瓦诺夫（1891 年出生于斯摩棱斯克，1938 年 1 月 25 日逝世于莫斯科）。毕业于圣彼得堡大学东方系，获硕士学位（1914 年）。后于 1914—1916 年在日本进修，任彼得格勒大学编外副教授（从 1915 年起）、教授（1920—1921 年），作为塔什干大学翻译，受聘为符拉迪沃斯托克国立远东大学东方系教授（1927 年），讲授课程如下："语言学导论""日语会话学习导论""日语书面语学习理论与实践""日本文学范例"等。在撒马尔罕生活（从 1929 年起），后移居塔什干和伏龙芝。1937 年 8 月 1 日被逮捕，被判处最高惩戒。1963 年 4 月 3 日被平反。

史料与文献：Я. B. 瓦西里科夫、M. Ю. 索罗金娜：《人与命运：东方学家——苏联时期政治恐怖的受害者生平词典》，圣彼得堡东方学出版社 2003 年版，第 306—308 页：附照片，著述目录。

M. A. 波鲁莫尔德维诺夫（1867 年 7 月 26 日出生，1930 年后去世）。毕业于奥伦堡涅普柳耶夫斯克士官武备学校和丘古耶夫斯克步兵士官生学校，后被调派到边境守卫独立部队（1903 年 3 月），参加了日俄战争和第一次世界大战，因受伤退役，并被授予上校军衔（1916 年 5 月）。满洲俄国东方学家学会活动家。曾在哈尔滨生活，从事蒙语翻译工作，编辑过关于中国的著述成果。在《亚细亚时报》

等杂志上刊发过军事领域的多篇学术成果。

史料与文献：М. К. 巴斯汉诺夫：《1917年前俄国军事东方学家生平词典》，"东方文献"出版社2005年版，第187—188页。

В. В. 包诺索夫（1899年4月25日出生于乌法，1975年1月23日逝世于澳大利亚布里斯班）。在基辅商业学院经济系学习（1916—1917年）。从1922年起，在中国东北生活。从1923年起，任东省文物研究会会员及其艺术股秘书，为哈尔滨自然地理学研究会创办者与主席团成员（从1929年4月11日至1946年）。为东省特区文物研究所研究者（从1931年起）、博物馆编内人员（从1932年起）、理论民族学股股长，大陆科学院博物馆联合馆长（1939—1945年），哈尔滨珍玩和艺术古董产品展览会历史部主席（1936年）。作为民族学家研究了通古斯语族达斡尔人和索伦人，并完成了6次考察（1941—1945年）。萨满教、佛教、喇嘛教和道教研究者。东省特区文物研究所第一古生物学考察队队长——东京城（1931年秋）、松花江站（1934年）、呼伦贝尔（1934年）、小庙（1935年）、帽儿山（1942—1943年）、伯都讷-郭尔罗斯（1944年春）、王海屯（1944年秋）、嫩江（1957年）。移居澳大利亚后（1961年），在布里斯班生活。参加了昆士兰大学组织的田野考古调查（1963年）。昆士兰大学人类学系督学（1966年—1970年1月1日），之后领取养老金。著有大约30多种学术成果。

史料与文献：俄国文化博物馆：《В. В. 包诺索夫文献收藏品（第15、6文件盒）》；В. Н. 热尔纳科夫：《В. В. 包诺索夫》，墨尔本大学出版社1972年版，第16页，著述成果：第14—16页（32种）；В. Н. 热尔纳科夫：《悼念В. В. 包诺索夫：悼词》，《俄国生活报》1975年4月25日、1976年2月6日；《悼词》，《工大人》1975年第7期，第125—126页；О. М. 巴奇赤：《В. В. 包诺索夫档案：目录》，《俄罗斯人在亚洲》1997年第4期，第327—331页。

Г. К. 波波夫。俄国驻哈尔滨总领事馆副领事（1916—1917年）、领事（1918—1920年）。七等文官，被授予圣安娜三等勋章。

Г. С. 波波夫（1885年9月8日出生于布拉戈维申斯克，1955年

12月6日逝世于加利福尼亚奥克兰)。阿穆尔哥萨克军哥萨克。七等文官,俄国驻北京大使馆通译。1948年从上海移居美国。后因心脏病逝世于医院。

史料与文献:上海市政警察局档案:第79卷;《Г. С. 波波夫离世:悼词》,《俄国生活报》1955年12月8日。

М. М. 波波夫。毕业于圣彼得堡大学东方系。在北京实习(1904年)。俄国驻库伦(1905—1906年)、哈尔滨(1907—1912年)总领事馆通译,俄国驻库伦领事馆秘书(1913年)。

С. П. 布尔玛尔(1896年6月27日出生,逝世年逝世地不详)。官员之子。毕业于涅尔琴斯克(1913年)和尼科利斯科-乌苏里斯基(1914年)实验学校。因为考试成绩不合格,被托木斯克理工学院开除(1915年)。在符拉迪沃斯托克东方学院学习(1915—1918年),曾在上海和天津生活。大连日俄友好协会日语培训班负责人。后被驱逐出境,可能遭到镇压。

史料与文献:滨海边疆区国家档案馆:全宗115,目录号1,案卷905,第49页。

М. П. 布齐洛(1845年出生,1889年逝世)。东西伯利亚总督办公室职员(1865年)。与被流放的自然科学学者们完成了一系列自然科学考察活动,将在考察过程中收集的收藏品赠送给了自然科学、民族学与人类学爱好者学会。积极参加俄国皇家地理学会的活动。在伊尔库茨克周边地区从事民族学研究(1867—1869年),还在库尔图克、佟克、哈马尔-达班和努库-达班搜集了动物学收藏品(1868年)。阿穆尔边区省管理局特派员(1870—1871年),解决了绥芬河流域朝鲜人的安置和给养问题。后来以他的名字命名了滨海边区的一个村庄。

史料与文献:俄罗斯国家远东历史档案馆:全宗1,目录号1,第2卷,案卷2172,第35页;А. М. 谢里谢夫:《М. П. 布齐洛编写的第一部俄语词典》,《远东问题》1994年第1期,第151—153页;《М. П. 布齐洛》。网址//http://www.distedu.ru/mirror/-rus/www.hi-edu.ru/Brok/01160743.htm。

Н. В. 列宾（1891 年 11 月 23 日出生于维亚特卡省亚兰斯克县库卡尔基，1938 年 12 月 25 日逝世于符拉迪沃斯托克）。毕业于喀山神学院，获得神学副博士学位（1901 年），在符拉迪沃斯托克东方学院日汉语专业学习（1917—1921 年）。远东民族协会代表大会编辑部负责人（1922 年）。1922 年可能与 В. К. 阿尔谢尼耶夫在鄂霍茨克－堪察加边区进行了考察。1923 年毕业于国立远东大学历史语文系第五补习班。远东国立大学东方系教师，讲授课程如下："东亚自然地理""东亚经济地理"。变电所管理计划科长。1938 年 7 月 27 日被逮捕，后因死于符拉迪沃斯托克监狱医院而停止一切活动。

史料与文献：哈巴罗夫斯克边疆区国家档案馆：全宗 115，目录号 1，案卷 923，第 69 页。А. А. 西萨穆特迪诺夫收藏品：《联邦安全局滨海省管理局档案文献（第 П185223 号调查案件）》。

Л. 列舍特尼科夫。满洲俄国东方学家学会会员，在《亚细亚时报》上发表过文章。

Н. П. 罗索夫（1876 年 8 月 16 日出生，出生地不详，逝世年逝世地不详）。比斯克区乌拉雷站牧师之儿子。毕业于托木斯克神学校（1897 年），在巴尔瑙尔神学校做教师六年。日俄战争期间，在符拉迪沃斯托克医院工作，毕业于东方学院汉满语专业（1908 年）。任俄国驻烟台（1913—1915 年）、塔城（1916—1917 年？，后者年份不确定）领事馆通译和秘书。八等文官，被授予圣斯坦尼斯拉夫三等勋章。

史料与文献：滨海边疆区国家档案馆：全宗 115，目录号 1，案卷 938，第 38 页。

В. К. 鲁宾斯基。经济学家，阿穆尔考察队队员。

А. В. 鲁达科夫（1871 年 6 月 9 日出生于巴库附近连科兰城，1949 年 5 月 11 日逝世于符拉迪沃斯托克）。1905 年毕业于圣彼得堡大学东方系汉满语专业，获得中国文学硕士学位（圣彼得堡大学）。1899—1920 年为符拉迪沃斯托克东方学院教师和教授，东方学院校长（1906 年 10 月 28 日—1917 年 4 月），阿穆尔边区研究会（1909—1912 年）及满洲俄国东方学家学会会员。在中国境内完成了几次考察。学术兴趣在于中国历史与地理及中国文学。国立远东大学/远东国立大学汉语教授（1920—1939年），讲授现代汉语官话、"官话指南"。中国学研究室主任，国立远东大学地方志研究会、语言学学会会员。

史料与文献：Р. В. 夫亚特金：《А. В. 鲁达科夫（诞辰100年）》，《亚非民族》1971年第4期，第216—218页；Г. А. 雷库诺娃：《中国文学硕士А. В. 鲁达科夫（1871—1941）：生平资料》，《俄罗斯与亚太地区》1995年第2期，第78—82页；В. М. 谢罗夫：《1899—1909年东方学院的创办》，《远东国立大学东方学院学报》1994年第1期，第14—36页；Н. В. 科切什科夫、Г. П. 图尔莫夫：《远东教师们》，《教师协会著作集》1998年第4期，第62—63页。

В. В. 鲁登科（1885年12月30日出生于敖德萨，逝世年不详，逝世于哈尔滨）。小市民之子。毕业于敖德萨 Г. Ф. 法依戈商业学校（1905年），以优异成绩毕业于符拉迪沃斯托克东方学院汉满语专业（1910年）。圣彼得堡工商部职员，后转入驻华道胜银行分行工作。返回远东后，曾做过村长。十月革命后，逃难到哈尔滨。中东铁路管理局商务处职员，后成为中国长春铁路管理局职员。

史料与文献：滨海边疆区国家档案馆：全宗115，目录号1，案卷942，第67页。

А. Н. 鲁斯塔诺维奇（出生年出生地不详，1938年后去世）。毕业于东方学院边区翻译官培训学校满蒙语专业。被授予中校军衔，参加了第一次世界大战和国内战争。1917年末，按照阿穆尔军区司令部的指示，作为东方研究者军官从库尔斯克疏散点被调派到哈巴罗夫斯克的司令部军事统计处做高级翻译官，一直服役到1919年1月1日。按照中东铁路哈尔滨附属地反情报处长的命令，被任命为 Д. Л. 霍尔瓦特将军反情报科监察主任（从1919年2月起）。哈尔滨"大公—旅馆"老板（从1922年起）。1920年末，组建了中国所属俄罗斯民族组织。为拉赫马诺夫工程师建筑办事处会计员、办事员（1925—1930年），省警察局特战队特工、外事监督员（从1932年起）。1936—1937年间失业。自1938年起任哈尔滨铁路通行站省警察局特别科特工。

史料与文献：А. М. 布亚科夫：《东方学院军官毕业生：岁月与命运》，《远东国立大学东方学院通报》1999 年第 5 期，第 102 页。

А. И. 雷巴尔科（可能于 1886 年出生，1935 年 3 月 9 日逝世于哈尔滨）。毕业于北京东方语言学院，汉语语言学家和翻译。死后葬于新城墓地。

史料与文献：《悼词》《公报》，哈尔滨，1935 年 3 月 10 日第 2622 期，第 5 页。

В. А. 梁扎诺夫斯基（1884 年 1 月 1 日出生于科斯特罗马，1968 年 2 月 19 日逝世于美国奥克兰）。莫斯科大学法律系毕业后，去德国留学。任雅罗斯拉夫尔杰米多夫法政学校民法教研室编外副教授（1914—1917 年）。获民法硕士学位（1917 年），主持杰米多夫法政学校、托木斯克大学（1918 年秋）、伊尔库茨克大学（1920 年）和符拉迪沃斯托克国立远东大学民法教研室教授事务。在哈尔滨法政大学教授民法、民事诉讼、罗马法条、中国民法等课程，还开办了民法进修班，任校长（1924 秋—1929 年 3 月）、考试委员会主席（1923—1924 年）。曾在天津生活，做教师。后移居美国。多个学术团体正式和名誉会员（皇家亚洲学会等）。

史料与文献：滨海边疆区国家档案馆：全宗 117，目录号 6，案卷 52，第 12 页；《法制及文化：哈尔滨法政大学十八年纪念文集（1920—1937）》，哈尔滨 1938 年版，第 42—43 页；И. С. 扎维尔尼亚耶夫：《悼念 В. А. 梁扎诺夫斯基教授》，《俄国生活报》1968 年 6 月 26 日；А. А. 西萨穆特迪诺夫收藏品：《1997 年 9 月 25 日 В. А. 梁扎诺夫斯基的信》。

В. Г. 萨宁科夫（1913 年 11 月出生于博克图，1995 年 1 月 8 日逝世于澳大利亚）。曾在哈尔滨生活。毕业于霍尔瓦特中学（1925 年）、第一实验学校（1930 年）、法政大学经济专业（1936 年）。在比利时的大学学习（1930—1932 年），为博克图站"满洲俄国侨民事务局"分局办事员，穆棱煤矿矿主（从 1939 年起）。后移居澳大利亚。

史料与文献：哈巴罗夫斯克边疆区国家档案馆：全宗830，目录号3，案卷4954，第16页。

B. Ф. 斯文齐茨基（1882年11月9日出生于马尔金，逝世年逝世地不详）。绥芬河站邮政所长之子。毕业于克尼亚吉宁斯克城市三年制学校、喀山农业学校。通过了布拉戈维申斯克中学培训班的自学考试（1903年），曾在托木斯克理工学院学习。毕业于符拉迪沃斯托克东方学院（1910年），任中东铁路稽查助理。

史料与文献：滨海边疆区国家档案馆：全宗115，目录号1，案卷972，第37页。

И. В. 斯威特（1897年6月27日出生于哈尔科夫州，1989年3月8日逝世于美国西雅图）。毕业于库皮扬斯克学校（1913年）、哈尔科夫中等学校（1915年），曾在哈尔科夫大学数学系学习。在符拉迪沃斯托克从事新闻记者工作（1918—1922年），为《日出》杂志编辑。移居哈尔滨后，曾为报纸撰过稿、卖过邮票（1922—1941年），当过周刊《满洲先驱》编辑，南满铁路职员。曾发表过经济类文章。从1941年6月22日起，移居上海，开了一家经营邮票的商店。担任乌克兰民族报纸《乌克兰之声报》（乌克兰语）编辑（第1期—1942年2月25日，发行300份），东亚乌克兰民族委员会主席。1949年，又移居台湾岛，后来又辗转来到纽约和西雅图。

史料与文献：上海市政警察局档案：第81卷（D8149），第42卷；《И. В. 斯威特：悼词》，《西雅图俄国侨民月报》1989年第219期（总第321期），第17页。

Н. С. 谢尼科-布兰内（1877年1月1日出生于波尔塔瓦州省洛赫维茨县布拉吉涅茨，逝世年逝世地不详）。毕业于符拉迪沃斯托克东方学院朝汉语专业（1900年）。在日俄战争中，由于担任翻译工作，被授予圣斯坦尼斯拉夫三等勋章。为俄国驻汉城大使馆通译官（1906—1917年，后者年份不确定），满洲俄国东方学家学会会员。在外交出版物上发表过关于中国经济的文章。

史料与文献：滨海边疆区国家档案馆：全宗115，目录号1，案卷987，第37页。

А. О. 谢尔戈耶夫。毕业于哈尔滨东方文言商业高等专科学校，任哈尔滨东方文言商业高等专科学校东方学学会第一主席。

谢尔盖（世俗名 С. А. 季霍米洛夫）（1871 年 6 月 3 日出生于诺沃哥罗德省古扎，1945 年 8 月 10 日逝世于东京）。毕业于诺沃哥罗德神学中学（1888 年）、诺沃哥罗德神学校（1892 年），以优异成绩毕业于圣彼得堡神学院（1896 年）。1895 年 8 月 25 日剃度为僧。任圣彼得堡神学校监督员（从 1896 年起）、校长（从 1899 年 10 月起），获得神学硕士学位（1905 年 9 月 28 日）。为圣彼得堡神学院校长（1905 年 10 月—1908 年 3 月），扬堡主教，圣彼得堡教区牧师（1905 年 11 月 6 日），俄国驻日本传教士团副团长兼京都主教（从 1908 年 3 月 21 日起），俄国驻日本传教士团团长（从 1912 年 2 月 3 日起）。精通日语，对传教士团进行了一次改组。在大司祭谢门·米乙为首的教区组建了日本神学与教徒委员会（1912 年）。通过宗教事务所为教会制定了管理规章制度（1919 年），对行政与财务进行管理。1925 年春，日本外交部拨付给传教士团 15000 银元用于修缮藏书 3000 册的图书馆。创办了日文杂志《霞光》（从 1925 年 11 月起）。莫斯科牧首教区赐予他用于镶嵌在修道士高筒帽上的钻石十字架（1928 年），受封为都主教（1931 年）。为修复主教讲坛大教堂，在东京筹集了 200000 银元（1929 年 12 月 15 日隆重地奉献给上帝）。1940 年 9 月 5 日，将所有的事务及财产都转交给了圣父 А. 伊瓦萨夫。在东京郊区定居，并建造了祈祷屋。据某些信息透露，后被日本当局逮捕。

史料与文献：《德高望重的谢尔盖，大主教雅波尼斯基——俄国驻日本传教士团团长》，《圣赐食粮》1927 年第 1 期，第 31—33 页；涅斯托尔：《日本教会和谢尔盖大主教》，《圣赐食粮》1928 年第 5 期，第 28—29 页；《德高望重的大主教谢尔盖在哈尔滨逗留》，《圣赐食粮》1928 年第 6 期，第 28 页；《大主教谢尔盖因何受封都主教教职》，《新霞光报》1931 年 7 月 25 日，第 2 页；《日本东正教教会的诞生》，《圣赐食粮》1941 年第 2 期，第 37—38 页；《霞光报》1941 年 1 月 1 日；《受封日本和东京都主教神职的 О. 尼古拉按手礼仪式》，《圣赐食粮》1941年第5期，第69—70页；《С. Н. 雅波尼斯基日志》，编者：К. 那卡穆拉等，北海道大学出版社1994年版，第461、第462、第468、第469、第481页；М. 那加纳娃：《谢尔盖（季霍米洛夫）都主教在日本的生活与活动》，《东正教在远东》，圣彼得堡大学出版社1996年版，第99—106、第183—185页。

И. И. 谢列布列尼科夫（1882年7月13日出生于伊尔库茨克省维尔霍伦斯克县兹那门斯克耶，1953年6月15日逝世于天津）。中学毕业时获银质奖章，考入圣彼得堡军医学院。因参加大学生革命集会而被捕，按照陆军大臣指示被开除（1902年），佩戴十字架监禁6个月（1906年）。俄国皇家地理学会东西伯利亚分会活动家，学会领导（从1915年起），西伯利亚地方自治主义者，伊尔库茨克市杜马秘书（1913年），西伯利亚和高尔察克政府部长。后携妻子移居中国（1920年），先在哈尔滨生活，后在北京和天津生活。俄国民族协会创会人之一，及其机关刊物《俄国民族协会通报》主编。开办了一个书店和私人图书馆。担任俄国境外历史档案馆主席，向那里寄去了大量私人收藏品。目前，他的档案保存在胡佛战争、革命与和平研究所（加利福尼亚）。著有关于俄国国内战争、地方志和中国的大量著作与文章。

史料与文献：胡佛战争、革命与和平研究所图书馆与档案馆：《И. И. 谢列布列尼科夫，25尺寸胶卷盒，第11档案袋，第3专辑盒》；А. А. 西萨穆特迪诺夫：《来自天津的 И. И. 谢列布列尼科夫夫妇》，《美国的俄国高等学校丛刊》1994年第26卷，第295—316页。

А. Н. 谢列布列尼科娃（娘家姓彼得罗娃）（1883年3月15日出生于马恰的奥列克明矿场，1975年4月12日逝世于旧金山）。嫁给了 И. И. 谢列布列尼科夫（从1906年起）。毕业于伊尔库茨克女子中学（1902年）。1922年移居天津后，做了俄语和文学教师，讲授课程并在《俄国民族协会通报》《中国福音报》《亚洲复兴报》《亚洲之光》等报刊上刊发多篇文章。从1937年起，由英文出版物翻译中国诗人作品。从中国先去了奥斯陆（1955年1月20日），后移居美国。

史料与文献：胡佛战争、革命与和平研究所图书馆与档案馆：《И. И. 谢列布列尼科夫，25 尺寸胶卷盒，第 11 档案袋，第 3 专辑盒》；俄国文化博物馆：《А. Н. 谢列布列尼科娃文件收藏品》；《西伯利亚人的域外活动：（我们的履历表）》，《自由的西伯利亚》1930 年第 9 期，第 116—117 页；《А. Н. 谢列布列尼科娃的逝世：悼词》，《俄国生活报》1975 年 4 月 23 日。

П. Ю. 谢雷-西雷克（1887 年 1 月 16 日出生于波尔塔瓦省文尼茨克县，逝世年逝世地不详）。1908 年毕业于涅米罗夫斯克中学，曾在彼得格勒工学院和弗拉基米尔军事学校就学，之后转入米哈伊洛夫斯克炮兵学校（1911 年）。被派往东京（1914 年），参加了第一次世界大战（高加索），后毕业于符拉迪沃斯托克东方学院日汉语专业（1919 年）。从 1920 年起，在日本生活，任《日本之声》杂志俄文栏目主任（1920 年第 20 期前）。先移居哈尔滨（1922 年），后在大连和天津生活，曾在南满铁路工作。

史料与文献：俄联邦国家档案馆：全宗 154，目录号 1，案卷 18，第 1—1 封底页（1918 年 6 月 20 日自传）；滨海边疆区国家档案馆：全宗 117，目录号 1，案卷 4885，第 3 页；哈巴罗夫斯克边疆区家档案馆：全宗 830，目录号 3，案卷 21174，第 4—6 页。

И. Н. 谢雷舍夫（1883 年 8 月 15 日出生于外贝加尔鲍里舍—古达林斯克，1976 年 8 月 26 日逝世于澳大利亚）。毕业于特洛伊茨科萨夫斯克实验学校（1900 年），之后在托木斯克理工学院（3 年制）就学。后成为牧师（1906 年），更换了几个教区，从事合作社业务工作。1910 年来到了欧洲。任阿尔泰合作社工作人员文化教育科职员（1917—1918 年），之后到日本学习日语。任哈尔滨铁路学校神学课教师，中东铁路学务处印刷所印刷和排字工人。在哈尔滨发行《东方报》（世界语）（第 1 期，1925 年 7 月 20 日）。移居澳大利亚后（1926 年），在悉尼生活。《边界》《圣赐食粮》等杂志在中国、美国和欧洲发行的出版物驻悉尼通讯记者。《亚细亚》（1934—1937 年）、《侨民之路》（1935—1938 年）、《论战公报》（1933 年）、《教会钟声》《教会与科学》《澳大利亚》等杂志的出版人，创办了澳大利亚第一家俄侨印刷所（1937年），著有未出版的回忆录。

史料与文献：《澳大利亚的第一家俄侨印刷所》，《边界》1937年3月20日，第14页；列昂提乙：《俄国名人纪念册》，《新霞光报》1945年9月28日、10月4日；Г. 格列本希科夫：《热衷于文化的人：（关于 И. Н. 谢雷舍夫）》，《新霞光报》1945年11月17日；Н. 杰尔诺夫：《俄国侨民作家（1921—1972）》，G. K. 公司1973年版，第119—120页；И. О. 苏沃洛夫：《И. Н. 谢雷舍夫传记》，《澳大利亚人》1995年第4期（7月），第7—8页、第14页。

Н. А. 谢特尼茨基（笔名 Г. 郭尔诺斯塔耶夫、А. К. 郭尔诺斯塔耶夫、Г. 格热林斯基）（1888年11月29日出生于沃伦州奥尔郭波尔，1937年11月4日逝世于苏联）。毕业于圣彼得堡大学法律系，留在新俄罗斯大学政治经济教研室（1919—1921年）。从1925年起，在哈尔滨生活。中东铁路职员，哈尔滨政法大学（1926—1934年）和哈尔滨工学院教师。中东铁路出售后，返回苏联（1935年）。著有多篇经济类文章。从事哲学研究，出版了几部著作。1937年9月1日被逮捕，后被平反。

史料与文献：滨海哈巴罗夫斯克边疆区国家档案馆：全宗830，目录号3，案卷13677，第1页；《1920—1952年俄罗斯人在中国东北的文学与宗教生活：V. 佩雷莱辛回忆录》，海牙1996年版，第51页；В. Г. 麦阿里夫：《俄国哲学家 Н. 谢特尼茨基：从中东铁路到内务人民委员部》。网址 http：//www.jhst.ru/projects/sohist/papers/vf/2004/7/136 – 157.pdf。

П. И. 西夫亚科夫（1864年5月11日出生于顿河省齐姆良斯克站，逝世年逝世地不详）。商人之子，预备役准尉（1886年）。毕业于莫斯科实践研商学院（1883年）、符拉迪沃斯托克东方学院（1906年）。在旅顺 С. О. 马卡罗夫处做汉语翻译，参加了"佩列斯韦特"装甲舰战斗，被授予带绶带三等圣斯坦尼斯拉夫勋章（1907年）。在北京实习（1906—1907年）。俄国驻奉天（1907—1912年）和哈尔滨（1913—1914年）总领事馆翻译，满洲俄国东方学家学会会员。

史料与文献：滨海边疆区国家档案馆：全宗115，目录号1，案卷994，第43页（П. И. 西夫亚科夫）。

Ф. Б. 斯克维尔斯基。律师，中东铁路中央图书馆工作人员、图书管理员。在《东省杂志》等报刊上著有关于俄国对中国东北影响的文章。东省文物研究会会员。

Б. В. 斯克沃尔佐夫（1896年1月27日出生于华沙，1980年6月25日逝世于巴西圣保罗）。毕业于圣彼得堡大学物理数学系自然科学专业（1917年），任哈尔滨商业学校、哈尔滨第二铁路学校（1935年）自然科学教师，从事药用植物研究。满洲俄国东方学家学会会员，在《亚细亚时报》上发表过文章。担任哈尔滨满洲农业学会主席、东省文物研究会学术秘书，《北满农业》杂志编辑，中国科学院林业研究所科研人员（哈尔滨，1950—1957年）、教授（1958—1962年），哈尔滨自然科学与人类学爱好者学会活动家（1946—1955年），在其机关刊物《哈尔滨自然科学与人类学爱好者学会丛刊》上发表了数篇关于中国东北动植物区系的学术成果。从1962年起，移居巴西，为圣保罗植物学院科研人员。对超过1000种鞭毛虫类进行了描述和公布，著有50多部著作。

史料与文献：В. Н. 热尔纳科夫：《纪念 Б. В. 斯克沃尔佐夫80寿辰》，《俄国生活报》1976年1月27日；《悼念 Б. В. 斯克沃尔佐夫：悼词》，《俄国生活报》1980年8月21日；А. И. 巴拉诺夫：《Б. В. 斯克沃尔佐夫（1896—1980）：悼词》，《工大人》1984年第11期，第31页。

И. С. 斯库尔拉托夫（1874年5月30日出生于外贝加尔省舍洛普金，逝世年逝世地不详）。毕业于布拉戈维申斯克中学和圣彼得堡大学东方语系汉满蒙语专业（1899年），与此同时也旁听了圣彼得堡大学法律系课程。任关东州财政厅警察局秘书（从1899年11月起），托木斯克国税局分局长和税务督察官。因著作《通古斯语词典资料》被俄国皇家地理学会授予银质奖章。为 А. В. 高尔察克政府远东财政部特命全权代表（副部长职权）（1918年），中东铁路汉语培训班负责人（1924年4月1日—1930年5月），开设了私人培训班，哈尔滨光华实验学校教师（从1935年起），上海俄国东方学家学会主席。著有关于中国的大量成果。

史料与文献：圣彼得堡国立中央历史档案馆：全宗14，目录号3，案卷31331；上海市政警察局档案：第80卷；哈巴罗夫斯克边疆区国家档案馆：全宗830，目录号3，案卷7610，第36页；《上海的学术生活》，《霞光报》1941年10月20日。

Л. А. 斯洛鲍德奇科夫－索尔鲍（1910年2月24日出生于萨马拉，1983年9月8日逝世于旧金山）。在上海做工程师，编写过课本，教授过汉语课。满洲俄国东方学家学会及东省文物研究会会员。

史料与文献：上海市政警察局档案：第80卷。

Н. А. 斯洛鲍德奇科夫（1911年12月15日出生于萨马拉，1991年10月4日逝世于旧金山）。毕业于哈尔滨的Ф. М. 陀思妥耶夫斯基俄国中学、比利时列日大学、旧金山希尔斯学院。曾在哈尔滨和上海生活，积极参加学术组织活动。移居美国后（1948年），成为设计师和工程师，俄国文化博物馆档案室主任及董事会主席（1965—1991年）。

史料与文献：А. А. 卡拉姆津：《俄国文化博物馆》，《俄国生活报》1993年3月12、13日；О. М. 巴奇赤：《旧金山俄国文化博物馆月报：我们的50年》，《俄罗斯人在亚洲》1998年第5期，第273—274页。

Н. В. 斯柳宁（1850年5月1日出生于库尔斯克省沃罗比约夫，1926年逝世）。在圣彼得堡大学物理—数学系学习（1871—1876年），以优异成绩毕业于外科医学院（1882年，圣彼得堡）。后成为船上医生（从1883年起），研究海洋生物。阿穆尔边区研究会为其研究提供了处所（1893年）。皇家东方学学会阿穆尔分会主席（从1912年3月27日起）。

史料与文献：《苏联西伯利亚百科全书》，1992年版，第4卷，第923栏；А. И. 阿列克谢耶夫：《勇敢的俄国之子》，图书出版社1970年版，第280—286页；Л. 沃斯特里科夫：《尊敬的Н. В. 斯柳宁医生》，《远东学者报》1989年第11期（3月），第8页。

Е. Т. 斯米尔诺夫（1848年出生，逝世年逝世地不详）。曾在萨拉托夫和萨马拉神学校学习。后担任突厥斯坦边区官员,科学—文学杂志《中亚时报》主编(从1896年2月14日起,塔什干),阿穆尔总督办公室办事员(从1899年9月18日起),南乌苏里边区边防警官(从1899年9月18日起任)。为收集军事统计信息完成了在朝鲜的考察(1901年9月18日到1902年1月1日),在哈巴罗夫斯克出版了工作报告(1902年)。后担任滨海省副省长(1902—1903年),军事长官(1903年1月2日—4月30日;1905年)。

史料与文献:俄罗斯国家远东历史档案馆:全宗1,目录号1,案卷5287,第15页。

П. Н. 斯莫里尼科夫(1888年出生于布拉戈维申斯克,1919年11月15日逝世于哈尔滨)。毕业于库伦东方语言学校(汉蒙语专业)。担任俄国驻哈尔滨领事馆通译(1907—1910年2月1日),中东铁路管理局商务代表,满洲俄国东方学家学会、俄国皇家地理学会会员。死在从博克图站到哈尔滨的路上(结核病)。

史料与文献:Т. В. 彼谢科娃:《侦查史》,А. П. 法拉丰托夫《外贝加尔、中国东北和美国游记》,Т. В. 彼谢科娃编写,Н. 鲍奇卡列娃出版社2001年版,第8页;《悼词》,《光明报》1919年11月18日(第198期),第4页。

Н. К. 索科洛夫斯基(1894年12月19日出生于俄国乌法,1958年10月10日逝世于塔什干)。毕业于圣彼得堡大学东方系、艺术学院彩色写生艺术及建筑艺术夜校培训班。参加了第一次世界大战(军官)和俄国国内战争,完成了冰上行军。毕业于上海国际函授学校。注册为一级建筑师。"星期一"(秘书)、"哲学星期三"和上海俄国东方学家学会等团体的创办者之一。

史料与文献:上海市政警察局档案:第80卷;В. Д. 日加诺夫:《俄国人在上海》,上海1936年版,无页码;全俄谱系图。网址 http://www.vgd.ru/S/sokolov.htm。

В. В. 索尔达托夫(1875年1月24日出生于下戈罗德省托尔巴,1923年10月29日逝世于哈尔滨)。满洲农业学会主席与创办人之一,其机关刊物《北满农业》主编。从1911年起,在中国东北生活;

从 1915 年起，在符拉迪沃斯托克生活；从 1923 年起，在哈尔滨生活。中东铁路附属学校经济地理、统计学和政治经济学教师（1913 年 9 月 1 日—1915 年 12 月 1 日），在哈尔滨东方学教师培训班（1915 年夏）讲授了"与远东国家毗邻的中国东北及阿穆尔沿岸地区经济地理"课程，符拉迪沃斯托克工学院教师。《阿穆尔农民》和《经济周刊》杂志的编辑与出版人（第 1 期—1921 年 8 月 28 日）。

史料与文献：《В. В. 索尔达托夫：悼词》，《亚细亚时报》1923 年第 51 期，第 347—350 页。

Г. А. 索福克罗夫（1881 年 2 月 26 日出生于奔萨州卡尔托夫克，1946 年后逝世于苏联）。毕业于东方学院（1907 年），被推荐准备编外副教授职称。1907—1908 年被派往北京进行学术考察，汉口俄中学校校长。曾在哈尔滨生活，任哈尔滨法政大学教师。日本军事代表团职员，播音员。1945 年 8 月 26 日被逮捕，1945 年 11 月 14 日被判处 7 年劳动改造，1996 年 5 月 28 日被平反。

史料与文献：滨海边疆区国家档案馆：全宗 115，目录号 1，案卷 1046，第 55 页；《按名字说出所有人：殉难者名册（从字母 Л 到 Ф）》，哈巴罗夫斯克 1998 年版，第 309 页。

Е. Г. 斯帕利文（Е. Л. 费里克斯）（1872 年出生于里加附近，1933 年 11 月 10 日逝世于哈尔滨）。毕业于圣彼得堡大学东方系（1899 年）。学习期间，研究汉语、蒙古语、满语、朝鲜语和日语。阿穆尔边区研究研究会（1894 年 7 月 2 日）和满洲俄国东方学家学会会员。曾在日本生活（1899—1901 年）。东方学院教师、教授与图书馆馆长（1900 年 8 月 23 日—1925 年）。被授予圣弗拉基米尔四等勋章（1917 年 1 月 1 日）。国立远东大学东方系系主任（从 1921 年 5 月 30 日起）。1922 年任"自由俄国"公司总经理，国立远东大学校长（1922—1923 年）。为国立远东大学地方志研究会会员，东京语言学会、日俄学会、民族学学会会员。全苏对外文化交流协会主席，苏联驻东京大使馆秘书（文化）（1925—1931 年）。娶日本人为妻。中东铁路顾问（1932—1933 年）。后逝世于哈尔滨中央铁路中心医院。

史料与文献：俄罗斯国家远东历史档案馆：全宗 266，目录号 1，案卷 629，第 26 页；《学院人员构成》，《国立远东大学地方志研究会月报》1925 年第 1 期，第 18—19 页；《悼词》，《霞光报》1933 年 11 月 11 日；С. С. 格里果尔采维奇：《国内东方学史（1899—1916 年符拉迪沃斯托克东方学院）》，《苏联东方学》1957 年第 4 期；В. М. 阿尔巴托夫：《俄国与苏联的日语研究》，莫斯科 1988 年版，第 29—34 页；В. И. 郭列戈尔亚德：《Е. Г. 斯帕利文（1872—1933）》，《东方》1993 年第 3 期，第 128—136 页；《圣尼古拉·亚波尼斯基日志》，К. 那卡穆拉、Е. 那卡穆拉、Р. 雅素伊、М. 那卡纳瓦编辑，北海道大学出版社 1994 年版，第 248 页；桧山真一：《东方学院第一位讲师》，З. Ф. 莫尔公翻译，《远东国立大学东方学院学报》1994 年第 1 期，第 48—51 页。

Н. А. 司别什涅夫（1871 年出生，1951 年后逝世）。毕业于亚历山大罗夫斯克士官武备学校（1888 年）、米哈伊洛夫斯克炮兵学校（1892 年）、东方学院汉日语专业（1910 年，获金质奖章），后任阿穆尔河边防警官（从 1913 年 1 月起），参加了国内战争，被授予上校军衔。哈尔滨和符拉迪沃斯托克美国军事侦察队员（1918 春—1919 年），在高尔察克海军上将和卡佩尔将军部队服役，曾被红军俘虏（1919 年 12 月 19 日）。先后在红军部队、远东共和国外交部（1920 年 2 月—9 月）做翻译。返回符拉迪沃斯托克后，一直生活到移居中国前。1927—1930 年在哈尔滨生活，1930—1934 年 12 月又在北京生活，1934 年 12 月至 1936 年 12 月在汉口生活，之后又重返北京。在北京邮电大学、北京大学、哈尔滨法政大学、哈尔滨工学院、哈尔滨中东铁路翻译学校教授语言。曾担任北京侨民委员会和俱乐部秘书（20 世纪 30 年代），1947 年被遣返。妻子为 А. 阿列克谢耶夫娜（1880—1969）。

史料与文献：Н. А. 司别什涅夫：《北京——我童年的祖国，中国史诗：同声翻译笔记》，瞭望台出版社 2004 年版，320 页。

А. В. 司弼臣（1876 年 11 月 10 日出生于塔波夫省的乌瓦罗沃，1941 年 11 月 24 日逝世于哈尔滨）。以优异成绩毕业于东方学院汉满语专业（1906 年），曾为中东铁路公司顾问，满洲俄国东方学家学会会员。在《亚细亚时报》上刊发过文章。《盛京报》和官方报《远东报》（中东铁路发行中文版报纸）主编，与此同时，为《新时代报》撰稿。斯托雷平注意到了他的文章，并采用其建议制定了经济规划。在国内战争时，参加了同中国政府关于移交中东铁路的和平谈判。以手稿形式留下了许多札记。中国与苏联共管中东铁路理事会顾问。在发展东省特区的矿业中发挥了巨大作用：穆棱与沙松煤矿的创办人之一，并在那里工作到生命尽头，死于重病。

史料与文献：哈巴罗夫斯克边疆区国家档案馆：全宗 830，目录号 3，案卷 2019，第 14 页；《在 А. В. 司弼臣的追悼会上》，《霞光报》1941 年 11 月 25 日；《А. В. 司弼臣：悼词》，《圣赐食粮》1941 年第 12 期，第 50 页。

А. А. 斯塔尔－国尔施泰因（什塔尔－霍尔施泰因）（1877 年出生，1937 年逝世，另据资料逝世于 1930 年）。东方学家，从事中亚国家的语文学研究，收集了一些收藏品，圣彼得堡大学梵语教师（1909—1916 年）。任哈佛大学在北京开设的汉印语学院院长，Б. И. 帮克拉托夫的接班人。

А. Д. 斯塔尔采夫（1838 年出生，1900 年 6 月 30 日逝世于南乌苏里边区普提雅廷）。十二月党人 Н. А. 别斯图热夫的私生子。企业家、商会会长。曾在天津生活（1861—1889 年），搜集了一些珍稀民族学收藏品，后又在普提雅廷岛和符拉迪沃斯托克进行资料收集。为阿穆尔边区研究会终身会员（1886 年 10 月 30 日）。拥有收藏大量的、独一无二的东方学资料的图书馆，国内战争期间将其出售给了国外，所在地不为人知。在其墓碑上刻有雕塑家 З. 比别金娜、考古学家 О. 库列施、工程师 Б. 季亚琴科的画像（1989 年 10 月 29 日发现）。后以他的名字命名了普提雅廷岛上的一座山和海峡。

史料与文献：《悼词》，《阿穆尔边区报》1900 年 7 月 9 日（第 341 期），第 10—11 页；《编年史》，《远东报》1900 年 7 月 2 日；В. П. 弗拉迪：《在自然历史与工业关系中的南乌苏里边区普提雅廷岛和 А. Д. 斯塔尔采夫的"族遗"领地简述》，《符拉迪沃斯托克报》1899 年 1 月 16 日（第 3 期），第 6—8 页；《符拉迪沃斯托克是一座美丽的城市：(А. Д. 斯塔尔采夫关于俄日关系发展的公开信及文件)(1871—1896)》，В. 巴拉耶夫整理，《辽阔北方》1988 年第 12 期，第 80—85 页。

И. С. 斯杰巴诺夫（1861 年出生，1943 年后逝世于悉尼）。在哈尔滨开办了第一所俄语学校（1898 年 12 月 6 日），编写并出版了哈尔滨中国学校使用的第一个出版物字母课本。从 1920 年起，开始领取养老金。东省文物研究会创办人之一。移居澳大利亚后，从事教学活动，担任悉尼一所学校的校长、教师协会主席。是"一位灵魂纯净的人。从来不对任何人说一句谎言，他从不与人结怨"（《俄国生活报》）。

史料与文献：И. 谢雷舍夫：《俄国人在悉尼》，《俄国生活报》1943 年 11 月 5 日。

С. Ф. 斯杰巴诺夫（1874 年出生，1934 年逝世于上海）。毕业于圣彼得堡大学东方系（汉蒙语专业）。曾在中国外交、公司和海关等部门工作，后任道胜银行蒙古分行行长（1906—1909 年）。图书爱好者、中国诗歌翻译者。

史料与文献：В. Ф. 别列列申：《关于荷花的诗》，《新俄国之声报》1972 年 7 月 2 日；В. Ф. 别列列申：《远东俄国的诗人翻译》，《俄国生活报》1988 年 2 月 6 日，第 8 页。

Б. А. 斯杰尔里果夫（1874 年 3 月 12 日出生，1915 年 6 月 7 日逝世）。上校军衔，为哈巴罗夫斯克士官武备学校视察员，皇家东方学学会阿穆尔分会主席，《皇家东方学学会阿穆尔分会丛刊》编辑。参加了第一次世界大战，在战斗中牺牲，死后被追授为上校军衔。

史料与文献：俄罗斯国家远东历史档案馆：全宗 1，目录号 2，案卷 2360（关于皇家东方学学会阿穆尔分会丛刊的出版），第 26 页；网址 http：//www. grwar. ru/persons/persons. html？id＝5640&PHP SES-SID＝1444a73b4ddc4288666f659fc1961c71。

В. 斯特罗米洛夫。满洲俄国东方学家学会会员，在《亚细亚时报》上发表过文章。

А. И. 孙古洛夫（1894 年出生，逝世年逝世地不详）。曾在哈尔滨生活，从事中国木版画研究，哈尔滨第一届民族绘画展览的组织者和参与者（1934年左右），创作了大约300幅以中国为题材的画作。返回苏联后，在莫斯科教师进修学院大楼举办了具有封闭性的个人画展（在东方学研究所旁）（1951年）。

史料与文献：东方学研究所圣彼得堡分所：全宗820，目录号3，案卷753（《致B. M. 阿列克谢耶夫的信（1935—1991）》），第19页；B. 罗果夫《A. И. 孙古洛夫——艺术中国学家》，科学出版社、Г. 索罗金娜印刷所1934年版，第8页。

В. И. 苏林（1875年4月11日出生于别萨拉比亚，1967年2月18日逝世于旧金山）。毕业于总参谋部尼古拉耶夫斯克学院，后来成为该校教授。曾任内阁陆军大臣助理，А. В. 高尔察克政府军事活动家，中东铁路经济调查局资深代表。在讲授"中国与中国东北的铁路建设"课程后，被哈尔滨法政大学聘为经济地理教研室编外副教授（1931年12月29日）。曾在上海生活过一段时间，后在美国旧金山度过余生。

史料与文献：上海市政警察局档案：第81卷；《В. И. 苏林：悼词》，《新俄国之声报》1967年4月7日，第2页。

Г. Г. 修涅尔别尔格（1880年出生，1957年3月29日逝世于美国伯克利）。芬兰人。俄国皇家近卫军大尉、宫廷侍从。从学校毕业后（1902年）在谢苗诺夫部队禁卫军服役。毕业于总参谋部部尼古拉耶夫斯克学院（1910年）。从1912年起，任俄国驻上海总领事馆工商部全权代表。因《上海旅行指南》手册盈利，产生了开办第一家侨民印刷所的想法。芬兰驻上海领事（1922—1925年），后担任一家瑞典莫伯格公司的代表。为В. Д 日加诺夫的纪念册撰写了关于上海简史的一篇文章。移居美国后（1947年），在伯克利（加利福尼亚）生活。

史料与文献：В. Д. 日加诺夫：《俄国人在上海》，上海1936年版，无页码；《过去的宫廷侍从——Г. Г. 修涅尔别尔格长眠于世：悼词》，《俄国生活报》1957年4月2日。

Н. П. 塔别利奥（1868年11月14日出生于圣彼得堡，可能于

1916年后逝世）。以一等文凭毕业于圣彼得堡大学法律系（1894年），为符拉迪沃斯托克东方学院法学教授（1900年8月30日—1911年1月1日），从事经济问题研究。著有大量学术成果，完成了在境外的学术考察（1901年、1904年）。

史料与文献：俄罗斯国家远东历史档案馆：全宗226，目录号1，案卷630，第123页。

М. А. 塔雷金（真姓：苏加诺夫）（1893年9月6日出生于克拉斯诺亚尔斯克，1946年后逝世）。毕业于克拉斯诺亚尔斯克学校与圣彼得堡艺术学院，建筑师，叛国投敌分子。《公报》（从1927年起）与《哈尔滨时代报》（从1931年12月起）撰稿人。在里加和巴黎的俄文出版物上发表过文章。在苏联被逮捕并被驱逐出境。

史料与文献：哈巴罗夫斯克边疆区国家档案馆：全宗830，目录号1，案卷366，第272页。

Г. Г. 杰里别尔格（1881年9月27日出生于察里岑，1954年2月24日逝世于纽约）。毕业于喀山大学法律系，在莫斯科大学获得了俄国法史硕士学位（1912年）。为莫斯科大学和莫斯科考古学院古代法律及俄国史讲师（1912—1913年），托木斯克大学俄国法史教研室教授（1913—1917年），之后受聘为萨拉托夫大学法律系主任，鄂木斯克政府办公室主任。哈尔滨法政大学停办后，移居青岛，并在那里从事侨民书籍贸易。移民美国后（1940年），开了一家书店（特尔伯格图书公司，位于纽约州萨格港口）。

史料与文献：Г. К. 金斯：《西伯利亚、同盟国与高尔察克》，第2册，北京1920年版，第26页；Л. Г. 阿尔诺里托夫：《现实与革命——第五年的风暴，白色鄂木斯克》，А. П. 马雷克和 В. П. 卡姆金出版社1935年版，第175—176页；К. Н.：《Г. Г. 杰里别尔格教授：悼词》，《为了信仰和真理》1954年第3期（10月），第50页。

К. И. 杰列宁-雷布尼科夫（1872年6月4日出生，1918年后去世）。毕业于基辅军事学校和东方学院汉满语专业（1907年）。参加了镇压中国的义和团运动（1900—1901年）、日俄战争和第一次世界大战（从1916年7月起）。1914年10月，被授予中校军衔。著有在中国实习的报告。

史料与文献：М. К. 巴斯汉诺夫：《1917 年前俄国军事东方学家生平词典》，"东方文献"出版社 2005 年版，第 233 页。

П. Г. 季德曼（1872 年 10 月 1 日出生于喀山，1941 年 6 月 25 日逝世于加拿大蒙特利尔）。以优异成绩于圣彼得堡大学东方系毕业后进入外交部亚洲司工作（从 1895 年 6 月 17 日起）。为驻北京使团大学生（从 1895 年 12 月 9 日起），被授予三等三级双龙勋章（1895 年 6 月 17 日），关东州总督外交通译官（从 1899 年 10 月 26 日起），俄国驻烟台副领事（从 1902 年 5 月 11 日起），外交部驻奉天六级官员（从 1904 年 4 月 3 日起），阿穆尔总督外交官（从 1906 年 12 月 22 日起），俄国驻香港领事（从 1908 年 7 月 1 日起）。阿穆尔总督 П. Ф. 翁特别尔格写道："请允许我以书信形式向您表达我最诚挚的谢意，您为哈巴罗夫斯克做了许多有益的事情，可惜如今我却去失去了您这样优秀的职员。"（1908 年 11 月 12 日）后为俄国驻香港（1908—1910 年）和天津（1915—1920）总领事，天津俄租界领事（1921—1934 年），汉口英租界领事馆职员（1934—1937 年）。1937 年搬迁至蒙特利尔的儿子那里，著有关于中国的成果。

史料与文献：俄罗斯远东历史档案馆：全宗 702，目录号 1，案卷 2293，第 11 封面—14 页、第 35 页；麦克伦南大学图书馆：《П. Г. 季德曼私人档案，大约 40 个档案盒》；Д. Г. 杨切维茨基：《在沉睡的中国旁：1900 年〈新境报〉记者在中国军事行动战区的日志》第 2 版，П. А. 阿尔捷米耶夫出版社 1903 年版，第 248 页。

А. Н. 季托夫（1875 年 8 月 14 日出生于华沙省，逝世年逝世地不详）。军官之子，外阿穆尔军区边境护路队骑兵大尉（1905 年）。毕业于巴甫洛夫斯克军事学校（1895 年），以优异成绩毕业于符拉迪沃斯托克东方学院汉满语专业（1909 年）。参加了日俄战争。为满洲俄国东方学家学会会员，俄国驻上海总领事馆职员。在《亚细亚时报》上发表过文章。

史料与文献：滨海边疆区国家档案馆：全宗 115，目录号 1，案卷 1098，第 18 页。

Е. И. 季托夫（1896 年 7 月 4 日出生于外贝加尔省通桂，1938 年 1 月 21 日逝世于哈巴罗夫斯克）。毕业于伊尔库茨克大学（1923 年），完成了在苏联远东地区的民族学考察（1923—1925 年）。曾在哈尔滨生活（1927—1932 年），著有地方志、考古学和民族学方面成果。在哈巴罗夫斯克生活时为《太平洋之星报》外联部主任（1935—1937 年）。1937 年 8 月 5 日被捕，1957 年 9 月 25 日被平反。

史料与文献：А. 苏图林：《边区事件：关于斯大林在远东不法行为的受害者》，图书出版社 1991 年版，第 96—121 页；《按名字说出所有人：殉难者名册——从字母 Л 到 Ф》，哈巴罗夫斯克 1998 年版，第 353 页。

А. Н. 季霍诺夫。兽医，中东铁路职员。长期在哈尔滨生活，东省文物研究会会员，出版了几本一些印数不多的著作。

П. С. 季申科（1879 年 1 月 21 日出生，1946 年后逝世）。以优异成绩毕业于哈尔科夫农业学校（1898 年）、东方学院汉蒙语专业（1906 年）。满洲俄国东方学家学会创办人之一。中东铁路职员（从 1906 年起），曾任哈尔滨市市长，《霞光报》撰稿人，《哈尔滨日报》编辑，哈尔滨自治公议会城市委员会主席（1917 年 9 月—1926 年 3 月 20 日）。著有关于中国东北的著作，并发表了关于哈尔滨史的文章。

史料与文献：滨海边疆区国家档案馆：全宗 115，目录号 1，案卷 1101，第 20 页；哈巴罗夫斯克边疆区国家档案馆：全宗 830，目录号 3，案卷 44166，第 8 页。

В. Я. 托尔马乔夫（1876 年 11 月 21 日出生于沙德林斯克，1942 年 5 月 8 日逝世于上海）。毕业于叶卡捷琳堡中学（1902 年），圣彼得堡大学生物学、人类学与地理学专业，圣彼得堡考古学院（1902 年）以及圣彼得堡艺术学校。为了提高自身的教育水平，环游了俄国、埃及、印度等地。参加了日俄战争。受考古学委员会委托，在彼尔姆、奥伦堡和萨马尔省完成了对泥炭田地下作物和岩画的多次公出调查。为赤塔远东共和国国民教育部教具车间主任，赤塔国民教育学院文化史（考古学）讲师（1921 年），东省文物研究会活动家，中东铁路纪念展览会工作人员（1923年），东省文物研究会博物馆工商部主任和创办者（1923—1924年），中东铁路价目展览馆馆长（1924—1925年）。在哈尔滨生活（从1922年起），后移居上海并授课。死于车祸。至1935年，著有大约50篇（部）关于考古学、生物学和商品学的成果。

史料与文献：俄国文化博物馆：《В. Я. 托尔马乔夫文献和手稿收藏品》；上海市政警察局档案：第81卷；哈巴罗夫斯克边疆区国家档案馆：全宗830，目录号3，案卷738，第40页。

Б. П. 托尔加舍夫。俄国驻华商务专员，国立北京大学教师。著有关于中国的多篇成果。

В. В. 特拉乌特朔利德（Г. Ф. 维里格雷穆）（1877年11月11日出生，1937年7月7日逝世于法国洛克布伦）。商人之子。中学毕业后，又先后毕业于德国圣彼得堡学校、圣彼得堡东方系汉满蒙语专业（1899年）。在东京实习（1902—1905年），为翻译。为俄国驻北海道领事馆副领事（1906—1912年）、驻哈尔滨总领事（1914—1917年）和驻大连领事，满洲俄国东方学家学会会员。七等文官，被授予圣弗拉基米尔四等勋章，被总领事公派出差："由于俄国侨民从夏威夷群岛上撤离时遇到了困难，为解决这些问题公派美国檀香山。"（1917年7月21日外交部的信函）在夏威夷短期居留（1917年9月—1918年3月），积极遣返500多位侨民回国。俄国驻上海总领事馆职员（1918年）。著有相关学术成果多篇（部）。

史料与文献：圣彼得堡国家中央历史档案馆：全宗14，目录号3，案卷32408，第34页（В. В. 特拉乌特朔利德）；俄罗斯帝国对外政策档案馆：全宗143（中国档），目录号491（1913—1917年），案卷1927（В. В. 特拉乌特朔利德）；夏威夷大学（美国）汉密尔顿图书馆：《В. В. 特拉乌特朔利德日志和报告》。

В. Д. 特列斯维亚斯基（1889年4月20日出生于库尔干，逝世年逝世地不详）。助祭之子。1910年毕业于托波尔斯克神学校，1915年以优异成绩毕业于东方学院朝汉语专业。从事地方志研究，因书面论文优秀而被授予银质奖章。曾在哈尔滨生活，为《东省杂志》出版社职员,海拉尔中学校长。后可能被遣返回苏联(1930年后)。

史料与文献:滨海边疆区国家档案馆:全宗115,目录号1,案卷1114,第55页。

Н. Г. 特列特奇科夫。为图书编目学专家和东方学家,中东铁路经济调查局职员,哈尔滨师范学院和法政大学教师,满洲俄国东方学家学会会员和东省文物研究会会员。撰写过几篇书刊评介方面的学术成果。

史料与文献:哈巴罗夫斯克边疆区国家档案馆:全宗830,目录号3,案卷45862,第7页。

С. М. 特列齐雅科夫(1892年6月8日出生于库尔梁德省库尔迪加,1939年8月9日逝世于莫斯科)。1915年毕业于莫斯科大学法律系,曾在符拉迪沃斯托克和中国生活过。为诗人—未来主义者,《创作》杂志的创办人之一,曾在中国授过课,撰写过关于中国的著作。先后被逮捕、枪决和平反。

史料与文献:《简明文学百科全书》,1972年版,第7卷,第613页。

А. С. 特洛伊茨基(出生年出生地不详,1940年5月14日逝世于哈尔滨)。毕业于卡卢加神学校(1900年)、圣彼得堡大学东方系(1906年),1900—1901年在符拉迪沃斯托克东方学院学习。1906—1911年在东京实习。俄国驻塞舌尔(1912—1917年)和驻日本副领事。编写了几本日语方面的教科书、参考书和词典。

史料与文献:《沉痛的一页》,《1941年俄国日历》,哈尔滨1940年版,无页码。

А. В. 图日林。毕业于圣彼得堡大学东方系。1907—1909年在北京实习。俄国驻齐齐哈尔(1911—1913年)、俄国驻吉林(1914—1915年)、俄国驻牛庄(可能在1916—1917年)总领事馆秘书和通译官。七等文官,被授予圣斯坦尼斯拉夫三等勋章,满洲俄国东方学家学会会员。曾撰写了关于中国的几部著作,并在《亚细亚时报》上发表过文章。

М. С. 邱宁(1865年7月9日出生于维亚特卡省萨拉普尔,1946

年后逝世）。毕业于萨拉布尔实验学校（1882年）、莫斯科彼得罗夫土地规划与林学院，为农艺师（1888年），萨拉布尔地方自治局官员和公证人（从1912年起），叶尼塞斯克克特马诺夫博物馆馆长（从1917年起），克拉斯诺亚尔斯克叶尼塞斯克边区博物馆秘书。从1923年4月15日起，在哈尔滨生活。任东省文物研究会地方出版与档案股股长（1923—1928年），中东铁路图书馆助理馆员（1925—1930年）、馆员（1931—1934年）。1945年后被遣返回苏联并被逮捕。撰写了关于中国东北地区俄文定期出版物史和书刊评介等方面成果。

史料与文献：哈巴罗夫斯克边疆区国家档案馆：全宗830，目录号3，案卷5679，第1页、1封底页、第2页、第2封底页、第4页。

В. Г. 乌拉谢维奇（1894年2月26日出生于明斯克省斯卢茨克县涅维亚日茨，逝世年逝世地不详）。毕业于М. М. 基里雅科夫商业学校（1914年）、符拉迪沃斯托克东方学院（1919年），在北京和哈尔滨侨居生活。

史料与文献：滨海边疆区国家档案馆：全宗115，目录号1，案卷1134，第53页。

Л. Г. 乌里雅尼茨基（1884年7月16日出生于敖德萨，1946年12月4日逝世于哈尔滨）。毕业于圣彼得堡大学汉满语专业，以一等文凭毕业于圣彼得堡实践东方学院（1910年）。阿穆尔总督通译官（从1911年3月4日起），曾在哈巴罗夫斯克任教，为皇家东方学学会阿穆尔分会秘书和创办人之一（1912年），中东铁路职员（1918年），在哈尔滨工学院和"北满"学院授课。发表过关于中国的文章。

史料与文献：И. 伊奥格尔：《"北满"学院毕业了大约150位侨民——有成就的专家》，《边界》1941年第14期（10月11日）；《在哈尔滨》，《新霞光报》1947年2月5日；А. 茹科夫：《被遗忘教授的命运》，《太平洋之星报》1993年8月25日。

Г. Г. 翁特里茨。军人，毕业于东方学院，以大尉头衔从军工生产岗位退役后，被委任为滨海省军事长官八等文官特派员。从1911年6月起，任滨海省公署官员。

П. Ф. 翁特尔别尔格（1842年8月9日出生，1921年2月12日逝世于德国列姆坡林城堡）。毕业于圣彼得堡尼古拉耶夫斯克工程师学校与尼古拉耶夫斯克工程师学院。为伊尔库茨克军区工程局公文处理员（从1864年起），俄国皇家地理学会西伯利亚分会会员（从1864年10月29日起）。完成了在蒙古（1871年）、中国与日本的考察（1875年）。为勘界委员会成员（1895年），滨海省军事长官（1888—1897年），符拉迪沃斯托克荣誉市民（1910年12月24日），阿穆尔边区研究会正式会员（从1885年6月15日起）、名誉会员（从1892年3月4日起）。参加了博物馆的开馆仪式（1890年9月30日），收集了少数民族生活的收藏品。阿穆尔总督（1906—1910年），国务委员（从1910年12月6日起）。后以他的名字命名了穆拉维约夫-阿穆尔斯基半岛上的一个海湾。

史料与文献：俄罗斯国家军事历史档案馆：全宗99（П. Ф. 翁特尔别尔格）；阿穆尔边区研究会档案馆：全宗 B. K. 阿尔谢尼耶夫，目录3，案卷71；A. A. 西萨穆特迪诺夫：《楷模的后代》，《红旗报》1990年11月11日；A. A. 西萨穆特迪诺夫：《俄国人民不可失去的信仰》，《红旗报》1990年12月2日。

С. Н. 乌索夫（1891年9月9日出生于米哈伊洛夫斯克耶，1966年8月26日逝世于梁赞）。从1906年起在中国东北生活。毕业于哈尔滨商业学校、伊尔库茨克军事学校（1917年）、哈尔滨法政大学东方经济系（自考，1929年）。通过《古代中国的理想国》试讲后，受聘为符拉迪沃斯托克远东国立大学东方系编外副教授（1934年12月28日），法政大学东方语言培训班负责人，中俄工业大学校教师。出版了一套中俄文象形文字、语音学和语音练习、教学法方面的教科书和教学参考资料。哈尔滨自治市政府秘书（从1946年起）。1954年被遣返回苏联，在梁赞生活。

史料与文献：滨海边疆区国家档案馆：全宗115，目录号1，案卷1139，第9页；滨海边疆区国家档案馆：全宗830，目录号3，案卷72386；《法制及文化：哈尔滨法政大学十八年纪念文集》，俄满图书贸易出版社1938年版，第44—45、第71—72页；А. П. 科列茨基：《俄国侨民史诗（无英雄角色）：回忆录》，《俄罗斯人在亚洲》1996 年第 3 期，第 127—132 页。

А. И. 乌斯别恩斯基。在北京实习（1910—1911 年）。任俄国驻科布多领事馆秘书（1912 年）、驻宽城子领事馆秘书（1913—1917 年）。八等文官，被授予三等圣安娜勋章。

К. В. 乌斯朋斯基（1881 年出生，1940 年 2 月 1 日逝世于哈尔滨）。毕业于圣彼得堡大学东方系。1904—1910 年在北京实习，为驻伊犁翻译官（1911 年），俄国驻天津总领事馆秘书（1913—1916 年）。八等文官，被授予圣斯坦尼斯拉夫三等勋章。曾在哈尔滨生活，为中国法学文献俄文翻译，哈尔滨法政大学教师及中学教师。死后葬于新城墓地。

史料与文献：《悼词》，《圣赐食粮》1940 年第 3 期，第 62—63 页；《沉痛的一页：悼词》，《1941 年俄国日历》，哈尔滨 1940 年版，无页码。

Н. П. 乌斯朋斯基（1877 年 10 月 8 日出生于科斯特罗马州斯科沃兹尼基，逝世年逝世地不详）。教师之子。毕业于科斯特罗马州神学校（1899 年）、符拉迪沃斯托克东方学院汉满语专业（1907 年）。学习期间，被派往库伦参加 П. К. 科兹洛夫的考察队。大学 3 年级时，被征用为作战军队翻译（1905 年）。

史料与文献：滨海边疆区国家档案馆：全宗 115，目录号 1，案卷 1144，第 48 页。

Н. В. 乌斯特里亚洛夫（笔名 П. 苏尔明）（1890 年 12 月 25 日出生于圣彼得堡，1937 年 9 月 14 日逝世于莫斯科）。莫斯科大学毕业后（1913 年），留在法哲学与百科全书教研室继续深造，后在索邦神学院和马尔堡大学听课（1914 年春夏之交），通过莫斯科大学国家法与法哲学硕士考试（1915 年 12 月）。为莫斯科商业学院助教（1916 年）、莫斯科大学编外副教授与沙尼亚夫斯基人民大学教师（1917）。在莫斯科大学讲授俄国政治思想史课程（1917—1918 年），在坦姆波夫讲授法通论和国家法普及课程（1918 年夏）。为彼尔姆大学编外副教授，国家法教研室主任。1919 年 1 月，彼尔姆被 А. В. 高尔察克军队占领后，很快来到鄂木斯克，出任出版局局长和《俄国局势报》主编。鄂木斯克沦陷后，去了伊尔库茨克（1919 年 11 月），后又来到了哈尔滨，任高等经济法律学校教授。着手将囊括在鄂木斯克、伊尔库茨克和哈尔滨时期撰写的有关政治及革命哲学问题的所有文章汇集出版。从 1920 年起，作为俄侨中路标转换派思想家之一，主张与苏维埃政权和解。为中东铁路学务处长（1925—1928 年），中东铁路中央图书馆馆长（1928—1934 年），《每日新闻》报编辑（1920—1934 年）。与 Г. Н. 吉气共同出版了《俄国生活》丛刊（1920—1924 年）。哈尔滨法政大学的创始人（1920 年 2 月 16 日 Н. В. 乌斯特里亚洛夫札记），在该校讲授国家法、法通论、法哲学史、宪法、苏联宪法等课程。1934 年 7 月 1 日，与其他加入苏联国籍的教师离开了法政大学，与中东铁路管理局大批职员一起返回了苏联（1935 年），任莫斯科交通工程师学院教师。1937 年 6 月 6 日被逮捕，1989 年 9 月 20 日被平反。

史料与文献：Л. А. 贝斯特良采娃：《Н. В. 乌斯特里亚洛夫档案资料（1890—1937）》。网址 http://thelib.ru/books/avtor_neizvesten/arhivnie_mfteriali_po_nvustryalovu-read.html；胡佛战争、革命与和平研究所图书馆与档案馆：《Н. В. 乌斯特里亚洛夫》；《法制及文化：哈尔滨法政大学十八年纪念文集》，俄满图书贸易出版社 1938 年版，第 8—84 页；А. Л. 鲍萨德科夫：《Н. В. 乌斯特里亚洛夫在哈尔滨：俄国出版家的命运》，《纪念哈尔滨建城和中东铁路修筑 100 年：1998 年 5 月 29 日会议资料》，新西伯利亚 1998 年版，第 41—54 页。

Е. А. 费多罗夫（1873 年 10 月 21 日出生于圣彼得堡，逝世年逝世地不详）。1909 年毕业于符拉迪沃斯托克东方学院汉满语专业，被授予大尉军衔。从 1917 年起，在上海生活，后加入 М. А. 斯莫伦斯基剧团（1920 年）为布景画艺术家，也研究中国艺术。

史料与文献：上海市政警察局档案：第 72 卷；В. Д. 日加诺夫：《俄国人在上海》，上海 1936 年版，无出版页；А. М. 布雅科夫：《东方学院军官毕业生：岁月与命运》，《远东国立大学东方学院学报》1999 年第 5 期，第 110—111 页。

К. П. 费克林（1902 年出生于符拉迪沃斯托克，1938 年 4 月 25 日逝世于符拉迪沃斯托克）。1920 年毕业于符拉迪沃斯托克中学。曾在国立远东大学东方系学习，因是白匪军官之子而被开除。为远东国立大学东方系日语教师（从 1931 年起）、副教授。1934 年，接受审讯。1937 年 9 月 8 日被逮捕。

史料与文献：В. К. 顿斯科依：《远东国立大学东方系被裁撤》，《俄罗斯科学院远东分院通报》1996 年第 1 期，第 101、第 102 页。

费奥多西（世俗名——Ф. И. 别列瓦洛夫）（1875 年出生于维亚特卡省乌尔茹姆，1933 年 1 月 23 日逝世于东京）。圣三一—谢尔季耶夫大教堂所属戈夫西姆斯基隐修士单人居洞窟里的修道士（1894 年）。日俄战争期间，为随军教堂诵经士（1904 年），俄国驻朝鲜传教士团颂歌教师和合唱团指挥（1906 年）。后成为修士（1908 年），修士司祭（1910 年），符拉迪沃斯托克"纪念死亡战士"教会学校牧师及神学课教师（从 1911 年起），符拉迪沃斯托克主教辖区军队传教士（1913—1916 年），西伯利亚舰队"鹰"巡洋舰海船牧师（1916—1917 年），后升任修士大司祭，驻朝鲜传教士团团长（1917—1931 年）。按照大主教谢尔盖的命令，被派往日本（1931 年）。

史料与文献：《悼念大主教费奥多西：悼词》，《圣赐食粮》1933 年第 3 期（3 月 1—31 日），第 25—26 页。

М. А. 菲尔索夫（1879 年 4 月 27 日出生于莫斯科州克林，1941 年 2 月 18 日逝世于哈尔滨）。毕业于莫斯科实验学校、莫斯科大学两学期班与维伦斯克军事学校（1904 年）。参加了日俄战争和第一次世界大战，被授予上校军衔，因受伤医治被允许永久休假。从事鸟类学和动物生物学研究（从 1896 年起）。任阿穆尔边区研究会博物馆保管员和馆长（符拉迪沃斯托克，1924—1931 年），国家地理学会符拉迪沃斯托克分会内部通讯学术秘书。1931 年夏非法越过中苏边境。为哈尔滨东省文物研究会博物馆动物标本制作专家，"满洲国大陆科学院"动物站站长。

史料与文献：滨海边疆区国家档案馆：全宗 117，目录号 5，案卷 165；哈巴罗夫斯克边疆区国家档案馆：全宗 830，目录号 3，案卷

47319，第 3 页；哈巴罗夫斯克博物馆档案：1934 年 10 月 3 日 М. А. 菲尔索夫的自传，第 2 页；《М. А. 菲尔索夫上校的最后道路：悼词》，《哈尔滨时报》1941 年 2 月 21 日。

А. П. 弗里德伦德尔（1890 年 6 月 11 日出生于波多利斯克州的杰罗日尼亚，1960 年 8 月 18 日逝世于美国加利福尼亚曼哈顿—比奇）。德国企业家之子，后加入俄国国籍（从 1911 年 4 月 21 日起）。毕业于尼古拉耶夫斯克实验学校补习班（1908 年）、符拉迪沃斯托克东方学院汉蒙语专业（1918 年），研究了南乌苏里边区农民的土地使用制、采金业和捕鱼业（1915 年），曾在中国实习（1916 年），被派往阿穆尔河下游和萨哈林岛研究少数民族的生活（1916 年、1917 年）。为符拉迪沃斯托克民间阅读协会地理教师（从 1914 年起），乌苏里斯克哥萨克军理事会理事（1918 年）。先移居北京，后又迁到大连，在那里从事企业经营活动，为新闻记者和社会活动家。被中国政府逮捕后，在哈尔滨和北京蹲监狱（1923 年）。1945 年后再次被逮捕，被判监禁 6 年。被释放后，移居美国（1958 年）。曾在《俄国生活报》上发表了关于中国共产党政权的文章，并准备著书。

史料与文献：俄罗斯国家远东历史档案馆：全宗 226，目录号 1，案卷 476，第 2 页；滨海边疆区国家档案馆：全宗 115，目录号 1，案卷 1161，第 64 页；哈巴罗夫斯克边疆区国家档案馆：全宗 830，目录号 3，案卷 25539，第 2 页；《抵达哈尔滨的 А. П. 弗里德伦德尔》，《边界》1934 年 7 月 21 日；Л. К.：《悼念 А. П. 弗里德伦德尔：悼词》，《俄国生活报》1960 年 8 月 30 日。

К. А. 哈尔尼斯基（曾用名 К. А.，К. Х.，Х）（1884 年 5 月 30 日出生于立陶宛卡里瓦利亚，1938 年 4 月 25 日逝世于符拉迪沃斯托克）。毕业于第三莫斯科士官武备学校（1902 年）、米哈伊洛夫斯克炮兵学校（1904 年）。第一东西伯利亚防御炮兵部队中尉。毕业于符拉迪沃斯托克东方学院东方语言培训学校（1911—1914 年），被授予上尉军衔。1912—1914 年在日本进行教学实习。参加了第一次世界大战（1914—1916 年），因伤被授予斗士勋章。阿穆尔军区军事统计处军官（从 1917 年 1 月起，哈巴罗夫斯克），在符拉迪沃斯托克参加了国内战争（1918年9月—1920年8月），鄂木斯克政府保卫远东翻译官（1919—1920年），为《远东边陲报》撰稿（1920年）。为联共（布）委员（从1920年4月20日起），滨海省地方自治局临时政府军事司令部侦查处处长助理，北京电报通讯社职员（1920年8月—1921年3月），国立远东大学东方系太平洋流域国家政治经济教研室主任、教师（1923—1937年），讲授课程如下："现代中国与日本经济制度""太平洋流域现代国际经济与帝国主义"。苏联科学院远东分院科研人员（从1930年春）。著有成果大约300篇（部），1937年8月31日被逮捕。1957年4月2日被平反。因为被逮捕手稿遗失：《朝鲜史》（大约800页）、《日本史》（大约300页）、《中国史》（大约400页）和《太平洋流域国家殖民占领史》。

史料与文献：滨海边疆区国家档案馆：全宗115，目录号1，案卷1169，第1页；А. А. 西萨穆特迪诺夫收藏品：《1997年8月26日联邦安全局滨海省管理局档案文献资料（案卷，第П—25918)》；Г. В. 叶菲莫夫：《К. А. 哈尔尼斯基》，《亚非民族》1964年第2期，第227—228页；С. Д. 米利班德：《1917年以来国内东方学家生平词典》修订版，科学出版社1995年版，第2卷，第564—565页：成果目录；И. А. 克鲁沙诺夫、В. М. 费尔施特：《革命士兵》，《太平洋共青团员报》1972年10月24日；Е. Ю. 鲍尼巴伦科：《新闻记者、学者和教育家（К. А. 哈尔尼斯基）》，《远东史——被忘却的名字：文章和随笔》第1册，符拉迪沃斯托克1994年版，第166—180页；В. К. 顿斯科依：《远东国立大学东方系被裁撤》，《俄罗斯科学院远东分院通报》1996年第1期，第99—101页。

А. П. 希奥宁（1879年3月16日出生于弗拉基米尔，1971年1月11日逝世于悉尼）。以优异成绩毕业于东方学院汉蒙语专业（1903年）。日俄战争期间被征用，担任总司令野战参谋部宿营地卫戍司令秘书（从1904年1月26日起）。1906年复员后，被派往圣彼得堡从事学术研究工作。从1907年6月起，任大使馆随员，俄国驻喀什领事馆翻译官（从1909年起），乌里雅苏台领事馆秘书（从1910年起），后来任库伦领事秘书，1917—1920年任俄国驻科布多领事。俄国领事馆被中国政权关闭后，从蒙古迁到了天津，后又去了哈尔滨，在俄中日木材工业公司办事处工作（1922 年）。南满铁道株式会社驻哈尔滨经济专家（1924 年），曾负责编辑《亚细亚时报》杂志。哈尔滨东方文言商业高等专科学校校长，并讲授汉语及远东国家经济课程，后为哈尔滨日俄学院蒙古学教授（1928—1936 年）。1940 年，被调往大连，成为南满铁道株式会社蒙古经济专家。苏联出兵东北后，出任大连苏军卫戍司令部翻译。在大连的中国大学和学院里教授俄语（1950—1959 年）。1959 年迁居澳大利亚，并着手出版《新英汉词典》。

史料与文献：哈巴罗夫斯克边疆区档案馆：全宗 830，目录号 3，案卷 55501，第 14 页；B. H. 热尔纳科夫：《A. П. 希奥宁》，墨尔本大学出版社 1973 年版，5 页；《哈尔滨东方文言商业高等专科学校》，《工大人》1975 年第 7 期，第 147—148 页；A. A. 西萨穆特迪诺夫：《俄国东方学家学会的 A. П. 希奥宁》，《东方》1997 年第 4 期，第 112—117 页。

A. A. 霍尔瓦特。动物学家。按照 A. C. 梅谢尔斯基的建议，被派往中国调查畜牧业（1919 年）。著有关于中国经济问题的成果。

K. M. 霍季姆斯基（1915 年 2 月 6 日出生于托木斯克，1997 年 8 月 15 日逝世于悉尼）。曾在天津和上海生活，做会计员。1939 年，移居澳大利亚。从 1960 年起，开始从事学术活动。澳大利亚和加拿大图书编目学家，名誉教授，从 1980 年起领取退休金。著有关于澳大利亚俄侨史的多项成果。

史料与文献：上海市政警察局档案：第 72 卷；《波兰足球俱乐部（1915—1990）》，《澳大利亚斯拉夫与东欧研究（原墨尔本斯拉夫研究）》1991 年第 5 卷，第 1 期，第 135—142 页。

赫里三福（世俗名谢特科夫斯基）（1869 年出生于顿河省，1906 年 10 月 22 日逝世于敖德萨）。第一位信奉东正教的朝鲜人。毕业于顿河教区神学校（1890 年）。妻子去世后，落发为修士（1898 年）。1899 年毕业于喀山神学院，获得神学副博士学位。修士大司祭，第二届驻朝鲜传教士团长（1900 年 1 月—1904 年）。第一个尝试将俄文神学著作翻译成朝文的人，开办了第一所传教士团学校（1900年10月），修建了圣尼古拉教堂（1903年4月17日）。从1904年起担任主教。

史料与文献：费奥多西（Ф. И. 别列瓦洛夫）：《俄国驻朝鲜传教士团存在的第一个25年（1900—1925年）》，Н. 基克洛维奇牧师印刷所1926年版，第21—60页；阿夫古斯汀（尼基汀）修士大司祭：《俄国驻朝鲜东正教使团》，《东正教在远东——俄国传教士团在华250年》，安德烈耶夫父子出版社1993年版，第139页。

А. И. 采普舍洛夫（1881年7月26日出生于叶卡捷琳诺斯拉夫省亚历山德罗夫斯克，1960年8月14日逝世于洛杉矶）。1901年毕业于基什涅沃实验学校和基辅步兵军事学校，后参加了日俄战争。毕业于符拉迪沃斯托克东方学院日汉语专业（1911年），被授予中校军衔，任阿穆尔军区司令部军事统计处长，之后领导侦察工作，后晋升符拉迪沃斯托克要塞长官司令部军官（1917—1921年），派驻日本一年多。从1922年起，移居上海，为法租界警察局警员，法租界高等学校救助会主席（1931—1936年），高级僧正教会促进委员会和军官俱乐部管理委员会成员。经菲律宾移民至美国，在洛杉矶定居（1950年）。

史料与文献：上海市政警察局档案：第82卷；滨海边疆区国家档案馆：全宗115，目录号1，案卷1191，第6页；В. Д. 日加诺夫：《俄国人在上海》，上海1936年版，无出版页；А. 扎果尔斯基：《隆重纪念А. И. 采普舍洛夫中校：悼词》，《俄国生活报》1960年9月22日。

Г. 切列巴辛。满洲俄国东方学家学会会员，在《亚细亚时报》上刊发过文章。

В. 切什辛。满洲俄国东方学家学会会员，在《亚细亚时报》上刊发过文章。

М. П. 采采果夫。坎顿师范学校教授。

Г. Ц. 齐比科夫（1873年出生于乌尔多—阿加，1930年9月20日逝世于阿金斯科耶）。1899年毕业于圣彼得堡大学东方系。1900—

1902年完成对拉萨的考察，在符拉迪沃斯托克东方学院任蒙古语讲师（从1902年7月1日起）、校务委员会秘书（从1903年3月1日起）、蒙古语教授（1906年10月23日起）、校董事会董事（从1908年5月26日起）。1917年9月15日被解职，为阿穆尔边区研究会会员（从1903年起），作了《关于从蒙古到西藏朝圣》（1903年1月25日）的报告。阿穆尔边区研究会图书馆馆长和管理委员会成员（1908年）。

史料与文献：《苏联大百科全书》，1978年版，第28卷，第607页；Н. В. 科切什科夫：《Г. Ц. 齐比科夫在蒙古和西藏民族哲学与民族学研究上的贡献》，《报告摘要》，符拉迪沃斯托克1973年版，第1册，第147—156页；Н. В. 科切什科夫：《Г. Ц. 齐比科夫著作中的蒙古和西藏民族哲学与民族学问题》，《纪念Г. Ц. 齐比科夫教授诞辰100周年》，乌兰乌德1976年版，第86—93页；А. А. 西萨穆特迪诺夫：《俄国的子民Г. Ц. 齐比科夫》，《红旗报》1990年8月5日；Н. В. 科切什科夫、Г. П. 图尔莫夫：《远东的教师们》，《教师协会著作集》1998年第4期，第76—77页。

Е. М. 车布尔科夫斯基（1871年2月2日出生，1950年9月10日逝世于美国洛杉矶）。毕业于哈尔科夫大学自然历史系，获得莫斯科大学科学硕士与博士学位。为圣彼得堡大学俄国人类学学会和莫斯科大学自然科学学会秘书，德国人类学学会通讯会员。1924—1926年，任符拉迪沃斯托克国立滨海省博物馆馆长（过去的阿穆尔边区研究会博物馆）、国立远东大学地方志研究会研究人员、"自然"分委员会主席。从1923年起，任国立远东大学教授。在哈尔滨生活后（从1921年起），在法政大学工作，在《东省杂志》《法政学刊》上发表了文章，编写了书刊。移居欧洲后，先在立陶宛居住，之后又在美国（洛杉矶）生活了11年。

史料与文献：《学院的人员构成》，《国立远东大学地方志研究会月报》1925年第1期，第18页；А. В. С.：《洛杉矶新闻记事》，《新霞光报》1949年3月18日。

Т. Д. 切尔沃涅茨基。毕业于圣彼得堡实践东方学学院（1912

年），后成为符拉迪沃斯托克国立远东大学（远东国立大学）东方系副教授（1926—1939年），并教授满语语法、汉语象形文字结构与发展史、俄汉翻译。编写过教科书和词典，可能遭到镇压而死。

史料与文献：В. З. 摩尔公：《采访1939年国立远东大学东方系毕业生Ф. В. 索洛维耶夫》，《远东国立大学东方学院学报》1994年第1期，第80页。

Г. И. 切尔特科夫（笔名奥尔金斯基、吉奇）（1895年6月2日出生于萨马拉，1983年2月逝世于纽约）。毕业于萨马拉中学（1912年）、商业学校（1913年）、塔什干军事学校（1915年）。参加了第一次世界大战。为西伯利亚舰队射击连连长（1917—1922年）、А. В. 萨佐诺夫西伯利亚政府成员，之后移居日本。1923年2月，在东京成立"情报处"，发行了周刊《新东亚通讯》（日本报刊关于俄国问题的评论）。为远东俄侨在东京和横滨的首脑，西伯利亚地方主义者组织成员。在哈尔滨《霞光报》等报上发表过文章。尝试在日本发行月刊《亚细亚时报》，失败后，回归商业活动，任比利时康采恩"联合金属"（向日本进口机床和金属，1937年）和英国"科京·普罗达克斯"有限公司总经理，从1937年起。曾在中国生活（1940—1949年），为上海市政财政局查账员。在巴西短暂留居后（1950—1951年），移居美国。在《俄国生活报》等报纸上发表过文章。通晓日语。

史料与文献：上海市政警察局档案：第71卷；滨海边疆区国家档案馆：全宗830，目录号1，案卷1583，第7页；Н. В. 马洛夫斯基：《Г. И. 切尔特科夫90诞辰》，《新俄国之声报》1983年6月2日：附照片。

В. А. 切切科夫（1885年出生，逝世年逝世地不详）。少将之子。毕业于叶伊斯克实验学校（1902年），以优异成绩毕业于东方学院汉蒙语专业（1909年）。在学习期间，不止一次地从事翻译工作，曾在汉口道胜银行供职。

М. Л. 沙皮罗（Ш. 马利亚）（1900年10月27日生于伊尔库茨克，1971年10月9日逝世）。曾在布拉戈维申斯克的报纸《哈尔滨新闻界》工作。1919年毕业于哈尔滨格涅列佐娃走读中学，1924年于法政大学法律系就读，毕业后留法政大学民法教研室准备学术职称，并教授罗马法实践课（1928—1936年）。为《俄国之声报》《亚洲之光报》《霞光报》《公报》等报纸撰稿（从1925年起）。1945年11月29日，在《哈尔滨时报》报社编辑部被逮捕。刑满释放后，住在残疾人院里并撰写了回忆录。留存手稿达1700页，落款日期是1962年4月14日。

史料与文献：滨海边疆区国家档案馆：全宗830，目录号3，案卷11409，第1页；胡佛战争、革命与和平研究所图书馆与档案馆：《М. Л. 沙皮罗第4文件盒》。

В. Н. 沙伦别尔格-绍尔勒梅尔（1876年1月30日出生于圣彼得堡，逝世年逝世地不详）。自学汉语。毕业于梯弗里斯步兵学校（1898年），符拉迪沃斯托克东方学院汉满语专业旁听生（1907年）。从1900年5月9日起任第1符拉迪沃斯托克要塞部队少尉。自1907年11月7日起，任驻华军事代表。1907年11月20日，被授予上尉军衔，满洲俄国东方学家学会会员。曾参加第一次世界大战和国内战争。中东铁路职员培训班汉语理论教师（1923年2月3日—1924年3月1日），之后在哈尔滨的其他学校任教，编写过词典等著作。

史料与文献：滨海边疆区国家档案馆：全宗115，目录号1，案卷1238（В. Н. 沙伦别尔格）。

Н. 沙斯汀。满洲俄国东方学家学会会员，在《亚细亚时报》上发表过译作。

С. Г. 沙赫马托夫（1897年6月27日出生于伊尔库茨克州阿尔扎马伊，1959年后去世）。谢苗诺夫工厂上校。从1922年起，开始侨居生活。1935年夏为《凤凰》杂志及出版社创办人，从1942年起任大连的俄国剧院经理。南满铁道株式会社弘报课与"满洲俄侨事务局"职员。1946年加入苏联国籍，后于1949年3月10日在大连被逮捕。1949年8月29日，军事法庭按照刑法第1章第58条第2、4、6条款，第2章第58条第10条款，判处其劳改25年，剥夺政治权利

5年，没收财产。作为残疾人获释并被流放（1959年5月19日）。

史料与文献：上海市政警察局档案：第80卷；O. 尤扎宁：《大连的俄国剧院在侨民文化生活中占据显赫地位》，《边界》1942年第10期（3月14日），第19页；Е. Н. 切尔诺卢慈卡娅：《俄国侨民在中国东北：军事政治活动（1920—1945）：文件集》，南萨哈林斯克1994年版，第143页；Е. Н. 切尔诺卢慈卡娅：《〈凤凰〉杂志的死而复生（俄国侨民 С. Г. 沙赫马托夫创作与生活之一瞥）》，《新杂志》1995年，第201卷，第257—274页；Е. Н. 切尔诺卢慈卡娅：《漂泊者（С. Г. 沙赫马托夫）》，《被遗忘的名字：文章与概述》，远东科学出版社2001年版，第61—89页。

М. Г. 舍维列夫（1861年出生于上乌丁斯克，1903年11月8日逝世于符拉迪沃斯托克）。1863年毕业于特洛伊茨科萨夫斯克县中学和恰克图汉语学校。1863—1866年在俄国驻北京传教士团学习。为轮船公司老板，商务参赞，阿穆尔边区研究会创办会员，阿穆尔边区研究会管理委员会成员（从1884年4月18日起），慈善家。从事东方学研究：1891年从阿穆尔河下游（特尔河）乘坐轮船"贝加尔湖"航行时采集整理了石碑上的古代铭文，绘制了滨海边区考古遗迹地图；1896年根据中国史料撰写了关于渤海的手稿，后遗失。东方学院督学委员会第一任主席。М. Г. 舍维列夫的部分东方学图书资料被移交给了圣彼得堡大学。苏霍特海峡上的一个海角以他的名字命名（彼得大帝湾）。

史料与文献：П. Т.：《М. Г. 舍维列夫：悼词》，《远东》1903年11月14日，第3页；《悼词》，《符拉迪沃斯托克报》1903年11月16日（第46期），第1页；12月28日（第52期），第1—2页；Д. М. 波兹德涅耶夫：《日本北方及其与亚洲大陆和俄国关系史文献资料》第2卷，东映印刷株式会社1909年版，第12—14页；А. А. 西萨穆特迪诺夫：《"百万富翁"М. Г. 舍维列夫》，《朝日俄罗斯》1993年2月20日；Н. А. 特罗茨卡娅：《М. Г. 舍维列夫：传记的细节》，《杨科夫斯基报告会：会议资料》，符拉迪沃斯托克1996年版，第56—58页。

Г. Н. 什德洛夫斯基-希尔科维奇，毕业于东方学院日语专业（1913 年）。为第四外阿穆尔边防部队上尉，边境护路队下级军官东方语培训班负责人（哈尔滨），曾参加第一次世界大战。战争结束后，在波兰集中营做苦役。后来逃到哈尔滨，以平民身份在中国东北生活。娶了一位在境外考察时相识的日本女大学生为妻，经军事长官批准后两人正式结为夫妻，妻子加入了俄国国籍并受洗礼。

史料与文献：滨海边疆区国家档案馆：全宗 115，目录号 1，案卷 1252，第 4 页。

С. М. 史禄国（1887 年 6 月 19 日出生于苏兹达尔，1939 年 10 月 19 日逝世于北京）。在巴黎人类学学校学习，毕业于圣彼得堡大学物理—数学系，完成了对高加索、俄国北方、西伯利亚、外贝加尔和阿穆尔沿岸地区的考察。国内战争期间，为政治活动家与符拉迪沃斯托克国立远东大学教师，符拉迪沃斯托克缙绅会议议员（1922 年）。曾在上海生活（1922 年秋至 1926 年）。在中山大学语言历史所工作（1926—1928 年），后移居厦门生活（1928—1930 年）。北京天主教会大学教授。

史料与文献：И. И. 谢列布列尼科夫：《С. М. 史禄国教授：悼词》，《亚洲复兴报》1940 年 3 月 7 日；胡佛战争、革命与和平研究所图书馆与档案馆：《И. И. 谢列布列尼科夫第 4 文件盒》；А. М. 列舍托夫：《П. П. 施密特（1869—1938）》，《东方——亚非协会：历史与现实》2009 年第 2 期，第 92—104 页。

Е. Н. 什罗科戈洛娃（娘家姓罗宾松）（1886 年出生，1943 年 11 月逝世于北京）。叶卡捷琳诺达尔药剂师之女。曾在巴黎大学学习。С. М. 史禄国的妻子（从 1907 年 6 月 29 日起，巴黎）。与丈夫完成对中国东北的考察（1915 年），之后也进行了其他考察活动。

П. В. 什库尔金（1868 年 11 月 3 日出生于哈尔科夫省列别基诺，1943 年 4 月 1 日逝世于美国西雅图）。1888 年于亚历山大罗夫斯克军事学校毕业后，被分配到南乌苏里边区服役。1903 年以优异成绩毕业于东方学院（符拉迪沃斯托克），从 1903 年 5 月 20 日起，任符拉迪沃斯托克警察局局长助理（从 1903 年 5 月 20 日起）。参加了日俄战争，为上尉，伦内卡普夫侦察队队长。因作战勇敢多次获得嘉奖，被奖励题有"勇敢"字样的勋章，其中包括二等中国双龙纹勋章。曾在阿穆尔军区司令部服役，为皇家东方学学会阿穆尔分会创办人之一，作为中东铁路翻译官在哈尔滨的学校任教。受 B. K. 阿尔谢尼耶夫邀请，在满洲俄国东方学家学会作了一系列报告（1916 年）。1927 年，移居美国，为美国俄国历史协会创办会员，参加了西雅图的各类社会活动。著有中国学领域的多部著作和文章。

史料与文献：B. B. 什库尔金收藏品（圣保罗，美国）；《П. B. 什库尔金档案》；《西雅图市圣司比利多诺夫斯克大教堂俄国图书馆简述》，《俄国天地报》1943 年 12 月 20—27 日（第 1—2 期）；B. H. 热尔纳科夫：《П. B. 什库尔金》，《纪念哈尔滨铁路学校建校 70 年（1903—1973）》，旧金山 1973 年版，第 19—21 页、第 21—23 页；O. M. 巴奇赤：《П. B. 什库尔金的远东档案：初步清单》，第 2 版，B. B. 什库尔金出版社 1997 年版，133 页。

С. П. 什利科维奇（1849 年出生，逝世年逝世地不详）。毕业于彼得罗夫斯科－拉祖莫夫斯克学院。19 世纪 80 年代，从事对于切尔尼戈夫州部分县的研究工作。作为阿穆尔考察农业垦殖队长，研究了阿穆尔沿岸地区的外乡中国人与朝鲜人，以地方自治同盟会会员的身份参加了第一次世界大战。以基辅市杜马议员的身份，任地方自治同盟会省委员会魁首（1917 年）。俄国难民安置委员会主席（君士坦丁堡，1921—1923 年）。

А. Н. 什里亚宾（1900 年出生，1965 年逝世于德国）。企业家。曾在日本和中国生活，在《边界》杂志上刊登过关于日本的文章。从上海移居到菲律宾，自 1953 年起在德国一家医院接受治疗。

史料与文献：О. 瓦尔科夫：《你好，金门，再见俄罗斯：一个年轻女孩从远东到新世界的旅程：回忆录》，作者之家出版社 2007 年版，242 页。

П. П. 施密特（1869 年 12 月 13 日出生于文登斯克县别克施，1938 年 6 月 6 日逝世于里加）。毕业于里加中学，圣彼得堡大学东方系（1896 年）。学术公出到中国（1896—1899 年）。符拉迪沃斯托克东方学院教师、教授（1899—1918 年）。通过硕士论文《满语语法初探》答辩（1902 年）。为阿穆尔边区研究会管理委员会成员（1904 年），阿穆尔边区研究会图书馆馆长（1909 年），曾作过《关于中国文字》（1904 年）与《关于数字与数的起源》（1910 年 3 月 12 日）的报告。为国立远东大学成立方案起草委员会成员（1918 年），国立远东大学语文哲学系主任（符拉迪沃斯托克，1919—1920 年），里加大学语文哲学系教授（从 1920 年 4 月 1 日起）、主任（1923—1925 年）。获哲学博士学位（1927 年）。

史料与文献：圣彼得堡国立中央历史档案馆：全宗 14，目录号 3，案卷 28710，第 54 页；《1907/1908 学年 П. П. 施密特教授的汉满语语法课程述评》，符拉迪沃斯托克 1908 年版，19 页；Н. 沃尔格林：《东亚学者、语言学家和民俗学家 П. П. 施密特——生平简介》，贝尔出版社 1982 年版，87 页。（照片、研究文献、著述目录）

Н. П. 施泰因菲尔德（1864 年出生，1925 年 12 月逝世于哈巴罗夫斯克）。矿山工程师与《叶卡捷琳堡周报》编辑之子，《哈尔滨日报》编辑，《阿穆尔边区报》通讯记者，哈尔滨贸易公所第一秘书，满洲俄国东方学家学会及皇家东方学学会会员。1919 年，为《东亚：在满洲里发行的党外民主日报》编辑。1920—1921 年，为《中国东北：中国东北发行的党外民主日报》编辑。1921 年从哈尔滨移居符拉迪沃斯托克后，为《祖国之声报》撰稿。在哈巴罗夫斯克居住时，为《太平洋之星报》撰稿。

史料与文献：彼尔姆边疆区国家档案馆：全宗 Р—790（А. К. 莎尔采姆收集的档案文献收藏品，"乌拉尔传记词典"），目录号 1，案卷 2616（Н. П. 施泰因菲尔德，政论家）；Е. М. 扎布洛茨基：《革命前俄国矿区工作者生平词典（网络版）。网址 http：//russmin. narod. ru/bioMinz16. html；《定期出版物目录汇编》。网址 http：//orel. rsl. ru/nettext/bibliograf/sv_ cat_ period_ izd. pdf。

А. А. 谢尔科夫（1876 年 4 月 23 日出生于雅罗斯拉夫尔，1942 年 11 月 28 日逝世于上海）。为交通工程师，哈尔滨工学院第一任校长（之前称为中俄工业学校，1920 年 10 月 16 日成立），上海大地测量学教授。

史料与文献：上海市政警察局档案：第 80 卷；А. 扎姆列茨：《工大人周年创刊纪念》，《俄国生活报》1972 年 9 月 27 日；В. 鲁绵采夫：《中俄工业学校》，《工大人》1973 年第 5 期，第 1—4 页；П. К. 菲阿尔科夫斯基：《在工学院学习的我们是风华正茂的——纪念哈尔滨工学院成立 75 年》，《远东问题》1995 年第 3 期，第 115—118 页。

Г. И. 谢尔巴科夫（1877 年出生于科斯特罗马，逝世年逝世地不详）。哈尔滨"光华"（阿列克谢夫斯基）俄国公共实验学校校长，编写过教学参考书（哈尔滨，1933 年）。

С. В. 希洛夫斯基（1884 年 7 月 20 日出生于叶卡捷琳诺斯拉夫尔，逝世年逝世地不详）。1902 年毕业于奥尔洛夫斯克亚历山大实验学校，以优异成绩毕业于符拉迪沃斯托克东方学院汉满语专业（1911年）。曾在哈尔滨侨居生活，任哈尔滨商业学校及东方文言商业高等专科学校汉语教师。

史料与文献：滨海边疆区国家档案馆：全宗 115，目录号 1，案卷 1271，第 87 页。

В. В. 恩格里菲尔德（1891 年 6 月 11 日出生于托波尔省，1937 年 10 月 16 日逝世于哈尔滨）。圣彼得堡大学法律系毕业后，留在该系深造准备教授职称（1917 年），后通过了俄国法史硕士论文答辩。曾在鄂木斯克政府元老院任职，后去了符拉迪沃斯托克。受聘为北京俄语与法律科学学院教授（1921—1923 年），同时担任北京司法部顾问。移居哈尔滨后，任法政大学行政法教研室主任（从 1923 年起）。在巴黎的俄国高等学校以论文《中国国家法概述》通过了硕士论文答辩（1925 年）。从 1926 年 3 月 4 日起主持法政大学国际法教研室客座教授工作，忍痛目睹了法政大学的关闭，不再承担教学任务。号召同事们继续工作并探索新的学术道路，这些成为他死亡的原因之———在上日语课的途中出现了梗死，埋葬在新城墓地。

史料与文献：滨海边疆区国家档案馆：全宗 117，目录号 6，案卷64，第31页；Н. И. 尼基弗洛夫：《В. В. 恩格里菲尔德教授》，《法制及文化：哈尔滨法政大学十八年纪念文集》，哈尔滨1938年版，第85—86页。

Н. Е. 艾斯别洛夫（1893年11月4日出生于喀山撒洛奇亚，逝世年逝世地不详）。1914年毕业于喀山中学。1914—1917年，在喀山大学学习，因参加第一次世界大战中断学业。1923年毕业于哈尔滨法政大学。被派往欧洲留学，并通过了巴黎的俄国高等学校的硕士考试（1926年）。在法政大学受聘为俄国法史教研室编外副教授、教授（从1934年1月起），中国部俄语教师。发表学术成果大约40篇（部）。为哈尔滨残疾人救助会主席和《残疾人》主编（从1936年11月15日起），南满铁道株式会社驻哈尔滨和大连职员（1944年）。1945年9月10日被捕。2002年8月21日被平反。

史料与文献：《鞑靼斯坦共和国记事手册》。网址http：//lists. memo. ru/d38/f140. ht；哈巴罗夫斯克边疆区国家档案馆：全宗830，目录号3，案卷3523，第26页。

Т. С. 尤尔科维奇（1891年出生于日本，1938年逝世）。毕业于东京东正教神学校。国内战争期间，为联共（布）滨海省委员会情报处编内机要员，日本司令部翻译，为共产党员提供情报资料（1919—1921年），被梅德韦杰夫政府反间谍组织逮捕。为符拉迪沃斯托克远东国立大学东方系教师，讲授课程如下："双向翻译会话""东亚经济地理""定期出版物范例""军事术语""外交往来公文范例""日本地理术语"。从1937年起在莫斯科生活，后被逮捕并被平反。

史料与文献：Я. В. 瓦西里科夫、А. М. 格里什娜、Ф. Ф. 别尔切诺克：《被镇压的东方学——1920—1950年遭受镇压的东方学家》，《亚非民族》1990年第5期，第106页；Я. В. 瓦西里科夫、М. Ю. 索罗金娜：《人与命运：东方学家——苏联时期政治恐怖的受害者生平词典》，圣彼得堡东方学出版社2003年版，第439页。

Ю. А. 雅夫丁斯基（1872年4月12日生于下诺夫哥罗德，1940年后逝世于上海）。世袭贵族，律师，驻青岛编外副领事（1916—

1917年），道胜银行职员。在上海度过余生。

史料与文献：上海市政警察局档案：第82卷。

Б. П. 雅科夫列夫（出生年出生地不详，1947年4月逝世于天津）。自然学家和动物标本制作专家。东省文物研究会博物馆馆长。在《东省杂志》上发表过学术文章。在天津生活时，在法国天主教传教士团博物馆工作。

史料与文献：《上海的学术生活》，《霞光报》1941年10月20日。

Л. М. 雅科夫列夫（1916年出生于斯塔夫罗波尔，1945年逝世于哈尔滨）。1937年毕业于哈尔滨法政大学（1937年）。与布尔热瓦尔斯基研究会会员一起完成了对中国东北地区的多次考察。在《边界》杂志上发表了关于中国文化的文章。

史料与文献：В. Н. 阿林：《隆重悼念Л. М. 雅科夫列夫：悼词》，《哈尔滨自然科学与人类学爱好者学会丛刊》1946年第1期，第1—2页；И. Г. 巴拉诺夫：《隆重悼念学生》，《哈尔滨自然科学与人类学爱好者学会丛刊》1946年第1期，第5—6页；О. 季森：《童子军——布尔热瓦尔斯基人》，《在中国东北的山岗上》1996年第33期，第5页。

Д. Г. 杨切维茨基（1873年5月4日出生，1938年9月12日逝世）。作家В. Г. 杨切维茨基（1874—1954年）的亲兄弟。毕业于圣彼得堡大学东方系汉语专业。曾任省长秘书、阿穆尔总督特派高级长官，《阿穆尔边区报》主编（从1904年9月9日起）。在阿穆尔边区研究会全会上（1907年11月30日），作了关于乘坐雷击舰考察鄂霍茨克海和尚塔尔群岛、阿扬和约翰岛的报告。满洲俄国东方学家学会会员。1906—1908年在《俄国报》《新境报》（哈尔滨）和《圣彼得堡报》以及《亚细亚时报》《金融杂志》等报刊上发表了关于俄国远东政治状况的多篇文章。

史料与文献：俄联邦总统档案馆：全宗3，目录号24，案卷418（雅罗斯拉夫州雅罗斯拉夫尔市，雅罗斯拉夫铁路，1938年9月12日苏联最高法院军事委员会审判惩处名册），第44页；俄罗斯国家远东历史档案馆：全宗 702，目录号 1，案卷 2351（Д. Г. 杨切维茨基）；Я. В. 瓦西里科夫、М. Ю. 索罗金娜：《人与命运：东方学家——苏联时期政治恐怖的受害者生平词典》，圣彼得堡东方学出版社 2003 年版，第 466 页。

В. А. 雅霍托夫（1881 年 5 月 30 日出生于华沙，1978 年 10 月 11 日逝世于莫斯科）。毕业于巴甫洛夫斯克军事学校（1901 年）、总参谋部学院（1907 年）。1909—1914 年在阿穆尔军区服役。1914—1918 年，参加了第一次世界大战。从 1916 年起，为驻日本军事随员。1917 年，任临时政府军部副部长、少将。1917 年末，返回日本。1919 年 4 月，离开美国后，辗转至中国和苏联，并在那里被遣返回国。苏联与境外同胞文化联系协会活动家（"祖国"会），被授予人民友谊勋章。

史料与文献：А. Л. 阿法纳西耶夫、Ю. К. 巴拉诺夫：《В. А. 雅霍托夫将军漂泊历险记》，苏维埃俄国出版社 1988 年版，第 272 页。

А. И. 雅申，东方学家，远东国立大学教师。1938 年夏被捕后，不幸离世。

史料与文献：Я. В. 瓦西里科夫、М. Ю. 索罗金娜：《人与命运：东方学家——苏联时期政治恐怖的受害者生平词典》，圣彼得堡东方学出版社 2003 年版，第 466 页。

Е. Е. 雅什诺夫（1881 年 11 月 28 日出生于雅罗斯拉夫尔诺尔斯克的手工工场里，1943 年 6 月 25 日逝世于上海）。毕业于雅罗斯拉夫尔市学校（1897 年）。由于卷入政治斗争，多次被逮捕（1899—1904 年）。移居圣彼得堡后（1905 年），在当地报纸上发表了小说和诗歌。为锡尔河地区移民事务局统计员（1908—1912 年、1914—1915 年）、锡尔河地区粮食特别会议事务局统计员（1915—1917 年）、鄂木斯克粮食特别会议事务局统计员（1917—1919 年）、符拉迪沃斯托克粮食特别会议事务局统计员，中东铁路经济调查局职员（1921—1935 年）。出访过莫斯科（1923 年）和哈巴罗夫斯克（1927 年）。曾在天津、北京和上海生活（从 1938 年起）。著有学术成果大约 100 篇（部）。

史料与文献：А. А. 西萨穆特迪诺夫收藏品：《Е. Е. 雅什诺夫私人档案》；В. Ф. 别列列申：《诗人 Е. Е. 雅什诺夫》，《新俄国之声报》1973 年 6 月 11 日；Е. П. 塔斯金娜：《Е. Е. 雅什诺夫的生活之路》，《远东问题》1993 年第 4 期，第 114—115 页。

缩略语目录

АВПРИ　俄罗斯帝国对外政策档案馆（莫斯科）
АЛОИЭ　俄罗斯科学院东方学研究所列宁格勒（今圣彼得堡）分所档案
АН　科学院
АОИАК　阿穆尔边区研究会档案馆（符拉迪沃斯托克）
АПОИВ　东方学研究所圣彼得堡分所档案馆（圣彼得堡）
АПОРАН　俄罗斯科学院圣彼得堡分院档案馆（圣彼得堡）
АРГО　俄国地理学会档案馆（圣彼得堡）
БРЭМ　"满洲俄侨事务局"（中国东北）
ВГО　全苏地理学会
ВКА. В. А. 阿尔谢尼耶夫档案（阿穆尔边区研究会档案全宗）
ВКП（б）　苏联共产党（布尔什维克）
ВМН　最高惩治办法
ВОГГО　国家地理学会符拉迪沃斯托克分会
ГАПК　滨海边疆区国家档案馆（符拉迪沃斯托克）
ГАРФ　俄罗斯联邦国家档案馆（莫斯科）
ГАХК　哈巴罗夫斯克边疆国家档案馆（哈巴罗夫斯克）
ГДУ　国立远东大学（符拉迪沃斯托克）
ГО　苏联地理学会
ГРВЛ　科学出版社东方文献总编室（1964年起）
Губ.　省
ДВГУ　远东国立大学（符拉迪沃斯托克）

ДВГТУ　远东国立理工大学（符拉迪沃斯托克）

ДВК　远东边疆区

ДВНЦ　苏联科学院远东科学中心

ДВО РАН　俄罗斯科学院远东分院（符拉迪沃斯托克）

ДВПИ　远东工业大学（符拉迪沃斯托克）

ДВР　远东共和国

ДВФАН　科学院远东支院（符拉迪沃斯托克）

ИАН　皇家科学院

ИВИ　东方学院学报

ИИАЭНДВ　远东历史、考古、人类学与民族学研究所（符拉迪沃斯托克）

ИОВ　皇家东方学学会（圣彼得堡）

ИРГО　俄国皇家地理学会

ИТЛ　劳动改造营

КВЖД　中东铁路

КЛЭ　简明文学百科全书

КНР　中华人民共和国

Л.　列宁格勒

МАЭ　人类学与民族学博物馆（列宁格勒－圣彼得堡）

МГУ　莫斯科国立大学

МИД　外交部

МПО　满洲教育学会

МРК　旧金山俄国文化博物馆（美国）

НКВД　内务部人民委员

НИИ　研究所

Обл.　省（州）

ОЗО　外阿穆尔军官协会（哈尔滨）

ОИАК　阿穆尔边区研究会（符拉迪沃斯托克）

ОИМК　东省文物研究会（哈尔滨）

ОРВП　东省特别行政区（中国东北）

ОРО　满洲俄国东方学家学会（哈尔滨）

Пг.　彼得格勒

ПОИВ　东方学研究所圣彼得堡分所（圣彼得堡）

ПОИОВ　皇家东方学学会阿穆尔分会（哈巴罗夫斯克）

ПОИРГО　俄国皇家地理学会阿穆尔分会（哈巴罗夫斯克）

Пос.　市镇

ПОРАН　俄罗斯科学院圣彼得堡分院（圣彼得堡）

ПС　履历表

ПУ ФСБ　滨海边疆区联邦安全局

РАК　俄美公司

РАН　俄罗斯科学院

РГА ВМФ　俄罗斯国家海军舰队档案馆（圣彼得堡）

РГВИА　俄罗斯国家军事历史档案馆（莫斯科）

РИА　俄罗斯国家历史档案馆（圣彼得堡）

РГИА ДВ　俄罗斯国家远东历史档案馆（符拉迪沃斯托克）

РГО　俄罗斯地理学会（彼得格勒－列宁格勒）

РЗИА　俄国国外历史档案馆（布拉格）

РККА　工农红军

РНО　俄国民族协会（东京）

РК　执行委员会

с.　村镇

Св　圣徒

СОРО　俄侨社会组织联合委员会（上海）

СПб.　圣彼得堡

ССЭ　苏联西伯利亚百科全书

Ст.　车站

Тд.　商号

ХОКУ　哈尔滨公共商业学校

ХСМЛ　基督教青年会

ЭДВК　远东边疆区百科全书

ЮМЖД　南满铁路

ЮУОРГО　俄国地理学会南乌苏里分会（尼科利斯基-乌苏里斯基）

HILA　胡佛战争、革命与和平研究所图书馆与档案馆（美国旧金山）

SMPF　上海市政警察局档案（美国华盛顿）

参考文献

Н. П. 阿福托诺莫夫：《十八年中的哈尔滨法政大学》，《法制及文化：哈尔滨法政大学十八年纪念文集》，哈尔滨 1938 年版。

М. К. 巴斯汉诺夫：《1917 年前俄国军事东方学家生平词典》，"东方文献"出版社 2005 年版。

А. М. 布雅科夫：《东方学院的军官毕业生：年代与命运》，《远东国立大学东方学院学报》1999 年第 5 期。

А. И. 格鲁兹杰夫主编：《岸界：地图上的名称（滨海边疆区海洋地名辞典）》，远东科学出版社 1996 年版。

И. П. 鲍罗金：《西伯利亚植物收藏家与植物标本》，皇家科学院出版社 1908 年版。

С. А. 闻格罗夫：《俄国作家与学者简明生平词典（从俄国形成之初至今）》，第二版，艺术印刷品出版社 1915 年版。

《东方学院学报》

Б. А. 伊瓦什科维奇：《1918—1922 年远东的作家、学者与新闻工作者》，自由俄国印刷所 1922 年版。

С. Ю. 李坡什茨：《俄国植物学家：传记词典》，4 卷本，莫斯科自然试验者协会出版社 1947—1952 年版。

Я. В. 瓦西里科夫、М. Ю. 索罗金娜主编：《人与命运：东方学家——苏联时期政治恐怖的受害者生平词典》，圣彼得堡东方学出版社 2003 年版。

《国内东方学家生平词典（1917 年以来）》，科学出版社 1995 年版。

Б. Н. 鲍尔古勒采夫主编：《俄国远东与俄国的美洲海洋名册（17 世

纪—20世纪初)》,乌苏里出版社1998年版。

М. К. 阿扎多夫斯基等主编:《苏联西伯利亚百科全书》,西伯利亚地方志出版社1929年版。

Н. А. 司别什涅夫:《北京——我童年的祖国,中国史诗:同声传译笔记》,瞭望台出版社2004年版。

М. Е. 斯托曰:《西伯利亚作家、诗人与学者词典》,鸢尾出版社,无出版年。

Т. С. 舒里金娜:《阿穆尔与萨哈林小民族文化与风俗的俄国研究者(19世纪末至20世纪初》,远东大学出版社1999年版。

С. Д. 米利班德:《1917年以来国内东方学家生平词典》修订版,两卷本,科学出版社1995年版。

后　　记

　　本书的出版得到了中央支持地方高校发展专项资金黑河学院俄罗斯远东智库出版经费的资助。

　　十余年前，我还在黑龙江省社会科学院历史研究所中俄关系史研究室工作之时，俄罗斯远东联邦大学俄罗斯海外侨民史、俄罗斯远东史研究专家 A. A. 西萨穆特迪诺夫博士、教授、博士生导师到访黑龙江省社会科学院历史研究所中俄关系史研究室。从那时起，我与 A. A. 西萨穆特迪诺夫教授相识，并成为忘年交。这源于我们都致力于中国俄罗斯侨民史这一共同学术问题。A. A. 西萨穆特迪诺夫教授是一位高产的学者，仅在中国俄罗斯侨民史研究领域就出版了十余部著作，在国际俄罗斯侨民史学界独树一帜。

　　2015年秋天，我与黑龙江省社会科学院历史研究所原所长张宗海先生到访符拉迪沃斯托克。A. A. 西萨穆特迪诺夫教授及夫人在郊区别墅以最高规格礼遇接待了我们。我们在其别墅小住了三天，不仅促膝畅谈学术问题，我也从 A. A. 西萨穆特迪诺夫教授那里获得了珍贵资料。这对我完成2013年立项的国家社科基金项目"民国时期在华俄侨学术活动及价值研究"给予了极大帮助。此后，我们的学术联系更加紧密，从未间断。

　　2016年末，在我调入黑河学院工作的第四年的下半年，为了服务于黑河学院俄罗斯远东智库建设，我参加了这项对黑河学院具有深远影响的工作，参与了诸如设立智库专项项目在内的多项智库建设工作。在此过程中，我在继续深入推进中国俄罗斯侨民史这一传统学术领域研究的同时，逐步转向俄罗斯远东历史与现实问题兼顾研究。由于在中国俄罗斯侨民学术史研究上的积累与基础，我对俄罗斯远东学人的学术研究也非常感兴趣，而A.A.西萨穆特迪诺夫教授、博士于2013年出版的《远东东方学：历史概述》一书，恰恰是该领域研究中的重要著作，有必要将其译介到国内。经与作者沟通、协商，A.A.西萨穆特迪诺夫教授授权我将该书翻译为中文，并在中国出版。2018年，正逢黑河学院俄罗斯远东智库面向全国立项第二批智库招标课题。很荣幸，该书被黑河学院俄罗斯远东智库正式立项。更为幸运的是，经过两年的前期辛勤翻译与研究及译稿基本完成后，该书又被立项为2020年度第二批黑龙江省经济社会发展重点研究课题。这充分说明了该书的学术价值。尽管受新冠疫情影响，但我们仍保持通信和学术联系。2021年，本书译者之一石金焕女士立项的2021年度黑龙江省经济社会发展重点课题，将A.A.西萨穆特迪诺夫教授著作《远东东方学：历史概述》列为首要俄文参考文献。2022年，A.A.西萨穆特迪诺夫教授应本书译者邀请参与2022年度两项国家社会科学基金项目的申报并同时获得立项。以上种种，均证明A.A.西萨穆特迪诺夫教授本人及其著作《远东东方学：历史概述》对译者的学术研究给予十分重要的支持，以及具有启发和借鉴意义。

本书由彭传勇和石金焕共同翻译出版，其中石金焕女士完成了三分之一的翻译量。

值此该书中文译稿即将出版之际，还有必要说几句感谢之言。感谢黑龙江省社会科学院俄罗斯研究所刘涧南、钟建平、封安全等精通俄语、日语专家，对翻译俄文专有名词、日本人名地名及日文专有名词等方面给予了悉心指导，内蒙古自治区社会科学院研究员长命对翻译蒙古地名及专有名词上给予了精准确认；感谢中国社会科学出版社责任编辑张湉女士的辛劳工作；感谢为此书中文译稿出版给予多方帮助的领导、老师、同仁们！

与此同时，还需要特别强调的是，由于客观原因，经本书作者同意，在中文版书稿中删去了原书中的第一章、第二章全部内容，留下了些许遗憾，期待日后时机成熟再版时能够补齐全部内容。

写于黑龙江畔
2022 年 12 月 4 日